Gabriele Kalmbach

# DRESDEN

„*Sachsen is' das Herz
von Deutschland.
Dresden is' klassisch;
die Elbe is' klassisch.*"

Karl May, in: „Die Helden des Westens"

# IMPRESSUM

Gabriele Kalmbach

## DRESDEN

Reise Know-How Verlag Peter Rump GmbH
Osnabrücker Str. 79, 33649 Bielefeld

© Peter Rump 2007
**2., neu bearbeitete und komplett aktualisierte Auflage 2009**

Alle Rechte vorbehalten.

**Gestaltung**
Umschlag: M. Schömann, P. Rump (Layout);
K. Werner (Realisierung)
Inhalt: U. Kögerler
Fotos: siehe Bildnachweis Seite 236
Karten: Kartografie A. Medvedev

Lektorat: U. Kögerler
Lektorat (Aktualisierung): Dhaara P. Volkmann

**Druck und Bindung**
Fuldaer Verlagsanstalt GmbH & Co. KG

**ISBN 978-3-8317-1772-9**
Printed in Germany

Dieses Buch ist erhältlich in jeder Buchhandlung Deutschlands, der Schweiz, Österreichs, Belgiens und der Niederlande. Bitte informieren Sie Ihren Buchhändler über folgende Bezugsadressen:

Deutschland: Prolit GmbH, Postfach 9,
D-35461 Fernwald (Annerod)
sowie alle Barsortimente
Schweiz: AVA-buch 2000, Postfach,
CH-8910 Affoltern
Österreich: Mohr Morawa Buchvertrieb GmbH,
Sulzengasse 2, A-1230 Wien
Niederlande, Belgien: Willems Adventure,
www.willemsadventure.nl

Wer im Buchhandel trotzdem kein Glück hat, bekommt unsere Bücher auch über unseren Büchershop im Internet:
**www.reise-know-how.de**

Wir freuen uns über Kritik, Kommentare und Verbesserungsvorschläge:
info@reise-know-how.de

---

*Alle Informationen in diesem Buch sind von der Autorin mit größter Sorgfalt gesammelt und vom Lektorat des Verlages gewissenhaft bearbeitet und überprüft worden.*
*Da inhaltliche und sachliche Fehler nicht ausgeschlossen werden können, erklärt der Verlag, dass alle Angaben im Sinne der Produkthaftung ohne Garantie erfolgen und dass Verlag wie Autorin keinerlei Verantwortung und Haftung für inhaltliche und sachliche Fehler übernehmen.*
*Die Nennung von Firmen und ihren Produkten und ihre Reihenfolge sind als Beispiel ohne Wertung gegenüber anderen anzusehen.*
*Qualitäts- und Quantitätsangaben sind rein subjektive Einschätzungen der Autorin und dienen keinesfalls der Bewerbung von Firmen oder Produkten.*

# INHALT

## DAS BESTE AUF EINEN BLICK 7

| | |
|---|---|
| Dresden an einem Tag | 8 |
| Dresden an einem Wochenende | 10 |
| Dresden in fünf Tagen | 13 |
| Zur richtigen Zeit am richtigen Ort | 20 |

## AUF INS VERGNÜGEN 23

| | |
|---|---|
| Dresden für Citybummler | 24 |
| Dresden für Architektur- und Kunstfreunde | 28 |
| 1 Museen und Galerien | 35 |
| Dresden für Kauflustige | 42 |
| Dresden für Nachteulen | 45 |
| 2 Treffpunkte | 45 |
| Dresden für Genießer | 48 |
| 3 Dresdner Gastronomie | 53 |
| Dresden zum Träumen und Entspannen | 60 |
| Dresden für den Nachwuchs | 61 |

## AM PULS DER STADT 63

| | |
|---|---|
| Das Antlitz der Stadt | 64 |
| Von den Anfängen bis zur Gegenwart | 66 |
| Leben in Dresden | 76 |
| Der Alltag der Dresdner | 78 |

## DRESDEN ENTDECKEN 81

### Rund um den Theaterplatz 82

| | |
|---|---|
| ❶ Zwinger ★★★ | 83 |
| ❷ Gemäldegalerie Alte Meister ★★★ | 85 |
| ❸ Rüstkammer ★★★ | 86 |
| ❹ Porzellansammlung ★★★ | 87 |
| ❺ Hofkirche St. Trinitatis ★★★ | 88 |
| ❻ Fürstenzug ★★★ | 89 |
| ❼ Stallhof und Langer Gang ★ | 90 |
| ❽ Taschenbergpalais ★ | 91 |
| ❾ Residenzschloss ★★ | 91 |
| ❿ Grünes Gewölbe ★★★ | 93 |
| ⓫ Semperoper ★★★ | 94 |
| ⓬ Neuer Sächsischer Landtag ★★ | 97 |
| ⓭ Erlweinspeicher und Kongresszentrum ★ | 97 |
| ⓮ Yenidze ★★ | 98 |
| ⓯ Alter Katholischer Friedhof ★ | 98 |
| 4 Kulinarisches | 99 |

### Brühlsche Terrasse 100

| | |
|---|---|
| ⓰ Ständehaus und Sekundogenitur ★ | 102 |
| ⓱ Kunstakademie ★★ | 102 |
| ⓲ Gemäldegalerie Neue Meister ★★★ | 103 |
| ⓳ Skulpturensammlung ★★★ | 106 |
| ⓴ Kasematten/ Museum Festung Dresden ★★ | 107 |
| ㉑ Synagoge ★★ | 107 |
| 5 Kulinarisches | 108 |

### Rund um Frauenkirche und Altmarkt 109

| | |
|---|---|
| ㉒ Neumarkt ★ | 109 |
| ㉓ Frauenkirche ★★★ | 112 |
| ㉔ Coselpalais ★ | 115 |
| ㉕ Verkehrsmuseum im Johanneum ★ | 115 |
| ㉖ Altmarkt ★ | 115 |
| ㉗ Stadtmuseum Dresden ★ | 118 |
| ㉘ Kreuzkirche ★ | 118 |
| ㉙ Prager Straße ★★ | 119 |
| 6 Einkaufen | 124 |
| 7 Kulinarisches | 124 |

### Äußere Altstadt 125

| | |
|---|---|
| ㉚ Gläserne Manufaktur ★ | 125 |
| ㉛ Deutsches Hygiene-Museum ★★ | 126 |
| ㉜ Großer Garten ★★ | 127 |
| ㉝ Russisch-orthodoxe Kirche ★ | 129 |
| 8 Kulinarisches | 129 |

### Innere Neustadt 130

| | |
|---|---|
| ㉞ Augustusbrücke ★★ | 130 |
| ㉟ Neustädter Markt und Goldener Reiter ★ | 130 |

# 4 INHALT

| | | |
|---|---|---|
| 36 Japanisches Palais und Canaletto-Blick ★ | 131 | |
| 37 Königstraße und Rähnitzgasse ★★ | 133 | |
| 38 Dreikönigskirche ★ | 133 | |
| 39 Erich-Kästner-Museum ★ | 133 | |
| 40 Albertplatz und Hauptstraße ★★ | 136 | |
| 41 Museum für Sächsische Volkskunst ★ | 137 | |
| 9 Einkaufen | 140 | |
| 10 Kulinarisches | 140 | |

## Äußere Neustadt 141
- 42 Kunsthofpassage ★ 142
- 43 Alter Jüdischer Friedhof ★ 143
- 44 Pfunds Molkerei ★★ 143
- 45 Königsufer ★ 144
- 11 Einkaufen 144
- 12 Kulinarisches 145

## Elbschlösser und Elbvororte 148
- 46 Schloss Albrechtsberg, Lingnerschloss und Schloss Eckberg ★★ 149
- 47 Blasewitz ★★ 150
- 48 Johannisfriedhof ★★ 152
- 49 Weißer Hirsch ★★ 153
- 50 Loschwitz ★★ 154
- 51 Blaues Wunder ★★ 156
- 52 Schillerhäuschen ★ 156
- 53 Standseilbahn und Bergschwebebahn ★★ 157
- 54 Loschwitzer Kirche und Loschwitzer Friedhof ★ 160
- 13 Einkaufen 160
- 14 Kulinarisches 161

## Schloss und Park Pillnitz 162
- 55 Schloss und Park Pillnitz ★★★ 162
- 56 Kunstgewerbemuseum ★ 164
- 57 Pillnitz und Hosterwitz ★ 164
- 15 Kulinarisches 165

## Gartenstadt Hellerau 167
- 58 Deutsche Werkstätten ★★ 168
- 59 Festspielhaus ★★ 169

## ELBTAL, SÄCHSISCHE SCHWEIZ 171

### Elbeabwärts 172
- 60 Radebeul ★★ 172
- 61 Schloss Moritzburg ★★★ 177
- 62 Meißen ★★ 179

### Elbeaufwärts 185
- 63 Pirna ★★ 185
- 64 Schloss Weesenstein ★★ 187
- 65 Barockgarten Großsedlitz ★★ 188
- 66 Burg Stolpen ★★ 188

### Sächsische Schweiz 190
- 67 Festung Königstein ★★★ 192
- 68 Bastei ★★★ 193
- 69 Bad Schandau ★ 195

## PRAKTISCHE REISETIPPS 197

| | |
|---|---|
| Anreise | 198 |
| Behinderte | 199 |
| Diplomatische Vertretungen | 199 |
| Informationsquellen | 199 |
| 16 Infostellen in Dresden | 200 |
| 17 Kino | 202 |
| 18 Musikszene | 203 |
| Notfälle | 204 |
| Öffnungszeiten | 205 |
| Preise und Kosten | 205 |
| Radfahren | 205 |
| Schwule und Lesben | 207 |
| Sport und Freizeit | 207 |
| 19 Schwimmen | 208 |
| Stadtrundgänge und Stadtrundfahrten | 210 |
| 20 Theater und Kabarett | 211 |
| 21 Unterkunft | 212 |
| Unterwegs | 221 |
| Wetter und Reisezeit | 224 |

## ANHANG 225

| | |
|---|---|
| Literaturtipps | 226 |
| Register | 231 | 
| Über die Autorin | 236 |
| Bildnachweis | 236 |

## CITYATLAS 237

*Meißen oder Meissen – das ist hier die Frage. Die zweifache Bezeichnung rührt zum einen daher, dass es sich bei Meissener Porzellan um einen Markennamen handelt, die Stadt selbst aber mit ß geschrieben wird. Zum anderen gibt es bei Großbuchstaben und Websites kein ß, im Internet heißt dann auch die Stadt Meissen.*

## EXKURSE ZWISCHENDURCH

| | |
|---|---|
| Der Sächsische Weinwanderweg | 15 |
| Der Elberadweg | 18 |
| Feiertage in Sachsen | 22 |
| Aussichtspunkte | 30 |
| Maler in Dresden | 32 |
| August der Starke | 40 |
| Einkaufen auf Weingütern | 44 |
| Dresden in Zahlen und Fakten | 65 |
| Komplizierte Adelsnummerierung | 75 |
| Nich dod ze griechn: richdsche Saggsen | 79 |
| Musiker in Dresden | 96 |
| Die Brücke | 104 |
| Die Dresdner Bombennacht 1945 | 110 |
| Der Wiederaufbau der Frauenkirche | 114 |
| Der Dresdner Striezelmarkt | 117 |
| Erich Kästner | 134 |
| Der Odolkönig – Karl August Lingner | 151 |
| Dichter in Dresden | 158 |
| Weitere Elbdörfer | 161 |
| Altkötzschenbroda | 177 |
| Spaargebirge | 182 |
| Meißener Porzellan | 183 |
| Wandern auf dem Malerweg | 191 |
| Lilienstein | 194 |

*Wir haben die Sehenswürdigkeiten mit Sternen versehen, damit der Leser schnell erfassen kann, wo die Höhepunkte Dresdens zu finden sind. Nicht besuchenswerte Sehenswürdigkeiten gibt es in unserem Buch jedoch nicht, sonst hätten wir sie nicht erwähnt.*

★★★ *Die mit drei Sternen bewerteten Kirchen, Plätze, Schlösser und Museen sollte man auf keinen Fall verpassen. Sie machen Dresden aus und bilden sozusagen das Netzwerk, das die Stadt zusammenhält.*

★★ *Mit zwei Sternen haben wir all das gekennzeichnet, was zwar besonders sehenswert, aber vielleicht nicht für jeden Besucher interessant ist.*

★ *Orte mit einem Stern gehören zu den wichtigen Sehenswürdigkeiten der Stadt, sind aber doch nur für Besucher mit einem ausgeprägten Interesse an dieser bestimmten Sehenswürdigkeit zu empfehlen.*

## KARTEN UND PLÄNE

| | |
|---|---|
| Restaurants im Überblick | 58 |
| Zwinger | 84 |
| Detailkarte I: | |
|   Innere Altstadt | 120 |
| Detailkarte II: | |
|   Innere Neustadt | 138 |
| Detailkarte III: | |
|   Äußere Neustadt | 146 |
| Detailkarte IV: | |
|   Pillnitz | 166 |
| Detailkarte V: | |
|   Hellerau | 170 |
| Unterkünfte | 218 |
| Umgebung | 238 |
| Blattschnitt | vorderer Umschlag |

## HINWEISE ZUR BENUTZUNG

*Die Sehenswürdigkeiten werden im Abschnitt „Dresden entdecken" beschrieben und mit einer fortlaufenden Nummer, z. B.* ❶, *und dem Planquadrat, z. B.* [F7], *gekennzeichnet. Das Planquadrat ist in allen Karten identisch. Die Nummer ist sowohl im Cityatlas als auch in den Detailkarten eingetragen und findet sich auch im Text, z. B.* ❶, *wieder.*

*Weitere beschriebene Örtlichkeiten wie Informationsstellen, Theater usw. sind in den Detailkarten eingetragen. Die Angabe in eckigen Klammern, z. B.* [II F7], *verweist auf die Detailkarte (hier* II*) und das Planquadrat (hier* F7*).*

*Steht in der eckigen Klammer lediglich das Planquadrat, so befindet sich die Örtlichkeit außerhalb der Detailkarten, aber innerhalb des Cityatlas.*

*Adressen ohne Angabe des Planquadrats befinden sich außerhalb des vom Cityatlas abgedeckten Gebietes.*

# DAS BESTE AUF EINEN BLICK

Beim ersten Dresden-Besuch kann man ziellos zu Fuß durch Altstadt und Neustadt bummeln – die Sehenswürdigkeiten liegen allesamt nah beieinander. Wer jedoch in seiner knappen Zeit möglichst viele Höhepunkte erleben oder das Wichtigste nicht verpassen will, findet in diesem Abschnitt unsere Empfehlungen für eine abwechslungsreiche Gestaltung des Aufenthalts von einem Tag bis zu einer Woche Dauer. Neben touristischen Highlights kommen auch Gaumenfreuden und Ruhepunkte nicht zu kurz.

# DRESDEN AN EINEM TAG

*Manch ein Besucher kommt nur in die Elbestadt, um einen Abend in der Semperoper zu genießen. Wer nur einen Tag Zeit mitbringt, kann schon auf einem kurzen Rundgang durch die Altstadt das Wichtigste sehen, wenn auch das meiste nur von außen. Barocke Bauten und bedeutende Kunstsammlungen liegen in der Altstadt nah beieinander. Auf einem halben Quadratkilometer sind ein berühmtes Opernhaus und ein geschichtsträchtiges Schloss, ein Dutzend weltberühmte Museen und zwei einzigartige barocke Kirchen vereint.*

*Für den Kurzbesuch empfiehlt sich eine Unterkunft in der Altstadt oder der Neustadt, um von den kurzen Wegen zu Fuß zu Sehenswürdigkeiten, Restaurants und Theatern zu profitieren.*

## MORGENS

Ein erster Spaziergang beginnt am Theaterplatz mit dem Reiterstandbild König Johanns von Sachsen und der **Semperoper** ❶. Deren prächtige Fassade ist fast noch bekannter als die brillanten Musikaufführungen im Opernhaus dahinter, weil eine lokale Brauerei damit ihr Pils bewirbt. Durch den Torbogen der Sempergalerie geht es in den Zwingerhof. Der **Zwinger** ❶, eine von Baumeister *Matthäus Daniel Pöppelmann* und Bildhauer *Balthasar Permoser* geschaffene barocke Festarchitektur, beeindruckt durch seine Eleganz. Glockenspielpavillon, Wallpavillon und Kronentor sind allesamt mehr als eine 360-Grad-Drehung wert.

Vorbei an der **Hofkirche** ❺ – es lohnt sich auch ein Blick in das Innere – geht es weiter zum **Fürstenzug** ❻, der die 800-jährige Geschichte des sächsischen Herrscherhauses darstellt. Das mehr als 100 m lange, aus fast 25.000 Meissener Kacheln bestehende Wandbild zeigt die Fürsten des Wettinergeschlechts vom Mittelalter an.

Über die breite Freitreppe gelangt man hinauf auf die **Brühlsche Terrasse.** Der Blick über die Elbe auf die Neustadt und die Augustusbrücke gehört mit zum

▶ *Hofkirche St. Trinitatis*

◀ *Ein Muss bei jedem Dresden-Besuch: die Frauenkirche*

Schönsten, was Dresden zu bieten hat. Die imposanten Bauwerke entlang der etwa 600 m langen Terrasse auf der ehemaligen Stadtmauer – Ständehaus ⓰, Kunstakademie ⓱ und Albertinum mit der Gemäldegalerie Neue Meister ⓲ und der Skulpturensammlung ⓳ – wurden alle um 1900 erbaut.

Zwischen Albertinum und Akademie führt eine Treppe hinunter und man muss nur rechts um die Ecke biegen, schon steht man vor **Coselpalais** ⓴ und **Frauenkirche** ㉓. Im Krieg 1945 zerstört, blieb die Frauenkiche jahrzehntelang als Ruine ein Mahnmal für Versöhnung und Frieden. Im Herbst 2005 konnte die wiederstandene barocke Kirche eingeweiht werden. Auch in ihr Inneres sollte man einen Blick werfen und die vielen Stufen zur Kuppel hinaufklettern, um den Blick von oben auf den Neumarkt und die Dresdner Altstadt zu genießen.

## MITTAGS

Für das Mittagessen stehen im **Taschenbergpalais** ❽ mehrere Restaurants zur Auswahl, von exquisiter Gourmetküche im Intermezzo ③ bis zu sächsischen Brauhausklassikern im Paulaner's ④. Das große barocke Palais war ebenfalls lange Zeit eine Ruine. Nach der Wende wurde das einst von *August dem Starken* für seine Mätresse *Gräfin Cosel* in Auftrag gegebene Bauwerk rekonstruiert; mit dem Kempinski ㉑ fand darin ein Grandhotel seinen Platz.

Für ein Museum hier in der Nähe ist Zeit, was bleibt, ist die Qual der Wahl. Die beiden allerberühmtesten unter den vielen sehenswerten Dresdner Sammlungen sind die **Gemäldegalerie Alte Meister** ❷ mit Werken von *Rembrandt, Rubens,*

*Tizian, Giorgione, Raffael, Dürer, Holbach, Cranach, Vermeer* und *Van Dyck* und das **Grüne Gewölbe** ❿, die kurfürstliche Schatzkammer mit Meisterwerken der Juwelier- und Goldschmiedekunst. Statt beide „abzuhaken", ist es vielleicht sinnvoll, sich für eines der beiden Museen zu entscheiden. Sie sind nur ein paar Schritte voneinander entfernt, die „Alten Meister" in der Sempergalerie des Zwingers, das Grüne Gewölbe im **Residenzschloss** ❾. Dessen Eingang liegt gleich gegenüber vom Taschenbergpalais. Der Wiederaufbau des ehemaligen Schlosses der wettinischen Herrscher ist fast abgeschlossen; in Zukunft soll hier ein Museumszentrum entstehen. Neben dem Grünen Gewölbe sind Kupferstichkabinett und Münzkabinett (beide ⓫) schon eingezogen, die **Rüstkammer** ❸ (noch im Zwinger) wird noch folgen. Das Neue Grüne Gewölbe zeigte bislang schon eine große Auswahl der funkelnden Kunstwerke aus Juwelen, Perlen, Gold, Silber, Elfenbein und Bernstein; 2006 eröffnete auch das Historische Grüne Gewölbe mit der original restaurierten Ausstattung aus der Zeit *Augusts des Starken* und noch mehr atemberaubenden Schätzen.

Über die Augustusbrücke ❸❹ führt noch ein kleiner Abstecher in die Innere Neustadt. Über die **Hauptstraße** bummelt man bis zum **Albertplatz** ❹⓿ und zurück durch die schicke, herausgeputzte **Königstraße** ❸❼. Den stimmigen Abschluss für den Dresden-Spaziergang bietet der **Canaletto-Blick** vom Elbufer vor dem **Japanischen Palais** ❸❻.

## ABENDS

Vielleicht ist trotz Oper oder Konzert noch Zeit für einen abendlichen Bummel? In der Äußeren Neustadt kann man durch **Louisen- und Alaunstraße** [E7] schlendern und sich in einer Szenekneipe, am rustikalen Biertresen oder in einer Cocktail-Lounge mit einem Getränk seiner Wahl schon auf den nächsten Dresden-Besuch freuen. Das Caffè & Bar Blumenau 12 etwa bietet an der großen Fensterfront Logenplätze mit Blick auf die Louisenstraße (siehe „Dresden für Nachteulen").

Oder lieber essen gehen? Wer es rustikal liebt, kann abends in einem der Brauhäuser oder Biergärten gutbürgerlich-deftig tafeln. Soll es Gourmetküche sein, empfiehlt sich eines der Spitzenrestaurants in den großen Hotels, das Intermezzo im Kempinski oder das Canaletto im Westin Bellevue (beide 3). Für letzter muss man unbedingt schon vor der Anreise einen Tisch reservieren (siehe „Dresden für Genießer").

# DRESDEN AN EINEM WOCHENENDE

*Wer zwei Tage Zeit hat und zum ersten Mal nach Dresden kommt, muss nicht mehr im Sturmschritt von Highlight zu Highlight eilen: Es bleibt Zeit, auch auf einen der Türme zu klettern, sich zwei oder drei Museen anzusehen, mit dem Dampfer von Pillnitz über die Elbe zurück zur Altstadt zu schippern. Auch hier gilt: Die Sehenswürdigkeiten – Zwinger, Semperoper, Hofkirche, Fürstenzug, Brühlsche Terrasse, Frauenkirche, Residenzschloss und Neustadt – liegen nah beieinander, die Wege sind kurz.*

Bei der Planung ist zu beachten, dass die Museen im Zwinger am Montag geschlossen haben, jene im Albertinum und Residenzschloss am Dienstag. Für Konzerte und Kabarett sollte man sich schon vorab im Internet informieren und auch Karten bestellen. Wer das Wochenend auch kulinarisch durchorganisieren möchte, reserviert schon von zu Hause aus einen Tisch für die Abende. Vielleicht einmal romantisch-gutbürgerlich in der Lindenschänke an der Elbe oder rustikal im Ball- und Brauhaus Watzke und einmal feine Spitzenküche im edlen Ambiente der Luxushotels, zum Beispiel im Carrousel des Hotel Bülow Residenz, im Canaletto des Westin Bellevue oder Intermezzo (alle 3) des Kempinski Taschenbergpalais. Wer weder Restauranttisch noch Konzertkarten vorbestellt hat und den Abend spontan bei Meißner Wein oder Dresdner Bier ausklingen lassen will, findet in den größeren Lokalen aber sicher auch spontan noch einen Platz.

Für Nachtschwärmer ist mindestens ein abendlicher Abstecher in die Äußere

Neustadt zu empfehlen. Hier hat sich in Louisen- und Alaunstraße eine rege Kneipen- und Barszene entwickelt – die Bandbreite reicht vom Hippielokal über die Punk-Disco bis zur coolen Lounge (siehe „Dresden für Nachteulen").

## 1. TAG

### Morgens

Hat man zwei Tage Zeit, kann man den ersten Rundgang in der Altstadt etwas gemächlicher angehen lassen. Im **Zwinger** ❶ wird man nicht nur einmal rundherum blicken: Durch den Wallpavillon geht es ein paar Treppen hinauf und hinunter zum etwas versteckten Nymphenbad. Von der Zwingergalerie oben über der Porzellansammlung kann man den Zwingerhof am besten fotografieren.

Kein Weg geht nun an der **Gemäldegalerie Alte Meister** ❷ im Semperbau des Zwingers vorbei. Mit Werken von Giorgione, Tizian, Rubens, Rembrandt, Dürer und Vermeer zählt sie zu den weltweit führenden Sammlungen. Bekanntestes Werk ist Raffaels „Sixtinische Madonna". Diesmal zweigen wir auch noch eine halbe Stunde für die **Rüstkammer** ❸ oder für die **Porzellansammlung** ❹ ab.

Über den schönen Theaterplatz geht es vorbei an der **Semperoper** ⓫ – vielleicht reicht die Zeit ja für eine Führung durch das prächtige Innere – zur **Hofkirche** ❺. Falls gerade Mittwoch oder Samstag ist, sollte man nicht die Gelegenheit verpassen, der Orgelprobe zu lauschen (11.30–12 Uhr). Neben der Silbermannorgel sind auch die Permoser-Kanzel und das Altar-

▶ *Mehr als beeindruckend: Porzellansammlung im Zwinger*

gemälde von *Anton Mengs* sowie die Wettiner-Gruft sehenswert. Beim Heraustreten werfen wir noch einen Blick auf die Ahnengalerie der Wettiner auf dem **Fürstenzug** ❻, dann geht es um die Semperoper herum zum **Neuen Landtag** ⓬ des Architekten *Peter Kulka*. Mit dem Neuen Terrassenufer wird die Elbpromenade fast bis zur Marienbrücke verlängert.

### Mittags

Nach einem kurzen Blick in das gläserne Gebäude des Neuen Landtags – vielleicht tagen gerade die Parlamentarier im runden Sitzungssaal – geht es per Fahrstuhl zum Restaurant **Chiaveri** ❹ im obersten Geschoss. Den Mittagsimbiss genießt man hier auf der Terrasse mit Blick auf das Neustädter Elbufer.

Auf der Brühlschen Terrasse wandelt man daraufhin gestärkt ganz bis zum Ende und schaut sich auch die **Neue Synagoge** ㉑ an. Trotz bewusst moderner Formensprache fügt sich das preisgekrönte Gebäude gut in die Stadtsilhouette am Altstädter Elbufer ein. Die Skulptur in Form eines siebenarmigen Leuchters vor dem Gebäude erinnert an die von den Nationalsozialisten 1938 zerstörte alte Synagoge an dieser Stelle, die wie die Oper ein Bau von Gottfried Semper war.

Die **Gemäldegalerie Neue Meister** ⓲ im Albertinum (ab 2010) zeigt Werke von der Romantik bis zur Gegenwart. Schwerpunkte der Sammlung sind Gemälde von *Caspar David Friedrich,* den Künstlern der „Brücke" und von *Gerhard Richter*. Unter den vielen sehenswerten Bildern sind auch einige Dresdner Stadtansichten. Die **Skulpturensammlung** ⓳ im gleichen Haus lohnt nicht minder.

In die **Frauenkirche** ㉓ kann man bei jedem Dresden-Besuch zurückkehren,

der Eindruck ist immer wieder gewaltig. Falls die Schlange für die Besteigung der Kuppel zu lang ist, kann man alternativ vom Hausmannturm des Residenzschlosses auf die Altstadt hinunterblicken, das heben wir uns aber für den zweiten Tag auf.

### Abends

Wie beim eintägigen Rundgang (s. o.) beschließt ein Abstecher über die **Augustusbrücke** ㉞ in die Innere Neustadt (samt Kneipen- und/oder Restaurantbesuch – siehe „Dresden für Nachteulen") den ersten Tag.

▲ *Ein Ausflug über die Elbe nach Pillnitz lohnt immer*

## 2. TAG

### Morgens

Morgens steht das **Residenzschloss** (9) mit dem **Grünen Gewölbe** (10) auf dem Programm, am besten recht früh, damit man nicht zu lange anstehen muss. Die Schatzkammer der sächsischen Kurfürsten zeigt unendlich wertvolle Kunstwerke aus Gold und Juwelen, Elfenbein, Perlen und Bernstein. Der Besucherandrang ist groß, weil erst seit Herbst 2006 auch das Historische Grüne Gewölbe wieder zugänglich ist.

### Mittags

Am Nachmittag bleibt Zeit für einen **Ausflug** in die hübschen Villenviertel und eingemeindeten Winzerdörfer, zum Weißen Hirsch und nach Loschwitz und von dort weiter zum Schloss Pillnitz. Wichtig ist hierfür schönes Wetter!

Mit dem Rad oder Bus geht es bis zum belebten Schillerplatz in **Blasewitz** (47), von dort über das **Blaue Wunder** (51) bis zum Körnerplatz in **Loschwitz** (50). Startet man recht früh, kann man den Ausflug mit einer Mittagspause direkt an der Elbe einläuten: im Schillergarten in Blasewitz oder auf der Terrasse des Körnergartens in Loschwitz (beide [3]).

Nach einem Bummel vorbei an den kleinen Fachwerkhäusern mit Keramik, Schmuck und Antiquitäten in der Friedrick-Wieck-Straße und am Körnerplatz geht es mit der historischen **Standseilbahn** (53) hinauf zur Bergstation. Wie das einstige Fischer- und Winzerdorf Loschwitz wurde auch der **Weiße Hirsch** (49) später zum Wohnort betuchter Dresdner und Künstler. Früher ein Ausflugsort am Rand der Dresdner Heide, entwickelte sich hier Ende des 19., Anfang des 20. Jahrhunderts um ein Naturheilsanatorium herum ein nobles Villenviertel.

Mit dem Rad geht es zurück zum linken Elbufer und dort auf dem Elberadweg weiter bis zur Fähre in Kleinzschachwitz [M13], von wo aus man über die Elbe nach Pillnitz übersetzt. Nimmt man anstelle des Fahrrads den Bus, so bleibt man bis Pillnitz am rechten Ufer.

Ein anmutiges Kleinod zwischen Weinbergen und weiten Elbwiesen ist **Schloss Pillnitz** (55), einst Sommerresidenz des sächsischen Hofs. Zu jeder Jahreszeit bietet der weitläufige Park wunderschöne Natureindrücke. Wasser- und Bergpalais im Chinoiserie-Stil bezaubern durch leichte, elegante Heiterkeit. Durch die lange Kastanienallee kann man den Spaziergang noch bis zum Kirchlein Maria am Wasser verlängern – oder gleich zur Runde erweitern: Vorbei am Carl-Maria-von-Weber-Museum [1] in **Hosterwitz** wandert man durch den Ort **Pillnitz** (57) und entlang dem Königlichen Weinberg und der Weinbergkirche [N13] zurück zum Schloss. Stimmungsvoll ist die Rückkehr zur Altstadt mit dem **Raddampfer,** der nur ein paar Schritte vom Pillnitzer Wasserpalais entfernt ablegt.

## DRESDEN IN FÜNF TAGEN

*Wer mehr als ein Wochenende Zeit mitbringt, hat den unschätzbaren Vorteil, sich Zeit für eine „Landpartie“ nehmen zu können. Denn um vom Terrassenufer mit dem nostalgischen Raddampfer stimmungsvoll auf der Elbe in die Sächsische Schweiz oder nach Meißen zu schippern, sollte man etwas Zeit reservieren – das Fahrttempo ist doch sehr gemächlich.*

# DAS BESTE AUF EINEN BLICK
*Dresden in fünf Tagen*

Mit dem eigenen Auto oder einem Mietwagen ist man etwas schneller in Moritzburg, am Barockgarten Großsedlitz und Schloss Weesenstein, an der Festung Königstein oder Burg Stolpen (siehe „Elbtal und Sächsische Schweiz"). Je nach Wetter oder Lust und Laune bietet es sich aber an, nicht alle landschaftlichen und architektonischen Highlights der näheren Umgebung nur mit dem Auto abzuklappern, sondern sich eher für eine **Radtour** zu entscheiden, zum Beispiel über Pirna in die Sächsische Schweiz, oder eine **Wanderung** durch die Weinberge einzuplanen, zum Beispiel von Schloss Wackerbarth ein Stück auf dem Sächsischen Weinwanderweg (siehe Exkurs) entlang der Weinberge und durch das Städtchen Radebeul zurück.

Wer länger bleibt, kann auch die Möglichkeit nutzen, ruhig **im Grünen zu wohnen**. Die längere Fahrt ins Zentrum wird durch die kürzere in die Umgebung wieder wettgemacht. Bei fünf Tagen bietet es sich an, eine Ferienwohnung oder ein Apartment für Selbstversorger zu mieten, statt ins Hotel zu gehen (siehe „Praktische Reisetipps/Unterkunft").

Und wer mehrere Tage Zeit hat, essen zu gehen, kann die ganze Bandbreite Dresdner **Restaurants** ausprobieren. Abwechslungsreich wäre etwa folgende Kombination: Ein Abend im Spitzenrestaurant in einem noblen Hotel, einmal im Brauhaus, dann in der urigen Weinstube (vielleicht sogar auswärts im Spaargebirge bei Meißen oder in Altkötzschenbroda), einmal mittags in Schloss Wackerbarth (siehe Radebeul ⓰), einmal die kreative Küche des Schmidt's ③ in Hellerau – falls man sich nicht dauernd von den vielen schönen Biergärten von der geplanten Gastrotour ablenken lässt.

Die beschriebenen Vorschläge für fünf Tage gehen davon aus, dass es für den interessierten Leser nicht der erste Besuch in Dresden ist und man die Highlights schon kennt. Wer gleich bei der ersten Reise mehr als zwei Tage Zeit hat, ergänzt einfach die Tipps für „Dresden an einem Wochenende" durch Touren aus diesem Fünf-Tage-Kapitel.

Vor dem ausgedehnten Dresden-Besuch sollte man unbedingt versuchen, **Karten zu reservieren**, um beispielsweise einen Abend in der Semperoper ⓫ zu erleben oder in der Herkuleskeule ⓴ über gut gemachtes Kabarett zu schmunzeln. Im Sommer werden auch **Open-Air-Konzerte** im Zwinger ❶ oder Schloss Pillnitz ⓹⓹ geboten, deren festlicher Rahmen die Musik zum unvergesslichen Erlebnis macht.

## 1. TAG

Auch wer Dresden schon von einem Kurzbesuch her kennt, wird es sich nicht nehmen lassen, mit einem Bummel durch die Altstadt die Atmosphäre der Barockstadt ein weiteres Mal auf sich wirken zu lassen.

Diesmal bleibt Zeit für die eher versteckten Sehenswürdigkeiten, die angesichts lauter weltberühmter Konkurrenz manchmal zu Unrecht übersehen werden. Von der Brühlschen Terrasse geht es daher diesmal in die unterirdischen **Kasematten** ⓴ und statt zur Kuppel der Frauenkirche erklimmt man den Turm der **Kreuzkirche** ㉘ am Altmarkt. Anstelle eines Besuchs der großen Kunst-

▶ *Durch die Rebstöcke führt der Weinwanderweg – das Traubensymbol weist den Weg*

# DER SÄCHSISCHE WEINWANDERWEG

*Neben Fluss, Radweg und Straße gibt es eine vierte Möglichkeit, sich die Region rund um Dresden zu erschließen. Die Sächsische Weinstraße leitet Autofahrer von Pirna nach Diesbar-Seußlitz, auf dem Fluss schippern die Raddampfer, parallel dazu rollen Radler und Skater auf dem Elberadweg - und seit 2004 gibt es auch einen Sächsischen Weinwanderweg. In flottem oder geruhsamem Wandertempo lässt sich die Landschaft in allen Einzelheiten genießen. Meist geht es **an den steilen Elbhängen entlang** und man bekommt ein Gespür dafür, wie mühsam es gewesen sein muss, die markanten Terrassen mit den Trockenmauern anzulegen, um mehr ebene Fläche zum Anbau der Weinreben zu gewinnen. Zu entdecken sind Winzerhäuschen mit Rankgittern und Weinbergkirchen, sommerliche Straußwirtschaften und gemütliche Weinstuben.*

› ***Praktische Informationen:*** *Ein preiswerter Wanderführer ist in den diversen Touristinformationen erhältlich. Neben der Weinwanderstrecke empfiehlt sich ein Prolog in Pirna, Intermezzi in Dresden und Radebeul und ein Epilog in der Porzellanstadt Meißen.*

› ***Gesamtstrecke:*** *rund 90 km*

› ***Etappen:*** *In sechs Tagesetappen von jeweils 15–18 km bzw. 5–6 Gehstunden führt der Weitwanderweg von Pirna nach Seußlitz.*

› ***Markierung:*** *Weinrotes Traubensymbol mit einem S darüber*

› ***Ausrüstung:*** *festes Schuhwerk. Vorsicht bei oder nach Regen und bei Glätte, da es Treppen, Kopfsteinpflaster und zahlreiche Steigungen und Gefälle gibt!*

› ***Buch:*** *Sächsischer Weinwanderweg, Tourismusverband Sächsisches Elbland e. V. (www.elbland.de)*

## DAS BESTE AUF EINEN BLICK
*Dresden in fünf Tagen*

sammlungen geht es diesmal ins **Verkehrsmuseum im Johanneum** ㉕ und ins **Stadtmuseum** ㉗, das eine unmittelbar am Neumarkt gelegen, das andere nicht weit weg an der Wilsdruffer Straße.

Auch in der Inneren Neustadt bleibt mehr Zeit für einen zweiten Blick, etwa in die Kunsthandwerkerpassagen und die Markthalle ⑨ an der **Hauptstraße** ㊵. Je nach Interesse verlängert man den Abstecher diesmal bis zum **Erich-Kästner-Museum** ㊴ hinter dem Albertplatz oder zum **Museum für Sächsische Volkskunst im Jägerhof** ㊶ – wenn nicht gerade das Museum für Archäologie oder jenes für Völkerkunde eine spannende Ausstellung im Japanischen Palais ㊱ haben. Noch Zeit für eine Turmbesteigung? In der **Dreikönigskirche** ㊳ kann man sich eine schöne Aussicht erklettern.

## 2. TAG

Der Ausflug mit dem Mietwagen führt zuerst in die **Gartenstadt Hellerau** im Norden Dresdens. Rund um Markt, Deutsche Werkstätten ㊽ und Festspielhaus ㊾ sind hübsche Reihenhäuser im Grünen zu entdecken, die heute wieder zu den begehrtesten Immobilien Dresdens gehören. Entstanden sind sie Anfang des 20. Jahrhunderts aus der sozialreformerischen Vision eines Einklangs von Wohnen und Natur, Arbeit und Kultur.

Von hier ist es nicht weit zum **Wasserschloss Moritzburg** ㊶, einer barocken Schlossanlage inmitten einer Teichlandschaft, die sich *August der Starke* von Zwingerbaumeister *Pöppelmann* für höfische Feste und Jagden umbauen ließ. Ein ausgedehnter Spaziergang oder eine

## DAS BESTE AUF EINEN BLICK
*Dresden in fünf Tagen*

Kutschfahrt durch Park und Wald erlauben kleine Entdeckungen, beispielsweise das zierliche Fasanenschlösschen oder Mole, Leuchtturm und Dardanellen.

Wer sich mittags noch nicht von der appetitanregenden Speisekarte des Schmidt's 3 in Hellerau hat verführen lassen, kann in „Adams Gasthof" im Biergarten (im Ort unweit des Schlosses) pure Idylle genießen: Eine Wiese, ein kleiner See, alte Bäume, dörfliche Ruhe – vielleicht ist hier die Zeit wirklich stehengeblieben.

## 3. TAG

Vormittags geht es ins Grüne, in den **Großen Garten** 32. Der große Park bietet den Neigungen entsprechend vielerlei Plaisir: eine Fahrt mit der Liliputeisenbahn, einen Besuch im Zoo oder im Botanischen Garten, für Kunstinteressierte barocke Skulpturen im Palais. Einmalig ist das **Hygienemuseum** 31 in unmittelbarer Nachbarschaft des Parks. Das „Universalmuseum vom Menschen" widmet sich dem Zusammenhang vom menschlichen Körper mit biologischen, psychologischen, sozialen und kulturellen Themen wie Gesundheit und Krankheit, Ernährung, Sexualität, Schönheit. Berühmtestes Exponat ist der „Gläserne Mensch".

Gläsern ist auch die neue **VW-Manufaktur** 30, in der der Phaeton montiert wird. Wem das Mittagessen im Manufaktur-Bistro Lesage 3 zu abgehoben ist, kann bei Sommerwetter zünftig in einen der Biergärten im Großen Park einkehren, etwa in der Torwirtschaft 8 gleich an der Lennéstraße.

Nachmittags geht es in zwei weitere Museen im Zwinger, die man bisher vielleicht ausgelassen hat: das **Porzellanmuseum** 4 und die **Rüstkammer** 3. Chinesisches, japanisches und Meissener Porzellan zeigt das eine Museum, mit 20.000 Objekten (etwa die Hälfte ist ausgestellt) eines der größten der Welt, das andere Waffen und Harnische. Auch wer meint, mit Militaria nichts am Hut zu haben, wird vom Prunk und von der Kunstfertigkeit der Waffenschmiede und Büchsenmacher beeindruckt sein. Nicht alles diente kriegerischen Zwecken, auch für Turniere und höfische Feste wurden prächtige Ausstattungen gefertigt.

Danach folgt ein Kontrastprogramm: Die **Prager Straße** 29 ist schon zur DDR-Zeit die zentrale Einkaufsstraße Dresdens gewesen. Die Läden – meist Filialen von Ketten und größere Kaufhäuser – sind vielleicht austauschbar, die Architektur ist es nicht. Sozialistische Stadtplanung in Reinkultur, inzwischen auf Vordermann gebracht und von eigenem zeithistorischem Charme. Möge die Einsicht verhindern, das alle DDR-Relikte der gegenwärtig überwiegenden Rekonstruktionsmode einer idealisierten Vergangenheit zum Opfer fallen! Auch der **Altmarkt** 26 mit dem einst berüchtigten Stalin-Barock der überdimensionierten Häuserzeilen und dem Kulturpalast braucht eigentlich nur ein schlüssiges Konzept, nicht jedoch noch eine weitere Shoppingmall.

## 4. TAG

Vormittags steht in **Radebeul** 60 zuerst das **Karl-May-Museum** auf dem Pro-

◀ *Futuristisches im barocken Dresden: Gläserne Manufaktur*

# DER ELBERADWEG

*Wie die Loire gehört die Elbe zu den letzten natürlichen Flusslandschaften Europas – und der Elberadweg laut ADFC zu den drei beliebtesten Radwegen Deutschlands. Er beginnt im Nachbarland Tschechien und führt von den bizarren Felsen der Sächsischen Schweiz über Pirna durch das von der UNESCO als Weltkulturerbe eingestufte Dresdner Elbtal weiter flussabwärts über Radebeul und Meißen. Wer will, kann einen ganzen Urlaub mit einer Etappen-Radwanderung bis zur Mündung bestreiten – von Schöna an der tschechischen Grenze bis nach Cuxhaven sind es rund 860 km.*

*Bei schönem Wetter sollten sich aber auch Dresden-Besucher eine Tagestour flussaufwärts nicht entgehen lassen! Denn weil man für die Rückkehr alle Kilometer bequem in die Bahn steigen kann, sind auch Streckentouren möglich. Je nach Kondition radelt man bis Pirna (circa 23 km), bis zur Festung Königstein (37 km) oder noch weiter nach Rathen oder Bad Schandau (43 km). Die flussnahe, abwechslungsreiche Tour auf befestigten Radwegen stellt keinerlei sportlichen Herausforderungen an den Radler, da es nur kleine Steigungen gibt. Insgesamt beträgt die Strecke im sächsischen Elbtal etwa 86 km. Das Logo des Elberadwegs ist ein blaues, geschwungenes „e".*

*Die Hauptroute führt von Dresden am linken Ufer nach Pirna, immer in unmittelbarer Nähe zum Fluss. Man blickt auf die drei Elbschlösser, fährt unter dem Blauen Wunder durch, dann kommt schon bald Schloss Pillnitz, allerdings am gegenüberliegenden Ufer gelegen. Wer nicht mit der Fähre übersetzen will, fährt weiter am Wasser entlang, vorbei an der unter Naturschutz stehenden Pillnitzer Elbinsel mit unberührtem Auenwald.*

*Wie durch ein Tor gelangt man unter der Bahnlinie hindurch in die historische Altstadt von Pirna. Die Stadt nennt sich „Tor zu Sächsischen Schweiz" und das aus gutem Grund: Ab hier werden die Hügel höher und rücken näher an die Elbe heran. Man radelt durch die Dörfer Nieder- und Obervogelgesang. Zwischen Pirna und Rathen geht es allerdings eine Zeit lang nicht an der Elbe, sondern an der Bahnlinie entlang. Wer will, kann daher in Pirna auf die Hauptroute am anderen Ufer wechseln, über Wehlen nach Rathen radeln und dort die Fähre nehmen.*

*Vor Rathen kommt schon die imposante Bastei in Sicht und jenseits der großen Elbschleife die mächtige Festung Königstein. In Königstein muss man mit der Fähre zum anderen Elbufer übersetzen, um nach Bad Schandau weiterzuradeln.*

*Die Zeitplanung des Ausflugs hängt davon ab, ob man sich auch gleich Pillnitz oder Pirna anschauen oder sogar noch zur Festung Königstein oder zur Bastei hochklettern will. Eine ganze Reihe idyllischer Einkehrmöglichkeiten – die Biergärten links und rechts der Elbe – lässt die Tour niemals zur „Durststrecke" werden.*

› ***Einkehrtipp:*** *Gasthof Obervogelgesang, Obervogelgesang 22, Mo., Di. Ruhetag, Mi.-Fr. ab 14, Sa., So. ab 11 Uhr, Biergarten tgl. ab 10 Uhr*

› ***Infos:*** *www.elberadweg.de*

› ***Fahrradfreundliche Unterkünfte:*** *www.sachsenbike.de*

## DAS BESTE AUF EINEN BLICK
*Dresden in fünf Tagen*

gramm. Villa Shatterhand und Villa Bärenfett erinnern an den Erfolgsschriftsteller und zeigen eine Ausstellung über die Indianer Nordamerikas. Anschließend ist das **Weingutmuseum Hoflössnitz** inmitten von Rebflächen ein zweiter Höhepunkt des Ausflugs. Die steile **Spitzhaustreppe** führt hinauf auf die Lössnitzhöhe und belohnt mit einem fantastischen Blick über die Hänge.

Die hübschen Straußwirtschaften am Fuß der Weinberge machen zum Teil erst am späten Nachmittag auf. Lohnende Alternative: Das Mittagessen in der Orangerie oder auf der Terrasse von **Schloss Wackerbarth** (hier ist einer der Spitzenköche Sachsens Küchenchef) oder in einer Weinstube in Altkötzschenbroda vertieft den ersten Eindruck der Winzer- und Weinbautradition. Ein Spaziergang auf einem Teilstück des mit einer Rebe ausgeschilderten **Sächsischen Weinwanderwegs** (siehe Exkurs) macht Lust, sich noch intensiver mit dem kleinsten Weinanbaugebiet Deutschlands zu befassen.

Wer jetzt schon Wein kaufen will, kann im Staatsweingut Wackerbarth gleich das Sortiment eigener Sekte, Weiß- und Rotweine begutachten, aber es geht später ja noch weiter nach **Meißen** ❷. Dort bietet am historischen Markt die Winzergenossenschaft ebenfalls die Möglichkeit, den heimischen Weinvorrat aufzustocken. Durch die inzwischen sanierte Altstadt geht es bergauf zu Albrechtsburg und Dom, dann kann in der Schauwerkstatt der berühmten Porzellanmanufaktur zugesehen werden, wie das „weiße Gold" gefertigt und bemalt wird.

Zurück nach Dresden geht es am anderen Elbufer, mit schönen Fotomotiven auf Meißen und das gegenüberliegende Spaargebirge.

### 5. TAG

Der **Elberadweg** (siehe Exkurs) gehört zu den beliebtesten Fernradwegen Deutschlands und der wohl schönste Abschnitt führt von der Dresdner Altstadt elbaufwärts bis in die Sächsische Schweiz. Zunächst wird ein Fahrrad geliehen: in der eigenen Unterkunft, an einem der Bahnhöfe oder im Fahrradgeschäft (siehe Praktische Reisetipps, Radfahren). Wer genau planen will, besorgt sich vorher schon den Bahnfahrplan für die Rückfahrt (siehe Praktische Reisetipps, Unterwegs). Links der Elbe führt die Strecke unter dem **Blauen Wunder** ❺, hindurch, mit Blick auf die drei Elbschlösser, vorbei an Blasewitz, Tolkewitz, Laubegast und Kleinzschachwitz mit einem wunderbaren Blick auf das gegenüberliegende Schloss Pillnitz. Den ersten Stopp gibt es aber erst in **Pirna** ❻. Die Zeit für einen Bummel durch die historische Altstadt zum von *Canaletto* gemalten Markt und zur Marienkirche lohnt sich.

Der Weg bleibt weitgehend eben, aber schon unmittelbar hinter Pirna beginnt das Elbsandsteingebirge. Das Tal wird enger, bald ist die **Bastei** ❻ erreicht und nur eine Elbschleife weiter die **Festung Königstein** ❻. Für beides ist der Tag wahrscheinlich zu kurz, entweder setzt man mit der Fähre nach Rathen über und klettert hinauf zur Bastei, dem wohl berühmtesten Aussichtspunkt der Sächsischen Schweiz, oder man entscheidet sich für die als uneinnehmbar geltende Festung. Bei guter Kondition radelt man noch weiter bis nach **Bad Schandau** ❻ und steigt erst dort in die Bahn, die den müden Ausflügler zurück nach Dresden bringt. Aber der Ausflug hat Spaß gemacht – man kommt gerne wieder!

# ZUR RICHTIGEN ZEIT AM RICHTIGEN ORT

## JANUAR

> **Dresdner Neujahrsschwimmen:** In verrückter Verkleidung springen Unerschrockene auch bei Eiseskälte in die Elbe und schwimmen mindestens bis zur nächsten Brücke. Das Wasser kann beim „Eisschwimmen" so um die 2 °C haben. Mit Wettbewerb für originelle Badekostüme. Anfang Januar, Neustädter Ufer, www.eisbaden.de.

> **SemperOpernball:** Nach über 60 Jahren Pause fand 2006 zum ersten Mal wieder ein Ball im Opernhaus statt – er soll zur dauerhaften Institution werden. Erste Januarhälfte, www.semperopernball.de.

▲ *Ein Höhepunkt des Dresdner Winters ist der Striezelmarkt*

## MÄRZ, APRIL UND MAI

> **Hutball:** Der Ball im Frühjahr entwickelt sich zum gesellschaftlichen Ereignis. März, www.hutball.de.

> **Filmfest Dresden:** Filmfestival für Animations- und Kurzfilme mit internationaler Beteiligung. Ca. 200 Vorführungen und Filmball. Mitte April, www.filmfest-dresden.de.

> **Neustadtfest:** Straßenfest in der Hauptstraße ④ und in der Königstraße ㊲ mit Sportveranstaltungen zum Zuschauen und Mitmachen, Konzerten, Film- und Theatervorführungen und dem Königstraßen-Picknick. Ende April bis Anfang Mai, www.neustadtfest-dresden.de.

> **Dampferparade:** Traditionelle Saisoneröffnung mit den historischen Raddampfern der Sächsischen Dampfschifffahrtsgesellschaft – die gesamte Dampferflotte mit je einer Combo an Bord startet Richtung Pillnitz. 1. Mai, Terrassenufer.

> **Dixieland-Festival:** Mit Riverboat-Shuffle, Dixie im Zoo, Dixie auf dem Campus, Jazz-

meile zwischen Altmarkt ㉖ und Hauptbahnhof, Brass-Band-Parade und Festival-Spätlese in Schloss Wackerbarth. Außerdem jede Menge Konzerte – zwischen 30 und 50 Bands aus Europa und Übersee treten an zahllosen Orten in der ganzen Stadt auf, damit ist es eines der größten Dixielandfestivals der Welt! Seit 1970 findet es schon statt und zieht mit echtem Volksfestcharakter unzählige Liebhaber an. Erste Maihälfte, www.dixieland.de.

› **Karl-May-Festtage:** Programm mit Indianern und Cowboys. Mai, Fr.–So. nach Himmelfahrt, Radebeul, www.karl-may-fest.de.

› **Dresdner Biermeile:** Auf der Neustädter Hauptstraße ㊵ können über 200 Biersorten aus aller Welt probiert werden, selbstverständlich auch die sächsischen Biere wie Krostitzer, Radeberger oder Schwarzer Steiger und tschechische wie Zlatopramen oder Primator. Mehrere Bühnen mit Live-Musik. Mitte Mai.

› **Dresdner Musikfestspiele:** Hochkarätige Klassik-Veranstaltungsreihe mit echter Festspiel-Atmosphäre. Rund 100 Konzerte in Schlössern, Theatern und Kirchen; einige Veranstaltungen sind open air und kostenfrei. Vom schönen barocken Ambiente profitieren besonders die Musikaufführungen im Zwinger ①, in Schloss Moritzburg ㊶ und Schloss Pillnitz ㊺. Ende Mai/Anfang Juni, www.musikfestspiele.com.

› **CSD:** Gay-Parade. Ende Mai, Anfang Juni.

## JUNI, JULI UND AUGUST

› **Dresdner Campus-Party:** Größte Uni-Party Deutschlands. Juni, www.campusparty.de.

› **Bunte Republik Neustadt:** Buntes Stadtteilfest im Szeneviertel, die ganze Äußere Neustadt wird zur Party- und Feierzone. Konzerte, Theater, Lesungen, Kunstaktionen in Kneipen, auf Plätzen und in Hinterhöfen, Privatleute und Lokale stellen Boxen, Tische und Stühle und Imbissstände vor die Tür. Drittes Juniwochenende, Äußere Neustadt.

› **Elbhangfest:** Das größte Stadtteilfest Dresdens mit rund 250 Veranstaltungen findet an drei Tagen in Loschwitz, Wachwitz, Niederpoyritz und Pillnitz statt. (Erstmals wurde es zur Rettung der Loschwitzer Kirche und der Pillnitzer Weinbergkirche veranstaltet.) Konzerte, Theater, Literarisches, Kinderprogramme und gastronomische Angebote warten auf den Besucher. Außerdem öffnen Künstler, Handwerker und Händler ihre Läden, Ateliers und Werkstätten. Die 8 km zwischen Loschwitz und Pillnitz mit Weinbergen, Villen und Winzerhäusern, Gärten und Elbwiesen bilden eine besonders reizvolle Kulisse. Ende Juni, www.elbhangfest.de.

› **Parkschoppenfest:** Romantischer Sommerabend mit Konzerten und Weinausschank. Ende Juni, Schloss Wackerbarth (siehe Radebeul ㊿), www.schloss-wackerbarth.de.

› **Museums-Sommernacht Dresden:** Dresdner Museen öffnen bis spät in die Nacht, mit vielen Aktionen, Sonderführungen, Konzerten, Partys. Busse und Straßenbahnen verbinden die einzelnen Stationen. Erste Julihälfte, Dresdner Schlösser, Museen und weitere Veranstaltungsorte, www.dresden.de/museumsnacht.

› **Filmnächte am Elbufer:** Deutschlands wohl schönstes Open-Air-Kino mit Blick auf Dresdens berühmtes Altstadtpanorama bietet insgesamt rund 4000 Sitzplätze, 400 davon überdacht. Rund 50 Filmvorführungen und etwa 10 Konzerte, zum Teil auch thematische Reihen wie Kurzfilmnacht oder Trash-Nacht. Juli und August, Königsufer, www.filmnaechte-am-elbufer.de.

› **Moritzburg-Festival:** Renommiertes Kammermusik-Festival mit bekannten Spitzenmusikern und begabten Nachwuchskünstlern. Neben regulären Konzerten finden auch öffentliche Proben mit niedrigeren Eintrittspreisen statt. Zwei Wochen Mitte August, in Schloss ❻❶ und ev. Kirche in Moritzburg, www.moritzburgfestival.de.

› **Dresdner Stadtfest:** Stadtfest zwischen Hightech und Barock, Höhepunkt ist die Dampfschiff-Flottenparade. Mit großem Feuerwerk, diversen Bühnen und einer „Partymeile" auf der Königstraße ❸❼. Zweite Augusthälfte, Innenstadt, www.dresden-stadtfest.de.

› **Tag des offenen Weinguts:** Weinproben, Weinbergführungen und Veranstaltungen bei den Winzern im Elbtal von Pillnitz bis Diesbar-Seußlitz. Ende August.

## SEPTEMBER UND OKTOBER

› **Dresdner Töpfermarkt:** Rund um den Goldenen Reiter ❸❺ zeigen Keramiker aus dem In- und Ausland ihre handgearbeiteten Produkte. Anfang September, Neustadt, www.toepfermarkt-dresden.de.

› **Tag des offenen Denkmals:** Sonst nicht öffentliche Gebäude werden der Allgemeinheit zugänglich gemacht. Erste Septemberhälfte, www.tag-des-offenen-denkmals.de.

› **Festival der Weltkulturen:** Zweite Septemberhälfte, Messe Dresden, www.festival-der-weltkulturen.de.

› **Radebeuler Herbst- und Weinfest** mit Wandertheaterfestival: Kulturprogramm und Weinverkostung rund um den Dorfanger. Zweite Septemberhälfte, Radebeul-Altkötzschenbroda, www.weinfest-radebeul.de.

› **Dresdner Tage der zeitgenössischen Musik:** Renommiertes Festival der Gegenwartsmusik. Anfang Oktober, verschiedene Spielstätten, www.zeitmusik.de.

› **Dresden-Marathon:** Start und Ziel in der Regel in der Ostra-Allee am Haus der Presse. Oktober, www.dresden-marathon.de.

## NOVEMBER UND DEZEMBER

› **Tanzherbst:** Tanztheater, Körpertheater und Performances, Gastspiele und Uraufführungen. Anfang November, verschiedene Theaterbühnen, www.tanzherbst.de.

› **Dresdner Striezelmarkt:** Einer der größten Weihnachtsmärkte Deutschlands, der auch Besucher von weiter anzieht. Höhepunkte des bis in das Jahr 1434 zurückreichenden Marktes sind das Pflaumentoffel- und Pfefferkuchenfest, das Stollenfest mit großem Festumzug und das Pyramidenfest mit Sängerwettstreit. Weitere Weihnachtsmärkte in der Prager Straße und in der Neustädter Hauptstraße machen ganz Dresden zur Weihnachtsmeile. Stimmungsvoll ist das Adventsspektakel im Stallhof ❼, ein mittelalterlicher Weihnachtsmarkt, und die Weihnachtsausstellung im Jägerhof ❹❶ (Museum für Sächsische Volkskunst). Hübsche Mitbringsel sind – neben dem Klassiker Christstollen – auch erzgebirgische Holzschnitzereien und Pulsnitzer Lebkuchen. Ende November bis Heiligabend, Altmarkt, www.dresden.de/striezelmarkt, tgl. 10–20 Uhr, Fr. und Sa. bis 21 Uhr.

## FEIERTAGE IN SACHSEN

› 1. Januar, Neujahr
› Karfreitag
› Ostermontag
› 1. Mai, Tag der Arbeit
› Christi Himmelfahrt
› Pfingstmontag
› 3. Oktober, Tag der deutschen Einheit
› 31. Oktober, Reformationstag
› November, Buß- und Bettag
› 25. Dezember, 1. Weihnachtsfeiertag
› 26. Dezember, 2. Weihnachtsfeiertag

# AUF INS VERGNÜGEN

Je nach Lust, Laune und Wetter lädt Dresden zum entspannten Citybummel, zur intensiven, kunst- und kulturhaltigen Sightseeing- und Museumstour, zum lustvollen Shopping oder zum Schlemmen und Genießen ein.

In diesem Abschnitt haben wir Anregungen für verschiedene Erlebnisarten und abwechslungsreiche Aktivitäten zusammengestellt. Alle Vorschläge lassen sich selbstverständlich beliebig zu Ihrer individuellen Erlebnistour kombinieren.

# DRESDEN FÜR CITYBUMMLER

In Dresden gehören Urbanes und Landschaft eng zueinander: Die in Jahrhunderten gewachsene Harmonie aus kunstvoller Architektur und weitgehend natürlicher Flusslandschaft ist das Besondere an dieser Stadt. Die Elbwiesen bringen die Natur direkt ins Zentrum, im Unterschied zu anderen Städten wie Köln oder Paris ist der Fluss nirgendwo von Ufermauern eingezwängt. Der bis zu 400 m breite Streifen offener, grüner Uferzonen lädt zum Sonnenbaden, Ballspielen oder Drachenfliegen ein und gibt dem Panorama eine großzügige Weite. Der vielzitierte „Dreiklang von Stadt, Hang und Strom" meint aber auch die landschaftliche Anmut der nahen Elbhänge. Ein ideales Fortbewegungsmittel ist in Dresden daher das Fahrrad, zumal mit dem Elberadweg die schönste Strecke am Flussufer immer neue Blicke auf die Stadt eröffnet.

Die **Orientierung** wird dem Besucher leicht gemacht. Wer nur ein Wochenende bleibt, kann gut zu Fuß die Stadt erlaufen, in der Altstadt und der Neustadt liegen Sehenswürdigkeiten, Hotels, Restaurants, Geschäfte und Ausgeh-Adressen nah beieinander, in die Vororte fahren Busse und Straßenbahnen – Loschwitz und Pillnitz kann man auch mit einer Dampferfahrt erkunden. Für Ausflüge nach Radebeul, Meißen, Pirna und in die Sächsische Schweiz empfiehlt sich bei guter Kondition und gutem Wetter das Rad, ansonsten die Bahn oder das Auto.

**Informationen** über die Stadt, Eintrittskarten und Tickets für Stadtrundfahrten erhält man bei der Dresdner Tourist-Information mit Zweigstellen in der Schinkelwache auf dem Theaterplatz und in der Prager Straße nahe dem Hauptbahnhof (siehe „Praktische Reisetipps/Informationsquellen und Stadtrundfahrten"). Abfahrtsstellen für **Stadtrundfahrten** mit dem (Doppeldecker-)Bus sind u. a. Postplatz und Theaterplatz, für Rundfahrten mit dem Schiff trifft man sich am Terrassenufer. Tickets kann man auch vor Ort kaufen.

## DIE STADTVIERTEL

Knapp 30 km fließt die Elbe in weiten Bögen durch das Dresdner Stadtgebiet. Am linken Flussufer liegen neben der Altstadt die Stadtteile Friedrichstadt, Südvorstadt, Strehlen, Johannstadt, Striesen, Blasewitz, Tolkewitz, Laubegast und Kleinzschachwitz, rechts der Elbe die Neustadt, die Antonstadt, die Radeberger Vorstadt, Mickten, Pieschen, die Leipziger Vorstadt, Hellerau, Loschwitz, Weißer Hirsch, Wachwitz, Niederpoyritz, Hosterwitz und Pillnitz.

In der **Altstadt** drängen sich Dresdens bedeutendste Sehenswürdigkeiten und Museen auf engem Raum unmittelbar an der Elbe: Zwinger und Semperoper, Hofkirche und Brühlsche Terrasse, Residenzschloss und Frauenkirche. Wer allerdings eine historisch gewachsene Altstadt erwartet, wird von den wie Puzzleteilen wirkenden Gebäuden überrascht werden. Nach der vollständigen Zerstörung der Innenstadt im Zweiten Weltkrieg wurden in Jahrzehnten der Rekonstruktionsarbeit wichtige bauliche Zeugnisse wiederhergestellt, zuletzt die Frauenkirche, deren dominierende Kuppel seither wieder ihren unverwechselbaren Akzent im berühmten Dresdner Stadtpanorama setzt. Dazwischen klaffen große Brachen und schneiden Straßen breite Schneisen. Die dichte Bebauung und die engen Straßen und Gassen der Vorkriegszeit wurden nicht wiederhergestellt. Die vom Zentrum zum Hauptbahnhof führende Prager Straße ㉙, die zentrale Einkaufsmeile der Stadt, wurde in den 1960er-Jahren als breite Fußgängerzone gestaltet und gilt als sehenswertes Beispiel städteplanerischen Ehrgeizes der DDR-Zeit.

> **EXTRATIPP**
>
> *Stadtführungen*
> Klassisches Sightseeing, vor allem aber thematische Touren und Stadtteilerkundungen, Exkursionen ins Umland, Radtouren und Weinwanderungen veranstaltet **Igel-Tour.** Hier kann man Dresden je nach individueller Interessenlage erkunden, da das Angebot differenziert ist und nicht nur Themen aus Geschichte, Kunst, Kultur und Architektur umfasst, sondern auch vernachlässigte oder unbequeme Aspekte der Stadtgeschichte (jüdisches Leben in der DDR, Mahndepots u. a.). Insgesamt sind rund 50 Touren im Programm (siehe „Praktische Reisetipps").

Die Neustadt hat zwei Gesichter: die **Innere Neustadt,** nach einem verheerenden Stadtbrand Ende des 17. Jahrhunderts als barockes Straßenensemble aus

◀ *Möglichkeiten zu Stadtrundfahrten gibt es in Dresden zuhauf*

einem Guss erbaut, erstrahlt nach der Restaurierung in neuem Glanz. Von der Augustusbrücke lohnt ein Bummel über die Hauptstraße bis zum Albertplatz und zurück durch die noble Königstraße. Vom Elbufer vor dem Japanischen Palais bietet sich der berühmte Canaletto-Blick auf die Altstadt.

Die **Äußere Neustadt** überstand den Krieg und gilt als das größte zusammenhängende Gründerzeitviertel Deutschlands. Der Flächenabriss war freilich schon geplant. Seit der Wende hat sich das Szeneviertel der Alternativen und Aussteiger zur abendlichen Ausgehmeile entwickelt – rund 150 Bars, Cafés, Kneipen und Restaurants bieten ein reges Nachtleben. Etwas Flair von autonomer Subkultur, Wendezeit und Ostalgie hält sich noch, aber die Neustadt ist keine Insel mehr. Seit der Sanierung haben auch geschäftstüchtige Immobilienmakler die Qualitäten des Stadtteils zwischen Königsbrücker Straße, Bischofsweg, Prießnitzstraße und Bautzner Straße entdeckt. Wer über die beiden zentralen Achsen des Stadtteils, Alaunstraße und Louisenstraße, hinauf- und hinunterspaziert, erhält einen ersten Eindruck vom Dresdner „Prenzlberg".

Jenseits des Alaunplatzes in nordöstlicher Richtung wurde die **Antonstadt** Ende des 19. Jahrhunderts zu einem der größten Garnisonsplätze des Deutschen Reichs ausgebaut. Hier lohnt demnächst ein kurzer Abstecher von der Äußeren Neustadt zum Militärhistorischen Museum [1] im großen Arsenalgebäude an der Stauffenbergallee (das allerdings derzeit noch nach Entwürfen von *Daniel Libeskind* umgebaut wird).

Die **Friedrichstadt** schließt westlich an die Altstadt an, ist durch die Trasse der Eisenbahn aber deutlich von ihr getrennt. Die älteste Vorstadt Dresdens wurde in der ersten Hälfte des 18. Jahrhunderts planmäßig angelegt und in der ersten Hälfte des 19. Jahrhunderts eingemeindet. Zwischen Industrie- und Gewerbean-

◀ *Nicht nur die Innenstadt ist sehenswert: Zigarettenfabrik Yenidze in der Friedrichstadt*

## AUF INS VERGNÜGEN
*Dresden für Citybummler*

siedlungen erinnern einige barocke Häuser wie das Palais Brühl-Marcolini (heute ein Krankenhaus) noch daran. Nahebei liegen der Alberthafen, das Messegelände im Ostragehege mit dem umgewidmeten ehemaligen Schlachthof, der Ostra-Sportpark mit Eissporthalle, Sportplätzen und Stadion. Sehenswert sind die Zigarettenfabrik Yenidze ❹ und der Alte Katholische Friedhof ❺, die man direkt ansteuern kann – zum ziellosen Bummeln wird man nicht in die Friedrichstadt kommen.

Zur **Äußeren Altstadt** gehören außerdem die Johannstadt, Striesen und das Viertel um den Großen Garten ❷. Für Dresden-Bummler ist vor allem die weitläufige Parkanlage ein Flanierziel, besonders an schönen Tagen bietet sie viel Abwechslung und der Abstecher lässt sich gut mit einem Besuch im Hygiene-Museum ❶ und der futuristischen Gläsernen Manufaktur ❿ verbinden.

Die Villenviertel **Blasewitz**, **Loschwitz** und **Weißer Hirsch**, um 1800 noch idyllische Fischer- und Winzerdörfer vor den Toren der Stadt, sind heute begehrte Wohnorte betuchter Dresdner. Nach der Reblauskatastrophe im 19. Jahrhundert wurden viele Weinberge zu Baugrundstücken für Gründerzeitvillen im Stil des Historismus.

Im Stadtteil Weißer Hirsch ❾ am Rand der Dresdner Heide sorgte Anfang des 20. Jahrhunderts überdies ein über Europa hinaus bekanntes Sanatorium für eine mondäne Atmosphäre. Heute besticht gerade die Mischung aus dörflichen Fachwerk- und Winzerhäusern am Elbufer und den prächtigen Villen prominenter Unternehmer und Künstler am Hang. Rund um Schillerplatz und Körnerplatz hat sich daher eine Art „zweites Zentrum" Dresdens entwickelt. Wer die Brückenkonstruktion „Blaues Wunder" ❶ bestaunt hat, mit einer der technisch beeindruckenden Bergbahnen ❸ auf die Elbhänge gefahren ist und die sich dort bietende grandiose Aussicht genossen hat, kann hier noch durch hübsche, kleine Geschäfte bummeln und anschließend einen der Biergärten am Elbufer ansteuern.

Im Norden der Stadt entstand in **Hellerau** die erste Gartenstadt Deutschlands. Die Wohn- und Arbeitssiedlung wurde Anfang des 20. Jahrhunderts von so bekannten Architekten wie *Riemerschmid, Tessenow* und *Muthesius* rund um die Möbelfabrik der „Deutschen Werkstätten" ❽ errichtet. Neue, sozialreformerische Ideen und das Konzept naturverbundenen Arbeitens und Wohnens zogen auch viele Künstler an.

Unbedingt empfehlenswert ist ein Besuch in **Pillnitz** am östlichen Stadtrand Dresdens, ob mit dem Bus oder besser noch mit dem Dampfer. Die im Chinoiserie-Stil erbaute Sommerresidenz des sächsischen Hofes zählt zu den schönsten Schlössern Europas, der sehenswerte Park lädt zu einem ausgedehnten Spaziergang ein.

Zu einem Besuch Dresdens gehören auch Abstecher zu den Highlights der **Umgebung:** zum Wasserschloss Moritzburg nordwestlich der Stadt inmitten einer bezaubernden Teichlandschaft, zum Schloss Weesenstein im von der Jahrhundertflut 2002 arg gebeutelten Tal der Müglitz, zum Barockgarten Großsedlitz bei Heidenau, zur Festung Königstein und der Bastei in der Sächsischen Schweiz, nach Pirna, Radebeul und Meißen (siehe Kapitel „Elbtal und Sächsische Schweiz").

# DRESDEN FÜR ARCHITEKTUR- UND KUNSTFREUNDE

*Dresden ist seit 2004 Weltkulturerbestätte und trotz der katastrophalen Zerstörungen am Ende des Zweiten Weltkriegs wieder als Barockstadt zu erleben. Ungeachtet der Tatsache, dass so gut wie alle historischen Bauten rekonstruiert sind, vermag Dresden als Kunst- und Kulturmetropole von Weltrang zu faszinieren – mit barocker Architektur und weltberühmten Kunstsammlungen. Nach Jahrzehnten im Abseits ist „Elbflorenz" seit einiger Zeit wieder in die erste Reihe der deutschen Städte gerückt.*

▲ *Meisterwerk barocker Architektur: Dresdens Zwinger*

## DIE BAROCKSTADT

Im **Großen Garten** ❸❷ steht mit dem Palais von *Johann Georg Starcke* sogar der früheste Barockbau Sachsens. Vor allem aber im „Augusteischen Zeitalter" entstand Dresden als glanzvolle Residenzstadt *Augusts des Starken*. Nach seinen Reisen in Italien und Frankreich hatte der Kurfürst von Sachsen und König von Polen eine Vorstellung davon, wie eine prächtige Residenz von europäischem Rang auszusehen hätte. Sein Ziel war es, Eleganz und Prunk absolutistischer Hofhaltung an die Elbe zu holen – ergänzt um die im Süden erlebte Heiterkeit und Sinnenfreude.

Er fand auch den Baumeister, der das Gewollte zu formen verstand: *Matthäus Daniel Pöppelmann* (1662–1736) kam

1686 aus Westfalen als junger Mann nach Dresden, wo er sesshaft wurde. Erst arbeitete er unter dem Oberlandbaumeister *Wolf Kaspar von Klengel*, dann wurde er selbst Landbaumeister und maßgeblicher Berater des Königs in allen Baufragen. Reisen führten ihn nach Wien, Rom und Paris.

Unter seiner Ägide und der Regentschaft seines Fürsten entwickelte Dresden sich zur prächtigen barocken Residenzstadt, entstand der **Zwinger** ❶, wurden **Schloss Moritzburg** ❻❶, **Schloss Pillnitz** ❺❺ und das **Japanische Palais** ❸❻ ausgebaut. Auch der Adel trug mit herrschaftlichen Stadtpalais zur Umgestaltung des städtischen Ensembles bei. Und mit der **Frauenkirche** ❷❸ weist Dresden ein bedeutendes bauliches Zeugnis des bürgerlichen Barock auf – den Auftrag zum Bau des Gotteshauses gab der Rat der Stadt, nicht der Hof. Überdies räumten die damals erlassenen Bauordnungen mit der mittelalterlichen Enge von Gassen und Häusern auf. In der Inneren Neustadt sorgte ein neuer Bebauungsplan für großzügige Weiträumigkeit.

Ein großartiges Ensemble barocker Architektur entstand somit in wenigen Jahrzehnten um die Wende zum 18. Jahrhundert. Für die umfangreichen Bautätigkeiten wurden zahlreiche hervorragende Künstler beschäftigt, neben *Pöppelmann* waren das die Architekten *George Bähr* (1666–1738), *Zacharias Longuelune* (1669–1748), *Jean de Bodt* (1670–1748), *Johann Christoph Knöffel* (1686–1752) und *Gaetano Chiaveri* (1689–1770), der Bildhauer *Balthasar Permoser* (1651–1732), der renommierte Goldschmied *Johann Melchior Dinglinger* (1664–1731) und der Orgelbauer *Gottfried Silbermann* (1683–1753), außerdem der Porzellanmeister, Hoflackierer, Elfenbeindrechsler. Sie machten Dresden zu einem Gesamtkunstwerk und zum gebauten Ausdruck von Lebenslust und Repräsentationsfreude.

> **EXTRATIPP**
>
> *Burgen in Dresdens Umgebung*
> Wer sich für Burgen und Festungen interessiert, kann in der Umgebung Dresdens gleich mehrere Ausflugsziele einplanen. Burg Stolpen ❻❻ wurde als Gefängnis der Gräfin Cosel berühmt-berüchtigt, die Festung Königstein ❻❼ gilt als größte Bergfestung Europas und als uneinnehmbar. Beide sind auch Aussichtspunkte in reizvoller Landschaft. Auch Schloss Weesenstein ❻❹ und die Albrechtsburg in Meißen ❻❷, trotz des Namens der erste Schlossbau Deutschlands, sind lohnende Ausflüge (siehe „Elbtal und Sächsische Schweiz").

## GOTTFRIED SEMPER

Die Dresdner Bauten sind die berühmtesten unter den Bauten des Architekten *Gottfried Semper* (1803–1879). Er entwarf die **Semperoper** ❶❶, die **Sempergalerie am Zwinger** ❶ und die alte Synagoge, die in der Reichspogromnacht 1938 von den Nationalsozialisten abgebrannt wurde. In weiteren Stationen in Hamburg, Paris, London, Zürich und Wien durchlief er eine beispiellose internationale Karriere. In Dresden war er ab 1834 als Professor an der Kunstakademie tätig.

1849 musste *Semper* fliehen und wurde jahrelang steckbrieflich gesucht, weil er sich beim Dresdner Maiaufstand an der Errichtung von Barrikaden beteiligt hatte. Beim Wiederaufbau seiner ersten,

## AUF INS VERGNÜGEN
*Dresden für Architektur- und Kunstfreunde*

## AUSSICHTSPUNKTE

*Aussichtspunkte gibt es in Dresden dank der **Elbhänge** ganz ohne menschliches Zutun. Zu den Loschwitzer Höhen nehmen einem allerdings zwei Bergbahnen ❺❸ den beschwerlichen Aufstieg ab. Vom Ausflugslokal „Luisenhof" ⑭ blickt man auf das Blaue Wunder, das Elbtal und Dresden, bei klarer Sicht auch bis zur Sächsischen Schweiz. Ähnlich reizvolle Aussichten bieten sich von den drei Elbschlössern.*

*Für den berühmten **Canaletto-Blick** auf das Altstadtpanorama muss man einfach zum Neustädter Ufer pilgern - vom Elbufer vor dem Japanischen Palais ❸❻ oder dem Bellevue-Hotel ㉑. Die Brühlsche Terrasse gilt gar als „Balkon Europas".*

*Im Stadtzentrum können diverse **Türme** bestiegen werden - in Frauenkirche ㉓ (tgl. 10-13, 14-18 Uhr), Kreuzkirche ㉘ (Mo.-Sa. 10-17.30, So. 12-17.30 Uhr) und Hausmannsturm im Residenzschloss ⑨ (April-Okt. Mo., Mi.-So. 10-18 Uhr, Di. geschl.) müssen viele Stufen erklettert werden. Im Rathausturm [D9] hingegen gibt es einen Lift. Sie alle bieten - immer wieder neue - Aussichten aus der Vogelperspektive auf die Innenstadt. Dem Turm der Dreikönigskirche [D8] (variierende Öffnungszeiten) liegt die Innere Neustadt zu Füßen, vom Ernemannturm der Technischen Sammlungen ① (Di.-Fr. 10-17, Sa., So. 10-18 Uhr) an der Schandauer Straße im Südosten Dresdens dagegen blickt man auf Striesen, Gruna, Tolkewitz und die Elbhänge gegenüber.*

1869 abgebrannten Dresdner Oper übertrug er die Bauleitung seinem Sohn *Manfred*, während er selbst mit anderen Aufträgen beschäftigt war. In Wien etwa war der Architekt an Naturhistorischem Museum, Kunsthistorischem Museum und dem Hofburgtheater beteiligt. Allerdings instruierte er seinen Sohn in annähernd 6000 Briefen über jedes Detail bis hin zur Innenausgestaltung des Dresdner Opernhauses.

## DAS 20. JAHRHUNDERT

Auch **technische Denkmäler** weist Dresden auf, entstanden um die Jahrhundertwende. Am bekanntesten ist die Brücke **Blaues Wunder** ❺❶ zwischen Loschwitz und Blasewitz, die die Elbe ohne Strompfeiler überspannt – ein Meisterwerk der Ingenieurskunst dieser Epoche. **Standseilbahn und Bergschwebebahn** ❺❸ wurden ebenfalls um 1900 in Betrieb genommen und zählen zu den ersten ihrer Art weltweit.

Die **Äußere Neustadt** blieb von Bomben wie von Abrissbirne größtenteils verschont und gilt als größtes zusammenhängendes Gründerzeitviertel der Republik. Die **Villenviertel** Blasewitz ❹❼, Loschwitz ❺⓪ und Weißer Hirsch ❹❾ vermitteln interessante Einblicke in die historisierende Architektur der Wende vom 19. zum 20. Jahrhundert.

Im Gegensatz zu diesen auch zur Selbstdarstellung dienenden Villen des wohlhabenden Bürgertums wurde mit der **Gartenstadt Hellerau** ein sozialreformerisches Projekt verwirklicht. 1908 gegründet, verkörpert es die Utopie einer modernen Wohn- und Arbeitssiedlung im Einklang mit der Natur. Zentrum sind der Hellerauer Markt und die „Deutschen

# AUF INS VERGNÜGEN
## Dresden für Architektur- und Kunstfreunde

Werkstätten" ❺❽. Das Festspielhaus ❺❾ wird mittlerweile wieder für kulturelle Aktivitäten genutzt.

Das 1927–1930 von *Wilhelm Kreis* errichtete Gebäude des Hygiene-Museums ❸❶ nahe dem Großen Garten stellt im barocken Dresden ein markantes Zeugnis der **Moderne** dar. Es wird zurzeit unter der Leitung des Architekten *Peter Kulka* grundlegend saniert.

Auch sehenswerte **zeitgenössische Architektur** gibt es inzwischen in Dresden zu sehen, darunter die mit einem Architektur-Award ausgezeichnete Neue Synagoge ❷❶ des Architekturbüros *Wandel, Hoefer, Lorch & Hirsch,* der Neue Landtag ❶❷ des Architekten *Peter Kulka* und die Gläserne Manufaktur ❸⓿ am Großen Garten. Nach Entwürfen von *Norman Foster* wurde der Dresdner Hauptbahnhof modernisiert und der international renommierte Architekt *Daniel Libeskind* ist gleich an zwei Stellen in Dresden tätig – neben einem Projekt an der Neustädter Hauptstraße baut er das große Arsenalgebäude in der Albertstadt, am nördlichen Rand der Äußeren Neustadt, für das Militärhistorische Museum ❶ der Bundeswehr um.

## DRESDENS MUSEEN

### Entstehungsgeschichte

Die Staatlichen Kunstsammlungen Dresden gehören zu den **bedeutendsten Museen der Welt.** Schon 1560 richtete Kurfürst *August* (reg. 1553–1586) im Schloss eine Kunst- und Raritätenkammer ein – nach jener in Wien die älteste im Heiligen Römischen Reich. Bereits im Jahre 1587 umfasst das Inventar mehr als 10.000 Objekte. Dennoch war dies nicht mehr als ein Grundstock – den Ausbau der Kunstsammlung, die heute auf verschiedene Museen verteilt ist, haben vor allem Kurfürst *Friedrich August I. (der Starke,* reg. 1694–1733) und sein Sohn *Friedrich August II.* (reg. 1733–1763) durch gezielte Erweiterung vorangetrieben. Gesammelt wurde vieles, neben Gemälden, Stichen und Skulpturen auch Waffen und Harnische, physikalische Instrumente, Mineralien, Porzellan, Bernstein und Uhren. Kunsthändler Gesandte und Diplomaten in ganz Europa kauften im königlichen Auftrag einzelne Stücke, aber auch ganze Sammlungen.

Andere **Künstler wurden an den Hof geholt,** von Hofjuwelier und -goldschmied *Johann Melchior Dinglinger* etwa stammen die schönsten und ungewöhnlichsten Preziosen im Grünen Gewölbe. *Anton Raphael Meng*s wirkte 1746 schon in jungen Jahren als Hofmaler in Dresden, bevor er nach Rom ging. Von ihm stammt auch das Altarbild in der Hofkirche. Der Venezianer *Bernardo Bellotto,* genannt *Canaletto,* war 1748–66 Hofmaler von *Friedrich August II.* und hielt im Laufe von zwei Jahrzehnten das Stadtbild Dresdens in vielen Gemälden fest, die heute zum Teil zu den Beständen der Gemäldegalerie Alte Meister ❷ gehören. Mehr als zwanzig Stadtansichten fertigte *Canaletto* von Dresden und Pirna an, detailreiche Gemälde, die nicht nur Gebäude abbilden, sondern auch das alltägliche Leben.

Dass die Kunstkammer systematisiert wurde, indem daraus einzelne Kunstkabinette herausgelöst und diese ausgewählten Kreisen zugänglich gemacht wurden, kann durchaus als **Vorläufer des modernen Museums** gelten. In dem Jahrzehnt ab 1720 wurde das Grüne Gewölbe mit Kostbarem aus der königlichen Kunstkammer eingerichtet – ebenso die

# MALER IN DRESDEN

*Am Hof Friedrich Augusts II. wirkte auch der gebürtige Venezianer Bernardo Bellotto (1721-1780), der sich nach seinem Onkel und Lehrer* **Canaletto** *nannte. 1747 traf er in Dresden ein, gerade mal 26 Jahre alt. Der italienische Meister hatte sich verpflichtet, jeden Monat ein Gemälde für den König anzufertigen. In seinen topografisch exakten Gemälden hielt er die Atmosphäre des barocken Dresden fest, in präziser, kühl-perfekter Wiedergabe des Motivs - ein Höhepunkt der Stadtmalerei. Als Hilfsmittel für solche Detailtreue nutzte er (wie auch andere Maler seiner Zeit und noch späterer Epochen) die Camera obscura. Der kleine, innen geschwärzte Kasten ist mit einem Loch versehen, durch das Licht fällt, das auf der Rückwand der Kamera seitenverkehrt die Außenwelt abbildet. So konnte man das Motiv auf Papier abzeichnen und die Proportionen richtig wiedergeben.*

*Canalettos großformatige, geradezu fotografisch anmutende Stadtansichten von Dresden und Pirna sind in der Gemäldegalerie Alte Meister ❷ zu bewundern. Sie zeigen auch den Alltag dieser Epoche: Elbschiffer, Marktfrauen und den königlichen Leibarzt, die Galakarosse des Kurfürsten und eine Familienidylle, lauter kleine Szenen aus der Mitte des 18. Jahrhunderts. Eine Kopie der für den König gemalten Bilder war an den Grafen Brühl abzuliefern, den mächtigsten Mann am Hofe. Dessen Sammlung wurde später an Katharina die Große verkauft, zum Teil sind heute noch Gemälde Bellottos in Sankt Petersburg zu sehen.*

**Anton Raphael Mengs,** *der in Rom die deutsch-italienische klassizistische Malerei prägte, war für kurze Zeit Canalettos Vorgänger als Hofmaler. Von ihm stammt das Altarbild in der Hofkirche.*

*Aus einer Zeichenschule und Malerakademie ging ab 1764 die Königlich-Sächsische Akademie der bildenden Künste hervor, die* **Kunstakademie.** *Der Schweizer* **Anton Graff** *(1734-1816), seit 1766 Hofmaler, wurde 1798 als Professor für Porträtmalerei berufen. Mit ihm beginnt die Dresdner Frühromantik. Mit seinem Kollegen und Landsmann Adrian Zingg soll er den Begriff „Sächsische Schweiz" geprägt haben - wahrscheinlich eine hübsche Legende. Der aus Wolgast stammende* **Philipp Otto Runge** *(1777-1810) kam nur wenig später, im Jahr 1801, von der Kopenhagener an die Dresdner Akademie, 1814 folgte* **Carl Gustav Carus,** *1818* **Johan Christian Claussen Dahl.**

*Das Malerische der Landschaft - die anmutige Lage der Stadt inmitten von Weinbergen, das sanfte Licht und die wildromantischen Täler im Elbsandsteingebirge - übte große Anziehungskraft auf die Künstler der Romantik aus. Der berühmteste unter ihnen,* **Caspar David Friedrich** *(1774-1840), kam 1798 und blieb bis zu seinem Tod in Dresden, seit 1816 war auch er Mitglied der Kunstakademie. In den mehr als vier Jahrzehnten seiner Schaffenszeit in Dresden hat der Maler in seinen Skizzenbüchern Zeichnungen von Felsen und eine Reihe von Motiven des heute sogenannten „Malerwegs" festgehalten. Eines seiner bekanntesten Gemälde,*

„Wanderer über dem Nebelmeer", ist ohne seine ausgedehnten Touren in der Sächsischen Schweiz nicht vorstellbar - der Maler lässt den Wanderer vom Großen Winterberg schauen. Tipp: Der „Malerweg" führt auf den Spuren der Romantiker durch die Sächsische Schweiz (siehe „Sächsische Schweiz").

Ab 1852 verbrachte der Maler und Grafiker **Ludwig Richter** (1803-1884) fast dreißig Sommer in Loschwitz, seit 1836 lehrte er als Professor an der Dresdner Kunstakademie, zuvor war er Zeichenlehrer in Meißen. In liebevollen Skizzen und Zeichnungen hielt der gebürtige Dresdner das Leben der Anwohner und seiner Familie fest. Er war einer der ersten Buchillustratoren im 19. Jahrhundert, als Bücher für breitere Schichten bezahlbar wurden. Mit seinen biedermeierlichen Zeichnungen in Lese- und Märchenbüchern wuchsen ganze Generationen auf. Aber kaum jemand weiß, dass die Weihnachtsmotive vom Dresdner Striezelmarkt stammen und die idyllischen Familienszenen aus dem Elbfischer- und Winzerdorf Loschwitz.

Loschwitz ❺⓪ war auch für viele andere Künstler ein beliebter Sommeraufenthalt. **Oskar Kokoschka** (1886-1980) allerdings wurde während des Ersten Weltkriegs in ein Sanatorium im Vorort Loschwitz eingewiesen. Nach einer Kopfverwundung litt er an Gleichgewichtsstörungen, und er hoffte auch, nicht wieder zurück zur Armee zu müssen. Das Sanatorium diente auch anderen kriegsmüden Künstlern als Zuflucht, etwa dem Schriftsteller Walter Hasenclever (1890-1940). Kokoschka schuf in dieser Zeit nicht nur zahlreiche Gemälde, darunter auch Porträts seiner Künstlerfreunde, sondern arbeitete auch an dem Drama „Orpheus und Eurydike". 1919-1923 lehrte Kokoschka als erster moderner Maler als Professor an der Dresdner Kunstakademie. In den 1920er-Jahren entstanden aus seiner Hand auch Stadtansichten von Dresden.

In Dresden wurde 1905 die Künstlergruppe **„Die Brücke"** von Karl Schmitt-Rottluff, Erich Heckel und Ernst Ludwig Kirchner gegründet (siehe Exkurs). Nach ihnen werden zur sogenannten zweiten Dresdner Expressionistengeneration die Maler Otto Dix und Conrad Felixmüller gerechnet. Ihre Künstlergruppe nannte sich **„Dresdner Sezession"**. Beide, Dix und Felixmüller, lehrten ebenfalls an der Kunstakademie, bis die Nazis ihnen die Arbeit unmöglich machten.

Im Dritten Reich wird diese progressive Kunstströmung rasch beendet: Otto Dix verliert 1933 seine Stelle, Künstler und Professoren werden entlassen, ihre Kunst als „entartet" diskriminiert. Sie müssen ins Exil fliehen oder werden im KZ ermordet. Institutionen und Stadt sind rasch gleichgeschaltet.

Gebürtige Dresdner Maler aus neuerer Zeit sind auch **Gerhard Richter, Georg Baselitz** und **A. R. Penck,** die früh in den Westen gingen. In der Gemäldegalerie Neue Meister ⓲ hängen Pencks „Go go Gortbatschow" und rund 40 Arbeiten Richters.

Gemäldegalerie, das Kupferstichkabinett und die Mathematisch-Physikalische Sammlung, die Porzellansammlung im Japanischen Palais und die erste große Antikensammlung Deutschlands.

*August dem Starken* lagen vor allem die Preziosen im Grünen Gewölbe und sein Porzellan am Herzen, sein Sohn *Friedrich August II.* konzentrierte sich stärker auf die Malerei und antike Skulpturen. In den 1740er-Jahren erwarb *August II.* die Sammlung *Wallenstein* mit knapp 270 Bildern und mehr als achtzig Gemälde aus der kaiserlich-habsburgischen Galerie in Prag, kurz darauf die 100 besten Bilder des verschuldeten Herzogs von Modena. Dieser Ankauf war die bedeutendste Erwerbung. Durch den Erwerb der Sammlungen *Chigi* und *Albani* wird die Antikensammlung begründet. Kunstagenten waren auch in Frankreich tätig, vermittelten Bilder von *Rembrandt* und *Vermeer, Dürer* und *Holbein* von Paris nach Dresden.

Die Sammlungen wiederum waren es, die in späteren Jahren andere Künstler in die Stadt lockten – gehörte es doch zur Ausbildung, die „Alten Meister" zu kopieren. Ende des 18. Jahrhunderts war die Dresdner Sammlung von Antiken und Gipsabgüssen ein Magnet für die Intellektuellen Europas und Gegenstand ästhetischer Debatten über Naturnachahmung und Kunst. Auch anhand von „Gesprächen über Gemälde" formulierten die Künstler ihr Selbstverständnis, nicht nur Maler, sondern auch Literaten wie *Schlegel* und *Tieck.*

▶ *Das Exponat „Die Gläserne Frau" im Deutschen Hygiene-Museum*

## Gegenwart

Die Dresdner Museumslandschaft bleibt in Bewegung, da nach wie vor aller Orten renoviert wird. Der Lipsiusbau an der Elbterrasse und das Stadtmuseum ㉗ sind frisch restauriert und wieder geöffnet, dafür die Neuen Meister ⓲ vorübergehend aus dem Albertinum ausquartiert. Das Grüne Gewölbe ⓾, Europas prächtigste Schatzkammer, ist nach 45 Jahren aus dem Provisorium Albertinum in das Schloss zurückgekehrt und wurde im Herbst 2006 wiedereröffnet. Das Schloss war 1945 ausgebrannt, lediglich einige Säle des Grünen Gewölbes blieben mitsamt ihrer Ausstattung wundersamerweise unversehrt. (Die Objekte waren in den Kriegsjahren auf die Festung Königstein ausgelagert worden.) Im rekonstruierten barocken Ambiente mit spiegelnden Schauwänden, Prunktischen und Konsolen sind jetzt erheblich mehr Exponate als zuvor zu sehen. Und je weiter die Rekonstruktion des Schlosses voranschreitet, desto mehr entwickelt es sich zum Museumszentrum – dem Kupferstichkabinett und dem Münzkabinett (beide ⑪) soll auch die Rüstkammer ❸ noch folgen.

Die zwölf Museen der **Staatlichen Kunstsammlungen Dresden (SKD)** ergeben zusammen ein fast enzyklopädisches Kompendium von Historie, Wissenschaft und Weltkunst aus allen Epochen. Einmalig in ihrer Spezialisierung sind dagegen das Hygienemuseum ㉛ mit Wissenswertem rund um den menschlichen Körper und das Militärhistorische Museum ⑪, weltweit eines der größten seiner Art (nach der Wiedereröffnung im renovierten Arsenal). Wer sich für Dresdner oder Sächsische Geschichte interessiert, sollte das Dresdner Stadtmuseum ❷ besuchen und vielleicht das Museum für Sächsische Volkskunst ❹. In die Technikgeschichte entführen das Verkehrsmuseum ❷ und die Technischen Sammlungen.

**Künstlerateliers, Dichterhäuser und Sommerresidenzen** von Komponisten erlauben individuelle Einblicke in das kulturelle Leben von einst: das Schillerhäuschen ❺ in Loschwitz und das Erich-Kästner-Museum ❸ in der Neustadt, das Carl-Maria-von-Weber-Museum in Hosterwitz und das Richard-Wagner-Museum in Graupa. An den Dresdner Maler erinnert das Leonhardi-Museum, an den Erfolgsschriftsteller das Karl-May-Museum in Radebeul (alle 1).

Interessante Museen im Umland sind auch das Weinmuseum Hoflößnitz in Radebeul und das Museum Moritzburg (siehe „Elbtal und Sächsische Schweiz").

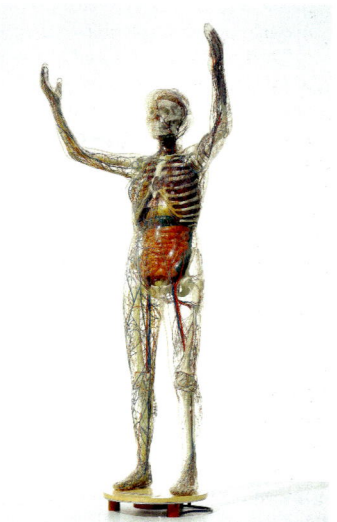

014dr Abb.: hm

## 1 MUSEEN UND GALERIEN

**1** [D11] **Buchmuseum der Sächsischen Landesbibliothek**, Zellescher Weg 18, Südvorstadt, www.tu-dresden.de, www.slub-dresden.de, Mo.–Fr. 9–17 Uhr, Haltestelle: Staats- und Universitätsbibliothek, Fritz-Förster-Straße oder Nürnberger Platz. Die Privatbibliothek der sächsischen Kurfürsten bildete den Grundstock, später kamen die Büchersammlungen des Grafen *Brühl* und anderer noch hinzu. Bereits Ende des 18. Jahrhunderts wurden die Bestände öffentlich zugänglich gemacht. Als Landesbibliothek erhält sie ein Pflichtexemplar aller in Sachsen erscheinenden Bücher. Heute ist die Sächsische Landesbibliothek zugleich Staats- und Universitätsbibliothek (SLUB) der TU Dresden.
Im dazugehörigen Buchmuseum sind Exponate von der mittelalterlichen Handschrift bis zum modernen Druck zu sehen, zu den kostbarsten Besitztümern gehören eine Mayahandschrift aus dem 13. Jahrhundert und der *Codes Boernerianus* aus dem 9. Jahrhundert, ein Skizzenbuch von *Dürer* sowie Musikautografen von *Bach* und auch *Vivaldi*. Im Jahr 2003 bezog das Buchmuseum Räume im Bibliotheksneubau der SLUB auf dem Campus der TU. Sonderausstellungen.

**2** [IV M12] **Carl-Maria-von-Weber-Museum**, Dresdner Str. 44, Hosterwitz, www.museen-dresden.de, www.stmd.de, Haltestelle: Van-Gogh-Straße. Mi.–So. 13–18 Uhr, Mo. u. Di. geschlossen, Eintritt 3 € (erm. 2 €). Das hübsche Sommerdomizil des Musikers, ein ehemaliges Winzerhäuschen nahe dem Pillnitzer Schloss, enthält Erinnerungsstücke,

## AUF INS VERGNÜGEN
*Dresden für Architektur- und Kunstfreunde*

Noten-, Bild- und Textdokumente und zeitgenössisches Mobiliar. Hier entstanden die „Aufforderung zum Tanz" und die Opern „Freischütz", „Oberon" und „Euryanthe". Auch Konzerte finden statt. Begraben wurde *Carl Maria von Weber,* seit 1816 Musikdirektor der Dresdner Oper, auf dem Alten Katholischen Friedhof ⓯ in Dresden. Übrigens soll er als erster Dirigent den Taktstock eingeführt haben – das historische Requisit ist ebenfalls hier zu sehen.

- ㉛ [E10] **Deutsches Hygiene-Museum,** Lingnerplatz 1, www.dhmd.de, Di.–So. 10–18 Uhr, Eintritt 6 €, ermäßigt 3 €, Haltestelle: Hygienemuseum. Das einzigartige Hygienemuseum, Anfang des 20. Jahrhunderts von „Odol-König" *Lingner* gegründet, ist allein dem menschlichen Körper gewidmet. Berühmtestes Exponat ist der „Gläserne Mensch".
- ❷ [D9] **Gemäldegalerie Alte Meister,** Sempergalerie im Zwinger, www.skd-dresden.de, Di.–So. 10–18 Uhr, Mo. geschlossen, Eintritt 7 € (ermäßigt 4,50 €, Familien 13 €), Haltestelle: Theaterplatz oder Postplatz. Die „Alten Meister" stellen die größte und bedeutendste Sammlung italienischer Malerei nördlich der Alpen dar und beinhalten solche Schätze wie *Raffaels* „Sixtinische Madonna". Zudem erwarten den Besucher hervorragende Exponate holländischer Malerei des „goldenen" 17. Jahrhunderts und die berühmten Stadtansichten des Venezianers *Canaletto.*
- ⓲ [D9] **Gemäldegalerie Neue Meister,** Georg-Treu-Platz 2, www.skd-dresden.de, voraussichtlich Mo., Mi.–So. 10–18 Uhr, Di. geschlossen, Haltestelle: Synagoge. Die bedeutende Gemäldesammlung umfasst 2500 Bilder des 19. und 20. Jahrhunderts von *Caspar D. Friedrich* bis hin zu *Gerhard Richter.* Da der eigentliche Standort der Gemäldegalerie, das Albertinum, momentan

> **EXTRATIPP**
> Die **Tageskarte** für die Staatlichen Kunstsammlungen lohnt sich schon ab dem Besuch von zwei oder drei Museen. Einige Museen bieten auch günstige Familienkarten an. Eine Fotoerlaubnis muss häufig zusätzlich gegen Gebühr erworben werden. **Führungen** organisieren fast alle Museen. **Informationen** zu den zwölf Museen der Staatlichen Kunstsammlungen unter www.skd-dresden.de, zu weiteren Museen unter www.museen-dresden.de, www.stmd.de und www.schloesser-dresden.de.

hochwassersicher umgebaut wird, befinden sich zurzeit lediglich Interimsausstellungen im Zwinger ❶ und in der Gläsernen Manufaktur ㉚.

- ❿ [D9] **Grünes Gewölbe,** im Residenzschloss (Eingang Sophienstraße gegenüber dem Taschenbergpalais), www.skd-dresden.de, Mo., Mi.–So. 10–18 Uhr, Di. geschlossen, Eintritt 6 €, ermäßigt 3,50 €, Familien 13 €, Historisches Grünes Gewölbe 10 € (mit Zeitfenster), Haltestelle: Theaterplatz oder Postplatz. Das weltberühmte Schatzkammermuseum *Augusts des Starken* demonstriert den unglaublichen Reichtum der sächsischen Kurfürsten – Gemälde, Goldschmiedearbeiten, Porzellan, Schmuck, Edelsteingefäße, Mineralien ... Allein die Räumlichkeiten, in denen die gesammelten Schätze ausgestellt werden, stellen ein eigenes Kunstwerk dar und lohnen den Besuch.
- 🏠3 [III F7] **Kraszewski-Museum,** Nordstr. 28, Äußere Neustadt, www.museen-dresden.de, www.stmd.de, Mi.–So. 10–18 Uhr, Eintritt 3 €, ermäßigt 2 €, Fr. ab 14 Uhr Eintritt frei, Haltestelle: Nordstraße oder Alaunplatz. In dieser Villa lebte der polnische Schriftsteller *Józef Ignacy Kraszewski* (1812–1887) in

## AUF INS VERGNÜGEN
*Dresden für Architektur- und Kunstfreunde*

den 1870er-Jahren. Der aus politischen Gründen nach Dresden emigrierte Autor verbrachte mehr als 20 Jahre an der Elbe und schrieb zahllose historische Romane, u. a. über die Gräfin *Cosel* und den Grafen *Brühl*. Der vielseitige und äußerst rege Autor und Journalist veröffentlichte neben seinen literarischen Arbeiten auch politische und wissenschaftliche Essays. Das Museum ist dem Leben und Werk *Kraszewskis* gewidmet und den sächsisch-polnischen Beziehungen.

**56** [IV N13] **Kunstgewerbemuseum,** Schloss Pillnitz, www.skd-dresden.de, Mai–Okt. tgl. 10–18 Uhr, Eintritt 3 €, ermäßigt 2 €, Haltestelle: Pillnitz. In beiden Flügeln des Schlosses Pillnitz finden sich Beispiele virtuosen Kunsthandwerks: Intarsienmöbel, Porzellan, Glas, Textilien u. v. m. Da auch modernere Objekte ausgestellt sind, wird hier die Entwicklung des Kunsthandwerks bis zur Gegenwart sichtbar gemacht.

**4** [II D8] **Kunsthaus Dresden,** Rähnitzgasse 8, www.kunsthausdresden.de, Haltestelle: Palaisplatz, Di.–Fr. 14–19 Uhr, Sa., So. 12–20 Uhr, . Das Zentrum für Gegenwartskunst organisiert wechselnde Ausstellungen zeitgenössischer Kunst. Anfang der 1980er-Jahre in der Neustadt in einem Gebäude aus dem 18. Jahrhundert eingerichtet, war die Galerie schon zu DDR-Zeiten ein Forum für Dresdner Künstler.

**5** [I D9] **Kupferstich-Kabinett,** im Residenzschloss, Eingang Sophienstraße, www.skd-dresden.de, Mo., Mi.–So. 10–18 Uhr, Di. geschlossen, Studiensaal: Mo., Mi. 10–13, 14–16 Uhr, Do. 10–13, 14–18 Uhr, Fr. 10–13 Uhr und am ersten Sa. im Monat nach Anmeldung 10–13 Uhr, Eintritt 3 € (ermäßigt 2 €, Familien 7 €), Haltestelle: Theaterplatz oder Postplatz. Grafik aus acht Jahrhunderten, darunter Meisterwerke von *Rubens, Dürer, Rembrandt, Holbein, Caspar David Friedrich, Henri de Toulouse-Lautrec, Picasso, Edvard Munch, Otto Dix, Georg Baselitz* und *Per Kirkeby*. Mit ungefähr 500.000 Blättern vom 14. Jahrhundert bis zur Gegenwart ist das Kabinett eine der größten grafischen Sammlungen der Welt. 1720 gegründet, geht die Sammlung wie so viele Dresdner Museen auf die Epoche *Augusts des Starken* zurück. Weil die Blätter meist gleich in Mappen wanderten und nicht an Wänden hingen, konnte zu DDR-Zeiten der frühere Direktor *Werner Schmidt* auch vom Staat nicht gern gesehene Werke aufnehmen. Aquarelle, Radierungen, Kupferstiche, Zeichnungen, Buchillustrationen und auch Fotografien werden in wechselnden Sonderausstellungen präsentiert.

**6** [II D8] **Landesmuseum für Vorgeschichte,** Palaisplatz 11, Innere Neustadt, Di.–So. 10–18 Uhr, Mo. geschlossen, Eintritt 5 € (ermäßigt 3 €, Familien 10 €), Haltestelle: Palaisplatz, www.archsax.sachsen.de/lmv. Grundlage der Bestände, die einen Zeitraum von über 250.000 Jahren umfassen, ist die kurfürstliche archäologische Sammlung, im 19. und 20. Jahrhundert sukzessive ergänzt, vor allem durch Funde aus Sachsen. Das Museum im Japanischen Palais präsentiert in Sonderausstellungen Themen der Ur- und Frühgeschichte und der Archäologie, die thematisch weit über Sachsen hinausgreifen.

**7** [I8] **Leonhardi-Museum,** Grundstraße 26, Loschwitz, www.leonhardi-museum.de, Di.–Fr. 14–18, Sa., So. 10–18 Uhr, Mo. geschlossen, Haltestelle: Körnerplatz. Das kleine Museum in einem denkmalgeschützten, reichverzierten Fachwerkhaus erinnert an den Maler *Eduard Leonhardi* (1828–1905) und organisiert Ausstellungen Dresdner und sächsischer Künstler. Der Sohn des Chemikers *August Leonhardi*, der hier im Loschwitzgrund eine große

## AUF INS VERGNÜGEN
*Dresden für Architektur- und Kunstfreunde*

Tintenfabrik betrieb, war ein Schüler von *Ludwig Richter* und ging als „Maler des deutschen Waldes" in die Kunstgeschichte ein. Die ehemalige Mühle erwarb er 1879 und baute sie zum Atelier und zu Wohnungen für junge Künstler um.

**8** [I D9] **Mathematisch-Physikalischer Salon,** im Zwinger, Eingang vom Zwingerhof, www.skd-dresden.de, bis 2009 wegen Umbau geschlossen – Interimsausstellungen im Schloss Moritzburg **61** und im Residenzschloss **9**, Haltestelle: Theaterplatz oder Postplatz. Wertvolle Sammlung von Instrumenten und Geräten der Mathematik und der Physik vom 13. bis zum 19. Jahrhundert, darunter Thermometer und Barometer, Kompassgeräte, Rechen- und Zeichenhilfen. Optische und astronomische Geräte, versetzen in die Frühzeit der Wissenschaft zurück. Berühmt sind auch die historische Uhrensammlung, die 500 Jahre Zeitmessung dokumentiert, und die Globensammlung mit einem arabischen Himmelsglobus aus dem 13. Jahrhundert und anderen wertvollen Objekten.

**9** [E6] **Militärhistorisches Museum der Bundeswehr,** Olbrichtplatz 2, Äußere Neustadt, www.mgfa.de, Di.–So. 9–17 Uhr, Mo. geschlossen, Eintritt frei, Haltestelle: Stauffenbergallee. Die nördlich des Alaunplatzes gelegene Antonstadt war einst ein großes Kasernenviertel und der größte Garnisonsplatz Deutschlands. Das 1877 errichtete Arsenalgebäude, das damals das innerstädtische Zeughaus an der Brühlschen Terrasse ersetzte, wird nach Plänen von *Daniel Libeskind* bis 2010 umgebaut. Bislang ist in einer Halle dahinter nur eine kleinere Ausstellung zu besichtigen. Nach Wiedereröffnung wird die Sammlung mit rund 700.000 Objekten zu den größten Militärmuseen weltweit gehören, ausgestellt werden dann ca. 6000 Exponate zur Militärgeschichte vom Mittelalter bis zur Gegenwart.

**10** [I D9] **Münzkabinett,** im Residenzschloss, Altstadt, www.skd-dresden.de, April–Okt. Mo., Mi.–So. 10–18 Uhr, Di. geschlossen, Eintritt 3 € (ermäßigt 2 €, Familien 7 €), Haltestelle: Theaterplatz oder Postplatz. Eine der ältesten und größten Münz- und Medaillensammlungen Europas. Das Münzkabinett besitzt rund 300.000 Münzen und Medaillen, Orden, Banknoten und Wertpapiere, Münzstempel und münztechnische Geräte von der Antike bis zur Gegenwart. Gegenwärtig gibt es keine Dauerausstellung, im Hausmannsturm werden wechselnde Sonderausstellungen gezeigt.

**11** [II D8] **Museum der Dresdner Romantik,** Hauptstr. 13, Innere Neustadt, Mi.–So. 10–18 Uhr, Di. geschlossen, Eintritt 2 € (ermäßigt 1 €, Fr. ab 14 Uhr Eintritt frei), Haltestelle: Albertplatz, www.museen-dresden.de. Das Kügelgenhaus mit seiner schönen Rokokofassade wurde Ende des 17. Jahrhunderts für Graf *Zinzendorf* erbaut. Im zweiten Geschoss war später die Wohnung des Malers *Gerhard von Kügelgen* (1772–1820). Viele Künstler der Romantik waren bei ihm zu Gast. Sein Sohn *Wilhelm* (1802–1867) beschrieb in den „Jugenderinnerungen eines alten Mannes" diese Zeit. Die Ausstellung erinnert an *Christian Gottfried Körner, Caspar David Friedrich, Philipp Otto Runge* und *Heinrich von Kleist* sowie andere Denker, Dichter und Musiker der Romantik. Zwei Räume besitzen sehenswerte, mit Emblemen bemalte Holzdecken. Das Atelier des Malers wurde einem Gemälde von *Georg Friedrich Kesting* nachempfunden.

**12** [I D9] **Museum für Mineralogie und Geologie,** im Zwinger, Galerie unter dem Kronentor, Altstadt, www.snsd.de, Di.–So. 10–18 Uhr, Mo. geschlossen, Eintritt 3 €

## AUF INS VERGNÜGEN
### Dresden für Architektur- und Kunstfreunde

(ermäßigt 1,50 €, Familien 7 €), Haltestelle: Theaterplatz oder Postplatz. Auch dieses geologische Forschungsmuseum geht schon zurück auf die 1560 gegründete Kunstkammer. Die heutige Sammlung umfasst rund 400.000 Minerale, Gesteine, Meteoriten und Fossilien. Vieles lagert allerdings im Depot und ist nur für Wissenschaftler zugänglich. Sonderausstellungen erschließen einzelne Themen. Zusammen mit dem Museum für Tierkunde (s. u.) bildet es die Staatlichen Naturhistorischen Sammlungen.

🏛 [D8] **Museum für Sächsische Volkskunst im Jägerhof**, Köpckestr. 1, Di.–So. 10–18 Uhr, Mo. geschlossen, Eintritt 3 € (ermäßigt 2 €, Familien 7 €), Haltestelle: Carolaplatz, www.skd-dresden.de. Das sehenswerte Renaissance-Gebäude beherbergt auf drei Etagen bäuerliche Möbel und Erzeugnisse ländlichen Handwerks, u. a. traditionelle Volkskunst aus dem Erzgebirge. Das Museum dokumentiert anschaulich den ländlichen Alltag in Sachsen.

🏛 **13** [II D8] **Museum für Tierkunde**, Japanisches Palais, Palaisplatz 11, Innere Neustadt, Di.-So. 10–18 Uhr, Mo. geschlossen, Haltestelle: Palaisplatz; Zwinger, Langgalerie unter dem Kronentor, Altstadt, Di.–So. 9–17 Uhr, www.snsd.de, Eintritt 3 € (ermäßigt 1,50 €, Familien 7 €). Eines der fünf großen Naturkundemuseen Deutschlands und auch eine der ältesten naturhistorischen Sammlungen, da die Ursprünge bis zur 1560 gegründeten Kunstkammer der sächsischen Kurfürsten zurückreichen. 1728 ließ *August der Starke* die naturkundlichen Objekte im Zwinger deponieren. Unter den Präparaten sind auch inzwischen ausgestorbene Tiere, etwa der Beutelwolf und die Stellersche Seekuh. Nur Sonderausstellungen im Japanischen Palais und im Zwinger.

🏛 **14** [II D8] **Museum für Völkerkunde**, Palaisplatz 11, Innere Neustadt, Di.–So. 10–18 Uhr, Mo. geschlossen, Eintritt 4 €, ermäßigt 2 €, Haltestelle: Palaisplatz, www.voelkerkunde-dresden.de. Das Museum im Japanischen Palais besitzt ganz außerordentliche ethnologische Objekte aus allen Kontinenten und zeigt Teile des Bestands plus Leihgaben in wechselnden Ausstellungen. Auch hier gehen einige wertvolle Besitztümer schon auf die kurfürstliche Kunstkammer zurück, etwa Elfenbeinlöffel aus Benin, die Kurfürst *Christian I.* 1590 auf der Leipziger Messe erwarb, oder das Skelett einer angeblichen Meerjungfrau aus China.

▶ *Caspar David Friedrich fasziniert noch immer (Galerie Neue Meister)*

# AUGUST DER STARKE (1670-1733)

*Wohin man geht, ob in Dresden selbst, ob in Moritzburg, Pillnitz, Großsedlitz oder auf Burg Stolpen - immer wieder stößt man auf denselben Mann: August den Starken, 1694 bis 1733 Kurfürst von Sachsen. Mit 24 Jahren empfing er als Zweitgeborener die Krone, sein Bruder war nach nur drei Jahren Regentschaft plötzlich verstorben. So unvorbereitet er war, der junge Herrscher **meisterte die Staatsgeschäfte mit Bravour,** führte Kriege, kümmerte sich um Sachsens Wirtschaft und machte Dresden als Bauherr, Mäzen und Sammler zur prachtvollen Residenzstadt.*

*Die damals übliche adlige Erziehungsreise, die Grand Tour, hatte August dem Starken den luxuriösen Versailler Hof vor Augen geführt, auch Italiens Kunstschätze und Architektur. **Verschwenderische Repräsentation bedeutete, Macht sichtbar zu machen** und Versailles war für ganz Europa ein Vorbild. Unter Augusts Herrschaft entstanden nicht nur die prägenden Dresdner Barockbauten, er war auch ein Mann von Kunstverstand, erwarb in ganz Europa Bilder großer Maler, verpflichtete Maler und Musiker, Tüftler und Erfinder nach Dresden. Seine Sammlungen füllen ein Dutzend Museen: die Gemäldegalerie und die Rüstkammer, das Kupferstichkabinett und das Grüne Gewölbe, die Porzellansammlung und die Museen für Völkerkunde und Naturgeschichte. Von Sachsens Glanz zeigte sich selbst Preußens Gloria beeindruckt: Bei seinem Besuch im Februar 1738 notiert der preußische König Friedrich Wilhelm I., die hiesige Magnificence (= Pracht) sei so groß, sie habe selbst bei Louis XIV. unmöglich größer sein können.*

*Dass der sächsische Kurfürst auch noch **König von Polen** wurde, war nicht so unüblich, wie es sich heute anhört. In der Frühen Neuzeit gab es in Europa eine Reihe von Verbindungen, bei denen ein Herrscher über zwei oder mehr voneinander getrennte Territorien gebot, z. B. die Welfen. Polen war zu dieser Zeit eine Adelsrepublik, in der der gesamte Adel den König wählte. Sein Geheimer Rat und späterer Kabinettsminister Jakob Heinrich von Flemming brachte ihn mit Verhandlungsgeschick, Geld und Versprechungen erfolgreich ins Spiel. Neun andere Kandidaten konkurrierten, darunter ein Vetter des französischen Königs Ludwig XIV.*

*Es musste sehr viel sächsisches Silber investiert und politisch taktiert werden, um Stimmen zu gewinnen. August der Starke war außerdem bereit, eine weitere Bedingung zu erfüllen und **zum Katholizismus überzutreten.** 1697, erst seit drei Jahren sächsischer Kurfürst, wurde er König von Polen (das Reich erstreckte sich damals viel weiter nach Osten als das heutige Polen und reichte von Litauen über weißrussische Gebiete bis in die Ukraine).*

*Als durch Reisen gebildeter, welterfahrener Kurfürst gab er Anstöße in Wirtschaft und Wissenschaft, Verwaltung und Militär, doch am liebsten werden die vielen **Anekdoten über Ausschweifungen und maßlose Extravaganzen** erzählt. August „dem Starken" werden Bärenkräfte nachgesagt, er bog Silberteller und zerbrach Hufeisen mit bloßen Händen, riss Raubtieren die Zunge aus. Er liebte den Prunk, die Kunst - und die Frauen: Dem kraftstrotzenden, lebensfrohen, genusssüchti-*

## AUF INS VERGNÜGEN
*Dresden für Architektur- und Kunstfreunde*

*gen Sinnenmensch schreibt man mal 200, mal 350 uneheliche Kinder zu. Seine Gattin Christine Eberhardine merkte süffisant an, ihr „Eheherr" reise mit „untergelegten Pferden und Mätressen", beide würden „auf jeder Poststation gewechselt". Unter ihnen waren polnische, schwedische und österreichische Gräfinnen und auch eine Türkin, Fatima.*

*Die berühmteste Geliebte wurde Anna Constantia von Brockdorff (1680-1765). August machte die 26-jährige zur **Gräfin Cosel**, versprach ihr schriftlich die Ehe, setzte ihr eine Pension aus, schenkte ihr Schloss Pillnitz und ließ für sie von Baumeister Pöppelmann das Taschenbergpalais gleich neben dem Schloss als Stadtresidenz erbauen.*

*Neun Jahre war die Gräfin von Cosel seine Favoritin, nahm an Staatsempfängen teil und gebar ihm drei Kinder, bis sie in Ungnade fiel. Ihr Sturz war tief. Weil sie sich auch in die Politik einmischte, wurde sie durch Hofintrigen kaltgestellt und 1716 **auf Burg Stolpen verbannt,** als sie sich nicht so ohne weiteres abschieben ließ. „Hercules Saxonicus", wie man August auch nannte, wandte sich anderen Frauen zu. Für die Gräfin Cosel wurde aus der Haft ein „lebenslänglich" - 49 Jahre musste sie isoliert in Stolpen leben, bewacht von über 40 Soldaten. Selbst der Tod Augusts des Starken verhalf ihr nicht zur Freiheit. Er war 1733 im Alter von 63 Jahren in Warschau gestorben, doch sein Sohn verlängerte ihre Verbannung bis zu ihrem Tod. Sie starb 1765 im Alter von 84 Jahren.*

**15** [F10] **Permoser im Palais,** Hauptallee im Großen Garten, Altstadt, www.schloesser-dresden.de, April-Okt. Mi.-Sa. 14-18, So. 11-18, Nov.-März Sa., So. 11-18 Uhr, Haltestelle: Hygienemuseum. Skulpturen des Barock im passenden Ambiente: im Palais im Großen Garten. Als Bildhauer vertreten sind *Balthasar Permoser, Johann Benjamin Thomae, Johann Christian Kirchner* und *Gottfried Knöffler.* Rund 50 Werke spiegeln das bildhauerische Schaffen in Sachsen vom ausgehenden 17. Jahrhundert bis zur Mitte des 18. Jahrhunderts. Es handelt sich um Originale, die aus konservatorischen Gründen an ihren ursprünglichen Standorten im Zwinger, auf dem Eliasfriedhof und in sächsischen Schlossanlagen durch Kopien ersetzt wurden.

**4** [D9] **Porzellansammlung,** im Zwinger, Eingang Glockenspielpavillon, Haltestelle: Theaterplatz oder Postplatz, Di.-So. 10-18 Uhr, Mo. geschlossen, Eintritt 6 € (ermäßigt 3,50 €, Familien 11 €), www.skd-dresden.de. *August der Starke* forcierte nicht nur die Erfindung des ersten europäischen weißen Hartporzellans, er begründete auch eine der größten und beeindruckendsten Sammlungen kunstvollen Porzellans, u. a. kostbare chinesische Dragonervasen.

**Richard-Wagner-Museum,**
Richard-Wagner-Str. 1, Graupa, Haltestelle: Graupa, www.richardwagnermuseum.de, Di.-So. 10-16 Uhr, Mo. geschlossen). Hofkapellmeister *Richard Wagner* mietete sich im Sommer 1846 im Schäfernschen Bauerngut in Graupa ein und arbeitete an der Musik für die Oper „Lohengrin". Das kleine Museum, wie zu Lebzeiten des Komponisten eingerichtet, erinnert an sein künstlerisches Schaffen in Dresden.

**3** [D9] **Rüstkammer,** Semperbau am Zwinger, Haltestelle: Theaterplatz oder Postplatz, Di.-So. 10-18 Uhr, Mo. geschlossen,

Eintritt 3 € (ermäßigt 2 €, Familien 7 €), www.skd-dresden.de. Als eine der ältesten und besonders überwältigenden Waffensammlungen dokumentiert sie jene neben dem Kriegshandwerk zweite vorrangige Funktion von Waffen und Rüstungen: die prachtvolle Repräsentation (in diesem Falle) sächsischer Glorie.

**19** [D9] **Skulpturensammlung,** Georg-Treu-Platz 2, Haltestelle: Synagoge, Interimsausstellung im Zwinger Di.–So. 10–18 Uhr, Mo. geschlossen, im Albertinum vorauss. wieder Mo. geöffnet und Di. geschlossen, www.skd-dresden.de. Die Sammlung mit Skulpturen aus fünf Jahrtausenden zog schon am Ende des 18. Jahrhunderts Kunstinteressierte, Künstler und Philosophen an und prägte so direkt und indirekt die kunsttheoretische Diskussion dieser und auch folgender Epochen. Wie für die Gemäldegalerie Neue Meister **18** gilt auch hier: Der Umbau des Albertinums erlaubt lediglich eine Interimsausstellung im Zwinger **1**.

**27** [E9] **Stadtmuseum Dresden,** Wilsdruffer Str. 2, www.stmd.de, Di.–Do., Sa., So. 10–18 Uhr, Fr. 10–19 Uhr, Mo. geschlossen, Eintritt 4 € (ermäßigt 3 €), Haltestelle: Pirnaischer Platz. Das Dresdner Stadtmuseum informiert – u. a. anhand anschaulicher Modelle der Stadtanlage und einzelner Gebäude – über die bewegte Geschichte Dresdens von den Anfängen bis zur Gegenwart.

**16** [H10] **Technische Sammlungen,** Junghansstr. 1–3, Striesen, www.tsd.de, Di.–Fr. 10–17 Uhr, Sa., So. 10–18 Uhr, Eintritt 4 € (ermäßigt 3 €, Familien 8 €), Haltestelle: Pohlandplatz. Ausstellung zur Geschichte von Techniken wie Rechnen, Schreiben, Nähen, außerdem werden mechanische Musikinstrumente gezeigt. Das Museum zur Industrie-, Technik- und Alltagsgeschichte wurde im Ernemanngebäude eingerichtet, das 1923 für die Zeiss-Ikon-Werke erbaut wurde und zur DDR-Zeit Sitz der Pentacon-Kamerawerke war. Ausgestellt sind technische Geräte wie Kameras und Projektoren, Schreib-und Nähmaschinen, Rundfunkgeräte, Fernseher und Computer, Haushaltsgeräte und Produkte der DDR-Industrie. Rundblick vom 48 m hohen Ernemannturm.

**25** [D9] **Verkehrsmuseum,** Augustusstr. 1, Haltestelle: Altmarkt, Di.–So. 10–17 Uhr, Mo. geschlossen, Eintritt 4,50 €, ermäßigt 2,50 €, www.verkehrsmuseum.dresden.de. Anhand sehenswerter Exponate – beispielsweise Deutschlands ältester erhaltener Dampflokomotive – wird die Geschichte der Fortbewegung zu Land, zu Wasser und in der Luft erzählt. Die Ausstellung befindet sich im einstigen Stallgebäude der sächsischen Kurfürsten, dem sehenswerten Johanneum.

# DRESDEN FÜR KAUFLUSTIGE

*Obwohl Dresden keine Touristen ausschließlich zu einer Shoppingtour anlocken wird, kann man in ein paar Ecken der Stadt durchaus nett an Schaufenstern vorbeibummeln und durch Läden streifen. Lohnend sind vor allem die Innere Neustadt (mit edler und teurer Mode, Design und Antiquitäten), die Äußere Neustadt (mit Ausgefallenem, Szenetypischem und interessanten Buchhandlungen), Loschwitz (mit Kunsthandwerk und Antiquitäten) und der Altmarkt bis hin zur Frauenkirche (mit sächsischer Volkskunst, Meissener Porzellan, den Museumsshops, Wein- und Feinkostläden).*

## AUF INS VERGNÜGEN 43
### Dresden für Kauflustige

In der Altstadt ist die **Prager Straße** ㉙ Fußgängerzone und zentrale Einkaufsstraße, hier und in der Verlängerung Seestraße haben sich vor allem Kaufhäuser, Modeketten und andere Filialisten angesiedelt. Die **Altmarkt-Galerie** (Mo.–Sa. bis 21 Uhr) zwischen Wallstraße, Dr.-Külz-Ring und Altmarkt gibt rund 100 Geschäften Raum (www.altmarkt-galerie-dresden.de). In der Ladenpassage haben sich auf mehreren Ebenen alle nur denkbaren Ketten versammelt, von McPaper bis McDonald's, von Bijou Brigitte bis Zara. Neu ist die **Passage QF** im Quartier an der Frauenkirche mit Modeboutiquen und Feinkostläden (Pulsnitzer Lebkuchen, Stollen, Pfunds Molkerei).

Jenseits der Elbe haben sich in der **Inneren Neustadt** rund um **Königstraße** ㊲, Rähnitzgasse und Obergraben Antiquitätengeschäfte, Galerien, Feinkostläden sowie einige edle Boutiquen mit Designermode, Schuhen und Accessoires angesiedelt. Auf Dresdens teuerster Einkaufsstraße bummelt man am besten mit belastbarer Kreditkarte. An der Neustädter Hauptstraße ㊵ gibt es in der **Markthalle** ⑨ (Ecke Metzerstr./Ritterstr.), einem wiederhergestellten Gründerzeitbau, u. a. auch regionale Produkte. In den Kunsthandwerkerpassagen in restaurierten Barockhäusern an der Hauptstraße (Nr. 9–19) laden kleine Geschäfte, vom Goldschmied bis zum Töpfer, von Glas bis zu Kerzen, zum Bummeln ein.

Die **Kunsthofpassage** ㊷ in der **Äußeren Neustadt** vereint kleine Geschäfte, Schmuckwerkstätten und Lokale – und ist schon selbst zur Attraktion geworden, weil sie sich mit kreativer Fassadengestaltung immer mehr zum Gesamtkunstwerk entwickelt. Im größten deutschen zusammenhängenden Gründerzeitviertel

zwischen Bautzner Straße, Königsbrücker Straße, Bischofsweg und Prießnitzstraße findet man außerdem Szeneläden mit Grufti- oder Hippiemode, Klangschalen oder Didgeridoos, CD- und Buchhandlungen mit Spezialsortiment von Krimi bis Reise, Secondhandläden und Schmuck. Eine eigene Haltestelle bei Stadtrundfahrten hat **Pfunds Molkerei** ㊹.

Rund um den Körnerplatz und in der Friedrich-Wieck-Straße in **Loschwitz** ㊿ haben sich einige Galerien, Schmuck-, Antiquitäten- und Keramikgeschäfte und ein Buchhaus in den hübschen kleinen Fachwerkhäusern etabliert.

▲ *Wochenmarkt auf der Lingnerallee mit Produkten aus der Region*

# EINKAUFEN AUF WEINGÜTERN

› **Schloss Wackerbarth,** Wackerbarthstr. 1, Radebeul, Tel. 0351 89550, www.schloss-wackerbarth.de, Laden: tgl. 9.30–20 Uhr, Restaurant: Mo.–Fr. 12–22, Sa., So. 10–22 Uhr, Haltestelle: Schloss Wackerbarth.
Das sächsische Staatsweingut baut auf rund 90 ha Rebfläche Wein an, der jährliche Ertrag sind rund 400.000 Flaschen. Hauptsächlich wird Riesling angebaut, in geringeren Mengen auch Spät- und Weißburgunder, Traminer, Kerner u. a. Außerdem ist Schloss Wackerbarth Sachsens größter Sektproduzent. Die gepflegte Gartenanlage hinter dem restaurierten Barockschloss geht in den Weinberg über, durch den der Sächsische Weinwanderweg führt. Das modern und kühl eingerichtete Restaurant in der Orangerie wird von einem der besten Küchenchefs Dresdens geführt, im Sommer mit ein paar Tischen draußen in idyllischer Ruhe und mit Blick auf die Weinberge. Gleich nebenan liegt ein modernes Glasgebäude mit dem Verkaufsraum. Täglich thematische Führungen, sonntags Winzerbrunch im Gasthaus und übers Jahr zahllose Events vom Jazzbrunch bis zum Sommerball.

› **Schloss Proschwitz,** Dorfanger 19, Meißen, Ortsteil Zadel, www.schloss-proschwitz.de, Tel. 03521 76760, tgl. 10–18 Uhr, Anfahrt: mit dem Bus ab Meißen.
Das private Weingut produziert (kontrolliert umweltschonend) auf rund 55 ha etwa 300.000 Flaschen Wein jährlich, vor allem Grauburgunder, daneben auch Elbling, Morio-Muskat und Goldriesling sowie Dornfelder und Spätburgunder. Zudem lassen sich hier edle Brände aus der Meissener Spezialitätenbrennerei erstehen. Sehenswertes, restauriertes Barockschloss am Stadtrand von Meißen mit Vinothek und Gutsschänke. Georg Prinz zur Lippe-Weißenfeld entschloss sich nach der Wende zum Rückkauf von Rebflächen, Weingut und Schloss. (Die Familie war seit dem 18. Jahrhundert in Sachsen ansässig gewesen.) Besondere Veranstaltungen: u. a. Konzerte im Schloss, das alljährliche Hoffest in Zadel, Weinblütenfest, Proschwitzer Parklust und Proschwitzer Weihnacht. Außerdem werden in der gutseigenen Pension einige Zimmer vermietet.

› **Weingut Klaus Zimmerling,** Bergweg 27, Pillnitz, Tel. 0351 2618752, Haltestelle: Pillnitz. Der bekannte Weißweinspezialist *Klaus Zimmerling* produziert in weit kleinerem Maßstab – auf 4 ha einen Jahresertrag von rund 8000 Flaschen. Er bewirtschaftet seine Rebflächen unterhalb der Rysselkuppe in Pillnitz nach den Richtlinien des ökologischen Weinbaus unter Verzicht auf chemische Düngung und Pestizide. Sein Riesling, Grauburgunder, Kerner, Gewürztraminer und Müller-Thurgau sollen den Charakter der regionalen Spezifika (Klima, Boden) widerspiegeln, ein Prinzip, das in Frankreich unter dem Begriff „Terroir" ebenfalls gerade eine Renaissance erlebt.

› **Weingutmuseum Hoflößnitz,** Knohllweg 37, Radebeul, www.hofloessnitz.de, Tel. 0351 8398333, Haltestelle: Weißes Ross oder Weintraube in Radebeul.
In den Weinbergen oberhalb von Radebeul findet man hier auch das kleine, aber feine Weinmuseum. Im Museumsladen sind zudem die Weine anderer Weingüter erhältlich.

# DRESDEN FÜR NACHTEULEN

## AUSGEHEN, NACHTLEBEN, SZENE

In mehreren Dresdner Stadtteilen gibt es **Wochenmärkte**. Sicherlich lohnend ist ein Bummel über den freitags stattfindenden Markt mit vielen regionalen Produkten in der Lingnerallee beim Hygienemuseum ❹ (Fr. 8–17 Uhr), über den Sachsen-Markt auf dem Schillerplatz [I8] in Blasewitz (Di., Do. 9–17, Sa. 9–12 Uhr) und über den Bauernmarkt an der Dreikönigskirche ❸ in der Inneren Neustadt (Sa. 9–13 Uhr).

Ein großer **Floh- und Trödelmarkt** direkt am Elbufer unterhalb der Albertbrücke [E8] bietet Platz für zahllose Stände mit Sammlerstücken, Kuriosem, Antikem und Ausrangiertem – dies ist noch ein echter Flohmarkt, der nicht ausschließlich von Händlern okkupiert wird. Dicht an dicht reihen sich sonnabends bis zu 450 Stände am Käthe-Kollwitz-Ufer aneinander, bei schlechtem Wetter können es auch nur 100 sein (Mai–Okt. Sa. 9–15 Uhr, Haltestelle: Sachsenallee).

Vor allem in der Äußeren Neustadt, in **Alaunstraße** und **Louisenstraße** [E7], reihen sich Bars und Kneipen aneinander. Das Nachtleben hier ist mittlerweile recht bunt geworden, zu den legendären Szenetreffs mit Kultstatus wie *Raskolnikoff*, *Plan-Wirtschaft* und dem Kulturzentrum *Scheune* (beide [2]) gesellen sich ständig neue Lokale. Den Trends der Zeit entsprechend gibt's neben Ostalgie-Look auch immer mehr coole Lounges, Chillout-Treffs und Cocktailbars. Live-Musik, Partys und DJ-Abende in Kneipen und Klubs sorgen für ein volles nächtliches Veranstaltungsprogramm.

Die großen Hotels verfügen alle über **Hotelbars**. Die Classic American Bar des Kempinski im Taschenberg-Palais ist der berühmten Bar im New Yorker Plaza Hotel nachempfunden, die Balance-Bar im Hilton präsentiert sich elegant-sachlich. Auch Maritim, Westin Bellevue und Artotel haben Bars, mal stilvoll und klein, mal großzügig mit voluminösen Sesseln, mal als lauschige Pianobar oder als Tanzbar (alle Hotels [21]).

## [2] TREFFPUNKTE

- ❶**17** [I D9] **Balance Bar**, Hotel Hilton Dresden, An der Frauenkirche 5, tgl. 9–1 Uhr, Haltestelle: Theaterplatz. Die Hotelbar im Foyer des Hilton präsentiert sich elegant-sachlich. Freitags und samstags Livemusik.
- ❶**18** [I D9] **Classic American Bar**, Kleine Brüdergasse, im Taschenbergpalais, So.–Do. 18–2, Fr., Sa. 18–3 Uhr, Haltestelle: Thea-

---

**EXTRATIPP**

Der Outdoor-Ausrüster **Globetrotter**, vor mehr als 25 Jahren von zwei Abenteurern in Hamburg als kleiner Laden für Expeditionsausrüstung eröffnet, ist vor allem als Versand aktiv und hat nach wie vor nur in wenigen Städten einen Laden. In Dresden ist einer davon und wer in der Sächsischen Schweiz Touren unternehmen will und irgendetwas vergessen hat, findet hier Wanderbedarf auf mehreren Etagen wie auch Wanderkarten und Radführer. Im World Trade Center, Freiberger Str. 39, Mo.–Fr. 10–20, Sa. 9–20 Uhr, Haltestelle: Freiberger Straße, www.globetrotter.de.

terplatz oder Postplatz. Die Classic American Bar des Kempinski im Taschenberg-Palais ist mit dunklem Holz getäfelt, die Stühle und Sofas sind mit bordeauxrotem Leder bezogen. Regelmäßig Livemusik, probierenswertes Cocktailangebot und klassische Bar-Atmosphäre mit internationalem Flair.

❶ 19 [II D8] **Elbsegler**, Bellevuegärten (neben Augustusbrücke), www.westin.com/dresden, April–Sept. tgl. 11–24 Uhr, Haltestelle: Neustädter Markt. In lauen Nächten bietet der große Chillout-Open-Air-Club des Hotels Westin Bellevue einen grandiosen Blick auf das Elbpanorama gegenüber, außerdem Liegestuhlwiesen und BBQ. Die weißen Sonnensegel an den hohen Masten, Holzdecks und Reling erinnern an eine Luxusjacht. Bis 21 Uhr kostenlos, danach mit Eintritt.

❶ 20 [III E7] **Hebedas Familieneinkehr**, Rothenburger Str. 30, Äußere Neustadt, www.hebedas.de, im Winter ab 19 Uhr, im Sommer ab 20 Uhr bis open end, Haltestelle: Bautzner/Rothenburger Straße. Früher Feierabend-Eckkneipe, jetzt Szenetreff. Am Wochenende legen DJs auf.

❶ 21 [III E7] **Planwirtschaft**, Louisenstr. 20, Äußere Neustadt, www.planwirtschaft.de, tgl. 9–1 Uhr, Fr., Sa. bis 2 Uhr, Haltestelle: Louisenstraße. Eines der legendären Szenelokale der Wendezeit mit etwas DDR-Nostalgie und Hinterhofcharme. Mit Biergarten im Innenhof. Frühstücksbüffet bis 15 Uhr, viele Gerichte mit Biogemüse und -fleisch.

> **EXTRATIPP**
>
> *City Beach Dresden*
> Am Hafen [D7] und direkt am Elberadweg gibt es im Sommer einen **angeschütteten Sandstrand** mit Liegen, Beach-Volleyball, Cocktails und Grill. Leipziger Str. 31, tgl. ab 12 Uhr bei schönem Wetter. Haltestelle: Alexander-Puschkin-Platz

❶ 22 [III E7] **Raskolnikoff**, Böhmische Str. 34, Äußere Neustadt, www.raskolnikoff.de, Mo.–Fr. 11–2 Uhr, Sa. 10–2 Uhr, Haltestelle: Görlitzer Straße oder Bautzner/Rothenburger Straße. Legendäre Kneipe aus den Wendejahren mit schattigem Innenhof und schlichter Ausstattung. Die Karte ist nach Himmelsrichtungen geordnet, Frühstücksangebot, Bar, Restaurant.

❶ 23 [II D8] **Red Rooster**, Rähnitzgasse 10, Innere Neustadt, www.redrooster-pub.de, tgl. 17–3 Uhr, Haltestelle: Neustädter Markt. Beliebter Irish Pub in der Inneren Neustadt. Gute Stimmung bei Guinness oder Kilkenny, freitags Livemusik.

❶ 24 [III E7] **Scheunecafé**, Alaunstr. 36–40, Äußere Neustadt, www.scheunecafe.de, Mo.–Fr. 17–2 Uhr, Sa., So. 10–2 Uhr, Haltestelle: Görlitzer Straße. Das Café des Kulturzentrums (zahllose Veranstaltungen,

## AUF INS VERGNÜGEN
*Dresden für Nachteulen*

> **EXTRATIPP**
> Täglich um 21 Uhr beginnt eine **geführte Kneipentour** durch Dresdens Neustadt, Start am Albertplatz [E7], Artesischer Brunnen, Infos unter www.nightwalk-dresden.de. Unter **www.kneipensurfer.de** sind alle Lokalitäten der Äußeren Neustadt mit Stadtplan und Kurzbeschreibung verzeichnet.

Konzerte, Theater, Lesungen, Tanz) hat Kultstatus – Szenepublikum, am Wochenende auch zum Frühstück, im Sommer gerne im Biergarten. Indische Küche.

- **❶ 25** [I D9] **Shamrock**, Kleine Brüdergasse 1, Altstadt, shamrock-dresden.de, tgl. 11–2 Uhr, Haltestelle: Theaterplatz oder Postplatz. Irish Pub mit den klassischen Ingredienzien: Guinness, Cidre, Fish'n'Chips und Cottage Pie. Freitags und samstags Livemusik, ganz nach irischer Tradition.
- **❶ 26** [G7] **Sommerwirtschaft Saloppe**, Brockhausstr. 1, Radeberger Vorstadt, Mai–Sept. Mo.–Sa. ab 17, So. ab 12 Uhr, Haltestelle: Wilhelminenstraße, www.saloppe.de. Kurz vor Schloss Albrechtsburg **46**, mit DJ-Partys und Konzerten, Karaoke und Open-Air-Hörspielabenden ein beliebtes Ausflugsziel für Nachtschwärmer.

## KULTUR

Zum Ausgehen in Dresden gehört aber auch **ebenso vorzügliche wie abwechslungsreiche Kulturangebot**: Oper und Operette, Theater und Kabarett, Konzerte, Festspiele und Filmnächte (siehe auch „Zur richtigen Zeit am richtigen Ort"). Ein Muss für Musikfreunde ist ein Abend in der **Semperoper** **11**. Karten sollten rechtzeitig reserviert werden, denn die Vorstellungen sind häufig ausverkauft. Auch ein Auftritt des **Dresdner Kreuzchors** **18** kann zum unvergesslichen Erlebnis werden oder eines der **Konzerte** vor prächtigem Rahmen, ob im Zwingerhof oder in Schloss Pillnitz. Neben Klassik gibt es ein weitgefächertes Angebot an **Livemusik** – von Folk im Irish Pub über das Trio im Jazzclub bis zur Rockgruppe im Kulturplast oder im Alten Schlachthof (beide **18**).

Die **Theater** bieten je nach Repertoire Ernsthaftes, Experimentelles oder Komödiantisches. Besonders typisch für Dresden ist ein Besuch im **Kabarett**, z. B. in der *Herkuleskeule* oder bei *Breschke & Schuch* (beide **20**).

Für Kurzentschlossene gibt es vielleicht noch Karten an der Abendkasse etwa ab eine Stunde vor Spielbeginn. Der **Kartenvorverkauf** findet in der Tourist-Information in der Schinkelwache **16** und in der Prager Straße, im Kulturpalast beim Ticketservice im Kaufhaus Karstadt und in der SaxTicket-Zweigstelle im Kino Schauburg **17** statt.

**Monatliche Veranstaltungskalender** bringen die Stadtmagazine *SAX, Fritz* und *Dresdner,* **aktuelle Informationen** die *Sächsische Zeitung* mit der donnerstags erscheinenden Wochenbeilage „PluSZ" sowie die Tageszeitungen *Dresdner Morgenpost* und *Dresdner Neueste Nachrichten.* Informationen zu Konzerten, Festspielen, Kino- und Theaterprogrammen, Lesungen und anderen Events gibt es auch auf den Websites der Tourist-Information (www.dresden-tourist.de) und der Stadt (www.dresden.de).

◀ *Früher Feierabendkneipe, jetzt Kultbar: Hebedas Familieneinkehr*

# DRESDEN FÜR GENIESSER

## SÄCHSISCHE KÜCHE

Einfache, wohlschmeckende, bodenständige Hausmannskost – das charakterisiert viele sächsische Gerichte. Ein Klassiker ist die **sächsische Kartoffelsuppe**, mal mit Speck, mal mit Wursteinlage oder Lachsstreifen serviert, die so ziemlich in jedem Restaurant auf der Karte steht. Angeblich kultivierten die Sachsen als erste in Deutschland die Kartoffel. Kartoffeln sind nicht nur der Grundstoff für herzhafte Beilagen wie Kartoffelpuffer (Erzgebirgische Glitscher), Kartoffelsalat in vielen Variationen, Kartoffelklöße (Griegeniffte) und Aufläufe, sondern als **Quarkkeulchen** auch für süße Kartoffelquarkplinsen, die in der Pfanne ausgebacken, mit Zucker und Zimt bestreut und oft mit Obstkompott oder Apfelmus serviert werden.

Doch Sachsens Küche schafft auch den Spagat zwischen deftig und fein. In der **Spargelsaison** haben so gut wie alle Restaurants eine Saisonkarte, schließlich wächst das edle Gemüse in nächster Nähe, vor allem um Meißen herum. Eine Meißner Spezialität ist auch das Spargel-Lachs-Frikassee. Es gibt einige Rezepte mit edlen Süßwasserfischen von Forelle bis Zander und im Herbst feine Wild- und Geflügelgerichte, ob Rehrücken, Hirschmedaillons oder Gänsekeule.

Beim **Moritzburger Karpfen** werden süß und sauer kombiniert – zum Fisch gibt es Pflaumen, Rosinen, Mandeln, Honig und Essig. Das gilt auch für **Zunge in Rosinensauce** oder den **Dresdner Sauerbraten** – mariniert mit Rotwein, Essig und Rosinen. **Schwarzbierbraten** dagegen wird zwei Tage in dunklem Bier eingelegt, Karpfen in Schwarzbiersauce dagegen nur kurz darin gedünstet. Das **Leipziger Allerlei**, das bekannteste sächsische Gericht, ist ein Gemüsetopf mit Erbsen, Möhren, Spargel, Blumenkohl, Kohlrabi, das es in einigen Zubereitungsvarianten gibt, z. B. mit Krebsschwänzen.

In den vielen **Biergärten und Brauhäusern** Dresdens finden sich auf der Karte in der Regel die Klassiker von Schweinshaxe bis Kesselgulasch, allesamt nichts für Kalorienzähler. Oft sind auch kalte Gerichte wie Sülze, Bemmen (Brote mit Schmalz o. Ä.) und Wurstplatte eine gute Wahl, wenn sie hausgemacht sind.

Außer der sächsischen Küche ist auch die verwandte und benachbarte böhmische vertreten. Zu den alten DDR-Klassikern zählte auch **Soljanka**, eine pikante Suppe mit Fleisch- und Wurststücken, Gurken und Zwiebeln, deren Rezept wohl aus Russland oder der Ukraine stammt.

**Kaffee**, ein „Schälchen Heeßen", gehört in Dresden offenbar zu den Grundnahrungsmitteln: Beim Pro-Kopf-Verbrauch in Deutschland liegen die Sachsen ganz vorne und machen ihrem Namen „Kaffeesachsen" alle Ehre. Dazu passt das geradezu legendäre Kuchenangebot in Sachsen: Neben Käse-, Apfelstreusel-, Kirschstreusel-, Pflaumenstreusel-, Butterkuchen und vielen weiteren Blechkuchen gibt es die Dresdner **Eierschecke**, einen Quarkhefekuchen, und **Baumkuchen**, der bis zu 1 m hoch und 60 kg schwer sein kann. Am besten

▶ *Auf dem Dresdner Striezelmarkt kann man Profis dabei zusehen, wie der Striezel gebacken wird*

## AUF INS VERGNÜGEN
*Dresden für Genießer*

schmeckt er in ganz dünne Scheiben geschnitten. Wer Baumkuchen als Mitbringsel oder für sich selbst mit nach Hause nehmen will: Die Konditorei *Kreutzkamm* [6] am Altmarkt ist spezialisiert darauf.

Meißner **Fummel** ist ein brotförmiges Hohlgebäck, das leicht zerbricht. Bringt man es heil nach Hause, soll das Glück bringen. Erfunden wurden sie angeblich zur Zeit *Augusts des Starken,* um sie Kurierreitern zu ihrer wertvollen Fracht beizupacken und sie so zum sorgfältigen Umgang zu erziehen. War die Fummel zerbrochen, gab es arge Stockhiebe. Wer Dresden in der Adventszeit besucht, wird neben Kuchen auch **Weihnachtsgebäck** finden, vom berühmten Christstollen bis zu Pulsnitzer Pfefferkuchen und Dresdner Dominosteinen (siehe Exkurs „Der Dresdner Striezelmarkt").

> **EXTRATIPP**
> *Hochprozentige Mitbringsel*
> Im Ortsteil Reichenbach produziert die **Meissener Spezialitätenbrennerei** edle Obstbrände: Apfel-, Birnen-, Quitten- und Sauerkirschbrand, Himbeer- und Schlehengeist, daneben auch Liköre und einen Tresterbrand aus Eiswein. Auf Obstbrände hat sich auch die Dresdner Spezialitätenbrennerei spezialisiert (www.augustus-rex.com) und die Destillerie im Kurort Rathen.

## SÄCHSISCHE WEINGÜTER UND WINZER

In Deutschland gibt es dreizehn Weinregionen und jede hat ihre Eigenarten und Besonderheiten. In Sachsen liegt an der Elbe das **kleinste und östlichste Weinanbaugebiet**, es umfasst nur etwa 450 ha Anbaufläche (zum Vergleich: Rheinhessen, Pfalz und Baden haben jeweils zwischen 23.000 und 26.000 Hektar). Warme, nicht zu heiße Sommer und milde Winter machen ausgezeichnete trockene **Weißweine** möglich, die sich gegen „säuerliche Vorurteile" inzwischen gut behaupten können. Spätfröste sind die Hauptsorge der Winzer, doch wenn die Wetterbedingungen nicht zu extrem sind, gibt gerade das dem Weißwein den ausgeprägten Charakter: Riesling etwa wird nur gut, wenn er es schwer hat, sagen die Winzer.

Bevorzugte **Rebsorten** sind *Müller-Thurgau, Weißburgunder, Riesling* und *Ruländer/Grauburgunder.* Eine Besonderheit ist der ursprünglich im Elsass gezüchtete *Goldriesling,* der heute ausschließlich noch in Sachsen angebaut wird. Allerdings sind rote Rebsorten im

▲ *Kunst auf dem Weingut Hoflössnitz*

Wer sich vom beträchtlichen Höhenunterschied einen Eindruck machen will, sollte einmal die Spitzhaustreppe in Radebeul ⓰ oder die Katzenstufen-Treppe auf den Bocksberg hinter Meißen hinaufklettern. Die zahllosen **Terrassenmauern** und **Treppchen** haben noch viel Vergangenheitscharme, brutale Flurbereinigung gibt es hier nicht. Das liegt sicher auch daran, dass hier mehrheitlich Hobby- und Nebenerwerbswinzer Berge und Keller bewirtschaften und nur wenige größere Betriebe. Traditionsbewusste Winzer füllen ihren Wein in die „Sachsenkeule" – die keulenförmige Flasche gibt es seit den 1930er-ahren.

Mit den im Mittelalter zahlreichen Neugründungen von Klöstern gelangte der Weinbau nach Osten, an die Saale und an die Elbe. Der Anbau in Sachsen etwa geht zurück auf den Bischof *Benno von Meißen*, der um 1100 die ersten Reben gepflanzt haben soll. Die erste urkundliche Erwähnung ist die Übereignung eines Meißner Weinbergs im Jahre 1161. Im 17. Jh. hatten die guten Verdienstmöglichkeiten die Winzer schon auf die Idee gebracht, auch leichter zu bewirtschaftende flache Lagen aufzureben. Ein Erlass von *Johann Georg III.* aus dem Jahr 1684 verbot dies: „Wo der Pflug kann, dort soll kein Weinstock stehn!" – nach dem Dreißigjährigen Krieg brauchte man dringend Getreide. Bis heute liegt ein großer Teil der Rebflächen an sonnenbegünstigten Steillagen.

Lange Zeit waren deutsche Weine gefragt, so gehörten noch im 19. Jahrhundert deutsche Rieslinge zu den teuersten Weinen der Welt, doch nach dem Zweiten Weltkrieg war es damit vorbei – Wein aus Deutschland hatte einen bitteren Beigeschmack. Und im Nachkriegsdeutsch-

Trend und holen auf, etwa 15 % der Rebflächen machen inzwischen Spätburgunder und Dornfelder aus. Aus weißen und roten Trauben wird der sogenannte *Schieler* gepresst. Die Rebsorte *Elbling*, eine der ältesten Mitteleuropas, leitet sich übrigens nicht von „Elbe" ab, sondern vermutlich von lat. „albus" = weiß.

Neben dem Klima ist der **Boden** ein Faktor, der den Charakter der Weine entscheidend mitbestimmt – hier lassen sonnige Hänge mit Granitboden und Hochebenen mit Lösslehmboden kräftigen, herbtrockenen, fruchtbetonten Wein wachsen.

## AUF INS VERGNÜGEN
*Dresden für Genießer*

land waren Grundnahrungsmittel selbstverständlich wichtiger. Um 1950 betrug die gesamte Rebfläche im Land nur noch knapp 50.000 Hektar (im Elbtal 60 Hektar), heute sind es wieder rund 105.000 Hektar.

Lediglich 0,3 % der deutschen Weinproduktion stammt aus Sachsen. Vermarktet werden die sächsischen Weine vornehmlich an Endverbraucher und Gastronomie in der Region. Zwischen Diesbar-Seußlitz und Pirna wachsen die Rebstöcke zwar an seit Jahrhunderten kultivierten Steilhängen und der Weinbau blickt auf eine lange Geschichte zurück, doch die Zweiteilung Deutschlands führte dazu, dass sich die sächsischen Weine im Westen ihren **Ruf neu erarbeiten mussten.** Aber in den letzten Jahren ist eine Renaissance des „Terroir" zu beobachten, also **regionale, unverwechselbare Charaktereigenschaften**, und davon profitiert auch das Anbaugebiet an der Elbe. Es wurde aber hart dafür gearbeitet: Winzer mit Geduld, denen es weniger auf hohe Erträge ankommt als auf Qualität, eine ausgefeilte Kellertechnik und edle Reben sind die Geheimnisse des Erfolgs.

Und weil alle wissen, dass es nicht reicht, gute Weine zu produzieren, sondern man dafür auch die Werbetrommel rühren muss, gibt es seit 1992 die **Sächsische Weinstraße** (www.saechsische-weinstraße.de). Sie führt über knapp 60 km rechts der Elbe von Pirna über Dresden-Pillnitz, Radebeul und Meißen nach Dießbar-Seußlitz. Der noch relativ neue Sächsische **Weinwanderweg** (siehe Exkurs) verläuft parallel dazu. Regelmäßig Ende August findet ein Tag des offenen Weinguts statt, ansonsten muss man sich zur Weinprobe individuell anmelden – nur die großen Güter haben feste Öffnungszeiten (Adressen siehe Exkurs „Einkaufen auf Weingütern"). Viele Winzer verkaufen ihre Weine direkt ab Kellerei, also auf Hinweisschilder achten.

› Infos: www.weinbauverband-sachsen.de, www.saechsische-weinstraße.net

## WEINSTUBEN UND BIERGÄRTEN

Mit dem Aufschwung des Weinbaus im Elbtal verändert sich auch die Gastronomie. Wirtschaftlich nach wie vor von geringer Bedeutung, wird die Pflege der Kulturlandschaft für das Selbstverständnis der Region und den Tourismus immer wichtiger. Kleine **Straußwirtschaften** eröffnen am Fuß der Weinberge, Gewölbekeller werden zu Vinotheken, gemütliche **Weinstuben** sind beliebte Ausflugsziele. Dresden ist aber gleichermaßen Bier- wie Weinstadt. Noch vor den Bayern (186 l) belegte Sachsen beim Pro-Kopf-Bierverbrauch Platz 1 in Deutschland (2005). Ein würziges, herbes Lagerbier wird in Radeberg gebraut und auch in Dresden selbst gibt es kleine **Brauereien**, oft mit rustikalem Brauhaus wie das Ball- und Brauhaus Watzke oder das Brauhaus am Waldschlösschen (beide 3 ). Unter den vielen sächsischen Bieren sind außerdem *Wernesgrüner* aus dem Vogtland

---

**EXTRATIPP**

*Sächsische Vinothek*
Sächsische Vinothek, Salzgasse 2,
www.saechsische-vinothek.de,
Mo.–Sa. 11–19 Uhr, So. 12–19 Uhr,
Haltestelle: Altmarkt.
Wein von mehr als 30 sächsischen Winzern, Obstbrände, Tresterbrand und sächsischer Weinbrand.

und *Ur-Krostitzer* überregional bekannt, daneben gibt es in einigen Lokalen auch gezapfte Biere aus dem benachbarten Tschechien, *Krusovice* oder *Staropramen*. Dunkle Biere sind *Schwarzer Steiger* und *Köstritzer*.

In punkto **Biergärten** kann es Dresden jedenfalls mit München aufnehmen und die schönsten liegen direkt an der Elbe. Neben dem schon erwähnten Ballhaus Watzke seien hier nur ein paar genannt: der Schillergarten und der Körnergarten am Blauen Wunder, die Lindenschänke in Mickten und die Elbterrasse Wachwitz in Wachwitz (alle 3). In allen kann man auch gut essen. Außerhalb des Stadtgebiets, aber immer in Radelweite, gibt es weitere idyllische Einkehrmöglichkeiten, die man jedoch am besten selbst entdeckt, ob in Obervogelgesang, Zschieren oder Niederpoyritz.

Zu einer Gastronomie- und Kneipenmeile hat sich die **Münzgasse** [I D9] am Hilton Hotel zwischen Brühlscher Terrasse und Frauenkirche entwickelt – hier verkehrt das etwas gesetztere Publikum. Auch in der **Weißen Gasse** [I D9], in der Nähe von Kreuzkirche ❷❽ und Altmarkt gelegen, drängen sich einige Restaurants. Auf den Terrassenplätzen kann man hier draußen sitzen, ohne vom Autoverkehr behelligt zu werden.

Eine **Tischreservierung** empfiehlt sich für die Gourmetrestaurants auf alle Fälle. Im Sommer haben die Biergärten Hochbetrieb, vor allem die Gartenlokale direkt an der Elbe.

▼ *Einer der vielen gemütlichen Biergärten am Elbufer: die Lindenschänke*

# **3** DRESDNER GASTRONOMIE

## Brauhäuser und Biergärten

**27** [B6] **Ball- und Brauhaus Watzke,** Kötzschenbroder Str. 1, Pieschen, Tel. 0351 852920, www.watzke.de, tgl. 11–24 Uhr, Haltestelle: Rehefelder Straße. Hübsche Biergärten mit traumhaftem Blick auf die Elbe – das gibt es in Dresden erfreulicherweise gleich mehrfach. Das Ausflugslokal im Stadtteil Pieschen in einem Altbau der Wende zum 20. Jahrhundert gehört zu den schönsten und beliebtesten (450 Plätze). Auch innen sitzt man nett, entweder im Nichtraucherbereich zur Elbe hin oder im Raum mit den großen Sudkesseln. Populäre Angebote (Maßbiertag, Schnitzeltag, Riesenrippentag) und ausgezeichnete bürgerliche Küche (von Haxe bis Goldbroiler) machen das Lokal zum gutbesuchten Publikumsmagneten. Tanzveranstaltungen von Walzer bis Rock 'n' Roll gibt es im historischen Ballsaal. Dependance „Watzkes Brauereiausschank" in der Dresdner Neustadt, an der Hauptstraße direkt beim Goldenen Reiter 35. Suppen und Salate 3–8 €, Hauptgerichte 7–13 €.

**28** [G7] **Brauhaus am Waldschlösschen,** Am Brauhaus 8b, Radeberger Vorstadt, Tel. 0351 6523901, www.waldschloesschen.de, tgl. 11–1 Uhr, Haltestelle: Waldschlösschen. Das große Brauhaus steht oberhalb der Straße Richtung Loschwitz und Weißer Hirsch. Deftige, gutbürgerliche Küche mit Obatzda, Leberkäse, Haxen, Gulasch und Würstchen, dazu das hausgebraute helle und dunkle Bier oder Hefeweizen. Innen rustikal, auf der Terrasse mit Bedienung, unterhalb großer Biergarten mit Selbstbedienung – von beiden bietet sich ein schöner Blick über die Elbe auf Dresden. Ab und zu Livemusik. Suppen, Salate, Brotzeit 3–14 €, Hauptgerichte 8–15 €.

**29** [F8] **Fährgarten Johannstadt,** Käthe-Kollwitz-Ufer 23b, Johannstadt, Tel. 0351 4596262, www.faehrgarten.de, April–Okt. tgl. 10–1 Uhr, Haltestelle: Gutenbergstraße. Idyllischer Biergarten in den Elbwiesen und am Elberadweg. Die kleine Johannstädter Fähre bringt Radler und Fußgänger auch vom anderen Ufer herüber. Zum Bier werden Deftiges vom Holzkohlengrill und Pfannengerichte serviert. 400 Plätze unter schattenspendenden Bäumen, damit einer der größeren Biergärten Dresdens. Mit Spielplatz.

> **EXTRATIPP**
> Der **Gastronomieführer „Augusto"** informiert umfassend über Restaurants, Biergärten, Bars und Cafés in Dresden und Umgebung. Man wird nicht alle Urteile teilen, kann sich aber zu Neuentdeckungen anregen lassen. Das Magazin im DIN-A4-Format kann man in Buchhandlungen und Zeitschriftenläden erstehen.

**30** [C10] **Feldschlösschen Stammhaus,** Budapester Str. 32, Südvorstadt, Tel. 0351 4718855, www.feldschloesschen-stammhaus.de, tgl. 11–1 Uhr, Haltestelle: Chemnitzer Straße. Das denkmalgeschützte Maschinenhaus gehörte einst zur 1858 gegründeten „Aktienbrauerei zum Feldschlößchen". Mit Ausstellung zur Brauereigeschichte. Neben dem eigenen Bier (unfiltriertes Zwickelbier) findet man auch andere regionale Sorten. Auf der Karte steht deftig-gutbürgerliche Küche als kräftig gewürzte Grundlage, von typischen Brauhausgerichten wie Kartoffelsuppe und Leberkäse bis zu Internationalem wie Rahmgeschnetzeltes. Freitags und samstags Livemusik. Mit Biergarten. Suppen und Salate 4,50–9 €, Hauptgerichte 7–16 €.

## AUF INS VERGNÜGEN
*Dresden für Genießer*

**31** [I8] **Körnergarten,** Friedrich-Wieck-Straße 26, Loschwitz, Tel. 0351 2683620, tgl. 11–24 Uhr, Haltestelle: Körnerplatz. Traditionsreiches Ausflugslokal mit Biergarten direkt an der Elbe, das in einer TV-Krimiserie regelmäßig vom Hauptkommissar aufgesucht wird. Von der Terrasse blickt man auf den Schillergarten gegenüber in Blasewitz und auf das Blaue Wunder. Einfache Küche, zu empfehlen sind vor allem die Hausmachergerichte (Sülze, Bratwurst, Sauerbraten). Der Schwerpunkt der Karte liegt auf Steaks und Schnitzel, es gibt aber auch einige Fischgerichte. Suppen und Salate 3–8 €, Hauptgerichte 8–12 €.

**32** [I8] **Schillergarten.** Schillerplatz 9, Blasewitz, Tel. 0351 811990, tgl. 11–1 Uhr, www.schillergarten.de, Haltestelle: Schillerplatz. Das Lokal mit großem Biergarten direkt an der Elbe (knapp 1000 Plätze) und schönem Blick auf das Blaue Wunder und die Elbhänge von Loschwitz gibt es schon seit 1730. Ein absoluter Klassiker wegen der Lage und der Aussicht von der Terrasse, an sonnigen Tagen und lauen Sommerabenden entsprechend gut besucht. Mit Spielplatz. Gutbürgerliche Küche: Bratwurst, Sächsischer Sauerbraten, Schweinshaxe, Rinderroulade und wechselnde Tageskarte. Auf der (teilweise überdachten und beheizbaren) Terrasse mit Bedienung, im Biergarten Selbstbedienung. Suppen, Vorspeisen und Salate 3,50–11 €, Hauptgerichte 10–16 €.

▶ *Lokal vor großartiger Kulisse: „Alte Meister" im Zwinger*

### Spitzenreiter

**33** [II D8] **Canaletto,** Große Meißner Str. 15, Innere Neustadt, Tel. 0351 8051658, www.canaletto-dresden.de, tgl. 12–24 Uhr, Haltestelle: Neustädter Markt. Das Hotelrestaurant des „Westin Bellevue" bietet – nomen est omen – von der Terrasse tatsächlich den berühmten Canaletto-Blick auf „Elbflorenz". Der Küchenchef erkochte mit gehobener deutsche Küche und mediterranen Anklängen einen Michelin-Stern. Klassisch-elegantes Interieur, zuvorkommender Service. Auf der Karte zum Beispiel Seezunge und Jakobsmuscheln auf Kohlrabicarpaccio mit Safrannnudeln oder Spanferkel mit getrüffeltem Kohl und Laugenknödeln. Menüs 49 € (3 Gänge), 62 € (4 Gänge), 72 € (5 Gänge), 80 € (6 Gänge).

**34** [II D8] **Caroussel,** Rähnitzgasse 19, Neustadt, Tel. 0351 80030, www.buelow-residenz.de, Di.–Sa. 12–14, 18.30–24 Uhr, So. u. Mo. Ruhetag, Haltestelle: Neustädter Markt oder Palaisplatz. Das Restaurant im Hotel „Bülow Residenz" gehört zu Dresdens – wenn nicht gar zu Sachsens – Top Five. Vorzügliche Küche mit Michelin-Stern in stilvollem Ambiente, opulente Weinkarte und perfekter Service mit Chefkoch *Dirk Schröer* an der Spitze. Das hat seinen Preis: Hauptgerichte 32–45 €. Angeboten werden u. a. Jakobsmuschelravioli und Gänseleberschaum mit Pfifferlingen oder Rehrücken mit Steinpilzen und Sellerie. Im Sommer Bedienung auch auf der Terrasse im kleinen Innenhof.

**35** [I D9] **Intermezzo,** Taschenberg 3, Altstadt, Tel. 0351 4912712, tgl. 12–15, 18–24 Uhr, www.kempinski-dresden.de, Haltestelle: Theaterplatz oder Postplatz. Das mehrfach ausgezeichnete Restaurant im Taschenbergpalais setzt auf elegantes Interieur (leider mit musikalischer Klimperuntermalung) und leichte, mediterran inspirierte

Küche. Auf der Karte Jakobsmuschel-Carpaccio, Rinderfilet in Rotwein-Schalotten-Sauce oder Lammfilet im Bärlauchmantel. Der Service ist professionell, wenn auch manchmal etwas überfordert. Sonntags Brunch. Im Sommer auch Tische draußen im Innenhof. Menüs 52–91 €, Lunchmenü 21/29 € (2 oder 3 Gänge).

## Bürgerliche und feine Küche

36 [I D9] **Alte Meister,** Theaterplatz 1a, Altstadt, Tel. 0351 4810426, tgl. 10–1 Uhr, www.altemeister.net, Haltestelle: Theaterplatz. Kreative internationale Küche im Zwinger mit Aussicht auf die Semperoper, im Sommer auch mit Terrasse. Mittags betriebsames Museumscafé mit kleiner Lunchkarte, abends Restaurant mit anspruchsvoller, experimentierfreudiger Küche. Die kleine Speisekarte mit ansprechender Weinauswahl wechselt regelmäßig. Vorspeisen, Suppen 5,50–12,50 €, Hauptgerichte 18–21 €.

37 [K10] **Elbterrasse Wachwitz,** Altwachwitz 14, Wachwitz, Tel. 0351 269610, Mo.–Sa. 11–1, So. 10–24 Uhr, www.elbterrasse-wachwitz.de, Haltestelle: Altwachwitz. Das über 100-jährige Anwesen direkt an der Elbe bietet einen wunderbaren Blick auf den Fluss – sowohl von der schönen Terrasse (250 Plätze) als auch von den Fensterplätzen des Gastraums. Die Karte verzeichnet Gutbürgerlich-Deftiges wie Sächsische Kartoffelsuppe, Winzervesper, Käse-Wurst-Salat, Sülze, aber auch feinere Vorspeisen, Fisch- und Fleischgerichte sowie Vegetarisches (Gemüsemaultaschen). Tagsüber ein beliebtes Ausflugslokal, abends ein romantisches Fleckchen. Auch einige Hotelzimmer.

Suppen, Vorspeisen, Salate 4,20–10,50 €, Hauptgerichte 10–16,50 €.

**38** [H6] **Historisches Fischhaus,** Fischhausstr. 14, Radeberger Vorstadt, Tel. 0351 899100, www.fischhaus.de, tgl. 12–24 Uhr, Sa., So. ab 11 Uhr, Haltestelle: Fischhausstraße, Angelikastraße. Am Rande der Dresdner Heide, schon im Wald, liegt eines der ältesten Gasthäuser Dresdens. Das Landhaus mit offenem Kamin und alten Gebälk ist an trüben Tagen gemütlich, die Terrasse im Heidegarten im Sommer die pure Idylle (zumindest wenn der Verkehr auf der Straße nachlässt). Umfangreiche Karte mit jahreszeitlichen Akzenten, etwa im Frühjahr Kräuterküche, im Winter Wild, daneben Hausgebackenes aus dem Holzbackofen. Fisch gibt's auch (Forelle), aber nicht ausschließlich. Neben gehobener bürgerlicher Küche auch kleine Vesperkarte für die Brotzeit. Große Preisspanne, da große Karte.

**39** [E9] **Lesage,** Lennéstraße 1, Johannstadt, Tel. 0351 4204250, tgl. 12–14.30 und 18–22 Uhr, Bar 8–24 Uhr, www.kempinski-dresden.de, Haltestelle: Straßburger Platz. Feine Küche im Foyer eines Industriebetriebs: Das offene Bistro mit Bar und Außenterrasse in der Gläsernen Manufaktur **30** von VW wird vom „Kempinski" betrieben. Coole Atmosphäre im High-Tech-Ambiente, die Küche setzt auf leichte, mediterran-asiatische Fusion-Rezepte. Sonntagsbrunch (11–15 Uhr), bei Tischreservierung mit kostenloser Führung durch die Manufaktur. Vorspeisen 6–16 €, Hauptgerichte 19–45 €, Menü 48 €.

**40** [A6] **Lindenschänke,** Altmickten 1, Mickten, Tel. 0351 8599577, tgl. 11–23 Uhr, www.wirtshaus-lindenschaenke.de, Haltestelle: Scharfenberger Straße. Das Wirtshaus „Lindenschänke" steht im historischen Dorfkern von Altmickten, schon fast am Rande der Stadt. Unter alten Linden gibt es zwei Terrassen unmittelbar an der Elbe, die untere ein Biergarten mit Selbstbedienung (280 Plätze), auf der oberen mit Service. Kinderspielplatz vorhanden. Gute Küche, von sächsischer Hausmannskost über bayrische Schmankerl bis zum Wiener Schnitzel. (Zum Glück gibt's auf Wunsch auch kleine Portionen!) Im Winter ist es auch in der holzvertäfelten Gaststube mit Kachelofen urgemütlich. Suppen, Vorspeisen, Salate 4,20–10,50 €, Hauptgerichte 10,50–18,50 €.

**41** [L11] **Oberer Gasthof Niederpoyritz,** Pillnitzer Landstraße 239, Niederpoyritz, Tel. 0352 2633990, Mo. 17.30–23 Uhr, Di.–Sa. 11–14 Uhr, 17.30–23 Uhr, So. 11–23 Uhr, www.oberer-gasthof-dresden.de, Haltestelle: Stallsteinstraße. Der Gasthof an der Straße nach Pillnitz hat zwei Galerie: einen für Raucher und einen für Nichtraucher. Die österreichisch-ungarische Küche ist deftig und lecker. Man merkt den Respekt vor guten Produkten – der Koch hat Stationen bei Sterneköchen vorzuweisen. Die Klassiker wie beispielsweise Gulaschsuppe, Tafelspitz (auch mariniert als Vorspeise) und Palatschinken sind rundum zu empfehlen. Oder man probiert mal ungarische Spaghetti (mit Schafskäse) oder „Bakonyi Zander". Kleine Terrasse (an der Straße). Sehr freundlicher Service. Hauptgerichte 10–20 €.

**42** [IV N13] **Pillnitzer Kaminrestaurant,** August-Böckstiegel-Str. 10, Pillnitz, Tel. 0351 26140, www.schlosshotel-pillnitz.de, Mo.–Sa. 18–23.30 Uhr, So. geschlossen, Haltestelle: Pillnitzer Platz. International ausgerichtete gehobene Küche in elegant-romantischem Ambiente, leider zu plätschernder Klaviermusik. Vorspeisen wie Selleriecremesuppe, Lachsquarkmousse und Lammcarpaccio, unter den Hauptgerichten auch diverse Fischgerichte. Große Weinkarte. Hauptgerichte 18–23 €.

## AUF INS VERGNÜGEN
*Dresden für Genießer*

**43** [V E2] **Schmidt's,** Moritzburger Weg 67, Hellerau, Tel. 0351 8044883, www.schmidts-dresden.de, Mo.-Fr. 11–23, Sa. 17–23 Uhr, So. geschlossen, Haltestelle: Hellerau. Anspruchsvolle und einfallsreiche Gourmetküche mit Blick auf die Werkstätten Hellerau **58**, der Name ist eine Referenz an den Werkstätten-Gründer *Karl Schmidt*. Innen, im ehemaligen Feuerwehrhaus, ist das Ambiente einfach: Stühle und Holztische, im Sommer werden auch draußen auf die Terrasse ein paar Tische gestellt. Dafür ist die Karte um so ansprechender – und die Küche hält, was sie verspricht. Hervorragende Salate, Vorspeisen und Pasta, Hauptgerichte und Desserts aus jahreszeitlich marktfrischen Produkten, immer mit einem kreativen Extra versehen. Zum Beispiel Kaninchen mit Feigen, Dorschfilet mit Ricottakruste, Maronen und Schafskäsepolenta oder Entenleber mit Rotkohlsoufflé. Dem Publikum gefällt die Kombination von Bodenständigkeit und Raffinesse, eine Reservierung ist empfehlenswert. Suppen, Vorspeisen 5–7,50 €, Hauptgerichte 10–15 €.

**44** [I8] **Villa Marie,** Fährgässchen 1, Blasewitz, Tel. 0351 315440, www.villa-marie.com, tgl. 11.30–1 Uhr, Haltestelle: Schillerplatz. Die gelbe Villa bringt die Toskana nach Dresden. Die phantastische Lage direkt am Blauen Wunder ist nur ein Pluspunkt des italienischen Restaurants: Von der schönen Terrasse und aus dem Lokal bietet sich dem Gast ein wunderbarer Blick auf die Elbe. Dazu kommen das angenehme Ambiente und die frische und kreative Küche. Im Erdgeschoss warten die Bar und ein legerer Raum mit braunen Lederbänken und Holztischen auf Gäste, in der ersten Etage wird mit weißen Tischdecken etwas formeller gespeist. Auf der Karte Ziegenkäsecroutons, Vitello tonnato, Lammrücken mit Rosmarin aus dem Ofen. Angenehm: Vorspeisen und Primi Piatti gibt es jeweils auch als kleine Portion. Freundliches, gut eingespieltes Service-Team. So. 10–14 Uhr Brunch. Antipasti 5–11 €, Pasta, Fisch und Fleisch 15–21 €.

**45** [III E7] **Villandry,** Jordanstr. 8, Äußere Neustadt, Tel. 0351 8996724, Mo.-Sa. ab 18.30 Uhr, So. geschlossen, Haltestelle: Louisenstraße, www.villandry.de. Von der Reihe der Kneipen, Szenelokale und Imbisse in der Neustadt hebt sich das „Villandry" deutlich ab. Junge und kreative, zum Teil asiatisch inspirierte Crossover-Küche und freundlicher Service im entspannten, schlichten Ambiente. Wer richtig fein essen will, ist hier gut aufgehoben. Das spricht sich herum, eine Reservierung ist daher zu empfehlen. Häufig wechselnde Karte je nach Jahreszeit und Markt. Ausgewählte Zutaten werden raffiniert kombiniert, so etwa Weißkohlsalat mit Koriander, Zuckererbsenschaumsuppe mit Datteln oder Dorade auf Miesmuschelbett. Hauptgerichte 9–16 €.

> **EXTRATIPP**
> *Restaurants in der Umgebung*
> Einen Ausflug wert: „Charlotte K" in Radebeul-Zitschewig (siehe „Elbeabwärts"). Und auch die „Villa Sorgenfrei" in Radebeul ist als Restaurant ein besonderer Tipp! Ein Ausflug zum Schloss Moritzburg **61** lässt sich mit einem Mittagessen in der „Churfürstlichen Waldschaenke" (siehe „Praktische Reisetipps/Unterkünfte") kombinieren. Im „Bauernhäus'l" im Spaargebirge kurz vor Meißen und im Romantikrestaurant „Vincenz Richter" in Meißen kann man zum sächsischen Wein auch etwa Zünftiges essen (siehe Meißen **62**).

# RESTAURANTS IM ÜBERBLICK

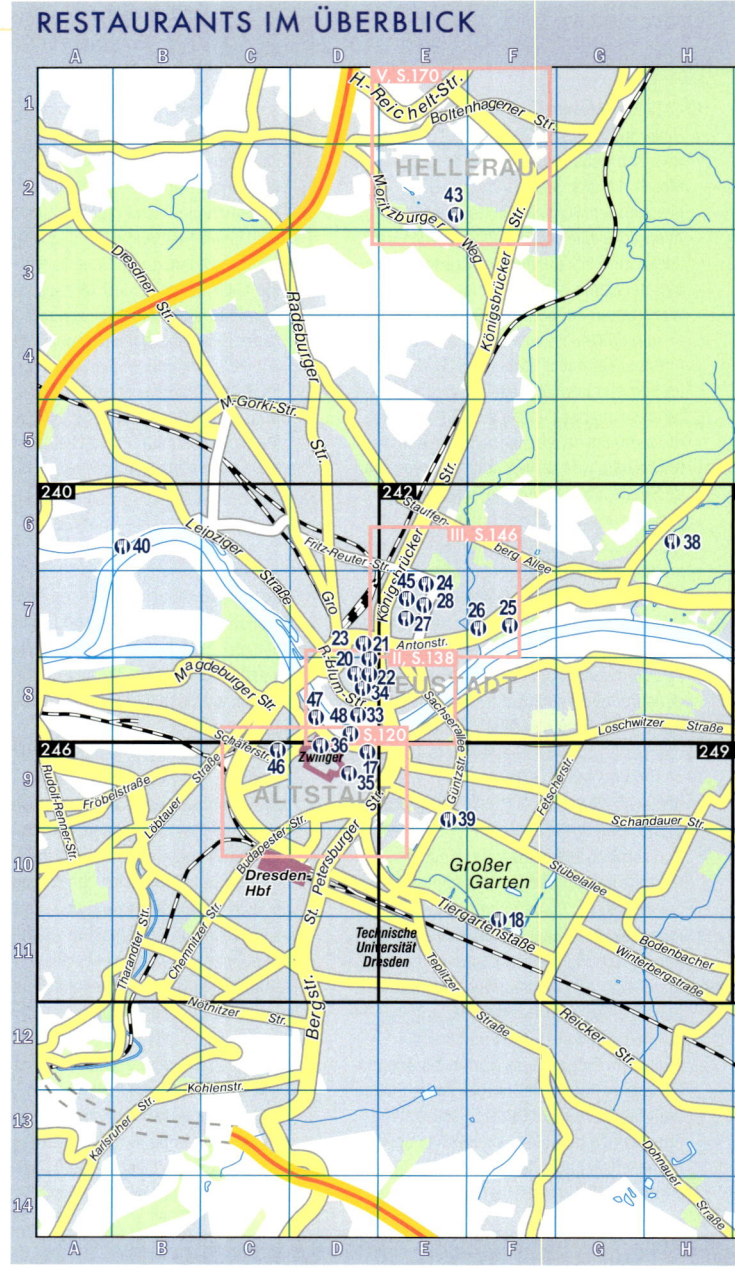

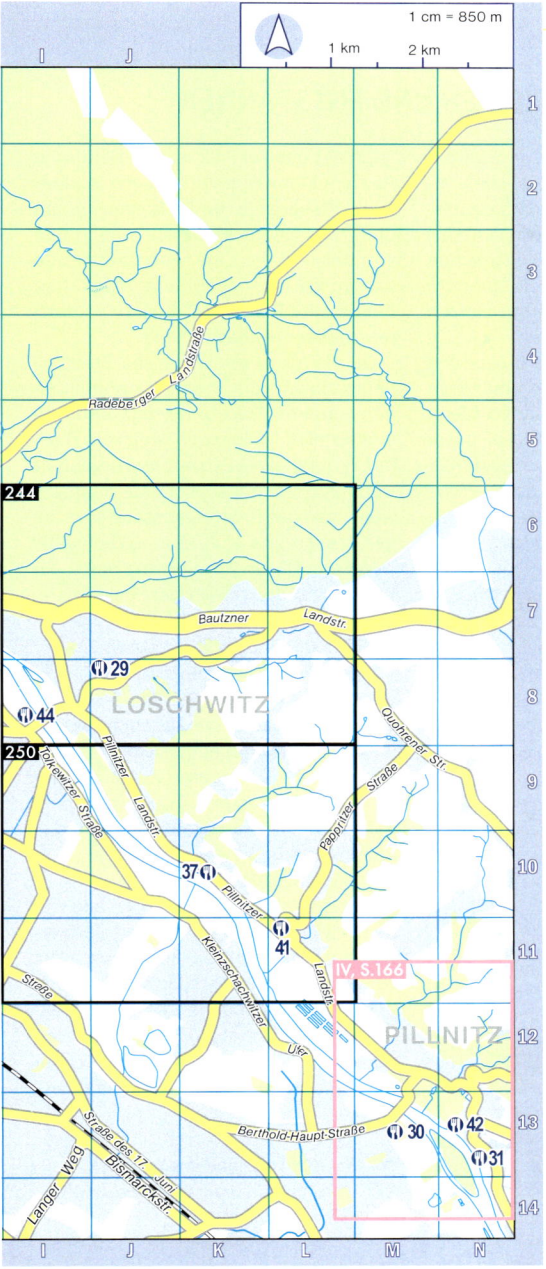

# DRESDEN ZUM TRÄUMEN UND ENTSPANNEN

*Einen Dresden-Besuch kann man mit intensiven kulturellen Eindrücken – Architektur, Musik, Kunst – komplett ausfüllen. Ein schönes Sommerwochenende hingegen möchte man mit Sicherheit nicht nur drinnen verbringen, sondern auch mal an idyllischen Plätzen einfach nur Träumen und Entspannen.*

Ideal für einen Rückzug ins Ruhige und Grüne sind die **Elbwiesen**. An manchen Stellen sind sie mehrere hundert Meter breit, ein lauschiger Platz findet sich hier allemal. Wer nicht selbst Essen und Getränke dabeihat, findet viele schöne Biergärten mit Blick auf den Fluss, in denen ein Abend romantisch ausklingen kann.

Ein Ort mit viel Flair ist das **Römische Bad** am Elbhang unterhalb von Schloss Albrechtsberg 46: im Park gelegen, mit phantastischem Blick auf das Blaue Wunder und die Elbe. Auch der **Große Garten** 32 ist so weitläufig, dass man hier in aller Ruhe Tai-Chi üben, meditieren oder sonnenbaden kann.

Da die Natur so weit in die Stadt hineinreicht, belegt Dresden ohnehin einen vorderen Platz unter den **Sommerstädtezielen**. Vieles, was in diesem Buch in Exkursen und Extratipps vorgestellt wird, bietet sich insbesondere dann an, wenn man das Urban-Städtische links liegen lassen und sich raus in die Natur begeben will: ein Spaziergang durch die Weinberge oder im Pillnitzer Schlosspark, eine beschauliche Dampferfahrt oder eine Radtour auf dem Elberadweg.

Wer morgens erst spät in die Gänge kommt, findet in der Äußeren Neustadt jede Menge **Cafés, die auf Langschläfer und Morgenmuffel eingestellt sind**. Hier kann man bei ausgiebiger Zeitungslektüre in aller Ruhe in den Tag starten. Ideal dafür und näher an allen Sehenswürdigkeiten ist das Schwarzmarktcafé 10 in der Inneren Neustadt.

**Plätze mit Flair** findet man vor allem in den teilweise noch erhaltenen Dorfkernen der Dresdner Vororte, in Loschwitz zum Beispiel. Mit dem hoffentlich noch eine Weile vorhandenen Kopfsteinpflaster fühlt man sich in ein Deutschland vergangener Zeiten zurückversetzt. Wenn dann noch überall der Flieder blüht ...

◀ *Das Römische Bad des Schlosses Albrechtsberg lädt zum Entspannen ein*

# DRESDEN FÜR DEN NACHWUCHS

*Ein Dresden-Besuch macht auch mit der ganzen Familie Spaß. Gerade weil es zu den sehr städtischen, für Kids mitunter anstrengenden Attraktionen wie Museen und Architektur viele Alternativen gibt, kommen hier Groß und Klein auf ihre Kosten. Neben Fahrten auf einem Schaufelraddampfer oder mit der Schmalspurbahn kann man zu einigen Ausflugszielen wie dem Karl-May-Museum oder zum Blauen Wunder auch radeln.*

Gleich in mehrfacher Weise kann der **Große Garten** 32 attraktiv sein für einen Ausflug mit dem Nachwuchs. Mit kleineren Kindern rattert man mit der **Parkeisenbahn** durch Dresdens größte Parkanlage. Der Miniaturbahnhof, an dem man in die Liliputbahn einsteigen kann, liegt gleich neben der Gläsernen Manufaktur. Anschließend kann es direkt weitergehen zum Puppentheater „Sonnenhäusl" oder zum **Carolasee**, wo man Boote ausleihen kann. Auch **Zoo** und **Botanischer Garten** grenzen direkt an den Großen Garten an. Der Dresdner Tiergarten ist über Sachsen hinaus insbesondere für seine Menschenaffen bekannt.

Nicht auslassen sollte man einen Abstecher zum **Blauen Wunder** 51, um dort mit der **Bergschwebe- oder Standseilbahn** 53 auf die Loschwitzer Höhen hinaufzufahren – mit Blick auf Dresden und das Elbtal. In der Gaststätte „Luisenhof" oben an der Bergstation kann man noch zusätzlich einen kleinen Turm erklettern. Andere **Aussichtspunkte** zum Selbstbesteigen sind Frauenkirche 23, Kreuzkirche 28 und Dreikönigskirche 38, Rathausturm, der Hausmannsturm im Residenzschloss 9 und der Ernemannturm der Technischen Sammlungen 1 in Striesen.

Ein Muss für eine Dresden-Reise mit Kindern ist vermutlich ein Besuch bei *Winnetou* und *Old Shatterhand* im **Karl-May-Museum** in Radebeul 60 – und die Karl-May-Festspiele auf der Felsenbühne Rathen 20, falls der Familienbesuch im Sommer stattfindet. Wenn man ohnehin wegen *Karl May* schon in Radebeul ist, lässt sich gut eine Fahrt mit der historischen **Schmalspurbahn**, dem „Lößnitzdackel", zum Wasserschloss **Moritzburg** 61 anschließen.

▶ *Besonderes Vergnügen für Kinder: Schmalspurbahn im Großen Garten*

## AUF INS VERGNÜGEN
*Dresden für den Nachwuchs*

Auch einige **Museen** in Dresden selbst gibt es, in denen der Nachwuchs auf seine Kosten kommt: An erster Stelle das **Hygienemuseum** ㉛ mit vielen interaktiven Stationen und verblüffenden Exponaten wie dem „Gläsernen Menschen" oder das **Verkehrsmuseum** ㉕ mit Trabis, imponierenden Lokomotiven, vielen anderen Oldtimern und einer großen Modelleisenbahn, die mittwochs in Betrieb genommen wird. Schimmernde Ritterrüstungen, scharfe Degen und Schwerter in der **Rüstkammer** ❸ und die vielen blitzenden und blinkenden Juwelen im Grünen Gewölbe ❿ beeindrucken sicher auch Kinder. Wer Lust hat, selbst das ein oder andere zu erklären, kann auch die Gemäldegalerien mit seinen Kindern besuchen, viele Museen bieten aber auch **spezielle Führungen** für Kinder an. Eine Familientageskarte ermäßigt in vielen Dresdner Museen den Eintritt für zwei Erwachsene mit bis zu vier Kindern im Alter von 6 bis 14 Jahren.

Im Parktheater des Großen Gartens ㉜ und anderen Dresdner **Theatern** stehen in den Sommermonaten auch Stücke für Kinder auf dem Programm. Aber können eigentlich nur Kinderveranstaltungen Kids ansprechen? Unter den vielen schönen Konzerten in Dresden sind sicher auch Angebote, bei denen das Zusammenwirken von architektonischem und musikalischem Erlebnis (etwa im Zwinger oder Schloss Pillnitz) die ganze Familie beeindruckt. Unter der bunten Glaskuppel der **Yenidze** ⓮ werden Märchen vorgelesen, da vereinen sich ohnehin Groß und Klein (www.1001maerchen.de).

Unter den spannenden Ausflugszielen in der Umgebung stehen die **Festung Königstein** ㊻ und die **Bastei** ㊽ an erster Stelle. Bei schönem Wetter kann die Tour in die Sächsische Schweiz mit der Fahrt auf einem nostalgischen **Schaufelraddampfer** verbunden werden. Überlegen sollte man, für eine Strecke die S-Bahn zu nehmen, eine Ganztagstour wäre vermutlich doch etwas zu langwielig für bewegungslustige, aktive Kinder. Zurück nach Dresden geht es etwas schneller, da die Dampfer mit der Strömung flussabwärts gleiten.

Wer selbst mal Bewegung braucht – die Fahrradverleihe haben auch Kinderräder und Kindersitze im Angebot. Der **Elberadweg** (siehe Exkurs) ist auch für junge Radler geeignet und dann kann man auch noch mit einer Fähre, zum Beispiel zum Schloss Pillnitz, übersetzen. Das Georg-Arnhold-Bad ⓳ im Stadtzentrum bietet mit Innen- und Außenbecken und zwei Rutschen Badespaß das ganze Jahr über.

Manche **Lokale** haben auch Spielplätze für Kinder, vor allem die Biergärten wie der Schillergarten, der Johannstädter Fährgarten und die Lindenschänke. Im Brauhaus am Waldschlösschen gibt es sogar eine eigene Kinderkarte (alle ❸).

Einige **Hotels** bieten auch Dreibett- oder Vierbettzimmer für den Urlaub mit der ganzen Familie an. Zudem wächst das Angebot an **Ferienwohnungen** und Apartments, in denen man zu vier oder mehr Personen günstiger unterkommt als im Hotel und sich auch selbst versorgen kann (siehe „Praktische Reisetipps/Unterkünfte"). Die sogenannte „Dresden Days Familiencard" ist ein 48-Std.-Ticket für alle öffentlichen Verkehrsmittel, das es aber nur in Kombination mit einer Pauschalbuchung gibt.

# AM PULS DER STADT

„Unverwüstlich" nennt die sächsische Mundartdichtertin Lene Voigt die Sachsen, „nich dod ze griechn. Drifft die ooch Gummer Daach fier Daach, ihr froher Mut wird siechen". Unverwüstlich ist zum Glück auch Dresden oder präziser: Auch nach Verwüstungen, sei es durch Stadtbrände, Krieg und Bombardierung, Nachkriegskahlschlag oder Jahrhunderthochwasser, fingen die Dresdner immer wieder von vorne an. Heute belegt Dresden unter den beliebtesten Städten Deutschlands wieder einen der vorderen Ränge.

# DAS ANTLITZ DER STADT

2002 trat nicht der Mensch an, der Stadt zuzusetzen, sondern die Natur: Die Elbe trat über die Ufer und begrub Bauwerke und Gärten, Straßen und Plätze unter braunen Schlammfluten. Heute finden sich nur noch sporadisch Hinweise auf die **Flutkatastrophe**. Neben den an vielen Häusern angebrachten Tafeln mit der Pegelhöhe sieht man lediglich vereinzelt Schilder mit der Aufschrift „Hier baut der Freistaat Sachsen – Beseitigung der Flut- und Hochwasserschäden". Mehrere hundert Millionen Euro und viel individuellen Einsatz hat es gekostet, dass alles wieder in frischen Farben strahlt.

Und unter dem Namen „Dresdner Elbtal" gehört seit 2004 das knapp 20 Kilometer lange Stück rechts und links der Elbe von Übigau im Westen bis zum Schloss Pillnitz am östlichen Stadtrand zum **Weltkulturerbe** der UNESCO.

Zwar ragen nach wie vor Kräne in den Himmel, aber zwischen Baustellen und Plattenbau ersteht das **„Elbflorenz"** aus Ruinen wieder auf, einst grandios geplant und verwirklicht. Zur 800-Jahr-Feier 2006 suggerierte das barocke Stadtpanorama an der Elbe bereits wieder, Krieg und Sozialismus hätten keine Spuren hinterlassen. Man mag im Detail so seine Zweifel an umfassender historisierender Rekonstruktion haben – manch einer nennt es gar städtebauliche plastische Chirurgie – der Gesamteindruck ist überzeugend: Die Gebäude für Gebäude wiedererstehende Stadtsilhouette zeugt vom Willen, ein elegantes und weltläufiges Dresden wiederaufleben zu lassen.

Ein gewisser Langmut gegenüber sozialistischen Geschmacksverirrungen ist dazu kein Widerspruch: Die sächsische Hauptstadt kultiviere ein „fröhliches Nebeneinander von Aufholwille und Erblast, Voranpreschen und Nachlässigkeit" schrieb die *Frankfurter Allgemeine Sonntagszeitung* 2003. Man kann nur hoffen, dass das so bleibt! Gerade die **stilistische Mischung** aus Kopfsteinpflaster und Fliederidylle in den Vororten, sozialistischer Erneuerung und barockem Wiederaufbau, moderner Architektur und „Altlasten" macht den Reiz dieser noch völlig im Umbruch begriffenen Stadt aus.

◀ *Spuren der Flutkatastrophe auf frischem Untergrund*

## Das Antlitz der Stadt

Der **Beiname „Elbflorenz"** geht auf den Theologen und Philosophen *Johann Gottfried Herder* zurück, der über Kurfürst *Friedrich August I.* schrieb, durch ihn und seine Kunstschätze sei Dresden „ein Deutsches Florenz" geworden, was später der Kunsthistoriker *Carl Just* als „Elbflorenz" wieder aufnahm. Dresdens Gemälde- und Skulpturensammlungen haben Weltrang, die Stadt besitzt die weltgrößte Juwelen-, Porzellan- und Waffensammlung, die Semperoper hat einen legendären Rang – kein Wunder, dass die Touristenzahlen stetig wachsen und sich die Stadt in der **Liga der Kulturmetropolen** immer weiter hocharbeitet.

Noch gesteigert wird die Attraktivität Dresdens durch die landschaftliche **Schönheit der Umgebung**, die schon vor Jahrhunderten Maler und Musiker, Dichter und Gelehrte nach Dresden zog, vor allem in der Zeit der Romantik und den Jahren des expressionistischen Aufbruchs. *Heinrich von Kleist*, der zwei Jahre lang in der Pirnaischen Vorstadt lebte, schwärmte von der „großen feierliche Lage" der Stadt inmitten „der umkränzten Elbhöhen".

Nicht nur, aber beispielhaft vor allem an der **Diskussion um die Waldschlösschen-Brücke** zeigt sich, dass sich der Dresdner Stadtrat noch nicht ganz im Klaren darüber ist, welches „Pfund" er hier verspielen kann. Störrisch und unter Rekurs auf Verwaltungsformalia wollte man den Bau dieser überdimensionierten Elbbrücke durchsetzen, obwohl die UNESCO angekündigt hat, in diesem Fall Dresden den Welterbestatus wieder zu entziehen. 2008 wurde trotz aller juristischen Auseinandersetzungen mit dem Bau – ob wider tatsächliche Einsicht ist allerdings offen – der Brücke begonnen.

## DRESDEN IN ZAHLEN UND FAKTEN

› **Bevölkerung:** Dresden hat rund 512.000 Einwohner (2008) und steht damit an 13. Stelle der deutschen Großstädte.

› **Bevölkerungsdichte:** Mit 1529 Ew./km² ist die Bevölkerungsdichte aufgrund des hohen Anteils an Grünflächen und der wenig verdichteten Bebauung mit großen Villenvierteln im Vergleich zu anderen deutschen Großstädten gering. (Zum Vergleich: Köln hat 1 Mio. Ew. und eine Bevölkerungsdichte 2524 Ew./km².) Mit 63 % Grün-und Waldflächen gehört Dresden zu den „grünsten" Großstädten Europas.

› **Fläche:** 328,3 km², davon 37 % bebaut. Flächenmäßig ist Dresden die viertgrößte Stadt Deutschlands.

› **Religion:** Nur ein Viertel der Dresdner sind Angehörige einer Religionsgemeinschaft: 17,5 % ev.-luth., 4,7 % katholisch. Ab 1949 trat die Mehrzahl der Dresdner aus der Kirche aus, der Anteil der Kirchenmitglieder ging auf den heutigen geringen Prozentsatz zurück.

› **Politik:** Dresden ist die Hauptstadt des Freistaats Sachsen. Die kreisfreie Stadt ist Sitz des Regierungsbezirks Dresden.

› **Arbeitslosenquote:** 12,5 % (Juni 2008), damit unter dem ostdeutschen Durchschnitt.

› **Stadtwappen:** Gelbes bzw. goldenes Schild, zweigeteilt: links ein schwarzer Löwe, rechts zwei schwarze, senkrechte Balken.

› **Entfernungen:** Chemnitz 80 km, Leipzig 100 km, Prag 140 km, Berlin 200 km.

# VON DEN ANFÄNGEN BIS ZUR GEGENWART

## ENTWICKLUNG DER STADT

### Mittelalter

Im Mittelalter befanden sich Burg, Rathaus und Bürgerhäuser der Stadt ein sicheres Stück entfernt von der Elbe auf vor Hochwasser geschütztem Gelände. Im 13. Jahrhundert war der linkselbische Teil rund um die Burg von einer Mauer umgeben, daneben gab es ungeschützte Siedlungen östlich der Stadt und am anderen Elbufer.

Das Schriftstück mit der ersten urkundlichen Nennung Dresdens wurde im Jahr 1206 unterzeichnet – daher feierte die Stadt 2006 ihr **800-jähriges Jubiläum.** Vermutlich gab es aber auch in den Jahrhunderten davor bereits eine Siedlung an der Elbfurt. Sie lag an einer wichtigen Handelsstraße von West nach Ost, der *via regia,* die vom Rhein bis nach Krakau führte. Funde aus der Jungsteinzeit und der Bronzezeit belegen, dass das Elbtal sogar schon seit mehreren tausend Jahren bewohnt wird.

### Neuzeit

Trotz der verkehrsgeografisch günstigen Lage entwickelte sich Dresden bis zum Beginn der frühen Neuzeit nur bescheiden. Nach der Teilung des wettinischen Besitzes im Jahr 1485 wählte Herzog *Albrecht* Dresden zu seiner ständigen Residenz – von nun an **prägte die Anwesenheit des Hofes die Stadt in maßgeblicher Weise.** Zu Beginn des 16. Jahrhunderts wurde die mittelalterliche Stadtbefestigung unter Herzog *Georg dem Bärtigen* (1500–1539) verstärkt, die Mauern mit Erdanschüttungen verbreitert, sodass Geschütze aufgestellt werden konnten, Bastionen (Verteidigungswerke zum Schutz strategisch wichtiger Stellen) errichtet und zum morastigen Elbufer hin, wo es keinen Wall gab, vermutlich ein mit Türmen gesicherter Wassergraben gezogen. Das Schloss an der Elbbrücke ließ Herzog *Georg* umbauen und erweitern. Der Renaissancebau wurde in späteren Jahrhunderten vielfach umgestaltet – Originalteile weist nur noch das nach Westen zur Kathedrale gelegene Georgentor auf.

Kurfürst *Moritz von Sachsen* (reg. 1541–1553) berief noch im Jahr seines Regierungsantritts den Baumeister *Caspar Voigt* nach Dresden. Dieser begleitete den Herzog mehrfach auf Kriegszügen, wo sie eine in Italien neu entwickelte Verteidigungsarchitektur kennenlernten. Dresden war die erste deutsche Stadt, die einen **Bastionsgürtel** erhielt. Begonnen wurde mit dem Bau der Anlage 1545 in Altendresden auf der unbefestigten rechten Elbseite, Straßennamen wie „Obergraben" und „Wallgässchen" erinnern noch daran. Auf der Residenzseite wurde die **damals modernste Befestigungsanlage** 1555 vollendet. Eine Befestigung mit acht an den Ecken vorspringenden Bastionen umgab schützend die Stadt. Der Elbwall wurde östlich der Brücke durch eine Geschützplattform verstärkt, die es heute noch gibt.

In der zweiten Hälfte des 16. Jahrhunderts wurden die Befestigungen am Elbwall Richtung Nordosten verlängert. Es entstanden weitere bedeutende Renaissance-Bauwerke, das große Zeughaus etwa (an der Stelle des heutigen Albertinum) und der **Stallhof** mit dem Langen Gang ❶. Dass ein Pferdestall so exponiert in die Repräsentationsbauten einbezogen wurde, lag wohl daran, dass die sächsischen Kurfürsten auch das Reichsmarschallamt innehatten, also (symbolisch) für die Pferde des Herrschers verantwortlich waren. Die Einwohnerzahl Dresdens verdreifachte sich zwischen 1500 und 1600 auf etwa 15.000.

Der **Dreißigjährige Krieg** verwüstete im 17. Jahrhundert weite Teile Sachsens, doch Dresden kam dank seiner starken Befestigung recht glimpflich davon. Kurfürst *Johann Georg I.* versuchte, sein Kurfürstentum aus den jahrzehntelangen Kämpfen möglichst herauszuhalten. Die Stadt wurde weder besetzt noch zum Kampfplatz, allerdings spürten auch die Dresdner die Folgen der Kriegshandlungen (Niedergang der Wirtschaft, Einquartierung von Soldaten, Hunger und Seuchen). Handel und Handwerk litten.

1670 wurde die Vorstadt Ostra gegründet, die spätere Friedrichstadt; auch an anderen Stellen wuchs die Stadt über die Befestigungsanlagen hinaus. Ein **verheerender Brand** legte 1685 den am rechten Ufer gelegenen Stadtteil fast völlig in Schutt und Asche, seit dem Wiederaufbau wird er „Neustadt" genannt. Auf *Wolf Caspar von Klengel* (1630–1691), einen gebürtigen Dresdner und Baumeister unter Kurfürst *Johann Georg II.* (1613–1680), gehen die großzügigen barocken Stadtpläne für die Neuanlage zurück, die anstelle der engen mittelalterlichen Siedlung entstand. Zu dieser Zeit entstand auch das Palais im Großen Garten ㉜.

## 18. Jahrhundert

Unter **August dem Starken** (1670–1733, reg. 1694–1733), der ab 1697 als August II. auch König von Polen war, teilte sich das Interesse zwar zwischen Warschau und Dresden und damit auch die finanziellen Zuwendungen. Doch sein Regierungsantritt leitete die **glanzvollste Epoche in der Geschichte Dresdens** ein. Die Befestigung war nicht mehr auf internationalem Stand, der von Frankreichs Baumeister *Vauban* geprägt wurde, doch zuverlässigen Schutz bot sie noch, etwa 1704/05 im Nordischen Krieg.

Der künstlerisch gebildete Kurfürst *Friedrich August I.* interessierte sich für zivile Bauvorhaben, er kannte den Hof des Sonnenkönigs *Ludwig XIV.* und hatte Italien bereist. Unter seiner Herrschaft

▶ *August der Starke war der wohl einflussreichste „Baumeister" der Stadt*

rückte Dresden zu einer königlichen Hauptstadt von europäischer Bedeutung auf und das **Stadtbild wandelte sich grundlegend.** Monarchische Repräsentation im Absolutismus, politischer Ehrgeiz und Kunstsinn des wettinischen Herrschers verhalfen Dresden in der ersten Hälfte des 18. Jahrhunderts zu seiner prächtigen barocken Ausgestaltung. Ab 1711 entstand der Zwinger ❶, benannt nach dem Befestigungswerk, auf dem er errichtet wurde. 1719 wurde das neue Opernhaus eröffnet, ab 1726 schuf Ratsbaumeister *George Bähr* mit der Frauenkirche ㉓ den protestantischen Kontrapunkt zum katholischen Hof und von 1727 bis 1731 ließ *August der Starke* die Elbbrücke – wahrscheinlich nach dem Vorbild der Prager Karlsbrücke – umbauen. Fortan wurde sie „Augustusbrücke" genannt. Zu Beginn des 18. Jahrhunderts wurden auch das Japanische Palais ㊱ und die Dreikönigskirche ㊳ in der Neustadt erbaut.

**Strenge Bauordnungen** des Landesherrn, wie die 1708 vom Grafen *Flemming* vorgegebenen „Flemmingschen Baupunkte" oder das Baureglement des Grafen *Wackerbarth* (1720 und 1732), bestimmten die Gestaltung der Fassaden und Straßenfronten von Bürgerhäusern bis hin zur einheitlichen Verputzfarbe oder Höhe und Anzahl von Stockwerken. Ausdruck der Prosperität dieser Epoche ist auch das **Anwachsen der Bevölkerung** Dresdens – von etwa 1.000 um 1700 auf 63.000 Einwohner im Jahr 1755.

Landesherr und Adel traten nicht nur als Bauherren auf, sondern auch als **Mäzene und Auftraggeber** für Maler, Musiker, Bildhauer und Kunsthandwerker. *Friedrich August II.* (1696/reg. 1733–1763, als König von Polen *August III.*), der Sohn und Nachfolger *Augusts des Starken,* förderte vor allem die Musikkultur und den Ausbau der Kunstsammlungen und nahm nur mit der Hofkirche ❺ Einfluss auf die Gestaltung der Elbfront. Nach dem Übertritt *August des Starken* zum katholischen Glauben fehlte ein repräsentatives katholisches Gotteshaus. *Gaetano Chiaveri* wurde nach Dresden geholt, um den Bau (ab 1738) in Angriff zu nehmen. Die Staatsgeschäfte überließ *Friedrich August II.* weitgehend seinem mächtigen Premierminister *Heinrich Graf Brühl* (1700–1763), dem er als privaten Besitz das schönste, hoch über der Elbe gelegene Stück der Festungsanlage vermachte, die berühmte **Brühlsche**

▶ *Augusts des Starken repräsentatives katholisches Gotteshaus: die Hofkirche*

**Terrasse.** Wie andere Hofadlige betätigte er sich als Bauherr und ließ sich nach Plänen *Knöffels* dort das Palais Brühl errichten (um 1900 abgebrochen und durch das Ständehaus ⓰ ersetzt).

Der **Siebenjährige Krieg** (1756–63) und die preußische Belagerungsartillerie, die 1760 vor Dresden stand, richteten großen Schaden an: Die sächsische Wirtschaft lag darnieder, die Stadt war zu einem Drittel zerstört. Über 500 Gebäude, darunter auch die Kreuzkirche und das Brühlsche Palais, wurden zerstört. Kursachsen war von Anfang an einer der Hauptkriegsschauplätze, bereits 1756 hatte *Friedrich II.* von Preußen die Residenzstadt besetzt. Kurfürst *Friedrich August II.* und sein Premierminister Graf *Brühl* waren in die Festung Königstein ⓖ geflohen und von dort – nach der Kapitulation der Armee – nach Warschau. Als die Österreicher 1758 die Stadt belagerten, setzte der preußische Kommandant die Pirnaische Vorstadt in Brand, im Jahr darauf die Wilsdruffer Vorstadt. Trotzdem mussten die Preußen kapitulieren, die kaiserlichen Truppen wurden Herren der Stadt. Um Dresden zurückzuerobern, ließ der Preußenkönig im Sommer 1760 die Stadt von seiner Artillerie unter Beschuss nehmen – trotz großer Zerstörungen gelang die Rückeroberung nicht.

Als 1763 endlich Frieden geschlossen wurde, war mit dem Tod von *Friedrich August II.* und seinem Minister *Heinrich Graf Brühl* das **prächtige Zeitalter vorbei.** Nach dem Krieg verfügte Sachsen kaum über die Mittel für neue Repräsentationsbauten. Kontributionsforderungen der Preußen, Einquartierungen und Zwangsrekrutierungen beeinträchtigten noch einige Jahre lang den Alltag der Bürger. Am wirtschaftlichen Wiederaufschwung hatte Dresden anfangs kaum Anteil. Während der Regierungszeit von *Friedrich August III.* (1750–1827, reg. 1763–1806), dem Enkel *Augusts des Starken,* entstanden in der Elbestadt nur wenige klassizistische Bauwerke – anders als in Berlin und München, wo ganze Viertel neu gebaut wurden. Auch Jahrzehnte später lagen noch Häuser in Trümmern, wohl auch weil die Einwohnerzahl auf 36.000 geschrumpft war. Erst sechzig Jahre später erreichte Dresden wieder den Vorkriegsstand von 63.000 Einwohnern.

## 19. Jahrhundert

Die Schleifung der bedeutungslos gewordenen Stadtbefestigung ab 1810 hob die Trennung von Innenstadt und Vorstädten auf. **Gottfried Semper** verband den geplanten Bau eines Theaters mit der städtebaulichen Gestaltung des Gebiets zwischen Zwinger und Elbe: 1837–41 wurde das Opernhaus ⓫ errichtet, 1847–55 die Gemäldegalerie ❷ als Abschluss des Zwingers.

Die **industrielle Entwicklung** in der zweiten Hälfte des 19. Jahrhunderts brachte die Eröffnung mehrer Eisenbahnlinien (1839 nach Leipzig, 1847 nach Görlitz, 1851 nach Bodenbach, 1875 nach Berlin), den Bau des Elbehafens (1895), des Altstädter und des Neustädter Bahnhofs (1890–1901) und mehrerer Elbbrücken im Stadtgebiet. Neuheiten waren auch die elektrische Straßenbahn, die 1893 in Betrieb genommen wurde, und die beiden Loschwitzer Bergbahnen ⓝ. Die Prager Straße ㉙, deren Durchbruch 1851 geschaffen worden war, entwickelte sich zur eleganten und belebten Geschäftsstraße. Nach dem Brand der Oper 1869 wurde ein neuer Bau (1871–78) errichtet, ebenfalls nach Entwürfen von *Semper*. Das Arsenalgebäude in der Äußeren Neustadt, das 1877 fertiggestellt wurde, machte das Zeughaus entbehrlich.

In der Altstadt gab es **um die Jahrhundertwende** elbseitig noch **zahlreiche weitere Um- und Neubauten**, teilweise recht radikal – das Stallgebäude am Neumarkt wurde zum Johanneum, das Zeughaus zum Albertinum, Kunstakademie ⓱ und Ständehaus ⓰ ersetzten das Brühlsche Palais und die Brühlsche Galerie. Die Umgestaltung der Brühlschen Terrasse im imposanten Stil der Gründerzeit veränderte die Altstädter Elbfront nachhaltig. Gegenüber, am Neustädter Ufer, setzten die beiden Ministeriumsgebäude massige Akzente.

Mit der fortschreitenden Industrialisierung entwickelte sich Dresden zur **Großstadt**, die Bevölkerung wuchs rapide an, die Stadtfläche dehnte sich enorm aus. 1850 hatte Dresden noch 100.000 Einwohner – um die Jahrhundertwende war Dresden mit 500.000 Einwohnern die viertgrößte deutsche Stadt. Vornehme Villenviertel und Arbeitervorstädte mit Mietskasernen entstanden, die sozialen Spannungen verschärften sich.

## 20. Jahrhundert

Im Stadtzentrum entstanden zu Beginn des 20. Jahrhunderts mehrere Gebäude nach Entwürfen von **Hans Erlwein** (1872–1914), unter anderem das Italienische Dörfchen (1911–13) und der heute zum Hotel umgebaute Elbspeicher ⓭ (1913/14). In nur wenigen Jahren schrieb *Erlwein* ein Kapitel Dresdner Stadtbaugeschichte – als Stadtbaurat mit großen Entscheidungsvollmachten ausgestattet fallen in seine Amtszeit mehr als 100 neue Gebäude, darunter auch der Schlachthof im Ostragehege auf der Halbinsel in der Elbschleife (heute Messe). Das Hygienemuseum ㉛, 1927–30 von *Wilhelm Kreis* geplant, nimmt teilweise schon den Monumentalstil der faschistischen Architektur vorweg, teilweise stand das Bauhaus Pate.

Im Februar 1945 fiel Dresdens Innenstadt einem der **schwersten Luftangriffe des Zweiten Weltkriegs** zum Opfer. Die gesamte Altstadt wurde dem Boden gleich gemacht, lediglich in der Neustadt blieben einige Straßenzüge aus dem 18. Jh. erhalten. Knapp 80 Prozent der Wohnungen waren zerstört, historische Bauwerke und Kunstschätze vernichtet.

Die Abtragung der riesigen Trümmerberge dauerte Jahre. Gleich nach dem Zweiten Weltkrieg wurden Baudenkmäler wie der Zwinger und die Hofkirche wieder aufgebaut, aber viel andere eigentlich instandsetzbare Bausubstanz ging bei der „**Enttrümmerung**" verloren. Es gab sowohl Verfechter einer weitgehenden Wiederherstellung des Vorkriegszustandes als auch einer völlig neuen Stadtanlage. Letztlich wurden unter dem Vorwand der Materialgewinnung die Zeugnisse bürgerlicher und höfischer Kultur beseitigt. 1956 konnte der Oberbürgermeister stolz konstatieren, die „Atmosphäre der ehemaligen Residenz" sei verschwunden. Von rund 25.000 zerstörten Bauten blieben nur 25 Ruinen. Der Dresdner Schriftsteller *Thomas Rosenlöcher* nannte es eine dreifache Zerstörung: Bombardement, Abriss, Wiederaufbau – „ein steingewordener Bericht des Politbüros an das Zentralkomitee".

Vermutlich hätte aber die wirtschaftliche Situation der Nachkriegszeit einen denkmalschutzgerechten Wiederaufbau ohnehin nicht erlaubt. In westdeutschen

Städten wie Köln gab es in den Nachkriegsjahren ebenfalls noch sogenannte „Notsprengungen", denen ein erheblicher Teil der Bausubstanz zum Opfer fiel. In zähem Ringen verhinderten Dresdner Bürger, dass die DDR-Verantwortlichen den Schuttberg der Frauenkirche abtragen ließen. Nur das machte den späten Wiederaufbau möglich. Ein planvoller Neuaufbau der Innenstadt gelang aber nicht. Der stark vergrößerte Altmarkt ㉖ (1953–58 errichtet) mit den flankierenden Bauten im sogenannten „Stalin-Barock" und dem Kulturpalast (1966–69) sowie die Prager Straße ㉙ (1964–73) spiegeln den Geist dieser Zeit ebenso wider wie die überbreiten Straßen und der zu Beginn der 1960er-Jahre eingeführte und später so berüchtigte **Plattenbau**. Insbesondere außerhalb, in Prohlis und Gorbitz, entstanden Großsiedlungen in Plattenbauweise.

Viele hochfliegende Pläne wurden jedoch nicht Realität und schon gegen Ende der DDR begann das **Umdenken**. Die Semperoper etwa war dreißig Jahre lang eine Ruine geblieben, ihre Wiederherstellung gilt als eine der wenigen Bauleistungen der Honecker-Zeit und als der Beginn eines veränderten Umgangs mit dem Stadtbild. 1985, vier Jahre vor dem Mauerfall, wurde sie wiedereröffnet.

## Gegenwart

In der Gegenwart gilt es eher, die **Fehler des Westens** nicht zu wiederholen, nämlich sogenannte „Filetstücke" der Innenstadt einfach finanzkräftigen Investoren zu überlassen, nur weil mit der Schaffung von Arbeitsplätzen argumentiert bzw. erpresst wird. Auch was die eigentlich längst durch ihre zerstörerischen Folgen ad absurdum geführte Infrastrukturpolitik angeht, stadtplanerische Entscheidungen nur unter der Prämisse einer autogerechten Verkehrsplanung zu treffen, scheint es in Dresden noch reichlich Nachholbedarf zu geben – vor allem wohl maßgeblich auf Seiten der CDU- und FDP-Mehrheit im Stadtrat. Die breit in der Öffentlichkeit diskutierte, bislang nur begonnene Waldschlösschenbrücke (s. u.) ist hierfür symptomatisch – nichtmal die Drohung der UNESCO, den Welterbestatus abzuerkennen, sorgte für ein Einlenken.

Andererseits aber hat sich Dresden mit der Neuen Synagoge ㉑ und dem Neuen Sächsischen Landtag ⑫ für einige bemerkenswerte Einzelbauten am Elbufer entschieden. An **zeitgenössischer Architektur** kamen zuletzt ein Kongresszentrum und die Gläserne Manufaktur ㉚ des Volkswagenwerks am Großen Garten hinzu sowie ein neues Messezentrum im Ostragehege [B7] (auf dem Gelände des einstigen Schlachthofs).

Dass man die **Tristesse** unansehnlicher Einheitsbauweise **wieder herausputzen** kann, zeigt die Hauptstraße ㊵ in der Inneren Neustadt. Hier ist ein Projekt von *Daniel Libeskind* geplant, den die Bundeswehr auch das Militärmuseum ① in der Äußeren Neustadt neu gestalten lässt. Und nach Entwürfen von *Norman Foster* wurde der Dresdner Hauptbahnhof umgebaut. Am Neumarkt ㉒ hatte zwar das Stadtplanungsamt eine kleinteilige, differenzierte Bebauung mit vielfältigem Nutzungsmix und auch moderner Architektur vorgesehen, die Stadt veräußerte aber ganze Quartiere an eine Handvoll Großinvestoren, die ihre Immobilien in den Dimensionen ganzer Gebäudeblöcke mit historisierenden Fassaden lediglich tarnen.

## AM PULS DER STADT
*Von den Anfängen bis zur Gegenwart*

Noch immer ist Dresden eine **Stadt mit vielen Lücken,** an denen man die einstige Zerstörung ablesen kann, noch immer stoßen historische Pracht und realsozialistischer Plattenbau unvermittelt aufeinander, und dass die Stadt über die Jahrhunderte urban gewachsen ist, sieht man ihr nicht mehr an. 2003 war der Anteil innerstädtischer Brachen mit 4,7 % höher als 1951 mit 3,8 %! Organisch gewachsene Viertel und Straßenzüge gibt es nur noch punktuell (z. B. in der Äußeren Neustadt), an vielen Stellen scheint Dresden eher aus Einzelteilen zu bestehen. Und bis heute ist Dresden eine **Stadt ohne Zentrum.** Seit der Wende wird weiter abgerissen, manches nennt sich Rückbau, um historische Straßenzüge oder Sichtachsen wiederherzustellen. Kritiker warnen davor, der DDR-Architektur so umstandslos die Existenzberechtigung abzusprechen.

Seit 2004 gehören Dresden und das Elbtal zwischen Pillnitz und Übigau zum **UNESCO-Weltkulturerbe.** Dem beabsichtigten Bau der **Waldschlösschen-Brücke** an der reizvollsten und breitesten Stelle der Elbauen trat die Kommission mit der deutlichen Aussage entgegen, sie sei mit der Auszeichnung unvereinbar. Im Falle der Brückenerrichtung würde der Weltkulturerbe-Titel wieder aberkannt. Nach laut polternden Streitereien zwischen Stadtoberen, Landesregierung, Bürgern und selbsternannten Experten ist der Bau inzwischen gestoppt. Eine Bürgerinitiative engagiert sich mittlerweile für Alternativen (www.elbwiesen-erhalten.de) – ihr ist großer Zulauf und öffentliche Unterstützung zu wünschen. Als Vorschläge werden ein Tunnel und andere Brückenstandorte diskutiert, auch gilt die zugrundegelegte Verkehrsprognose als nicht mehr haltbar.

## POLITISCHE GESCHICHTE IN DATEN UND FAKTEN

**929** König *Heinrich I.* lässt die Burg Meißen erbauen.
**1089** Mit Markgraf *Heinrich von Eilenburg,* der in Meißen residiert, beginnt die Herrschaft der Wettiner (der erste auf dem Fürstenzug dargestellte Wettiner ist sein Vetter Konrad, 1123–1156, „der Große").
**1206** Dresden wird erstmals urkundlich erwähnt.
**1292** Dresden erhält das Stadtrecht.
**1348/49** Der „Schwarze Tod", die Pest, wütet in Europa und fordert auch in Dresden seinen Tribut. Dresden hat etwa 3700 Einwohner zu dieser Zeit. (Zum Vergleich: Ende des 14. Jh. gibt es nur zwölf deutsche Kommunen mit mehr als 10.000 Einwohnern. In Köln, der größten deutschen Stadt, leben ungefähr 30.000 Menschen.)
**1403** Altendresden, auf dem Gebiet der heutigen Neustadt, erhält das Stadtrecht.
**1429** Der Hussitenkrieg, ein von Böhmen ausgehender Glaubenskrieg, greift auf Dresden über. Die hussitischen „Ketzer" brennen Altendresden (die spätere Neustadt) nieder.
**15. Jh.** Die Wettiner häufen geschickt Ländereien, Herrschaften und Rechte an. Aus der Markgrafschaft Meißen und der Landgrafschaft Thüringen entsteht das Kurfürstentum Sachsen als ihr Herrschaftsgebiet. 1464 wählen die Prinzen *Ernst* (1441–1486) und *Albrecht* (1443–1500) Dresden als einen ihrer Aufenthaltsorte; der Aufstieg Dresdens als Residenzstadt beginnt. Das schon 500 Jahre alte Meißen bleibt Bischofssitz, büßt aber an wirtschaftlicher und politischer Bedeutung ein.

◄ *Rekonstruktionen alter Bausubstanz bestimmen das Dresdner Stadtbild*

**1485** Nach der Leipziger Teilung der wettinischen Besitzungen residiert *Ernst* als Kurfürst in Wittenberg, wo er die Linie der Ernestiner begründet. Dresden fällt der albertinischen Linie zu.
**1491** Ein verheerender Brand vernichtet große Teile der Stadt – bei der damals üblichen leicht entzündlichen Holzbauweise, mit Schindeln oder Stroh gedeckt, und der engen Bebauung griff ein Feuer schnell um sich. Unter dem Eindruck der Katastrophe werden steinerne Fassaden bis zum ersten Stock und Ziegeldächer vorgeschrieben, Eckhäuser sollen sogar ganz aus Stein errichtet werden.
**1539–1541** *Heinrich der Fromme* führt in Dresden (und Sachsen) die Reformation ein.
**1547** *Moritz von Sachsen* (reg. 1541–1553), aufgrund erfolgreicher machtpolitischer Taktik auch der „sächsische Machiavelli" genannt, erhält vom katholischen Kaiser die Kurwürde und Territorien auf Kosten der Ernestiner. Die kleine Festungsstadt Dresden wird zur dauerhaften Residenz eines Kurfürsten, ihre Bedeutung als kulturelles und politisches Zentrum wächst. Der Aufstieg Kursachsens zu einem der führenden deutschen Territorialstaaten beginnt.
**1549** Altendresden wird mit Dresden vereinigt. Beiderseits der Elbe leben nun etwa 6500 Einwohner.
**1603** Die Bevölkerung wächst: In Dresden leben etwa 15.000 Menschen.
**1618–1648** Der Dreißigjährige Krieg entvölkert ganze Landstriche. Kurfürst *Johann Georg I.* (1611–1656) kann die Neutralität seines Herzogtums bis 1631 bewahren. Dresden wird zwar von Zerstörungen verschont, aber die Bevölkerung leidet unter Hunger und Not durch die Verheerungen im Land sowie unter den Einquartierungen von Soldaten, die auch verköstigt werden müssen. Wirtschaft und Handel erholen sich nach dem Westfälischen Frieden nur langsam.

## AM PULS DER STADT
### Von den Anfängen bis zur Gegenwart

**1685** Erneut wird Dresden von einem verheerenden Brand heimgesucht, dem das gesamte rechtselbische Altendresden zum Opfer fällt. Über mehrere Jahrzehnte wird der Stadtteil wiederaufgebaut und heißt seither Neustadt.

**1694** *Friedrich August I.*, später „der Starke" genannt, wird nach dem frühen Tod seines Bruders Kurfürst.

**1697** *August der Starke* konvertiert zum Katholizismus und wird als *August II.* polnischer König (1704 verliert er die polnische Königskrone wieder, 1709 erlangt er den polnischen Thron erneut).

**Um 1700** Dresden hat über 20.000 Einwohner.

**1700–1721** Nordischer Krieg, an dem auch Schweden und Russland teilnehmen. Sachsen leidet unter den Zwangseinquartierungen und Kontributionen.

**1733** Tod *August des Starken.* Die Nachfolge tritt sein Sohn *Friedrich August II.* an, der ab 1734 auch König *August III.* von Polen ist.

**1756–1763** König *Friedrich II.* von Preußen marschiert in Sachsen ein und beginnt damit den Siebenjährigen Krieg. Der sächsische Hof flieht nach Polen. Während der Kriegsjahre werden hohe Kontributionen aus dem Land gepresst, die wirtschaftliche Entwicklung Sachsens leidet darunter. 1760 beschießen die Preußen Dresden und richten große Verwüstungen an: Ein Drittel der Stadt fällt in Trümmer. 1763 der Krieg endet mit dem Friedensschluss von Hubertusburg, Sachsen verliert die polnische Königskrone. Das *Ancien Régime* ist beendet, Reformen und Modernisierungsschub führen zu einer neuen Auffassung von Ökonomie, Staat und Verwaltung. Der Herrscher kann den Staatshaushalt nicht mehr wie sein Privatvermögen behandeln.

**Um 1770** Wegen klimabedingter Missernten verhungern allein in Sachsen etwa 60.000 Menschen.

**1789–1794** Die Französische Revolution und die Umwälzungen in Frankreich beobachten die Dresdner zunächst zurückhaltend. 1794 streiken 3000 Gesellen verschiedener Gewerbe, das Militär beendet den Aufstand gewaltsam.

**1806** Bei Jena-Auerstedt kämpfen Russen, Österreicher und Preußen in einer mehrtägigen Schlacht gegen die Franzosen und werden vernichtend geschlagen. Im Krieg gegen *Napoleon I.* ist Sachsen zunächst ein Verbündeter Preußens. Da dieser in Preußen seinen Hauptgegner sieht und somit sehr an einer Allianz mit Dresden interessiert ist, macht *Napoleon* Sachsen nach dessen Beitritt zum Rheinbund zum Königreich. Mehrfach und oft für Monate kommt *Napoleon* nach Dresden. *Friedrich August III.* führt als König von Sachsen den Namen *Friedrich August I.*

**1813** In der Schlacht am 25./26. August verlieren die Alliierten 20.000, die Franzosen 10.000 Mann im Kampf um Dresden. Napoleon erzielt seinen letzten militärischen Sieg auf deutschem Boden.
Die Niederlage Napoleons in der großen Völkerschlacht bei Leipzig trifft auch seine Verbündeten: Der sächsische König wird von Preußen gefangen genommen, große Teile seines Territoriums annektiert, Dresden von einem russischen Gouverneur verwaltet.

**1815** *Friedrich August I.* (1750–1827) kehrt aus Berlin in sein halbiertes Land zurück: Beim Wiener Kongress hat Sachsen etwa die Hälfte seines Territoriums an Preußen abtreten müssen. Es bleibt Königreich, spielt aber politisch kaum noch eine Rolle.

**1828** Dresden erhält die „Königlich-Technische Bildungsanstalt", Vorläufer der heutigen Technischen Universität

**1830** Bürgerliche Reformen und Annahme einer ersten Verfassung in Sachsen, die dem Landtag mehr Rechte einräumt.

**1837** Der Dampfschiffverkehr auf der Elbe wird aufgenommen.

**1839** Die erste deutsche Ferneisenbahnstrecke zwischen Leipzig und Dresden wird in Betrieb genommen.

**1849** Die politischen Unruhen der bürgerlich-demokratischen Revolution von 1848 greifen auch auf Sachsen über. Als sich die Situation in der Hauptstadt dramatisch zuspitzt, bittet *Friedrich August II.* die Preußen um Hilfe. Beim Volksaufstand im Mai errichten die Aufständischen Barrikaden und leisten den überlegenen sächsischen und preußischen Truppen erbitterten Widerstand, der blutig niedergeschlagen wird. Um die 2000 Barrikadenkämpfer verlassen die Stadt. Unter den Aktiven sind neben *Michail Bakunin* auch *Gottfried Semper* und *Richard Wagner,* die ebenfalls fliehen müssen.

**1850** Dresden hat rund 100.000 Einwohner.

**1890** Gründung der Technischen Hochschule

**1905** Dresden hat über 500.000 Einwohner.

**1914–1918** Auf den nationalen Freudentaumel bei Ausbruch des Ersten Weltkriegs folgen vier ernüchternde Kriegsjahre. Die Novemberrevolution ergreift auch Dresden, alle wichtigen Einrichtungen der Stadt sind in der Hand revoltierender Arbeiter und Soldaten. Im November 1918 dankt König *Friedrich August III.* ab, die Monarchie wird abgeschafft. Legendär sein Satz: „Macht doch euern Dreck alleene!"

**1923** Zunächst Sozialdemokraten, dann eine Koalition von SPD und KPD, bilden die erste Regierung des Freistaates Sachsen, dessen Hauptstadt Dresden wird. Schwere innenpolitische Krisen bestimmen die Nachkriegsjahre. Die „goldenen Zwanziger" enden mit der Weltwirtschaftskrise und dem Zerfall demokratischer Gesellschaftsstrukturen.

**1933–1945** Machtübernahme durch die Nationalsozialisten. Schon vor der Bücherverbrennung in Berlin demonstriert am

## KOMPLIZIERTE ADELSNUMMERIERUNG

*Die Zählung kann leicht verwirren: August der Starke (1670–1733) war als Friedrich August I. Kurfürst von Sachsen und als August II. zudem König von Polen. Sein Sohn Friedrich August II. (1696–1763) war wiederum Kurfürst und als August III. ebenfalls König von Polen. Der spätere Friedrich August III. (1750–1827) war Kurfürst zu Sachsen und, als Napoleon Sachsen 1806 zum Königreich machte, auch König Friedrich August I. Ihm folgten noch König Friedrich August II. (1797–1854) und Friedrich August III. (1865–1932), der letzte sächsische König, der 1918 abdankte.*

8. März 1933 in Dresden ein ähnliches Spektakel, wohin der Wind weht. In der „Reichskristallnacht" vom 9. auf den 10. November 1938 fällt die von *Semper* erbaute Dresdner Synagoge antijüdischen Ausschreitungen zum Opfer. Gegner des Nationalsozialismus werden verfolgt, KZ-Häftlinge und andere Zwangsarbeiter in der Stadt interniert und in der Rüstungsindustrie Dresdens eingesetzt. 1933 ist Dresden mit 642.000 Einwohnern eine der größten deutschen Städte. Nach dem „Endsieg" Hitlers soll die Stadt neuer geografischer Mittelpunkt und „Kulturzentrum Europas" werden.

**1945** Kurz vor Ende des Zweiten Weltkriegs ereilt die Stadt die bisher größte Katastrophe ihrer Geschichte. Anglo-amerikanische Bomberverbände legen das Zentrum in Schutt und Asche, Zehntausende von

# AM PULS DER STADT
*Leben in Dresden*

Menschen kostet der Angriff das Leben. Bei der Zählung 1946 hat Dresden rund 468.000 Einwohner.

**1949** Gründungstag der DDR ist der 7. Oktober, die sowjetische Militäradministration übergibt die Verwaltungsvollmacht. Schon seit 1946 waren die SPD und die KPD Sachsens zur SED fusioniert.

**1952** Die Länder werden aufgelöst, Dresden wird Bezirksstadt.

**1989** Ungarn öffnet seine Grenzen nach Westen, im Gegenzug riegelt die DDR ihre Ostgrenze ab. Tausende von DDR-Bürgern stürmen die Botschaften in Prag und Budapest und beantragen die Ausreise. Dresden hatte einen beträchtlichen Anteil daran, die Zahl der „legal" oder „illegal" Ausreisenden war hier sprunghaft angestiegen. Am Hauptbahnhof kommt es zu gewaltsamen Auseinandersetzungen zwischen Polizei und Ausreisewilligen, als ein Sonderzug mit Prager Botschaftsflüchtlingen auf dem Weg in die Bundesrepublik Dresden passiert. In Dresdner Kirchen finden Zusammenkünfte Hunderter von Menschen statt, vereint im Aufbegehren gegen das SED-Regime. Mit Zivilcourage erzwingen Dresdner Bürger den Dialog zwischen Staatsmacht und Volk. Weitere regelmäßig stattfindende friedliche Massendemonstrationen und die steigende Zahl an Flüchtlingen leiten die politische Wende ein.

**1990** Mit den Landtagswahlen am 14. Oktober wird das Land Sachsen wiederhergestellt, Dresden ist wieder Landeshauptstadt wie schon 1919–1952.

**2002** Das „Jahrhunderthochwasser" im August mit einem Höchststand von 9,38 m überflutet weite Teile der Stadt. Die Flutkatastrophe richtet in Dresden und im Elbland Schäden riesigen Ausmaßes an.

**2004** Die UNESCO nimmt Dresden und das Elbtal in die Weltkulturerbeliste auf.

## LEBEN IN DRESDEN

Bis 2003 verlor Dresden durch Abwanderung ein Fünftel seiner Einwohner gegenüber dem Vorwendestand von 1988. Arbeitsplatzverlust und mangelnde berufliche Perspektiven veranlassten vor allem junge Leute, sich anderweitig zu orientieren. Bis 1995 sank die **Bevölkerungszahl** auf den Nachkriegsstand von knapp 470.000 Einwohnern. Statistisch wurde der Schwund allerdings durch Eingemeindungen im Jahr 1999 wieder wettgemacht – und die Einwohnerzahl steigt neuerdings auch wieder dauerhaft.

Schon zu DDR-Zeiten war Dresden ein wichtiger Industriestandort und **Zentrum für Wissenschaft und Technik.** In den ersten Jahren nach der Wende gingen mit der wirtschaftlichen Umstrukturierung zahllose Betriebe in Insolvenz. Doch andererseits zog Dresden als Elektronik-Standort mit qualifizierten Fachkräften schon früh internationale Konzerne an. Nach der Wende haben sich moderne Chipwerke angesiedelt, so betreiben etwa Infineon und Advanced Micro Devices hier Fabrikationsstätten. Es mag noch etwas übertrieben sein, nun gleich von *Silicon Saxony* zu sprechen, aber Dresden hat sich zu einem **Mikroelektronikzentrum** entwickelt.

Schon zu DDR-Zeiten begann man, die Stadt zum Hightech- und Wissenschaftszentrum auszubauen. Bereits im 19. Jahrhundert gab es chemisch-pharmazeutische und feinmechanisch-optische Industriezweige. **Forschungszentren** wie das Max-Planck-Institut, die Leibniz- und die Fraunhofer-Gesellschaft mit jeweils mehreren Einrichtungen und andere wissenschaftliche Institute, auch an der Technischen Universität, tragen dazu bei,

## AM PULS DER STADT
### Leben in Dresden

den Standortfaktor „Forschung und Entwicklung" nachhaltig zu stärken. So ist Dresden dabei, sich zum führenden **Biotechnologie-Standort** zu entwickeln. Forschung wird u. a. in den Bereichen Zellbiologie, Genetik, Biophysik und Bioinformatik betrieben.

Der ökonomische Aufschwung und die Ansiedlung neuer Gewerbebetriebe – Gruner & Jahr (Druckereizentrum), Heidelberger Zement – stärken Dresden als Wirtschaftsstandort. Daneben ist Dresden als Landeshauptstadt Verwaltungszentrum Sachsens und bietet auch im öffentlichen Sektor Arbeitsplätze. Größter Arbeitgeber der Stadt ist allerdings der **Tourismus** mit erheblichen Steigerungsraten in den letzten Jahren. Die meisten Besucher kommen aus den alten Bundesländern, zurzeit zählen die Hoteliers drei Millionen Übernachtungen pro Jahr (2005). Aber auch bei Touristen aus den USA und Fernost wird Dresden immer beliebter.

In die Schlagzeilen geriet die Stadt 2006, als mit dem Verkauf der städtischen Wohnungsbaugesellschaft WOBA an einen Finanzinvestor der gesamte kommunale Wohnungsbestand (rund 48.000 Wohnungen) in private Hände überging. Vorübergehend brachte diese Transaktion Dresden den **Titel der ersten schuldenfreien deutschen Großstadt** ein. Die Kehrseite der Medaille ist jedoch, dass damit ein kommunalpolitisches Instrument sozialer Regulierung aus der Hand gegeben wurde.

> **EXTRATIPP**
> *Lange Nacht der Wissenschaften*
> Seit 2003 wird in jedem Sommer die **Lange Nacht der Wissenschaften** veranstaltet. Hochschulen, Forschungseinrichtungen und Labore öffnen ihre Türen für die Allgemeinheit. Auf dem Programm stehen Vorträge und Ausstellungen, Führungen, Filme und populärwissenschaftliche Vorführungen.

▲ *Geschäftiges Treiben auf dem Altmarkt*

# DER ALLTAG DER DRESDNER

Nirgendwo glänzte in der DDR der Westen goldener als im „Tal der Ahnungslosen". Hinterm Mond fühlte man sich hier, weil die Westsender nicht empfangen werden konnten. In Dresden besonders ausgeprägt war die DDR-typische Überzeugung, das eigentliche Leben spiele sich anderswo ab. Waren nicht die Besten längst im Westen? Wer nicht in den Westen ging, zog zumindest nach Berlin. Das Ungenügen an der eigenen Gegenwart war hier besonders deutlich: Die Stadt war nur noch Bezirkshauptstadt, auch die Nachkriegsbauten hatten nichts mehr mit der einst so reichen Vergangenheit gemein.

Doch entwickelte sich Dresden nach dem Niedergang der DDR wie auch die sächsische Konkurrentin Leipzig sichtbar schneller als andere ostdeutsche Kommunen. Was Lebensqualität, Wirtschaftskraft und auch Finanzstärke betrifft, hat die Stadt **längst das obere Westniveau erreicht.** Im Vergleich zu europäischen Millionenstädten ist Dresden allerdings nach wie vor eher eine große Kleinstadt: familiär-gemütlich und überschaubar.

Durchaus mit einem Augenzwinkern schreibt der Schriftsteller *Ingo Schulze*: „Ich war ein begeisterter Dresdner. Denn welche Stadt besaß einen weltberühmten Zwinger, eine weltberühmte Gemäldegalerie, eine weltberühmte Staatskapelle, einen weltberühmten Kreuzchor, ein weltberühmtes Grünes Gewölbe, das weltberühmte Meissener Porzellan oder so weltberühmte Schlösser wie Pillnitz oder Moritzburg? In Dresden war weltberühmte Musik, weltberühmte Kunst, weltberühmte Architektur, weltberühmte Literatur entstanden. Die Bezeichnung

# NICH DOD ZE GRIECHN: RICHDSCHE SAGGSEN

*Theodor Fontane merkte an, dass die Sachsen seien, was sie sind, verdankten sie nicht ihrer „Gemütlichkeit, sondern ihrer Energie". Die Bürgerinnen und Bürger Sachsens gelten als „fischelant" (frz. vigilant), d. h. als pfiffig, gewitzt und überlebenstüchtig, aber auch als dickköpfig, stur und maulfaul, fleißig und anpassungsfähig. Die Sprache spielt dabei eine wesentliche Rolle - auch in den langen DDR-Jahren konnte ein Sachse sich des Langen und Breiten auslassen über den „Sozialismus, der siecht". Viele Worte bekommen durch die Aussprache Doppelbedeutungen, die zu Wortspielen einladen.*

*Nicht zufällig waren die führenden Kabaretts der DDR in Sachsen beheimatet. Wer sich da einlesen oder einhören möchte, dem seien die „Säk'schen Balladen" oder die „Säk'schen Glassigger" von Lene Voigt (1891-1962) empfohlen, als Buch oder Hörbuch oder auch wenn mal ein Lene-Voigt-Abend im Veranstaltungskalender steht und etwa die „Fiff'schen Gaffeesachsen" auftreten. Der Leipziger Mundartdichterin ging es nicht um Folklore oder Sprachkunde, sondern um Witz - und der war teilweise so scharf, dass ihre Bücher im Dritten Reich verboten waren.*

*Typisch für das sächsische Denken und Sprechen ist es, nicht aufzutrumpfen, sondern sich zurückzunehmen, ein Understatement, das um die Begrenztheit alles Menschlichen weiß. Aus dem durchaus raffinierten Umgang damit, in der vertrackten Untertreibung, entsteht diese Art von Humor. Für diese Selbstironie tritt der öfter zu hörende Ausspruch „So schade, dass mir Sachsen so gar keinen Dialekt haben" den besten Beweis an. Auch Karl May kann als Beleg angeführt werden: „Das schönste und reenste Deutsch hört man off der Strecke zwischen Pirna und Meißen" (aus: Die Helden des Westens).*

*Anderswo dagegen müssen die Sachsen mit dem Ruf leben, sie sprächen eine schwer erträgliche Sprache. Dabei gibt es auch innerhalb Sachsens große Unterschiede. Wer die Mundart eines Erzgebirglers oder Vogtländers als Sächsisch bezeichnet, zeigt, dass er keine Ahnung hat. Der Dresdner spricht weicher, klangvoller als der Leipziger und Fremden gegenüber bemüht er sich ohnehin um eine Antwort in „gepfläächtm" Hochdeutsch.*

*Als Gast lernt man als Erstes, dass in Dresden ja „nu" heißt, das sehr unterschiedlich intoniert wird. Oft hört es sich nach einer Frage an, ist aber eine Feststellung, freundliche Bestätigung, etwa im Lokal bei der Aufnahme von Bestellungen. Bei anderen klingt das „nu" so, als fingen sie gleich an zu weinen - auch das täuscht: Es ist eine sympathische Verstärkung.*

*Das Sächsische zu imitieren sollte man gar nicht erst versuchen. Zugezogene haben es in 20 Jahren nicht geschafft. Schon gar nicht reicht es, einfach alle harten Konsonanten durch weiche zu ersetzen, also p durch b, t durch d und k durch g. Neben der Aussprache gibt es auch gänzlich andere Vokabeln, etwa „Blämmbe" für Plörre, also ein lauwarmes oder dünnes Getränk wie „Bliehmchngaffee". „Ditschn" heißt eintunken, eine „Bemme" ist ein Butterbrot, „Drallewatsch" ein Schwindelgefühl - und wenn jemand Sie als „Luhmich" bezeichnet, hat er Sie beleidigt.*

## AM PULS DER STADT
### Der Alltag der Dresdner

‚Elbflorenz' beunruhigte mich hingegen, weil sie unterstellte, es gäbe etwas Schöneres als Dresden, etwas, wovon die Dresdner Herrlichkeit nur abgeleitet wäre."

**Dresdner sind traditionsbewusst** und mit ihrer Stadt verbunden wie selten Bewohner anderer Großstädte. Das gilt übrigens für Zugezogene ebenso wie für gebürtige Dresdner. Der „Mythos Dresden" speist sich aus dem einstigen Glanz ebenso wie aus dessen sinnloser Zerstörung. Die Liebe der Dresdner zu ihrer Stadt war auch vor dem Zweiten Weltkrieg schon sprichwörtlich, nach der Bombardierung wurde sie für manche zum Thema ihres Lebens. Das Buch „Das alte Dresden" von *Fritz Löffler* über die architektonische Entwicklung der Stadt vor 1945 etwa wurde wie eine kostbare Reliquie gehütet, galt in der DDR sogar als Tauschobjekt. Der Kunsthistoriker selbst wurde als Staatsfeind betrachtet: Ihm wurde vorgeworfen, er verfolge mit der Restaurierung gleichsam die (politische) Restauration.

Gegenüber Menschen wie dem berüchtigten Bürgermeister *Walter Weidauer,* der mit dem Ausspruch in die Stadtgeschichte einging, Dresden brauche „weder Kirchen noch Barockfassaden", und alles daran setzte, dies Credo mit Bagger und Abrissbirne auch zu verwirklichen, gab es immer Bürger, die immer wieder erfolgreich Abrisse verhinderten. Verloren wurde zwar der zähe Kampf um die Sophienkirche, wohl auch weil *Walter Ulbricht* sich ihren Abriss zum persönlichen Anliegen gemacht hatte, in anderen Fällen hingegen wurde die Zerstörung noch kurz vor der Sprengung verhindert und unersetzliche Bausubstanz gerettet. Aus der Größe des Verlusts entstand ein Eigensinn, ein Stolz auf die Stadt, der

> **EXTRATIPP**
>
> *Hochwasserlehrpfad*
>
> An vielen Häusern nahe der Elbe zeigen Markierungen die Hochwasserpegelstände an. In der Dresdner Innenstadt und am Neustädter Ufer informieren Tafeln (Beginn an der Augustusbrücke). www.hochwasserlehrpfad-dresden.de

weit mehr ist als Lokalpatriotismus. Denn das Gefühl der Zugehörigkeit ist kein passives, viele Bürger nehmen aktiv Anteil, mischen sich ein, wollen den Wiederaufbau mitbestimmen. Da Dresden an vielen Stellen noch einer großen Baustelle ähnelt, sind städteplanerische Entscheidungen das meistdiskutierte Thema, aber es gibt auch viele andere Initiativen, ob zur Organisation von Stadtteilfesten oder zum Erhalt von Traditionen.

**Wichtig für das Lebensgefühl ist die Elbe** – bei den ersten Sonnenstrahlen strömen die Dresdner mit Kind und Kegel, Picknicktasche oder Ballspiel, zu Fuß oder auf dem Rad an die (teilweise bis zu 400 m breiten) Elbwiesen. Die Bedeutung dieses idyllischen Landschaftsraums für die Naherholung (und den Tourismus) und als Ruhepunkt kann gar nicht hoch genug eingeschätzt werden. Alljährlich während der Filmnächte im Sommer wird Dresden geradezu mediterran. Zum Spaziergehen, Feiern und Sporttreiben, zum Sonnenbaden und Ausruhen werden die Auen und Wiesen von den Einwohnern intensiv genutzt – und eine Bürgerinitiative engagiert sich für den Erhalt der Elbwiesen, die von der UNESCO ausdrücklich als wesentlicher Bestandteil in das Welterbe aufgenommen wurden (Seite der Bürgerbewegung: www.elbwiesen-erhalten.de).

# DRESDEN ENTDECKEN

In diesem Kapitel stellen wir die Sehenswürdigkeiten Dresdens detailliert vor. Sie sind nach Stadtgebieten geordnet und können in der Reihenfolge der Beschreibung besucht werden. Kulinarische Tipps laden zur kleinen Pause zwischendurch ein.

Wer diesen Rundgang nicht absolvieren möchte, kann sich leicht seine eigene Route zusammenstellen. Dazu ist bei jeder Örtlichkeit die Lage bzw. Anfahrt angegeben. Zudem findet sich die Nummer der Sehenswürdigkeit sowohl in den Detailplänen als auch im Cityatlas.

# RUND UM DEN THEATERPLATZ

*Rund um den Theaterplatz – er wird zu den schönsten Plätzen Europas gezählt – gruppieren sich Dresdens berühmte Bauwerke: Semperoper, Zwinger, Residenzschloss und Hofkirche.*

Die seitlich auf den Platz gesetzte **Schinkelwache**, benannt nach ihrem Baumeister *Karl Friedrich Schinkel*, fungiert als Café und als Touristeninformation mit Kartenvorverkauf. Zur Elbe hin, im sogenannten **Italienischen Dörfchen**, gibt es gleich mehrere Lokale und Restaurants in Räumen mit restaurierter historischer Ausmalung. Der Name erinnert an die Bauarbeiter und Steinmetze aus Italien, die am Bau der Hofkirche mitarbeiteten und hier ihre Unterkünfte hatten. Das flache Bauwerk entstand ab 1911 nach Plänen von *Hans Erlwein.*

Das in der Mitte des Platzes stehende Reiterstandbild von *Johannes Schilling* stellt König Johann dar, der ab 1854 Sachsen regierte, die Wissenschaften förderte und unter dem Namen „Philateles" als Danteforscher und -übersetzer bekannt war. Zwischen Oper und Gemäldegalerie befindet sich eine überlebensgroße Statue von *Carl Maria von Weber,* ab 1816 Hofkapellmeister und Musikdirektor der Oper.

▲ *Blick über den Theaterplatz auf Residenzschloss und Hofkirche*

## DRESDEN ENTDECKEN
*Rund um den Theaterplatz*

### ❶ ZWINGER ★★★ [D9]

*Das Meisterwerk barocker Architektur diente einst als glanzvoller Rahmen für Feste unter freiem Himmel. August der Starke feierte hier Kostümfeste, Bälle und Turniere. Heute werden im Zwinger weltweit berühmte Kunstschätze präsentiert, von der Gemäldegalerie Alte Meister bis zur Porzellansammlung.*

Die „Perle des Barock" wurde von Baumeister *Matthäus Daniel Pöppelmann* in aller Eile hergerichtet, als „Festplatz unter freiem Himmel" für den Staatsbesuch des dänischen Königs im Jahre 1709. Weil es außerordentlich schnell gehen musste, wurden manche seiner Entwürfe zunächst aus Holz errichtet. Nach dem Fest wurde der Zwinger in solidem Stein weitergebaut. Was heute so einheitlich und harmonisch wirkt, ist das Ergebnis von mehr als zwei Jahrzehnten Bauzeit – die abschließende Sempergalerie wurde sogar erst mehr als 100 Jahre später hinzugefügt. Der aus Westfalen stammende Architekt *Pöppelmann* und der in Süddeutschland und in Italien geschulte Bildhauer *Balthasar Permoser* (1651–1732) schufen ein Barockensemble von spielerischer Eleganz. Der martialische Name „Zwinger" erinnert daran, dass es an dieser Stelle zuvor alte Festungsanlagen gegeben hatte. Der Begriff bezeichnet den Bereich zwischen der inneren und der äußeren Wehrmauer (dort wurden manchmal Tiere gehalten, Bärenzwinger u. a.).

*August dem Starken* waren Feste wichtiger als Festungen: Die 1728/32 fertiggestellte Anlage war niemals ein Schloss, sondern reine **Festarchitektur,** ein Lustgarten und Rahmen für Konzerte und Kutschfahrten, Feuerwerk und Feste, Tierkämpfe und Turniere unter freiem Himmel wie auch für die Hochzeit des Kurprinzen *Friedrich August* mit der habsburgischen Kaisertochter *Maria Josepha* im Jahre 1719.

Der Blick auf die Elbe war bis in das 19. Jahrhundert noch offen. Erst in den Jahren zwischen 1847 und 1855 errichte *Gottfried Semper* das abschließende Galeriegebäude zur Elbseite hin. In der **Sempergalerie** sind heute die Gemäldesammlung Alte Meister ❷ untergebracht sowie die Rüstkammer ❸, die aber demnächst in das Schloss umziehen soll.

Geht man vom Theaterplatz durch den Torbogen hindurch, gelangt man in den großen **Zwingerhof.** Wer sich die vollendeten Bildhauerwerke näher anschaut, entdeckt übrigens auch das Thema Wein – weinselige Faunen und Satyrn an den Bogengalerien und am Wallpavillon, Bacchus am Kronentor – obwohl *Permoser* Abstinenzler gewesen sein soll.

Um den Hof gruppieren sich die Galerien und Pavillons in spiegelbildlicher Anordnung. Im **Glockenspielpavillon** erklingen zu festen Zeiten Melodien. Die Glocken wurden aus Meissener Porzellan gefertigt, das Glockenspiel 1930 eingebaut. Dort liegt der Eingang zum Porzellanmuseum und wer die Dachterrasse betritt, hat einen idealen Standort zum Fotografieren des gegenüberliegenden Wallpavillons.

Auch im **Wallpavillon** mit dem Herkules obenauf steigt man am besten ein paar Treppen hoch und wirft einen Blick auf das **Nymphenbad.** Zu der versteckten, geschützten Brunnenanlage führt ein anderer Treppenabgang wieder hinunter. In ein großes Becken mit wasserspeienden Delphinen ergießen sich Wasserkaskaden, die aus einem Schalenbrunnen oben auf dem Zwingerdach herabströ-

# DRESDEN ENTDECKEN

## ZWINGER

men. In den Mauernischen wachen steinerne Nymphen über die friedliche Idylle.

Der grazile Pavillon vis-à-vis der Gemäldegalerie heißt **Kronentor**: Auf der Turmzwiebel tragen vier goldene Adler die Königskrone – August der Starke war nicht nur Kurfürst von Sachsen, sondern seit 1697 auch König von Polen.

> Glockenspiel: 10.15 , 14.15, 18.15 Uhr
> Konzerte im Zwingerhof: Landesbühnen Sachsen, Auskünfte/Karten unter Tel. 0351 8954214
> Haltestelle: Theaterplatz, tgl. 6–22 Uhr, www.schloesser-dresden.de

| | |
|---|---|
| ❷ | Gemäldegalerie Alte Meister |
| ❸ | Rüstkammer |
| ❹ | Pozellansammlung |
| 🏛8 | Mathematisch-Physikalischer Salon |
| 🏛12 | Museum für Mineralogie und Geologie |
| a | Glockenspielpavillon |
| b | Kronentor |
| c | Wallpavillon |
| d | Nymphenbad |

## ❷ Gemäldegalerie
## Alte Meister ★★★ [D9]

*Der weltweite Ruf der Alten Meister gründet sich vor allem auf Meisterwerke der italienischen Malerei: auf Gemälde von Giorgione, Tizian, Correggio, Mantegna, Botticelli, Veronese, Tintoretto – die größte und beste Sammlung nördlich der Alpen. Wie kam diese bedeutende Gemäldesammlung nach Dresden?*

Manches Werk gab es schon in der sächsischen Kunstkammer. *Albrecht Dürers* „Die sieben Schmerzen der Maria" etwa gab *Friedrich der Weise* 1495 in Auftrag, als der Künstler erst 24 Jahre alt und noch recht unbekannt war. Doch die meisten Bilder wurden in einem kurzen Zeitraum von wenigen Jahrzehnten zusammengetragen. Im großen Stil zu sammeln begann *August der Starke,* 1722 begründete er eine Gemäldegalerie. Die großen Erwerbungen, die heute den Ruhm der Sammlung ausmachen, fielen vor allem in die Regierungszeit seines Sohnes *Friedrich August II.,* dessen Sammelleidenschaft größer gewesen sein soll als sein Interesse an den Staatsgeschäften. Er erwarb u. a. 1746 die hundert besten Bilder aus dem Besitz des Herzogs von Modena, darunter das „Bildnis des Charles de Solier" von *Hans Holbein* dem Jüngeren, den „Zinsgroschen" von *Tizian,* das „Bildnis einer Dame in Trauer" von *Tintoretto* und „Die heilige Nacht" von *Correggio.* Ein Schwerpunkt der Sammlung liegt daher bei der **italienischen Malerei der Renaissance** – aufgehängt auf rotem Grund.

Den Glanzpunkt der reichen Kunstsammlung bildet das 1754 erworbene Gemälde **„Die Sixtinische Madonna"** (um 1512/13) von **Raffael,** für das *Friedrich August II.* eigens eine Ausfuhrgenehmigung des Papstes erwirkte. Im Kloster San Sisto in Piacenza, für welches *Raffael* das berühmte Marienbild gemalt hatte, musste es unauffällig durch eine (teure) Kopie ersetzt werden – die Gläubigen schrieben dem Bild eine heilende Wirkung zu. Die beiden spitzbübischen Engelchen zu Füßen der Madonna machten als losgelöstes Detail eine ganz eigene Karriere, auf allen nur denkbaren Artikeln abgebildet wurden sie in jeder erdenklichen Form vermarktet.

Einen zweiten Schwerpunkt bilden Werke der **holländischen und flämischen Malerei des 17. Jahrhunderts,** etwa Arbeiten von *Rubens* wie die „Wildschweinjagd", *Rembrandts* „Selbstbildnis mit Saskia", *Vermeers* „Bei der Kupplerin" und „Brieflesendes Mädchen am offenen Fenster" sowie Werke *Van Dycks* sind vertreten. Zur bewussten Gliederung der Sammlung hängen diese Bilder auf grünem Grund.

Nicht auslassen sollte man auch den „Katharinenaltar" von *Cranach* und die grandiosen Veduten (= Stadtansichten) des venezianischen Malers *Canaletto,* in denen das barocke Dresden des Augusteischen Zeitalters wiederaufersteht. Seine **Stadtansichten** aus der Mitte des 18. Jahrhunderts sind sicherlich die bekanntesten Dresden-Bilder. Sie zeigen u. a. die Lage am Fluss, die Augustusbrücke, den Neumarkt und die gerade fertiggestellte Frauenkirche (siehe auch Exkurs „Maler in Dresden").

Doch damit ist noch kein Ende: Unter den rund 750 gezeigten Gemälden aus dem 14. bis 18. Jahrhundert sind auch herausragende spanische und französische Künstler wie *Murillo, Poussin* und *Lorrain* vertreten – gehängt auf grauem Grund.

Bis Mitte des 19. Jahrhunderts war die Gemäldegalerie anderweitig untergebracht, dann zog sie in das von *Gottfried Semper* neu erbaute Gebäude am Zwinger, das ihn zur Elbseite hin abschließt. Seitdem verbindet sich das Erlebnis der Bilder mit dem der Architektur zu einer **großartigen Gesamtwirkung**. Während der letzten Jahre des Zweiten Weltkriegs waren die meisten Gemälde der Dresdner Galerien in Bergwerksstollen ausgelagert. Ungefähr 200 Gemälde, die noch in Sicherheit gebracht werden sollten, verbrannten in den Lastwagen, Werke von *Giorgione, Caravaggio, Brueghel, Cranach*... Nach Kriegsende gelangten die Gemälde nach Moskau und Kiew, doch schon Mitte der 1950er-Jahre entschloss sich Russland zur Rückgabe der Kunstschätze, sodass die schwer zerstörte und gleich nach dem Krieg wiederaufgebaute Gemäldegalerie bereits 1956 wiedereröffnet werden konnte.

› Sempergalerie im Zwinger, Haltestelle: Theaterplatz oder Postplatz, Di.–So. 10–18 Uhr, Mo. geschlossen, Eintritt 7 € (ermäßigt 4,50 €, Familien 15 €), www.skd-dresden.de, das Museum dreidimensional nachgebaut: www.dresdengallery.com

### ❸ Rüstkammer ★★★ [D9]

*Die Dresdner Rüstkammer zählt zu den ältesten und glanzvollsten Waffensammlungen der Welt.*

Schimmernde, hochpolierte Rüstungen, prächtige alte Schwerter, Säbel und Degen, Helme und Schilde, Streitäxte, Pistolen und Gewehre dienten nicht allein als martialische Kriegsausrüstung, sondern zum Teil auch **zur Repräsentation, für Jagden, Ritterspiele und höfische Feste.**

Kurfürst *August der Starke* sammelte auch Zeugnisse der Waffenschmiedekunst, anderes schenkten europäische und orientalische Herrscher. Auffallend ist eine Gruppe von Kinderharnischen, weitere Glanzstücke sind drei sächsische Kurschwerter und der Prunkharnisch für Mann und Ross, den der Antwerpener Goldschmied *Eliseus Libaerts* Mitte des 16. Jahrhunderts für den schwedischen König *Erik XIV.* anfertigte.

◂ *Blick aus der Porzellansammlung auf den Zwingerhof*

# DRESDEN ENTDECKEN
## Rund um den Theaterplatz

> **KLEINE PAUSE**
> Abends ist das Lokal **Alte Meister** [3] ein Restaurant mit feiner Küche, tagsüber stellt man sich als Museumscafé auf die vielen Dresden-Besucher ein. Im Sommer mit Blick von der Terrasse auf Semperoper, Hofkirche und den Theaterplatz. Das Lokal erreicht man vom Museum oder über den Theaterplatz.

Ende 2009 zieht die Rüstkammer in das Residenzschloss um, dann kommen weitere Bestände der Kostümsammlung, der Gewehrgalerie und der Türkenkammer hinzu. Zu den beeindruckendsten Objekten darunter zählt das **Landschaftskleid** von Kurfürst *Johann Georg I.* aus dem Jahr 1611 – mit farbiger Seide, Gold- und Silberfäden wurde eine Stadtansicht Dresdens auf das Prunkkleid gestickt.

› Semperbau am Zwinger, Haltestelle: Theaterplatz oder Postplatz, Di.–So. 10–18 Uhr, Mo. geschlossen, Eintritt 3 € (ermäßigt 2 €, Familien 7 €), www.skd-dresden.de

### ❹ Porzellansammlung ★★★ [D9]

*Die Sammelleidenschaft Augusts des Starken galt vor allem auch dem „weißen Gold" – er trug viele kostbare Porzellanobjekte zusammen. Auch diese Sammlung gehört – natürlich – zu den größten ihrer Art weltweit.*

Um 1720 hatte *August der Starke* schon fast 15.000 Porzellanobjekte zusammentragen lassen. Seine Leidenschaft für das kostbare und zerbrechliche Material hatte er schon dadurch unter Beweis gestellt, dass er die Erfindung des ersten europäischen weißen Hartporzellans forcierte (siehe Exkurs „Meissener Porzellan"). Nicht nur durch direkten Kauf erwarb der Kurfürst allerlei Gefäße und Figuren, auch tauschte der Kurfürst beim preußischen König 600 Soldaten gegen **chinesische Dragonervasen** (die heute zu den bekanntesten Ausstellungsstücken des Porzellanmuseums gehören).

Zu den kostspieligen Importen aus Asien kamen ab 1710 auch einheimische Produkte hinzu, als die Manufaktur in Meißen ihre Fertigung aufnahm. Zudem plante der Kurfürst eigentlich, das Japanische Palais  zu einem prachtvollen „Porzellanschloss" umzubauen, das alle zeitgenössischen Porzellankabinette übertreffen sollte. Diese Idee eines Gesamtkunstwerks wurde aber letztlich nicht verwirklicht.

Während des Zweiten Weltkriegs waren die kostbaren Objekte ausgelagert und blieben weitgehend unbeschädigt. Nicht alles überdauerte die Zeiten, etwa den Abtransport durch die Rote Armee und die Rückkehr aus der Sowjetunion 1958, doch eindrucksvoll ist die Sammlung nach wie vor: Zu sehen sind außer wertvollen Arbeiten aus China und Japan auch Meissener Meisterwerke vom Beginn der Produktion Anfang des 18. Jahrhunderts bis heute. Von den frühesten Erzeugnissen an ist die **Entwicklung der Porzellanmalerei** und einer eigenen Formensprache bei Gefäßen, Figuren und Speiseservices umfassend dokumentiert. 2006 wurde mit der Ostasien-Galerie auch der zweite Teil der Porzellansammlung eröffnet.

› Im Zwinger, Eingang Glockenspielpavillon, Haltestelle: Theaterplatz oder Postplatz, Di.–So. 10–18 Uhr, Mo. geschlossen, Eintritt 6 € (ermäßigt 3,50 €, Familien 11 €), www.skd-dresden.de

## ❺ HOFKIRCHE
## ST. TRINITATIS ★★★ [D9]

*Die größte Kirche Sachsens ist ein sehenswertes Beispiel spätbarocker Baukunst und Grablege der Wettiner.*

Weil *August der Starke* König von Polen werden wollte, musste er zum Katholizismus übertreten – nun fehlte eine würdige **katholische Hofkirche**. Ein Provisorium wurde eingerichtet und mit der Planung begonnen, aber erst unter seinem Sohn *Friedrich August II.* wurden ab 1738 ein Elbtor und Festungswerke abgetragen, um den Bauplatz für die Hofkirche zu schaffen. 1739 wurde schließlich der Grundstein gelegt.

Mit einer Fläche von fast 5000 m² ist die spätbarocke Kirche die größte Sachsens und zählt zu den letzten baulichen Höhepunkten, in denen sich der starke **Einfluss Italiens auf das barocke Bauschaffen** in Dresden materialisierte. Der römische Architekt *Gaetano Chiaveri* (1689–1770) entwarf die drei/fünfschiffige Sandsteinbasilika, der Bildhauer *Lorenzo Mattielli* (1688–1748) schuf 78 Heiligenstatuen in fast doppelter Lebensgröße, die der Kirche ihr charakteristisches Aussehen verleihen. Dort, wo die auf der Baustelle beschäftigten italienischen Steinmetze ganz in der Nähe lebten, entstand später das „Italienische Dörfchen".

Als im Juni 1751 die Kirche geweiht wurde, fehlte der Turm noch. Die Glocke durfte allerdings wegen der überwiegend protestantischen Bevölkerung nicht geläutet werden, sie blieb bis 1807 im Zeughaus.

Die Hofkirche ist **Grablege der Wettiner,** die ab 1755 hier bestattet wurden. In einer Gruft unter dem Chor befinden sich 49 Sarkophage mit den Gebeinen der sächsischen Fürsten und Könige sowie naher Angehöriger. Von *August dem Starken* wurde allerdings nur das Herz in einer Urne beigesetzt – seine Leiche wurde in Krakau bestattet, der Grablege der polnischen Könige.

Mit ihren weißen Wänden und dem durch zahlreiche Fenster recht hellen Mittelschiff wirkt die spätbarocke Kirche kühl und streng. Eine Besonderheit im Innenraum ist der breite Prozessionsumgang mit zweigeschossigen Arkaden – im protestantischen Dresden sollten keine Prozessionen im Freien stattfinden. Zu den Prunkstücken der eher schlichten Ausstattung gehören das weitgereiste, 9 m hohe und über 4 m breite **Altargemälde** von *Anton Raphael Mengs* mit der „Himmelfahrt Christi" (er begann es 1752 in Rom und vollendete es 1765 in Madrid) in einem schweren geschnitzten Rahmen, außerdem die **Silbermann-Orgel,** die letzte und größte Orgel des berühmten sächsischen Orgelbauers, an der er von 1750 bis 1753 arbeitete. Die holzgeschnitzte, bewegte Rokoko-Kanzel mit den im Ausdruck starken Figuren stammt von *Balthasar Permoser,* der auch die Fülle an kunstvollen Skulpturen im Zwingerhof geschaffen hat.

In der **Bennokapelle** ist überlebensgroß Bischof *Benno* (um 1110–1206) an die Wand gemalt, allerdings nicht beim Pflanzen der ersten Weinrebe im Elbtal, sondern beim Auffinden des Fisches, in dessen Magen der Meißner Domschlüssel wieder auftauchte. Der Legende nach hatte *Benno* den Schlüssel in die Elbe

▶ *Dynastieportrait aus 25.000 Porzellankacheln: der Fürstenzug*

geworfen, damit der gegen ihn eingesetzte Gegenbischof den Dom nicht betreten konnte, während er abwesend war. Bei seiner Rückkehr wurde der Schlüssel prompt wieder aufgefunden.

Tipp: Ein Besuch der Kirche zur öffentlichen Orgelprobe (jeden Mi. und Sa. 11.30–12 Uhr).

› Haltestelle: Theaterplatz, Mo.–Do. 9–17, Fr. 13–17, Sa. 10–17, So. 12–16 Uhr, www.kathedrale-dresden.de

### ❻ FÜRSTENZUG ★★★ [D9]

*Eine Galerie des wettinischen Herrscherhauses vom Mittelalter bis zum 19. Jahrhundert – dargestellt auf fast 25.000 Kacheln aus Porzellan.*

In den 1870er-Jahren wurde mit dem sogenannten Fürstenzug den Wettinern ein bildliches Denkmal gesetzt, eine **Ahnengalerie aus Porzellan**. Dieses sächsische Herrscherhaus, das über acht Jahrhunderte an der Macht blieb, hat damit mehr Kontinuität aufzuweisen als die Wittelsbacher in Bayern oder die Hohenzollern in Brandenburg-Preußen.

Das Werk an der Außenwand am Langen Gang des Stallhofs wurde ursprünglich als schwarz-weißes Sgraffito vom Dresdner Historienmaler *Wilhelm Walter* (1826–1913) ausgeführt und zu Beginn des 20. Jahrhunderts mit Meissener Porzellanfliesen erneuert. Die rund 23.000 Kacheln sind durch mehrfaches Brennen so beständig, dass sie sogar den Feuersturm von 1945 überdauert haben. Auf dem mehr als 100 m langen Wandbild reiten **35 Wettiner aus sieben Jahrhunderten**, vom Markgrafen *Konrad* (1123–1156) bis zum Brüderpaar König *Albert* (reg. 1873–1902) und König *Georg* (reg. 1902–1904), in chronologischer Abfolge. Der letzte sächsische König *Friedrich*

*August III.*, der 1918 abdankte, fehlt. Er war zur Zeit der Entstehung des Fürstenzuges noch ein Kind.

Die scheinbare Geradlinigkeit der Ahnengalerie verdeckt jedoch, wie viele historische und genealogische Brüche, Verwerfungen und Zufälle es in der Abfolge gab, wie viele Kämpfe, Fehden und sogar Brüderkriege. Wie hier **Vergangenheit und Gegenwart miteinander verknüpft** werden, zeigen die Inschriften an Anfang und Ende der Reckenreihe: „Ein Fürstenstamm, des Heldenlauf reicht bis zu unseren Tagen, in grauer Vorzeit ging er auf mit unseres Volkes Sagen." und „Du alter Stamm, sei stets erneut in edler Fürsten Reihe; wie alle Zeit dein Volk dir weiht die alte deutsche Treue." In seiner festzugartigen Darstellung und materiellen Ausführung ist das Wandbild ein einmaliges Kunstwerk.

› Augustusstr., Außenseite des Langen Ganges, Haltestelle: Theaterplatz

### ❼ STALLHOF UND LANGER GANG ★ [D9]

Im Stallhof, eines der wenigen erhaltenen baulichen Zeugnisse der Renaissance, fanden einst **Turniere und Hetzjagden** statt, beides höfische Belustigung für den Kurfürsten und den Adel. Im Sommer dient der Stallhof heute wieder als Kulisse für Theateraufführungen und „Churfürstliche Turniere" in historischen Kostümen, im Dezember findet hier das „Stallhöfische Adventsspektakel" statt, ein mittelalterlicher Weihnachtsmarkt.

Zur Augustusstraße begrenzt der Lange Gang, 1586–91 erbaut, das Ensemble und dient als Verbindungsbau zwischen Johanneum und Georgenbau. Zum Hof hin ein prächtiger **Arkadengang**

# DRESDEN ENTDECKEN
## Rund um den Theaterplatz

mit toskanischen Säulen (auf der Außenfassade befindet sich der Fürstenzug ❻) und reichverzierter Fassade mit einer Sonnenuhr.

› Haltestelle: Theaterplatz, tgl. 7–20 Uhr, www.schloesser-dresden.de

### ❽ TASCHENBERGPALAIS ★ [D9]

Für seine Mätresse *Anna Constanze Gräfin Cosel* ließ *August der Starke* in unmittelbarer Nachbarschaft des Residenzschlosses ab 1705 das Taschenbergpalais erbauen, nach Plänen von *Johann Friedrich Karcher* und *Matthäus Daniel Pöppelmann*. Auf mehreren Grundstücken entstand nach und nach das durch einen Gang mit dem Schloss verbundene Palais. Von seiner Mätresse erwartete der Kurfürst auch **prächtige Bälle und Soupers**. Das Gebäude wurde daher aufwendig ausgestattet, mit silbernen Möbeln und Spiegeln, kristallenen Leuchtern und kostbaren Tapeten. Ein Raum mit orientalischer Ausstattung war als „türkisches Zimmer" bekannt, sodass das Gebäude auch „Türkisches Haus" genannt wurde. Später diente das Gebäude mehrfach als Residenz des jeweiligen Thronfolgers.

1945 wurde das Stadtpalais vollständig zerstört und erst in den 1990er-Jahren wiederaufgebaut, mehr als 45 Jahre überdauerte das einst prächtige Palais als Ruine. Seit der Rekonstruktion bietet das **Kempinski Hotel** 21 hinter der Barockfassade Fünf-Sterne-Luxus, beflissenes Hotelpersonal hat die livrierten Die-

◄ *Der reich verzierte Arkadengang des Stallhofs, im Hintergrund die Kuppel der Frauenkirche*

ner der Gräfin *Cosel* ersetzt. Während des Hochwassers im Jahr 2002 wurde das Hotel zum Wasserschloss. Der letzte Gast checkte durch das Küchenfenster aus. Im Winter wird im Innenhof eine Eisbahn installiert, im Sommer dient er als stimmungsvoller Rahmen für ein Abendessen.

Nahebei steht der hierher versetzte **Cholerabrunnen**, der von dem Bildhauer *Moritz Seelig* nach Entwürfen *Sempers* Mitte des 19. Jahrhunderts geschaffen wurde. Die Anlage besteht aus einem achteckigen Wasserbecken mit hohem neogotischen Spitzturm und 40 Wasserspeiern, gestiftet aus Dankbarkeit dafür, dass Dresden von einer Choleraepidemie verschont wurde.

> **EXTRATIPP**
> *Christbaumschmuck*
> Wer schon im Frühjahr oder Sommer an den Christbaumschmuck denkt, wird im **Weihnachtsland am Zwinger** in der Kleinen Brüdergasse 5 fündig.

### ❾ RESIDENZSCHLOSS ★★  [D9]

*Das wiederaufgebaute Schloss wurde über die Jahrhunderte mehrfach verändert, umgebaut und erweitert, bezeugt ist eine Burg bereits seit dem 13. Jahrhundert. Den Eindruck bestimmen heute die rekonstruierten Bauteile und Fassadenmalereien der Renaissance. Genutzt wird die vierflügelige Anlage als Museumszentrum für die Staatlichen Kunstsammlungen Dresden.*

Trotz der schweren Beschädigungen im letzten Kriegsjahr 1945 ist der ausgedehnte Bau ein bedeutendes Monument, welches rund 800 Jahre sächsische

## DRESDEN ENTDECKEN
*Rund um den Theaterplatz*

Geschichte spiegelt. Im Stadtbild fällt vor allem der **Hausmannsturm** als höchster Turm Dresdens auf. Von oben bietet er einen schönen Blick auf die Altstadt – auf Augenhöhe mit der Hofkirche.

Den Kern des Schlosses bildet eine großzügige **vierflügelige Anlage**, ursprünglich aus dem 16. Jahrhundert, die sich um mehrere Innenhöfe gruppiert. Allein am Georgentor (Nordflügel), 1530 von Herzog *Georg* in Auftrag gegeben, sind noch Überreste des Renaissancebaus erhalten. Unter *Moritz* und *August* ging der Ausbau des Schlosses zur prunkvollen und repräsentativen kurfürstlichen Residenz weiter. Der Nordflügel zur Elbe hin wird weitgehend von der Hofkirche verdeckt, mit der das Schloss durch einen Übergang verbunden ist.

Diese „Seufzerbrücke" verdeutlicht die konfessionelle Bindung des Herrscherhauses im protestantischen Sachsen – um die polnische Krone zu erlangen, trat *August der Starke* zum Katholizismus über.

An der Fassade des Westflügels zum Theaterplatz hin leuchten Sgraffito-Malereien in Anthrazit und Weiß. Dieses Neorenaissance-Erscheinungsbild wurde 1889–1901 anlässlich der 800-Jahr-Feier des Hauses Wettin realisiert und in den vergangenen Jahren restauriert. Ursprünglich war die **Schlossfassade** vollständig mit Ornamenten und Darstellungen in Sgraffito-Technik bedeckt, zu sehen am Modell in der Dauerausstellung zur Geschichte des Residenzschlosses.

In den 40 Jahren nach der Zerstörung bedurfte es der unermüdlichen Anstrengungen von Fachleuten und Bürgern, um die Ruine zu retten. Immer neue Vorschläge, wissenschaftliche Studien und zupackende Hände halfen, das Gebäude nicht nur vor Wind und Wetter, sondern auch vor den politisch bedingten Abbruchvorhaben zu schützen. Dresdner Denkmalpfleger und Privatleute haben sich dabei große Verdienste erworben. 1985, im Jahr der Wiedereröffnung der Semperoper, hatte sich das politische Klima geändert und der Wiederaufbau auch des Schlosses wurde beschlossen.

In der zweiten Hälfte des 20. Jahrhunderts wurde das Schloss sukzessive wie-

◀ *Der Hausmannsturm des Residenzschlosses bietet einen besonders schönen Blick über die Altstadt*

## DRESDEN ENTDECKEN
*Rund um den Theaterplatz*

deraufgebaut, noch sind die Restaurierungsarbeiten nicht zu Ende. Bei dem inzwischen weit fortgeschrittenen Wiederaufbau entschied man sich für eine **„selektive Rekonstruktion"**: Nicht der Zustand vor der Kriegszerstörung 1945 wird wiederhergestellt, sondern die verschiedenen Teile werden „in ihrer jeweils bedeutendsten baukünstlerischen Ausformung" erneuert – so wird eine **Mixtur aus Renaissance, Barock und Klassizismus** geschaffen, die in dieser Form nie existiert hat und überdies im 19. Jahrhundert überformt wurde. Kritiker bezeichnen dieses Verfahren in scharfen Worten als Geschichtsfälschung. Schuld sind wohl weniger die Traditionalisten und Denkmalpfleger als die Interessenträger der Tourismuswirtschaft – die Rekonstruktion der Altstadt wird zum Imageträger im internationalen Stadtmarketing.

In Zukunft wird das Schloss, einst Sitz der sächsischen Kurfürsten und Könige, als Museumskomplex fungieren und somit das **Zentrum der Staatlichen Kunstsammlungen** bilden. Neben Kupferstichkabinett und Münzkabinett (beide 1) wurden Neues Grünes Gewölbe (mit rund 1000 wertvollen Exponaten) und Historisches Grünes Gewölbe (die restaurierten Schauwände, Prunktische u. a., in denen *August der Starke* seine Vision eines barocken Gesamtkunstwerks präsentierte, mit rund 3000 weiteren Objekten) eröffnet. Die Rüstkammer 3 – derzeit noch im Zwinger untergebracht – soll noch folgen. Im Museumsshop Walther König gibt es Dresden-Souvenirs und -Literatur.

› Hausmannsturm: April–Okt. Mo., Mi.–So. 10–18 Uhr, Di. geschlossen, Eintritt 3 € (ermäßigt 2 €, Familien 7 €), www.skd-dresden.de

### 10 Grünes Gewölbe ★★★ [D9]

*Zur Wiedereröffnung des Grünen Gewölbes in Dresden schrieb die Süddeutsche Zeitung, Deutschland erhalte eines seiner Weltwunder zurück. Das Schatzkammermuseum von August dem Starken lasse mit seiner „niederschmetternden Fülle erstrangiger Meisterwerke" alle anderen fürstlichen Kunst- und Wunderkammern dieser Erde arm aussehen.*

Eine **Kunst- und Naturalienkammer**, entstanden aus den kurfürstlichen Schätzen und Raritäten: Damals erwarb man – zur Demonstration der Bedeutung, Macht und des Reichtums eines Fürsten – Wertvolles und Kostbares, Rares und Abstruses. Das Wunderkabinett enthielt nicht nur Dinge, die heute der bildenden Kunst und dem Kunsthandwerk zugerechnet werden – Gemälde, Goldschmiedearbeiten, Porzellan, Schmuck, Edelsteingefäße – sondern auch Mineralien, Funde aus fernen Ländern, Fossilien, naturhistorische Abnormitäten. Zu den Mirabilia gehört auch ein Kirschkern, in den mit großer Kunstfertigkeit 185 Gesichter geschnitzt wurden und den Kurfürst *Christian I.* 1589 erwarb.

Raritäten für ihre Kunstkammer sammelten schon die Vorgänger *Augusts des Starken*. Ab 1572 wurde die Sammlung wegen der grünen Ausmalung der Räume im Westflügel des Schlosses „Grünes Gewölbe" genannt. Unter *August dem Starken* wurden die unterm Dach versammelten Schätze in neuen Schauräumen im Erdgeschoss untergebracht, mit deren Ausstattung er hervorragende Künstler beauftragte. Ab 1721 durften ausgewählte Besucher die Kostbarkeiten aus der kurfürstlichen Schatzkammer im „Grünen Gewölbe" besichtigen – ein Vorläufer des modernen Museums, das schnell berühmt wurde. Um die Objekte auszustellen wurden die Räume aufwendig ausgestattet: Es gab ein Bronzezimmer, ein Silberzimmer, ein Goldzimmer, ein Juwelenzimmer, ein Elfenbeinzimmer u. a., jeweils mit Holzverkleidungen, verspiegelten Schauwänden und kunstvoll geschnitzten, vergoldeten Tischen und Konsolen. Künstler wie *Pöppelmann* und *Longuelune* waren daran beteiligt, auch das **Museum selbst zu einem Kunstwerk** zu machen, *Christian Reinow* und *Martin Schnell* übernahmen Marmorierungen und Lackarbeiten.

2004 zog das Neue Grüne Gewölbe aus dem Albertinum, wo es seit 1959 untergebracht war, zurück ins Schloss, 2006 eröffnete auch das Historische Grüne Gewölbe. Die weltberühmte Schatzkammer zeigt nun weit mehr Exponate als zuvor: Im **Bernsteinkabinett** kann zwar der große Bernsteinschrank, den *August der Starke* als Geschenk aus Preußen erhielt, aus konservatorischen Gründen nicht ausgestellt werden, doch die vielen Bernsteinobjekte aus den Schubladen sind erstmals seit Jahrzehnten wieder zu sehen. Zu den faszinierendsten Stücken gehört „Der Hofstaat zu Delhi am Geburtstag des Großmoguls Aureng-Zeb", ein Figurenensemble, das Hofgoldschmied *Dinglinger* in jahrelanger Arbeit Anfang des 18. Jahrhunderts für *August den Starken* fertigte. Für die goldenen, farbig emaillierten Figuren wurden über 5000 Diamanten, Smaragde, Rubine und Perlen verarbeitet. Von *Johann Melchior Dinglinger* stammen noch weitere Preziosen, etwa ein goldenes Kaffeeservice mit 45 Teilen aus massivem Gold, ebenfalls mit Emaillemalerei verziert, der „Mohr mit der Smaragdstufe" und „Das Bad der Diana".

› Im Residenzschloss, Eingang Sophienstraße gegenüber dem Taschenbergpalais, Haltestelle: Theaterplatz oder Postplatz, Mo., Mi.–So. 10–18 Uhr, Di. geschlossen, Eintritt: Neues Grünes Gewölbe 6 €, ermäßigt 3,50 €, Familien 13 €; Historisches Grünes Gewölbe 10 € mit Zeitfenster, www.skd-dresden.de

## ⓫ SEMPEROPER ★★★

*Der imposante Theaterbau mit der Pantherquadriga über dem Haupteingang ist (neben der Frauenkirche) das markante architektonische Wahrzeichen der Stadt. Aber vielleicht ist inzwischen die wirkungsvolle Schaufront bekannter als das Musiktheater dahinter, weil eine bekannte Brauerei ihr Pils in Fernsehspots mit der nächtlich illuminierten Oper bewirbt?*

Zweimal wurde die Oper wiederaufgebaut, das nach dem Zweiten Weltkrieg rekonstruierte Gebäude ist schon die dritte „Semperoper". 1841 wurde das erste von *Gottfried Semper* erbaute Hoftheater mit *Webers* „Freischütz" eröffnet. Im Jahr 1869 brannte es durch Fahrlässigkeit ab. Wiederum nach Plänen *Sempers* entstand ein Neubau an derselben Stelle (unter der Bauaufsicht seines Sohnes), der bei der Bombardierung im Februar 1945 zerstört wurde. Der schon zu DDR-Zeiten detailgetreu rekonstruierte Bau konnte 1985 eingeweiht werden: am 13. Februar, dem 40. Jahrestag des Luftangriffs auf Dresden, wieder mit *Webers* romantischer Oper „Der Freischütz". Im Sommer 2002 litt das Bauwerk erneut. Bei der Flutkatastrophe stieg die Elbe so hoch über das Ufer, dass auch das Opernhaus von Wasser umgeben war.

Zu einem der schönsten und traditionsreichsten Opernhäuser der Welt passt

## DRESDEN ENTDECKEN
*Rund um den Theaterplatz*

repräsentatives, opulentes Musiktheater in teurer Ausstattung. Hier dirigierten *Carl Maria von Weber* und *Richard Wagner,* hier wurden **berühmte Werke uraufgeführt,** z. B. „Der Fliegende Holländer" (1843) und „Tannhäuser" (1845) von *Wagner,* der „Rosenkavalier" (1911) und „Salome" von *Richard Strauss.*

Eine Umfrage hat ergeben, dass die Semperoper im Bekanntheitsgrad gleich nach den Berliner Philharmonikern und den Bayreuther Festspielen rangiert. Das in alter Pracht und vorzüglicher Akustik wiedererstandene Opernhaus ist Spielstätte der renommierten Sächsischen Staatskapelle. Um Karten muss man sich frühzeitig bemühen, viele Veranstaltungen sind schnell ausgebucht.

› Theaterplatz 2, Haltestelle: Theaterplatz, Tel. 0351 4911705 (tel. Kartenreservierung Mo.–Fr. 10–18 Uhr), www.semperoper.de (mit Online-Kartenreservierung)

> **EXTRATIPP**
>
> *Führung in der Semperoper*
>
> Auch im Innern gelang die historische Rekonstruktion des Zuschauerraums, der Treppenvestibüle und des Foyers mit Deckenmalereien und Marmorimitationen so hervorragend, dass sich eine Führung tagsüber lohnt – insbesondere dann, wenn man keine Karten für eine Aufführung bekommen hat. Sie finden mehrmals täglich statt und dauern etwa eine Stunde. Informationen in der Semperoper, in der Tourist-Information in der Schinkelwache und unter www.semperoper-fuehrungen.de.

▲ *Die Semperoper zieht nicht nur im Frühling die Besucher an*

# MUSIKER IN DRESDEN

*Im 19. Jahrhundert war Dresden ein **Zentrum der Musik** mit so berühmten **Komponisten** wie **Carl Maria von Weber** (1786-1826) und Richard Wagner (1813-1883). Ersterer war von 1817 bis zu seinem Tod Musikdirektor an der Oper und Beethoven würdigte die Dresdner Hofkapelle dieser Zeit als bestes Orchester Europas. Mit Werken von Weber wurde das Opernhaus gleich dreimal eingeweiht, 1841 und 1878 mit der „Jubelouvertüre" und 1985 nach der Rekonstruktion mit dem „Freischütz" zum 40. Jahrestag der Zerstörung Dresdens.*

*Der in Leipzig geborene **Richard Wagner** wiederum hatte schon seine Kindheit in Dresden verbracht und war ein Schüler der Kreuzschule. Nach Jahren in Paris und anderen Städten unter ärmlichen Bedingungen erhielt er 1843 eine Anstellung als Hofkapellmeister in Dresden. Mit „Rienzi" und dem „Fliegenden Holländer" feierte er erste Erfolge. An der Genialität des Komponisten konnte niemand zweifeln, doch seine Werke polarisierten damals wie heute. Wegen seiner aktiven Beteiligung an der Mairevolution 1849 musste er fliehen, wie auch Gottfried Semper und rund 2000 andere Barrikadenbauer. Beiden Musikern sind kleine Museen gewidmet, Weber in Hosterwitz und Wagner in Graupa 1. (Der Steckbrief Wagners zur Mairevolution z. B. ist im Richard-Wagner-Museum zu sehen.)*

*Auch zu **Richard Strauss** hat Dresden eine enge Beziehung: Neun Opern des Komponisten, der auch des Öfteren als Gastdirigent nach Dresden kam, wurden hier ab 1901 uraufgeführt, „Elektra", „Salome" und der „Rosenkavalier" feierten in Dresden Triumphe.*

*Der **Kreuzchor** 18, einer der ältesten und renommiertesten Knabenchöre der Welt, blickt auf eine jahrhundertelange Tradition zurück. Nur ein kleine Zahl von besten Sängern kann aufgenommen werden, die dann ins Schülerheim einziehen. Auch Richard Wagner war vier Jahre lang ein Kreuzgymnasiast und schrieb bestimmte Chorpartien im „Rienzi" und im „Parsifal" für den Chor der Kreuzschule. Etwa 150 Schüler von 9 bis 19 Jahren gehören dem Kreuzchor an. Meist musiziert er als gemischter Knaben- und Männerchor. Unbedingt hörenswerte Veranstaltungen sind die regelmäßigen Kreuzchorvespern (fast jeden Samstagnachmittag, im Winter um 17 Uhr, im Sommer um 18 Uhr) und die traditionellen Advents- und Ostervespern in der Kreuzkirche 28 (www.kreuzchor.de).*

*Auch die **Sächsische Staatskapelle** ist ein Orchester von absolutem Weltrang. Und zum Kunstgenuss tritt hier noch das Erlebnis des festlichen Rahmens im Semperschen Opernhaus 11. Als traditionsreicher Klangkörper kann die Staatskapelle ebenfalls auf eine mehrhundertjährige Geschichte zurückblicken - 1548 wurde sie durch Kurfürst Moritz als Hofkapelle gegründet und feierte 1998 ihr 450-jähriges Bestehen. 1823 notierte Beethoven, man höre allgemein, „dass die Hofkapelle in Dresden die beste in Europa sey". Eine Blütezeit war auch die Epoche gegen Ende des 19. Jahrhunderts unter dem Dirigen-*

## DRESDEN ENTDECKEN
*Rund um den Theaterplatz*

ten Ernst von Schuch, der das Orchester 42 Jahre leitete. Richard Strauss nannte sie „das beste Opernorchester der Welt". Weil hier so viele Musikerfamilien in mehreren Generationen dem Ensemble angehörten, sprechen Kenner davon, das Orchester habe einen im Timbre unverwechselbaren Klangcharakter entwickelt. Eine lange Liste der berühmten Kapellmeister und zahllosen Uraufführungen ist auf der Website verzeichnet (www.semperoper.de). Seit dem 17. Jahrhundert ein Opernorchester, betreut die Sächsische Staatskapelle ein großes Repertoire von Barock bis zu Werken aus heutiger Zeit.

Nicht nur die Sächsische Staatsoper genießt Weltruf, auch die **Dresdner Philharmoniker**  tragen zum herausragenden Musikleben der Stadt bei (www.dresdnerphilharmonie.de). 1870 gegründet im Zusammenhang mit der Eröffnung eines Konzertsaals durch den Dresdner Gewerbeverein, gab das Orchester ab den 1880er-Jahren philharmonische Konzerte in vielen Ländern Europas und 1909 sogar in den USA. Das Renommee begründeten Dirigenten und Kapellmeister wie Eduard Mörike, Ernst von Schuch und Fritz Busch und legendäre Aufführungen und Uraufführungen, darunter Werke von Anton Bruckner, Gustav Mahler, Claude Debussy und Richard Strauss.

## ⓬ NEUER SÄCHSISCHER LANDTAG ★★ [D8]

Der aus Dresden stammende Architekt Peter Kulka entwarf das minimalistische Glasgebäude für Sachsens Parlamentarier, das den sachlichen Verwaltungsbau daneben aus den 1920er-Jahren erweitert. Er erhielt viel Lob für seinen Bau.

In schwarz-stählerner Rechtwinkligkeit in bester Bauhaus-Tradition ist der Neue Landtag ein **mutiger Kontrapunkt** in der ansonsten von barocken Schwüngen und Ornamenten geprägten Stadt. So kompromisslos und modern das Gebäude auch ist, es fügt sich – zur Überraschung der Dresdner Sandsteintraditionalisten – gut in die Elbsilhouette ein.

Seit 1994 debattieren die Abgeordneten im runden, transparenten Plenarsaal mit Besuchertribüne über Gesetzesvorlagen. Die Büros der Abgeordneten wurden in dem integrierten älteren Nachbarbau untergebracht (1928–31 ursprünglich als Landesfinanzamt errichtet und zu DDR-Zeiten von der SED-Bezirksleitung genutzt). Zwischenzeitlich hatten die Politiker vorübergend in der Dreikönigskirche in der Neustadt getagt, weil das alte Landtagsgebäude an der Brühlschen Terrasse seinen Zweck nicht mehr erfüllte. Die „Neue Terrasse" vor dem Landtagsgebäude erweitert die Elbfront für Fußgänger weiter Richtung Marienbrücke.

❯ Bernhard-von-Lindemann-Platz 1, Haltestelle: Zwingerteich oder Theaterplatz

## ⓭ ERLWEINSPEICHER UND KONGRESSZENTRUM ★  [D8]

Der rund 40 m hohe, markante **Erlweinspeicher** wurde 1912 von Stadtbaurat *Hans Erlwein* errichtet. Das riesig wirkende Speichergebäude, heute ein Hotel, war eine der ersten Stahlbaukonstruktionen Europas und diente einst als Tabak- und Baumwollspeicher.

Das angeschlossene neue **Kongresszentrum** mit einer großen Freitreppe soll die Innenstadt nach Westen abschließen. Der moderne Bau mit schräg ansteigendem Dach besteht wie der Neue Landtag ⓬ aus großen Glasfronten.

› Haltestelle: Haus der Presse, www.dresden-congresscenter.de

### ⓮ YENIDZE ★★ [C8]

*Dresdens ungewöhnlichstes Gebäude ist die „Tabakmoschee", eine ehemalige Zigarettenfabrik im orientalisierenden Stil mit Minarett und farbiger Glaskuppel, die nachts einen farbigen Akzent in der Stadtsilhouette setzt.*

Im 19. Jahrhundert war Dresden ein **Zentrum der Zigarettenproduktion** und des Rohtabakhandels. Von dieser florierenden Industrie kündet die weithin sichtbare Yenidze, eine exotisch-orientalisch anmutende „Tabakmoschee" mit einem Schornsteinminarett nordwestlich der Altstadt. Der Industrielle *Hugo Zietz* ließ die eigenwillige Zigarettenfabrik 1909 in modern Stahlbeton-Skelett-Technik erbauen und gab ihr den Namen einer mazedonischen Stadt. Heute sind in dem monumentalen Bau Büros untergebracht und unter der bunt leuchtenden Glaskuppel werden Märchen vorgelesen. Eingezogen sind auch Gastronomiebetriebe und eine Disco für jüngere Jahrgänge im Keller. Mit dem Fahrstuhl kann man hinauf zum Restaurant/Biergarten fahren und von der Dachterrasse den Blick über Dresden genießen.

› Haltestelle: Bahnhof Mitte

### ⓯ ALTER KATHOLISCHER FRIEDHOF ★ [C8]

Weiter stadtauswärts, zwischen Sportpark Ostra und dem Krankenhaus Friedrichstadt im früheren Palais Brühl-Marcolini, fanden auf dem Alten Katholischen Friedhof **viele prominente Dresdner ihre letzte Ruhestätte**, darunter *Carl Maria von Weber,* dessen Grabstein *Gottfried Semper* geschaffen hat, und der Maler *Gerhard von Kügelgen.* Da der Friedhof schon 1720 angelegt wurde, besitzt er noch viele Grabmäler des Barock, Rokoko und Klassizismus. Sogar ein Sohn *Augusts des Starken* liegt hier begraben: der Feldmarschall *Johann Georg Chevalier de Saxe* (ein Sohn, den *August* mit Fürstin *Lubomirska* zeugte).

*Carl Maria von Weber,* von 1817 bis zu seinem Todesjahr 1826 Musikdirektor

## DRESDEN ENTDECKEN
### Rund um den Theaterplatz

der Dresdner Oper, war in London gestorben und zunächst auch dort beigesetzt worden. Fast zwei Jahrzehnte später, im Winter 1844, inszenierte *Richard Wagner* die feierliche Überführung des Leichnams von London nach Dresden. Ein Schiff brachte den Sarg elbaufwärts bis nach Wittenberg. Dort war der Fluss zugefroren, sodass das letzte Stück mit der Eisenbahn zurückgelegt werden musste. Für den Trauerzug mit Blaskapelle und Fackelzug schrieb *Wagner* eigens zwei Trauermärsche und beim neuerlichen Begräbnis beendete er seine Gedenkrede mit dem berühmt gewordenen Satz: „Nie hat ein deutscherer Musiker gelebt als du!".

> Friedrichstr. 54, Haltestelle: Krankenhaus Friedrichstadt, Lageplan am Eingang erhältlich

### 4 KULINARISCHES

**46** [I C9] **BrennNessel**, Schützengasse 18, Tel. 0351 4943319, tgl. 11–24 Uhr, www.brennnessel-dresden.de, Haltestelle: Bahnhof Mitte. Alle Vorurteile gegen vegetarische Küche als Körnerfraß und fadem Tofu-Fleischersatz werden hier glänzend widerlegt, mit Gerichten wie Blumenkohl-Broccoli-Lasagne, gefüllten Paprikaschoten, gratinierten Auberginenröllchen, Salaten, Suppen und Pasta. Gemüse ist hier aber kein Dogma, es stehen auch mal Kartoffel-Lauch-Gratin mit Schinken, Bohnen im Speckmantel oder sogar Zitronenhähnchen auf der Karte. Das Restaurant befindet sich in dem Flügel eines restaurierten Fachwerkdreiseithofs, in dem auch das Umweltzentrum untergebracht ist (im Sommer auch ein paar Tische auf der Terrasse im Hof). Hauptgerichte 7–10 €.

**47** [II D8] **Chiaveri**, Bernhard-von-Lindenau-Platz 1, im Neuen Landtag, www.chiaveri.de, Tel. 0351 4960398, tgl. 11–23 Uhr, Haltestelle: Theaterplatz, Am Zwingerteich, Haus der Presse. Italienische und sächsische Küche im modernen Glasgebäude des Sächsischen Landtags, nicht nur für Parlamentarier. Ein gläserner Aufzug bringt die Gäste nach oben. Im Sommer von der Terrasse zur Elbe hin Blick auf das Stadtpanorama und das Japanische Palais gegenüber. Eher ein Tipp wegen der Lage und des Ausblicks. Suppen, Vorspeisen 5–10 €, Hauptgerichte 13–15 €.

**48** [I D8] **Italienisches Dörfchen**, Theaterplatz 3, Tel. 0351 4981628, tgl. ab 10 Uhr, www.italienisches-doerfchen.de, Haltestelle: Theaterplatz. Im Italienischen Dörfchen (1911 von *Erlwein* an der Stelle erbaut, an der die italienischen Künstler und Bauarbeiter der Hofkirche einst ihre Unterkünfte hatten) ist das gastronomische Angebot diversifiziert, mit „Weinzimmer", „Caffee" und „Biersaal" auch gleich entsprechend benannt, das „Ristorante Bellotto" bietet italienische Küche. Direkt an der Elbe und in unmittelbarer Nähe der Semperoper und des Zwingers gelegen, deswegen eigentlich immer recht touristischer Andrang. Im Innern klassizistische Gestaltung mit Malereien und Kassettendecken.

**49** [I D9] **Paulaner's**, Taschenberg 3, Altstadt, Tel. 0351 4960174, tgl. 11–1 Uhr, Haltestelle: Theaterplatz oder Postplatz. Die Brauereigaststätte im Taschenbergpalais bietet zum Bier Rustikal-Bayrisches: Wurstsalat und Obazda, Weißwürste, Nürnberger Rostbratwürste und gebratenen Leberkäse. Im Sommer Betrieb auch auf der Terrasse. Suppen und Salate 3,50–10 €, Hauptgerichte 8–16 €.

◄ *Dresdens „Tabakmoschee":*
*Zigarettenfabrik Yenidze*

# BRÜHLSCHE TERRASSE

*Eine große Treppenanlage führt vom Schlossplatz hinauf zur Brühlschen Terrasse. Der Name geht auf die Gartenanlagen des Grafen Brühl auf dem Elbwall zurück, die Mitte des 18. Jahrhunderts entstanden. Während andere private Gärten später der wachsenden Großstadt weichen mussten, überdauerte dieser durch seine exponierte Lage.*

Vier Figurengruppen, die die vier Tageszeiten darstellen, säumen die Stufen hinauf zur Terrasse. An der Altstadtseite schützten mächtige Festungsmauern an der Elbe seit jeher die Stadt. Um 1740 schenkte Kurfürst *Friedrich August II.* seinem Premierminister und Günstling *Brühl* ein Grundstück an der Augustusstraße und auch den elbseitig davor liegenden **Abschnitt der Stadtbefestigung**, der als Garten gestaltet wurde. Später überließ er weitere Wallstücke der zivilen Nutzung.

Neben dem ab 1737 in mehreren Bauabschnitten errichteten, repräsentativen **Palais Brühl** nach Plänen von Baumeister *Johann Christoph Knöffel* entstand ab 1748 eine Bibliothek für die über 60.000 Bände umfassende Büchersammlung des Grafen. Außerdem ließ der einflussreiche Graf ein Galeriegebäude für seine Gemälde errichten. Vor allem Bilder von *Canaletto* hingen hier, der verpflichtet war, dem Kurfürsten jeden Monat ein Bild zu malen, und eine Doublette an Graf *Brühl* abzuliefern. Zum Zeitpunkt seines Todes sollen in der Galerie rund 850 Gemälde gehangen haben, *Brühls* Erben verkauften die meisten an Zarin *Katharina II.*

## DRESDEN ENTDECKEN
### Brühlsche Terrasse

Zu Beginn des 19. Jahrhunderts wurde die Stadtbefestigung geschleift, die etwa 500 m lange Anlage an der Elbfront aber stehengelassen und durch eine große Freitreppe vom Schlossplatz her **für die Allgemeinheit geöffnet**. Bis 1814 durften nur Adlige auf der Terrasse flanieren. Der russische Fürst *Repnin-Wolkonski*, nach der Niederlage Napoleons als Generalgouverneur über das besetzte Sachsen eingesetzt und ein Vertreter der Aufklärung, veranlasste den öffentlichen Zugang – nicht zum Beifall aller.

Von den schlichten gräflichen Bauten des 18. Jahrhunderts ist nichts erhalten. Nach teilweise heftigen Diskussionen entstanden Ende des 19., Anfang des 20. Jahrhunderts neue, **pompösere Nachfolgebauten** im historischen Stil, wie er zu dieser Zeit in Mode war. 1884 wurde das Galeriegebäude abgerissen, um Platz für die Kunstakademie ⓱ zu schaffen. An der Stelle des 1900 ebenfalls abgebrochenen Brühlschen Palais steht heute das ehemalige Landtagsgebäude (Ständehaus), und das Bibliotheksgebäude wurde zur selben Zeit durch den neobarocken Bau der Sekundogenitur ⓰ ersetzt, das Zeughaus zum Albertinum umgebaut. An die Stelle eines charmanten Privatgartens waren nun Staatsrepräsentation und Denkmalkult getreten.

Geblieben ist die Inspiration des Grafen, aus der abwehrenden Festungsanlage einen „Balkon" zum Lustwandeln und Flanieren zu machen, mit Blick auf Fluss, Brücken und Landschaft. Den **Beinamen „Balkon Europas"** verlieh ausgerechnet der Alte Fritz (Preußens König *Friedrich II.*) der Brühlschen Terrasse, weil sie einen eindrucksvollen Blick über die Elbe auf das Panorama der Dresdner Neustadt bietet – was ihn im Siebenjährigen Krieg jedoch nicht daran hinderte, Dresden mit Kanonen zu beschießen.

Das östliche Ende der Terrasse bildet die Jungfernbastei mit einigen Bäumen und etwas Grün – früher hatte es hier noch ein Belvedere als baulichen Abschluss gegeben. Ein Delphinbrunnen, zwei Sphinxen, ein Denkmal für *Caspar David Friedrich* und eine Stele für den Porzellanerfinder *Johann Friedrich Böttger* sind in dem kleinen Überbleibsel des **Brühlschen Gartens** verteilt.

◀ *Brühlsche Terrasse – laut Friedrich II. der „Balkon Europas"*

---

**EXTRATIPP**

*Sächsische Dampfschifffahrt*

Vom Terrassenufer unterhalb der Brühlschen Terrasse starten die Schiffe der Sächsischen Dampfschifffahrtsgesellschaft (siehe „Praktische Reisetipps/Unterwegs"), die älteste und größte Flotte historischer Raddampfer. Seit 170 Jahren fahren sie und sind als technische Denkmäler ausgewiesen – schwimmendes Kulturgut sozusagen. Elbaufwärts geht es vorbei an den drei Elbschlössern und Loschwitz mit dem Blauen Wunder bis Pillnitz: die entspannteste Art, das Weltkulturerbe Elbtal zu erkunden. Flussabwärts fahren die Dampfer bis Meißen und Diesbar-Seußlitz, flussaufwärts bis Schmilka an der tschechischen Grenze. Besondere Erlebnisse sind die Dampferparaden zur Saisoneröffnung im Mai oder Jazz- bzw. Dixielandfahrten.

## DRESDEN ENTDECKEN
*Brühlsche Terrasse*

### ⓰ STÄNDEHAUS UND SEKUNDOGENITUR ★ [D9]

Das in den ersten Jahren des 20. Jahrhunderts erbaute **ehemalige Landtagsgebäude** (nach Entwürfen des Reichstagsarchitekten *Paul Wallot*) wirkt recht massig, über seinen kunsthistorischen Rang kann man denn auch unterschiedlicher Meinung sein. In dem Neorenaissancebau an der Freitreppe sind heute Oberlandesgericht und das Amt für Denkmalpflege untergebracht.

Das zierlichere Nachbargebäude, die Sekundogenitur, wurde im Neobarock errichtet und erinnert deutlicher an die vorhergehende Bebauung, als noch die Bauten aus der Zeit des Grafen *Brühl* hier standen. Es wurde für die **Grafiksammlung** errichtet, die jeweils der zweitgeborene Prinz des sächsischen Königshauses erbte (lat. Secundogenitur). Heute beherbergt es das Café Vis-à-Vis, das durch eine Brücke mit dem Hilton verbunden ist, und den Wettiner Keller.

> **KLEINE PAUSE**
> In der Sekundogenitur bietet das **Café Vis-à-Vis** was wohl an? Eine Frauenkirchentorte, auch zum Mitnehmen. Im Sommer wird zudem eine Terrasse auf dem „Balkon Europas" eröffnet. Tgl. 11–18 Uhr, im Sommer länger.

### ⓱ KUNSTAKADEMIE ★★ [D9]

*Auffallendstes Detail des Gebäudes der Sächsischen Kunstakademie (heute Hochschule für Bildende Künste) und des Kunstvereins ist die Glaskuppel, spöttisch „Zitronenpresse" genannt.*

Das monumentale Gebäude wurde um 1890 nach Plänen von *Constantin Lipsi-*

⬜ Detailkarte Seite 120

# DRESDEN ENTDECKEN
## Brühlsche Terrasse

us erbaut, mit vielgliedriger, üppig geschmückter Fassade im Stil der Neorenaissance. An den Bau parallel zur Elbe schließt ein Ausstellungsgebäude des Sächsischen Kunstvereins an, ebenfalls mit einer repräsentativen Eingangsfassade, die mit Giebel und Säulen an einen griechischen Tempel erinnert. Beide sind **typische Beispiele des Historismus** und waren nicht unumstritten, ersetzten sie doch barocke, weniger dominante Gebäude an dieser Stelle. Beide verbindet ein achteckiger Pavillon, der eine markante Glaskuppel erhielt, wegen ihrer Form „Zitronenpresse" genannt. Ob obenauf *Nike,* die Siegesgöttin, oder *Fama,* die Göttin des Ruhms, thront, darüber gibt es unterschiedliche Meinungen.

**Bekannte Künstler verschafften** der Akademie im 18. und 19. Jahrhundert auch **internationale Anerkennung.** Hier lehrten *Canaletto, Caspar David Friedrich, Ludwig Richter, Gottfried Semper, Oskar Kokoschka* und *Otto Dix.*

Nach jahrzehntelangem Dornröschenschlaf wird der Lipsius-Bau seit der Restaurierung heute wieder als Ausstellungsstätte für alte und neue Kunst genutzt. Eröffnet wurde 2005 mit „Blick auf Dresden", einer beeindruckenden Schau von Gemälden und zeitgenössischen Fotografien mit Stadtansichten.

› Haltestelle: Synagoge, geöffnet bei Wechselausstellungen, Eingang von der Brühlschen Terrasse, www.kunstakademie-dresden.de, www.skd-dresden.de

◀ *Kunstakademie mit sogenannter „Zitronenpresse", dahinter Frauenkirche*

## GEMÄLDEGALERIE NEUE MEISTER UND SKULPTURENSAMMLUNG IM ALBERTINUM

Das ehemalige Alte Zeughaus wurde im 19. Jahrhundert im Stil der Neorenaissance umgebaut und erweitert; seit Ende des 19. Jahrhunderts diente der Vierflügelbau im Albertinum Museumszwecken. Hauptattraktion für die vielen Besucher ist denn auch nicht das Gebäude selbst, sondern die Gemäldegalerie „Neue Meister" und die Skulpturensammlung mit Werken von der Antike bis zur Gegenwart. Zurzeit sind die Kunstwerke wegen Umbauarbeiten allerdings ausquartiert. Im Innenhof wird ein schwebendes Depot konstruiert, das die Bilder zukünftig hochwassersicher aufnehmen soll.

### ⓲ Gemäldegalerie Neue Meister ★★★ [D9]

*Die sehenswerte Gemäldesammlung umfasst die „Neuen Meister" von Caspar David Friedrich bis Gerhard Richter – insgesamt rund 2500 Bilder aus dem 19. und 20. Jahrhundert. Unter den chronologisch gehängten Exponaten würde allein schon „Das Große Gehege bei Dresden" (1832) von Caspar David Friedrich den Besuch lohnen.*

Auch andere wichtige Werke von Malern der **Romantik** wie *Carl Gustav Carus, Ernst Ferdinand Oehme, Christian Clausen Dahl* und *Ludwig Richter* sind vertreten und verschaffen der Sammlung ihren internationalen Ruf. Hinzu kommen Gemälde des **deutschen Impressionismus** von *Lovis Corinth, Max Liebermann* und *Max Slevogt* und der Dresdner Künstlergruppe der „Brücke" mit *Ernst Ludwig Kirchner, Erich Heckel, Karl*

Schmidt-Rottluff und *Max Pechstein* (siehe Exkurs „Die Brücke").

Auch **französische Impressionisten und Nachimpressionisten** sind eindrucksvoll vertreten, mit Gemälden von *Manet, Monet, Renoir, Gauguin* und *Toulouse-Lautrec*. Neben der Malerei der **klassischen Moderne** gehören Werke von *Otto Dix*, der Neuen Sachlichkeit und der Nachkriegszeit zum Bestand. Seit einigen Jahren werden auch rund 40 Arbeiten des in Dresden geborenen Malers *Gerhard Richter* gezeigt.

Deutlicher als bei den Alten Meistern haben viele der hier gezeigten Künstler einen **persönlichen Bezug zu Dresden** – weil sie hier lebten, malten, an der Kunstakademie lehrten oder studierten. Unter den ausgestellten Werken zeigen daher manche auch Dresdner Stadtansichten, zum Beispiel das Gemälde „Die Eisenbahnüberführung Löbtauer Straße" von *Ernst Ludwig Kirchner*.

Ursprünglich war die Sammlung Teil der Gemäldegalerie Alte Meister ❷, für die im 19. und 20. Jahrhundert zeitgenössische Kunst angekauft wurde. So kamen die erwähnten Impressionisten hinzu, aber auch Werke von *Adolph Menzel, Arnold Böcklin* und *Hans Thoma*. **Große Verluste** musste die Gemäldegalerie im Nationalsozialismus hinnehmen, 56 Gemälde fielen der Aktion „Entartete Kunst" zum Opfer, darunter Werke von *Munch, Beckmann* und *Nolde*.

Nach dem Zweiten Weltkrieg und der Rückkehr der Kunstwerke aus der Sowjetunion wurde 1959 die Galerie Neue Meister gegründet. Bis das hochwassersichere, schwebende Depot installiert ist, gibt es nur eine **Interimspräsentation** ausgewählter Werke im Zwinger ❶ und in der Gläsernen Manufaktur ❸⓪. Nach

## DIE BRÜCKE

*Die deutsche Avantgarde begann in Dresden. 1905 gründeten vier Architekturstudenten der Technischen Hochschule die Künstlergruppe „Die Brücke", um an der **Erneuerung der deutschen Kunst** mitzuwirken, wie sie programmatisch erklärten. „‚Wir können das Brücke nennen', sagte Schmidt-Rottluff, das sei kein vielschichtiges Wort, würde kein Programm bedeuten, aber gewissermaßen von einem Ufer zum anderen führen. Wovon wir weg mussten, war uns klar, wohin wir kommen würden, stand allerdings weniger fest" (Ernst Ludwig Kirchner, 1906).*

*In den Anfängen wirkte der zeittypische Jugendstil noch nach und auch das formulierte Programm kam ohne den Schlüsselbegriff „Jugend" nicht aus: „Mit dem Glauben an Entwicklung [ ... ] rufen wir alle Jugend zusammen, und als Jugend, die die Zukunft trägt, wollen wir uns Arm- und Lebensfreiheit verschaffen gegenüber den wohlangesessenen älteren Kräften". Doch in den folgenden Jahren sollte diese Gruppe junger Männer den deutschen Expressionismus prägen. Neben dem „Blauen Reiter" und dem Bauhaus war die „Brücke" wohl die **folgenreichste künstlerische Bewegung des 20. Jahrhunderts**.*

*Neben den Gründungsmitgliedern Fritz Bleyl, Erich Heckel (1883-1970), Ernst Ludwig Kirchner (1880-1938) und Karl Schmidt-Rottluff (1884-1976) – übrigens allesamt Autodidakten, die keine Ausbildung an der Kunstakademie durchlaufen hatten, nur Kirchner hatte*

# DRESDEN ENTDECKEN
## Die Brücke

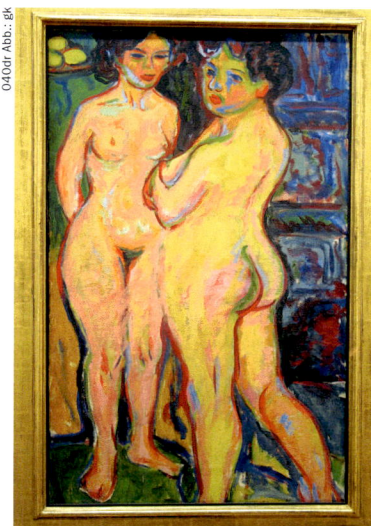

zwei Semester an einer Kunstschule in München belegt – waren später Emil Nolde (1867-1956) und Max Pechstein (1881-1955) eine Zeit lang Mitglieder. Sämtliche starren Prinzipien der akademischen etablierten Kunstszene stellten sie durch **radikale Vereinfachung** in Frage – typische Merkmale des Brücke-Stils sind die nicht abgetönte, wilde Farbigkeit, die brei-

▲ *Ernst Ludwig Kirchner,
Stehende nackte Mädchen am Ofen*

te, dynamische Pinselführung, die Flächigkeit und vereinfachte Konturierung. Oft zogen die Maler frühmorgens schwerbepackt und begleitet von ihren Modellen in die Moritzburger Teichlandschaft, um dort unbehelligt in freier Natur zu malen.

An Verkäufe war nicht zu denken; der Direktor des Kupferstichkabinetts nannte die Radierungen und Holzschnitte Noldes kindliche Versuche, jammervoll schlecht. Bei selbstorganisierten Ausstellungen **empörten sich Publikum und Kritik** über die gezeigten Werke. Zur Verbesserung ihrer wirtschaftlichen Lage warben die Maler passive Fördermitglieder, denen gegen Beitrag eine Mappe als Jahresgabe geliefert wurde. Ab 1910 wurden erste Erfolge sichtbar, in der Dresdner Kunstgalerie Arnold fand eine repräsentative Ausstellung statt.

Dann zog es die Gruppe nach Berlin. 1913 wurde die Vereinigung dort offiziell wieder aufgelöst, persönliche Gegensätze und künstlerische Kontroversen waren zu groß geworden. Erst 1920 erwarb die Staatliche Kunstgalerie Dresden Bilder von Heckel und Nolde, 1925 von Kirchner, 1926 von Munch und 1928 von Pechstein und Schmidt-Rottluff. Unter den Nazis als „entartete Kunst" diffamiert, fanden die Pioniere des Expressionismus erst in der zweiten Hälfte des 20. Jahrhunderts einen gebührenden Platz in der Kunstgeschichte. 2005, 100 Jahre nach der Gründung, erinnerten gleich mehrere Ausstellungen an den maßgeblichen Einfluss dieser Vereinigung expressionistischer Künstler auf die europäische Kunstentwicklung und feierten den Aufbruch in die Moderne.

## DRESDEN ENTDECKEN
*Brühlsche Terrasse*

Ende der Umbauarbeiten wird durch den Auszug des Grünen Gewölbes (in das nahegelegene Residenzschloss ❾) insgesamt deutlich mehr Platz zur Verfügung stehen. (Leider konnte der ungefähre Termin der Wiedereröffnung nicht in Erfahrung gebracht werden.)

› Georg-Treu-Platz 2, Haltestelle: Synagoge, voraussichtlich Mo., Mi.–So. 10–18 Uhr, Di. geschlossen, www.skd-dresden.de

### ⓳ Skulpturensammlung ★★★ [D9]

*Entstanden aus der Skulpturensammlung Augusts des Starken und seines Sohnes Friedrich August, eine der frühesten Antikensammlungen außerhalb Italiens, bietet die im Albertinum gezeigte Auswahl heute einen sehenswerten Überblick bildhauerischer Kunst vom Altertum bis zum 18. Jahrhundert.*

Die Grundlage für die Sammlung der antiken Skulpturen legte *August der Starke*. König *Friedrich Wilhelm I.* in Berlin kaufte er römische Porträts ab, in Rom erwarb er rund 200 Skulpturen, Vasen und Bronzen aus den Sammlungen von Kardinal *Albani* und Fürst *Chigi*. Darunter waren **römische Marmorkopien** griechischer Bronzen von *Phidias* und des heute als „Dresdner Knaben" bekannten jungen Athleten von *Polyklet*. Drei Frauenstatuen, nach ihrem Fundort „Herkulanerinnen" genannt, stammen aus dem Besitz des Prinzen *Eugen von Savoyen*.

Ab 1729 wurden die Antiken im Palais im Großen Garten präsentiert, später im Japanischen Palais. Die Sammlung wuchs weiter, auch um Gipsabgüsse römischer Antiken, um ägyptische und etruskische Werke. Heute umfasst sie **Skulpturen aus fünf Jahrtausenden.** Schon Ende des 18. Jahrhunderts war sie so groß und renommiert, dass sie viele Kunstinteressierte nach Dresden lockte. Dazu beigetragen hatte auch *Johann Joachim Winckelmann,* der in Dresden lebte und seine ästhetischen Überlegungen zur Kunst des Altertums hier entwickelte. Mit seinen kunsttheoretischen Veröffentlichungen prägte er den Blick seiner Zeitgenossen und folgender Generationen auf die antiken Kulturen des Mittelmeerraums.

Heute ist die Antikensammlung (präsentiert in der schönen Renaissancehalle des Albertinums) nach wie vor das Herzstück des Museums, aber auch die Skulpturen der Renaissance und des Barock, darunter auch Werke des in Dresden tätigen Bildhauers *Balthasar Permoser* und eine gerne fotografierte Büste *Augusts des Starken* von *Paul Heermann,* verdienen Beachtung. Mit Werken aus dem 19. und 20. Jahrhundert, von *Auguste Rodin* bis *Wilhelm Lehmbruck* in der Gemäldegalerie Neue Meister, reicht die Ausstellung bis in die Gegenwart.

Während des Umbaus des Albertinums ist nur eine **Auswahlpräsentation im Zwinger** ❶ zugänglich (Wiedereröffnung 2010). Mittelalterliche Skulpturen werden in der Albrechtsburg in Meißen ⓰ ausgestellt.

› Georg-Treu-Platz 2, Haltestelle: Synagoge, Interimsausstellung im Zwinger Di.–So. 10–18 Uhr, Mo. geschlossen, im Albertinum voraussichtlich wieder Mo. geöffnet und Di. geschlossen, www.skd-dresden.de

▶ *Antike Kunst in der Skulpturensammlung*

□ Detailkarte Seite 120

## DRESDEN ENTDECKEN
*Brühlsche Terrasse*

### 🔴 KASEMATTEN/MUSEUM FESTUNG DRESDEN ★★ [D9]

*Die unterirdische Festungsanlage unter der Brühlschen Terrasse ist Teil der Stadtbefestigung aus dem 16. Jahrhunderten und erst seit einigen Jahren wieder für die Öffentlichkeit zugänglich.*

Unter der Brühlschen Terrasse sind Teile der Stadtbefestigung aus Mittelalter und früher Neuzeit erhalten, die unter dem Namen „Festung Dresden" jetzt zu besichtigen sind. Noch bis in die 1960er-Jahre dienten sie als Lagerräume. Bei Ausgrabung und Erforschung der Anlage wurden dann **Kasematten, Wehrgänge und Geschützhöfe,** Reste einer Gießerei und eines Kanals zur Elbe freigelegt sowie das einzig erhaltene **Stadttor** mitsamt Brücke über den Festungsgraben. Beim Abtransport des im 18. Jahrhundert aufgefüllten Schutts fand man auch einen alten Brennofen, der darauf schließen lässt, dass *Johann Friedrich Böttger, der Erfinder des europäischen Porzellans, seine Versuche und Experimente nicht nur in Meißen ausführte.*

› Eingang: am Fuß der Treppe zum Georg-Treu-Platz, Haltestelle: Synagoge oder Pirnaischer Platz, April–Okt. tgl. 10–18 Uhr, Nov.–März 10–17 Uhr, Eintritt 4 €, ermäßigt 2 €, www.schloesser-dresden.de

### 🔴 SYNAGOGE ★★ [E9]

*Der schmucklose Sandsteinkubus der Neuen Synagoge wurde mit einem Architekturpreis ausgezeichnet. Weil das Grundstück die übliche Ausrichtung nach Osten nicht zuließ, ist das Gebäude in sich gedreht, indem die Steine jeweils etwas aus der Achse verschoben wurden – eine verblüffend einfache Lösung des Problems.*

Am 9. November 1938, in der Reichskristallnacht, steckten Nationalsozialisten die von *Gottfried Semper* an dieser Stelle erbaute Synagoge an und hinderten die Feuerwehr, den Brand zu löschen. Zwischen Neuer Synagoge und Brühlscher Terrasse erinnert eine **Gedenkstele** an die Pogromnacht. Fast 100 Jahre lang hatte der Bau aus dem Jahr 1838 die Stadtsilhouette mitgeprägt – nur der Davidstern (heute über dem Eingangsportal der Neuen Synagoge) konnte gerettet werden. Im Hof ist der Grundriss des Semperbaus markiert.

Der Neubau nach Plänen des Architekturbüros Wandel, Hoefer, Lorch & Hirsch aus dem Jahr 2001 dagegen ist ein in sich gedrehter Kubus, in seiner Schlichtheit überzeugend. Wie *Peter Kulka* mit dem Landtagsgebäude und in ähnlich

> **KLEINE PAUSE**
>
> *Café Schoschana*
>
> Das Café Schoschana im jüdischen Gemeindezentrum direkt an der Synagoge serviert kleine Gerichte und Gebäckspezialitäten. So.–Do. 12–18 Uhr.

markanter Lage an der Elbe entschlossen sich auch hier die Architekten für entschiedene Modernität und sachliche, klare Architektur. Hier wie dort fügt sich der **formstrenge Bau** souverän in das Panorama ein. 2002 wurde die Synagoge auf dem 21. Architektur-Weltkongress mit dem *World Architecture Award* als „Bestes Gebäude Europas" ausgezeichnet. Neben dem fast fensterlosen Gebetsraum enthält ein zweites Gebäude das Gemeindezentrum.

› Am Hasenberg, Haltestelle: Synagoge, Besichtigung mit Führung Mo.–Do. 10–16 Uhr

## 5 KULINARISCHES

◯**50** [I D9] **Radeberger Spezialausschank,** Terrassenufer 1, Tel. 0351 4848660, tgl. 10–1 Uhr, Haltestelle: Theaterplatz. Das Bierlokal befindet sich auf zwei Etagen in der ehemaligen Brückenmeisterei, die sich an die Brühlsche Terrasse anlehnt, ganz oben auf der Terrasse mit schönem Blick auf die Elbe und zur Neustadt. Hauptgerichte ab 8 €.

**51** [I D9] **Wettiner Keller,** An der Frauenkirche 5, Tel. 0351 8642860, Di.–Sa. 18–24 Uhr, Haltestelle: Altmarkt. Beliebter Weinkeller (zum Hilton gehörig) mit regionalen Spezialitäten und sächsischsprachiger Karte: „Werde Gäsde, kehrn'se ein zu nem Glässchen sächsischem Wein, gemietlich hier bei Gerzenschein." Im Kellergewölbe der Brühlschen Terrasse, Hauptgerichte 9–20 €.

# DRESDEN ENTDECKEN
## Rund um Frauenkirche und Altmarkt

# RUND UM FRAUENKIRCHE UND ALTMARKT

*Rund um den Neumarkt kann man am deutlichsten sehen, wie in Dresden die Wiederherstellung einer idealisierten Vergangenheit vorangetrieben wird. Nach dem Potsdamer Platz in Berlin dürfte das Areal um die wiedererstandene Frauenkirche die größte zusammenhängende Innenstadtfläche sein, die komplett neu bebaut wird.*

Doch während man sich in Berlin für moderne Architektur entschied, setzt man in Dresden ganz auf den Historismus. Der Altmarkt hingegen mit dem Kulturpalast und der Häuserzeile im sogenannten „Stalin-Barock" und die Einkaufsmeile Prager Straße repräsentieren noch ein echtes Stück DDR-Architekturgeschichte.

### ㉒ NEUMARKT ★ [D9]

Nach dem Krieg war der Neumarkt ein Trümmerfeld und nach der Räumung lange Zeit eine riesige Brache. Einige Gebäude aus der DDR-Zeit wurden abgerissen, rund um die Frauenkirche wurde gebaut. Die vorgesehenen Häuserzeilen entsprechen weitgehend den Grundrissen vor der Zerstörung Dresdens.

▲ *Der Neumarkt mit dem Hotel de Saxe*

◄ *Moderner Kubus im barocken Schnörkelmeer: Neue Synagoge*

# DIE DRESDNER BOMBENNACHT 1945

*Der Angriff kommt völlig überraschend. „Dresden wird nicht angegriffen", dachte man, „Dresden ist voller Flüchtlinge, Dresden wird verschont". In der Nacht vom 13. auf den 14. Februar 1945 geht die Stadt in Flammen auf, ist der Himmel über den Dächern glutrot. Um 22.13 Uhr eröffnen britische Bombengeschwader der Royal Air Force die erste der Angriffswellen, um 1.23 Uhr kommt die zweite Welle mit britischen Flugzeugen, in einer dritten Welle auch amerikanische Bomber der US Air Force, die ihre tödliche Fracht abwerfen. Nur wenige Monate vor Kriegsende wird Dresden in einer einzigen Nacht durch Tausende Tonnen Sprengstoff in Schutt und Asche gelegt. Ganze Straßenzüge stehen schon nach dem ersten Angriff in Flammen, die zerstörerische Wucht des zweiten Angriffs löst die Katastrophe aus, die heute mit dem Namen Dresden verbunden ist.*

*Die ganze Stadt brennt. In den Kellern ersticken und verbrennen die Menschen, wer diese zu spät verlässt, stirbt auf den Straßen und Plätzen: Der Sog des verheerenden Feuersturms zieht viele Menschen mit Gewalt in die Flammen. Eine tödliche Falle. So groß ist der Sauerstoffbedarf der Flammen, schildern Überlebende, dass sie sich an Straßenlaternen festhalten müssen, um sich zu retten.*

*Dahin war die berühmte Stadtsilhouette. Das Zentrum blieb zurück als eine Trümmerwüste apokalyptischen Ausmaßes. Tausende Tote wurden aus Luftschutzräumen und Kellern geborgen – so viele, dass auf dem Altmarkt ein Teil der Leichen auf großen Rosten aus Gleisen und Eisenträgern eingeäschert werden musste. Die Frauenkirche hatte dem Feuersturm zunächst standgehalten, erst am Tag nach dem Angriff stürzte auch die Kuppel in sich zusammen. Es dauerte noch Tage, bis alle Brände erloschen waren. „Wer das Weinen verlernt hat, der lernt es wieder beim Untergang Dresdens" – der über achtzigjährige Schriftsteller Gerhart Hauptmann sah die brennende Stadt von den Loschwitzer Höhen aus, wo er im Sanatorium war. Noch Jahre nach Kriegsende blieb die Stadt eine Trümmerlandschaft, erinnerten schwarze Ruinen und riesige Lücken an die Feuersbrunst.*

*„Reichsluftschutzkeller" nannten die Dresdner ihre Stadt und hatten die Illusion gehegt, die Alliierten würden die Kulturmetropole verschonen. Doch die „Heimatfront" war im fünften Kriegsjahr bittere Wirklichkeit und die Bomberverbände hatten bereits 45 von 60 wichtigen Städten zerstört. Das Naziregime hatte Europa mit Krieg überzogen, nun schlugen die alliierten Streitkräfte mit aller Macht zurück. In dem „Gedicht über Dresden" von Durs Grünbein gibt es die Zeilen: „Auch Dresden ist ein Werk des Malerlehrlings/Mit dem in Wien verstümperten Talent/Der halb Europa seinen Stilbruch aufzwang./In diesem Fall ergab sich wie von selbst/Die Technik flächendeckender Radierung/Durch fremde Bomber, Meister ihres Fachs". Nach der deutschen Bombardierung von Coventry und Rotterdam war es gewiss naiv, sich über Gegenschläge zu wundern – Dresden ereilte die Konsequenz der deutschen Kriegsschuld. Die Frage, warum eine Stadt und ihre Zivilbe-*

## DRESDEN ENTDECKEN
*Rund um Frauenkirche und Altmarkt*

*völkerung so kurz vor dem Kriegsende noch ausgelöscht wurden, kann dennoch nicht emotionslos beantwortet werden.*

*Die Dresdner haben das Bombardement und die gewaltige Zerstörung nie verwunden. Von nun an gab es eine neue Zeitrechnung: vor dem Angriff und nach dem Angriff. Zu den erschreckendsten Aspekten dieser Katastrophe gehört, dass schon bald nach der Bombardierung die politische Instrumentalisierung begann und die Zahl der Opfer gezielt hochgerechnet wurde. Was für Überlebende ein Trauma war, wurde von linken wie rechten Ideologen missbraucht. Von bis zu 200.000 Toten wurde gesprochen, um im Kalten Krieg die Bombardierung als „anglo-amerikanischen Terrorangriff" darzustellen oder um die deutsche Schuld zu relativieren – als könnte man Tote gegeneinander aufrechnen. Seriöse Historiker gehen inzwischen von maximal 35.000 Opfern aus. Genaue Zahlen wird es nie geben, da niemand weiß, wie viele Flüchtlinge auf dem Treck aus den Ostgebieten in Dresden Station machten. Das Leid der Menschen kann eine nüchterne Statistik ohnehin niemals vermitteln.*

*Wenn sich die Bombennacht jährt, findet in der Kreuzkirche ein ökumenischer Gedenkgottesdienst statt und alle Dresdner Glocken läuten. Schon seit 1959 unterhält Dresden eine Städtepartnerschaft mit Coventry. Zum 60. Jahrestag des Ereignisses im Jahr 2005 formulierten Überlebende, engagierte Bürger und Vertreter der Kirchen einen „Rahmen für das Erinnern".*

Einer der ersten Neubauten war das **Hotel de Saxe**, die grobe Nachempfindung einer barocken Häusergruppe, die allerdings nicht 1945 zerstört, sondern schon 1888 abgerissen und durch ein Postgebäude ersetzt worden war. Die ebenfalls wiedererrichtete **Salomonis-Apotheke** (in der einst *Fontane* als Apothekergehilfe beschäftigt war und in der *Friedrich Adolf Struve* das künstliche Mineralwasser erfand), das Weigelsche Haus und das Haus des Schwans gab es noch bis zum Zweiten Weltkrieg.

Mit Orientierung am historischen Stadtbild entstehen rund um die Frauenkirche weitere Hotels mit Geschäften, Restaurants und Bars im Erdgeschoss. Der Investor Prisco plant hinter kleinteiligen Fassaden eine Einkaufspassage. Die Gesellschaft Historischer Neumarkt e. V. will das barocke Bürgerhaus Rampische Straße 29 wiedererrichten, das für Lokale, Büros und Wohnungen genutzt werden soll. Der Verein sammelte auch an die 65.000 Unterschriften für seine Forderung, nicht nur einige „Leitbauten", sondern den gesamten Neumarkt in seiner barocken Erscheinung wiederstehen zu lassen (www.neumarkt-dresden.de). Gab es in der DDR Pläne, etwa 20 Bauten zu rekonstruieren, so stieg die Zahl nach der Wiedervereinigung auf rund 80 an. Insgesamt sind rund um den als Fußgängerzone ausgewiesenen Platz **acht Bauquartiere** beschlossen, die nach und nach fertiggestellt werden.

Hier werden die Fassaden zu Kulissen, die alte Häuser aus vergangenen Jahrhunderten vorstellen sollen, hinter denen aber moderne Geschäftstüchtigkeit zuhause ist. Und es werden die **Fehler des Westens** wiederholt, das öffentliche Interesse, also auch die Stadtplanung, hinter

# DRESDEN ENTDECKEN
## Rund um Frauenkirche und Altmarkt

unternehmerischen Interessen zurückstehen zu lassen. Das bei Grabungen am Neumarkt gefundene mittelalterliche Frauentor konnte nicht wieder zugänglich gemacht werden, weil das den Bau einer Tiefgarage beeinträchtigt hätte!

Es gibt daher auch **Kritiker dieser Scheinarchitektur** und man möchte dem Schriftsteller und gebürtigen Dresdner *Ingo Schulze* nur allzu gerne beipflichten, der zum 800-jährigen Stadtjubiläum schrieb: „Zwischen der Seelenlosigkeit des Bau-Surrogats, das um den Neubau der Frauenkirche herum errichtet wird wie ein ewig währender Weihnachtsmarkt, und der neuen Verkaufsarchitektur, die von Stadt zu Stadt austauschbar und allgegenwärtig ist wie die Marken der Firmen, die sie beherbergt, gewinnen plötzlich die geschmähten Bauten der DDR-Zeit ein markantes, ja geradezu menschliches Gesicht."

## ❷❸ FRAUENKIRCHE ★★★ [D9]

*Die gewaltige steinerne Kuppel der Frauenkirche mit 23,5 m Durchmesser wurde zum Wahrzeichen des protestantischen Dresdens. In Form und stadtbildprägender Position ähnelt sie der venezianischen Kirche Santa Maria della Salute. Mit dem glockenförmigen Umriss unterscheidet sie sich von der sonst in Europa üblichen Bauweise mit Tambourkuppel.*

In Auftrag gegeben wurde die Kirche vom Rat der Stadt, nicht vom Hof: **Ausdruck des erstarkenden Selbstbewusstseins des Bürgertums.** 1726 wurde der Vorgängerbau abgerissen und mit dem Bau unter Aufsicht von Baumeister *George Bähr* (1666–1738) begonnen – noch zu Lebzeiten *Augusts des Starken,* der Jahre zuvor zum Katholizismus übergetreten war. Die Untertanen blieben aber mehrheitlich protestantisch.

# DRESDEN ENTDECKEN
## Rund um Frauenkirche und Altmarkt

1734 fand die Einweihung nach Fertigstellung der Außenmauern und der Innenkuppel statt, ab 1736 errichtete man die elegant geschwungene Steinkuppel. Der aus Sandstein errichtete, knapp 95 m hohe Zentralbau gehört zu den einzigartigen Leistungen der Baukunst in Europa. Um die **Sicherheit der Kuppel** gab es durchaus Diskussionen: Man zweifelte an ihrer Stabilität und der Rat forderte wiederholt Gutachten an.

Die Fertigstellung hat *Bähr* selbst nicht mehr miterlebt. Als 1743 das Kreuz oben auf die steinerne Kuppel gesetzt war, verglich man den Bau mit dem Petersdom in Rom, mit der Hagia Sophia in Konstantinopel, nannte sie den vollkommensten Kirchenbau des Protestantismus, eine lutherische Kathedrale. Zerstörung und Wiederaufbau im 20. Jahrhundert machten das architektonische Kunstwerk noch mehr zu einem **besonderen Symbol**. Ende Oktober 2005 wurde die rekonstruierte Frauenkirche unter weltweiter Anteilnahme eingeweiht und setzt seither wieder ihren markanten Akzent im Ensemble des Dresdner Stadtpanoramas.

Der kreisförmige **Innenraum** ist mit vier angedeuteten Kreuzarmen verschränkt, die am fast quadratischen Außenbau kaum in Erscheinung treten. Diagonal dazu liegen vier Treppenhäuser, die zu den Emporen führen. Acht Säulen tragen die Last der Innenkuppel. Bei der historischen Rekonstruktion wurde auch der Innenausstattung große Sorgfalt gewidmet. Groß und gewaltig ist der Kirchenraum, doch durch die Staffelung der fünf Emporen wie in einem barocken Theater erhält er menschliche Maße.

◀ *Dominiert den Neumarkt: Frauenkirche*

Auch die Farbgebung der **Innenausmalung** hat nichts Strenges, eine fröhliche Mischung aus goldenen und pastellenen Tönen, für die in historischer Spurensuche alte Unterlagen zu Rate gezogen wurden. Für die Evangelienbilder in der Kuppel fuhren die Maler *Peter Taubert* und sein Sohn *Sven* eigens nach Rom, um dort die Arbeit italienischer Kirchenmaler zu studieren. 250 Jahre zuvor hatte der venezianische Maler *Giovanni Battista Grone* das Kuppelgewölbe gestaltet. Die *Tauberts* fertigten Skizzen an, die der Dresdner Maler *Christop Wetzel* übertrug.

Um die **Orgel** gab es Diskussionen, ein Spender zog sich wieder zurück, weil er nur die originale Rekonstruktion der Silbermann-Orgel finanziell fördern wollte. Darauf hätte man aber nur Barockmusik spielen können. Der **Altar** wurde aus tausenden Bruchteilen wieder zusammengepuzzelt – die Risse sollen zur Erinnerung absichtlich sichtbar bleiben.

› **Besteigung der Kuppel:** Der Aufstieg bis in 67 m Höhe wird mit einem wunderbaren Blick belohnt. Manchmal reicht die Sicht bis ins Elbsandsteingebirge, wo die Quader für den Wiederaufbau gebrochen wurden.

› Haltestelle: Altmarkt, tgl. 10–18 Uhr (außer bei Gottesdiensten und Veranstaltungen), Kuppel: Mo.–Sa. 10–18 Uhr, So. 12.30–19 Uhr, Okt.–März bis 16 Uhr, Eingang G, Eintritt 8 € (erm. 5 €), www.frauenkirche-dresden.de

---

**EXTRATIPP**

Jeden Samstag um 20 Uhr finden **Kammermusikkonzerte in der Frauenkirche** statt. Die Nachfrage ist groß, rechtzeitige Kartenreservierung wird empfohlen. Treffpunkt Galerie Frauenkirche am Coselpalais, Tel. 0351 6560680. Dort gibt es auch Frauenkirchen-Souvenirs.

# DER WIEDERAUFBAU DER FRAUENKIRCHE

*Die Frauenkirche – Symbol für Dresdens Jahrhunderte währenden barocken Glanz und heute Sinnbild für die wiedererstandene Stadt. Dem verheerenden Angriff im Februar 1945 hielt die Kirche zunächst stand, brannte aber vollständig aus. Zwei Tage später stürzte die Kuppel doch ein. Nach Kriegsende gab es zunächst Wiederaufbaupläne, dann blieb das Schicksal der Kirche lange Zeit ungewiss. Als Ruine blieb sie jahrzehntelang ein Mahnmal für Dresdens Zerstörung im Zweiten Weltkrieg. Sie wurde auch zum Ausgangspunkt stillen Protests gegen die SED-Diktatur, der sich zur friedlichen Revolution entwickelte.*

*Es war eigentlich ein unmögliches Projekt. Seit langem setzte sich eine Bürgerbewegung für den Wiederaufbau ein. Die Idee löste nicht nur Begeisterung aus, manchem schien die Geste zu pathetisch, andere fanden, es gäbe so viel Wichtigeres zu tun, wieder andere wollten die Ruine bewusst als störendes Mahnmal erhalten. Der zähe Wille, mit dem Denkmalpfleger, Geistliche, Kunsthistoriker, Architekten, engagierte Christen und andere Bürger den Wiederaufbau vorantrieben, ist wohl einzigartig und speist sich aus dem fundamentalen Verlustgefühl nach der Zerstörung des alten Dresden. Zwei Drittel der dafür notwendigen Summe stammen aus privaten Spenden, nur ein Drittel aus öffentlichen Geldern. Die Wende 1989 brachte die Möglichkeit, auch international mit dem „Ruf aus Dresden" um Beteiligung zu werben. Die amerikanischen Friends of Dresden Inc. spendeten, der Nobelpreisträger für Medizin, Günter Blobel, stellte einen Großteil seines Preisgeldes zur Verfügung, Kommunen und Institutionen spendeten, viele Privatpersonen zeichneten Stifterbriefe. Auch in England wurde viel gespendet: Der Dresden Trust sammelte mehrere hunderttausend Pfund und die Queen richtete ein Galakonzert aus, dessen Erlös sie spendete. Viele der Flieger, die damals Bomben auf die Stadt abwarfen, waren Briten; ihr Engagement soll ein Akt der Versöhnung sein. Am goldenen Turmkreuz, das sie stifteten, hat mit dem Kunstschmied Alan Smith der Sohn eines Bomberpiloten mitgearbeitet.*

*1993/94 wurde mit dem Wiederaufbau begonnen. Als Erstes wurde der riesige Schutthaufen sortiert und die Steine systematisch katalogisiert und zugeordnet. Es gelang, mit Computerhilfe die ursprüngliche Position zu ermitteln und alle Fundstücke wiedereinzubauen – die dunklen Steine heben sich farblich deutlich von den hellen, neuen aus den Sandsteinbrüchen bei Pirna ab. Etwa eine halbe Million Steine wurden verbaut, darunter mehrere Tausend aus den Trümmern geborgene Stücke. Die Steinmetze übten sich in alten Techniken, für die Außenhaut wurde jeder Stein einzeln behauen.*

*Im Juni 2004 wurde vor 50.000 Zuschauern die Turmhaube mit dem Kreuz auf die Kuppel gesetzt – ein wichtiger Teil der Dresdner Stadtsilhouette war wiedererstanden. Dank Hartnäckigkeit, Bürgersinn und Handwerkskunst konnte am 30. Oktober 2005 unter weltweiter Anteilnahme die nun wieder hergestellte Kirche eingeweiht werden – Dresden erhielt sein Wahrzeichen zurück.*

## DRESDEN ENTDECKEN
*Rund um Frauenkirche und Altmarkt*

## ㉔ COSELPALAIS ★ [D9]

*Das spätbarocke Palais direkt neben der Frauenkirche ist nur eines der historischen Gebäude, mit dem der Neumarkt seine alte Bebauung zurückerhalten soll.*

Als „Leitbau" entstand es zwischen 1998 und 2000, mittels Computeranimation ließ nach alten Postkarten und Fotografien das **äußere Erscheinungsbild rekonstruieren**. Ursprünglich wurde das Palais im 18. Jahrhundert von *Johann Christoph Knöffel* für den Grafen *Cosel* erbaut, Sohn von *August dem Starken* und der Gräfin *Cosel*.

Auch dieses mehr schlecht als recht dem Original nachempfundene Palais mit dem modernen Appendix und großer Tiefgarageneinfahrt ist im Inneren **hinter der vorgehängten Fassade ein kompletter Neubau**. Der ursprüngliche Innenhof etwa wurde zur Flächenmaximierung einfach eingespart (mit der Folge unzureichender Belichtung im Inneren und entsprechenden Nutzungsproblemen). Im Erdgeschoss zog ein großes Café ein, in die Kellergewölbe des Pulverturms ein rustikales Restaurant, in dem die Kellner und Kellnerinnen in historisch angehauchten Kostümen bedienen.
› Haltestelle: Altmarkt oder Synagoge

---

**KLEINE PAUSE**

*Münzgasse*
Die kleine Stichstraße zwischen Neumarkt und Brühlscher Terrasse hat sich zur **Gastromeile** entwickelt. Lokale jeder Art, von der Tapas-Bar bis zum Steakrestaurant, reihen sich hier aneinander. Im Wettiner Weinladen im Hilton Hotel kann man sächsische Weine erstehen.

---

## ㉕ VERKEHRSMUSEUM IM JOHANNEUM ★ [D9]

*Alle Verkehrszweige unter einem Dach: historische Dampflokomotiven und Straßenbahnen, Elbeschifffahrt, Trabis, Fahrräder und Fluggeräte auf zwei Etagen.*

Vom Hochrad bis zu Pferdebahn und Fahrzeugoldtimer demonstrieren anschaulich die **Geschichte der Fortbewegung** zu Land, zu Wasser und in der Luft. Das älteste Ausstellungsstück ist eine Sänfte aus dem Jahr 1705. Unter den Lokomotiven ist die 1861 gebaute „Muldenthal" Deutschlands älteste, original erhaltene Dampflok. Immer mittwochs (11, 14, 15.30 Uhr) wird die 325 m² große Modelleisenbahnanlage in Gang gesetzt, in der Adventszeit sogar täglich.

Das Verkehrsmuseum ist im **Johanneum** untergebracht. Im einstigen Stallgebäude mit Remise standen Pferde und Fahrzeuge der Kurfürsten. Das ursprünglich im Renaissancestil Ende des 16. Jh.s entstandene Gebäude wurde durch Umbauten stark verändert. So wurde die doppelläufige Treppenanlage Mitte des 18. Jahrhunderts vorgesetzt.
› Augustusstr. 1, Haltestelle: Altmarkt, Di.–So. 10–17 Uhr, Mo. geschlossen, Eintritt 4,50 €, ermäßigt 2,50 €, www.verkehrsmuseum-dresden.de

## ㉖ ALTMARKT ★ [D9]

*Im Winter, wenn der weithin bekannte Weihnachtsmarkt hier stattfindet, kann der große Platz sehr stimmungsvoll wirken. Sonst wird er – wenn kein Markt stattfindet – als Parkplatz genutzt.*

Ihn umgrenzen Kreuzkirche ㉘, Kulturpalast und Häuserzeilen im „Stalinbarock" an der Ost- und Westseite, die in

# DRESDEN ENTDECKEN
*Rund um Frauenkirche und Altmarkt*

den 1950er-Jahren gebaut wurden. Die Platzfläche wurde dabei im Vergleich zur früheren Anlage auf mehr als das Doppelte vergrößert. Inzwischen wurde sie durch Bebauung der Südseite teilweise schon wieder verringert. Es gibt weitere Pläne, auch direkt an der Kreuzkirche zu bauen, sie stünde dann wie vor 1945 wieder in einer Seitenstraße.

Hinter der siebengeschossigen Häuserzeile an der Westseite verbirgt sich mit der **Altmarktgalerie** ein modernes Einkaufszentrum mit über 100 Läden und Fachmärkten auf mehreren Etagen, im Untergeschoss ein großes Fastfood-Angebot. Die Ladenpassage verbindet den Altmarkt mit der Wallstraße und dem Dr.-Külz-Ring.

Aus den 1960er-Jahren stammt der **Kulturpalast** zwischen Neumarkt und Altmarkt, der zunächst ein monumentales Kulturhochhaus werden sollte (wie es sie in Moskau und Warschau gibt). Nach jahrelangen Auseinandersetzungen wurde das „Haus der sozialistischen Kultur" dann als flaches, blockartiges Kultur- und Veranstaltungshaus ohne Turmbau realisiert.

Im Saal für 2400 Zuschauer gastieren seit DDR-Zeiten **Solisten und Orchester, Popstars und Rockgruppen.** Heute ist es u. a. Spielstätte der Dresdner Philharmonie (www.kulturpalast-dresden.de) und beherbergt eine Ticketzentrale (Ecke Schloßstraße). Radikale Vertreter des historisierenden Wiederaufbaus von

▲ *Blick über den Altmarkt auf den Kulturpalast*

▶ *Dresdner Striezelmarkt von oben*

## DER DRESDNER STRIEZELMARKT

*Es duftet nach Pfefferkuchen und kandierten Mandeln, nach Glühwein und Grillwurst. Am dichtesten ist das Gedränge auf dem Altmarkt, wo eine etwa 15 m hohe Weihnachtspyramide die Buden überragt. Trotz nicht ganz zu verbannendem Kitsch und Kommerz setzt man in Dresden vor allem auf **regionale Köstlichkeiten**: Neben Dresdner Christstollen, wahlweise mit oder ohne Marzipan, findet man auf dem Weihnachtsmarkt auch Russisch Brot, Dominosteine und Pulsnitzer Pfefferkuchen. Die Pfefferküchlerei Handrick in Pulsnitz etwa hat Walnusspfefferkuchen, Schokoladenpfefferkuchen, Lebkuchenspitzen und Gewürzkuchen im Angebot und versendet sie auch (www.pfefferkuchen.de). Kaum eine Bäckerei, die diesen Service nicht anbietet – das haltbare Gebäck übersteht den Postversand gut.*

*Der Dresdner Striezelmarkt gehört zu den ältesten Weihnachtsmärkten Deutschlands, seit 1434 ist er belegt. Traditionell wird er am Samstag vor dem ersten Advent eröffnet. Striezel ist das sächsische Wort für Stollen und was anderswo die Weinkönigin ist, nennt sich hier Stollenmädchen. Anfang Dezember feiert Dresden das **Stollenfest** - ein überdimensionales Exemplar des Gebäcks, vier bis fünf Meter lang, mit Rumrosinen, Mandeln, Orangeat und Zitronat und dick bestäubt mit Puderzucker, wird in einem Festumzug vom Zwinger zum Altmarkt gebracht. Nur Stollen, der aus Dresden kommt, darf sich „Dresdner Christstollen" nennen. Die Stollenbäcker haben sich zu einem Verband zusammengeschlossen, der ein entsprechendes Gütesiegel vergibt.*

*Wem der Trubel auf dem Altmarkt zu viel wird: Die Weihnachtsmeile auf der Neustädter Hauptstraße ❹ lässt ein etwas entspannteres Bummeln zu. Besonders timmungsvoll ist das **mittelalterliche Adventsspektakel im Stallhof** ❶. Ab Ende November kann man hier Handwerker bei der Arbeit beobachten. Unter den kunsthandwerklichen Produkten steht an erster Stelle handgeschnitzte oder gedrechselte Holzkunst aus dem nah gelegenen Erzgebirge: Weihnachtsbaumschmuck, Nußknacker, Pyramiden, Schwibbögen, Engel und Krippenfiguren. Traditionell werden für die Mädchen in einer Familie Engel und für die Jungen Bergmänner ins Fenster gestellt. Neben Keramik gibt es außerdem Plauener Spitzen und Lausitzer Blaudrucke.*

## Rund um Frauenkirche und Altmarkt

Dresdens Innenstadt verlangten auch den Abbruch der Mehrzweckhalle, sogar ein Investor stand gleich bereit, nach Entwürfen des Architekten *Hans Kollhoff* ein Veranstaltungs- und Einkaufszentrum zu bauen, das jedoch vorläufig an der Finanzierung scheiterte. Seither gibt es immer mehr Befürworter eines Erhalts des Kulturpalastes als historisches Zeitzeugnis und Veranstaltungsort.

Etwas verborgen hinter der Kreuzkirche liegen das Neue Rathaus und das **Gewandhaus**. Das letztere, einst ein Barockbau aus dem 18. Jahrhundert, wurde als Hotel wiederaufgebaut 21.

Das gewaltige sandsteinverkleidete **Neue Rathaus** dagegen, ein riesiger Komplex mit fünf Innenhöfen, stammt aus den ersten Jahren des 20. Jahrhunderts – der Zeit, als auch Brühlsche Terrasse und Neustädter Elbufer gegenüber mit Gebäuden der Gründerzeit bebaut wurden und die Stadt ihr Gesicht veränderte. Von der **Aussichtsplattform** (in 68 m Höhe) des achteckigen, insgesamt knapp 100 m hohen Turms kann man weit über Dresden schauen (Eingang: Kreuzstraße, April–Okt. tgl. 10–18 Uhr, mit Lift). Oben auf dem Turm blickt der vergoldete Rathausmann weit ins Land, eine 5 m große Figur des Bildhauers *Richard Guhr.*

› Haltestelle: Altmarkt, Eintritt Rathausturm 3 € (ermäßigt 1,70 €, Familien 7 €)

---

**KLEINE PAUSE**

*Leckerer Baumkuchen*

Tipp: Nicht achtlos an der **Konditorei Kreutzkamm** 6 vorbeigehen, die unter den Arkaden an der westlichen Altmarktseite liegt. Hier gibt es legendären Baumkuchen, zur Adventszeit auch Stollen.

---

### 27 STADTMUSEUM DRESDEN ★ [E9]

Das **Landhaus**, ein in der zweiten Hälfte des 18. Jahrhunderts errichtetes Versammlungsgebäude für die sächsischen Landstände, wurde nach der Zerstörung Dresdens 1945 als eines der wenigen historischen Gebäude an der Wilsdruffer Straße wiederaufgebaut. Im Innern erwartet den Besucher eine beeindruckende Treppenanlage und ein Festsaal.

Heute informiert hier das Stadtmuseum über die **Geschichte Dresdens** von den Anfängen bis heute u. a. anhand von Modellen von Bauwerken und der Stadtanlage. Ebenfalls im Landhaus eröffnete die Städtische Galerie, die in wechselnder Folge **Dresdner Kunst** des 18. bis 20. Jahrhunderts aus dem städtischen Bestand zeigt. Die Sammlung umfasst bereits rund 1700 Gemälde, 800 plastische Werke und mehr als 20.000 Arbeiten auf Papier und wird beständig durch zeitgenössische Werke erweitert.

› Wilsdruffer Str. 2, Haltestelle: Pirnaischer Platz, Di.–Do., Sa., So. 10–18 Uhr, Fr. 10–19 Uhr, Mo. geschlossen, Eintritt 4 € (ermäßigt 3 €), www.stmd.de, www.galerie-dresden.de

### 28 KREUZKIRCHE ★ [D9]

Schon früh hatte es an dieser Stelle eine Kirche gegeben, zunächst dem heiligen *Nikolaus* geweiht. Dass *Konstanze von Österreich,* die im 13. Jahrhundert Markgraf *Heinrich den Erlauchten* heiratete, als Mitgift einen Holzsplitter vom Kreuz Christi mitbrachte, zog Pilger an und führte im Jahr 1388 zu einer Neuweihe als Kirche Zum Heiligen Kreuz. Die immer wieder umgebaute Kirche **brannte mehrmals aus,** im 15. und 17. Jahrhundert ebenso wie im Siebenjährigen Krieg, als die Kirche von den Kanonenkugeln des „Alten Fritz" zerstört wurde – Canaletto hielt 1765 die kläglichen Reste des Turms in einem Gemälde fest, bevor auch diese dann schließlich noch einstürzten. Weniger wuchtig als sie vorher war, wurde die Kreuzkirche bis 1800 wieder aufgebaut, 1897 litt sie bei einem Brand (durch Unachtsamkeit) erneut, 1945 durch britische Bomben.

Mit 3500 Plätzen gehört die Kreuzkirche zu den größten evangelischen Kirchen in Deutschland. Im schlichten Innern beließ man es nach dem Wiederaufbau bei der kargen Schmucklosigkeit der Wände, um an die Zerstörungen des Zweiten Weltkriegs zu erinnern. Das nach wie vor rußgeschwärzte Altarbild „Kreuzigung" überstand die Feuersbrunst.

Als Auftrittsstätte des traditionsreichen **Kreuzchors** 18 kann hier häufig einer der bekanntesten Knabenchöre der Welt erlebt werden, oft am Samstag (im Sommer ab 18 Uhr, im Winter ab 17 Uhr) und zu besonderen Anlässen wie den Advents- und Weihnachtsvespern.

Den 92 m hohen **Turm** der Kreuzkirche kann man besteigen und den Blick von der Aussichtsplattform in 54 m Höhe über das Stadtzentrum genießen. Beim Aufstieg kommt man am zweitgrößten Geläut Deutschlands vorbei.

› An der Kreuzkirche, Haltestelle: Altmarkt, tgl. April–Okt. 10–18 Uhr, Nov.–März 10–16 Uhr, So. 11–16 bzw. 18 Uhr

> **EXTRATIPP**
> Im Laden **Kunsthandwerk an der Kreuzkirche** (An der Kreuzkirche 6, Tel. 0351 4964840) gibt es eine große Auswahl an Volkskunst aus dem Erzgebirge.

## 29 PRAGER STRASSE ★★ [D10]

*Dresdens zentrale Geschäftsstraße führt vom Altmarkt zum von Stararchitekt Foster modernisierten Hauptbahnhof. Ende der 1960er-Jahre entstanden, war die 60 m breite und 700 m lange Einkaufsmeile ein ambitioniertes und durchaus geglücktes Beispiel DDR-typischer Stadtplanung. Der überbreite Fußgängerboulevard wird von Hoch-, Scheiben- und Rundbauten gesäumt und durch quergestellte Wasserbassins gegliedert.*

Auf der Prager Straße sind vor allem große Mode- und Warenhäuser vertreten und Filialen bekannter Ketten von Esprit über H&M bis Buch & Kunst. Nichts mehr ist davon zu ahnen, dass sie einst eine elegante Geschäftsstraße war, gesäumt von dichten Häuserreihen mit prächtigen Fassaden. In den Jahren 1965 bis 1972 wurde sie als breite Fußgängerzone mit einer 240 m langen Wohnzeile und modernen Bauten gestaltet, am markantesten sind die drei quergestellten Hotelhochhäuser. Der breite Boulevard gilt als eines der wenigen **gelungenen Beispiele sozialistischen Städtebaus.**

Dennoch wurden Teile der Prager Straße durch neue Bürobauten und Kaufhäuser auf ihren ursprünglichen Querschnitt von 18 m rückgeführt. Mit dem Argument, urbane Enge schaffen zu wollen, wird die Kommerzialisierung öffentlichen Raums verschleiert. Ob die zweitklassige Architektur, auch wenn sie als Konzession an regionale Bautraditionen mit Sandstein verkleidet ist, reicht, die Prager Straße wieder zur noblen Einkaufsmeile zu machen? Auch die beispielhafte Flächengestaltung mit quer zum Straßenverlauf ausgerichteten Wasserspielen wurde verändert. Der allseits beliebte

## 120 DRESDEN ENTDECKEN
## Detailkarte I: Innere Altstadt

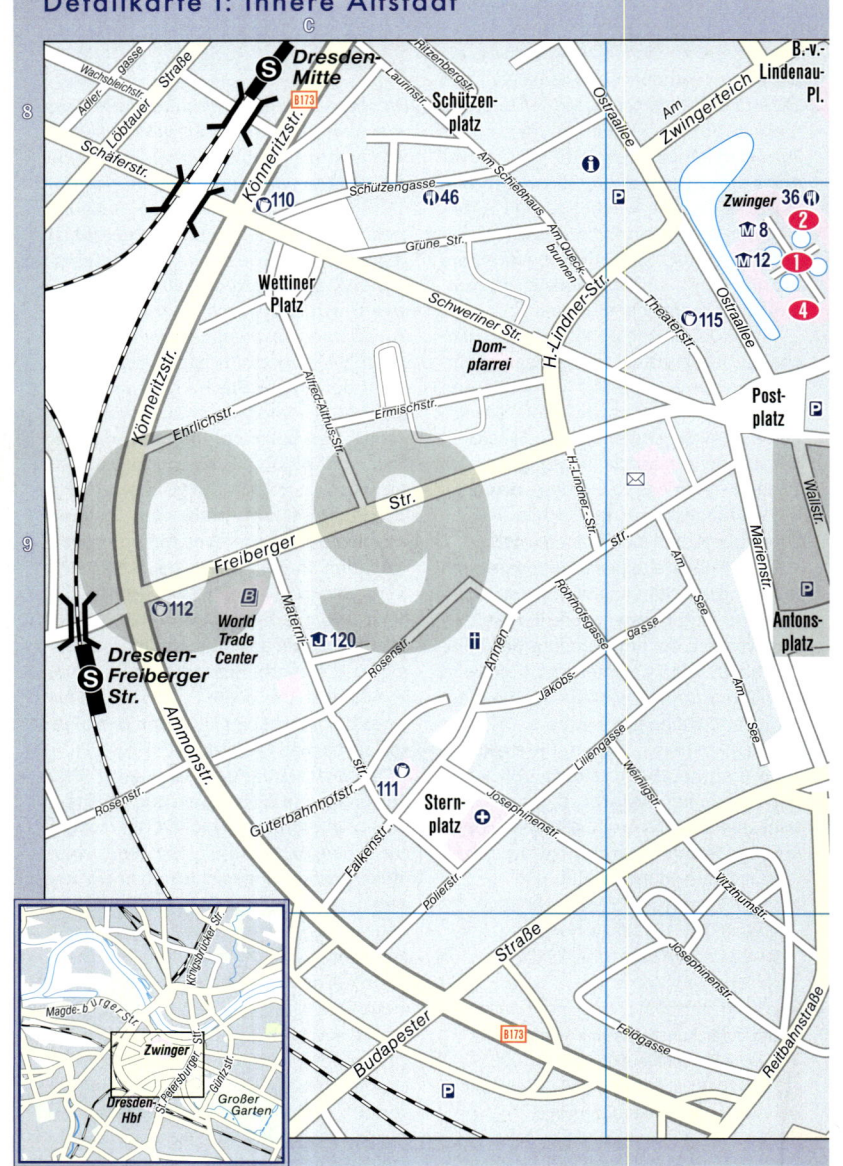

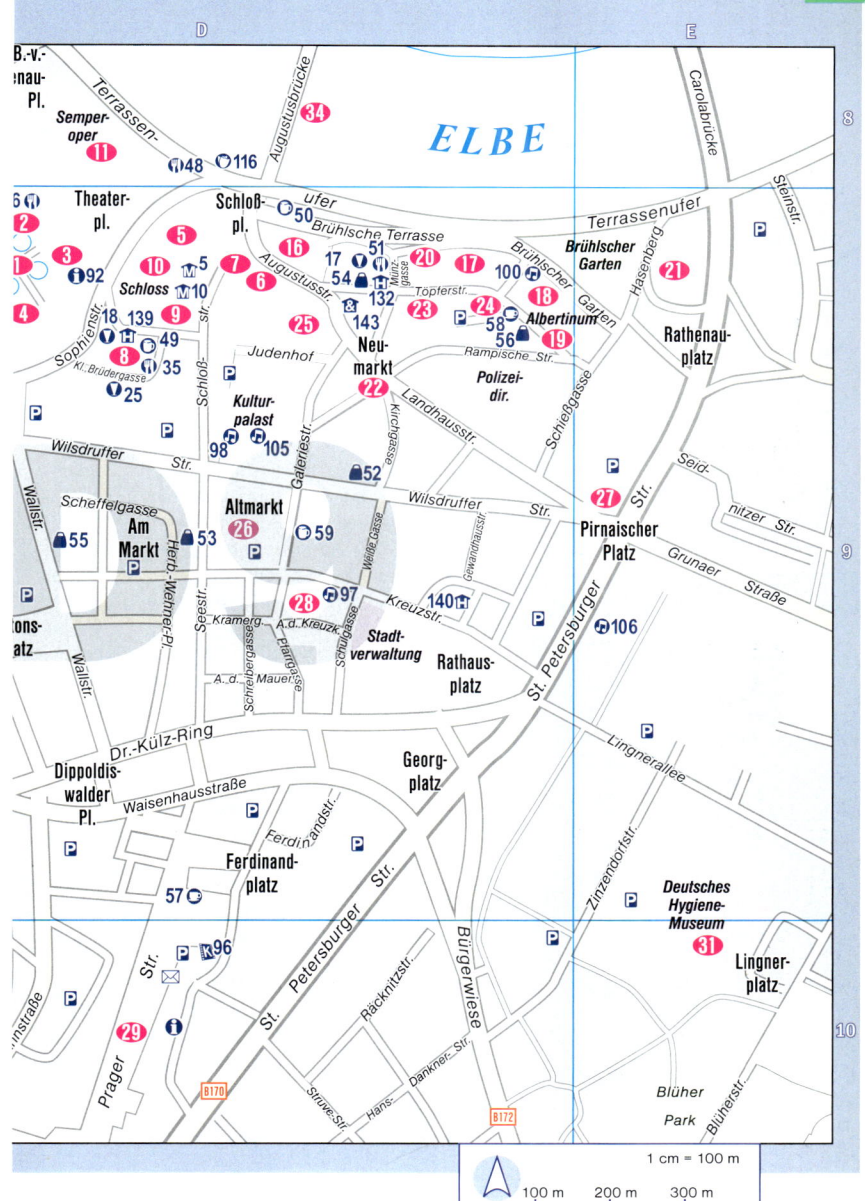

## DRESDEN ENTDECKEN
*Rund um Frauenkirche und Altmarkt*

„Pusteblumenbrunnen" der Bildhauerin *Leonie Wirth* blieb aber erhalten, die schon entfernte Metallplastik „Völkerfreundschaft" von *Wolf-Eike Kuntsche* wurde wieder aufgestellt.

Umstritten ist auch der Abriss von DDR-Architektur, wie er für das **Centrum-Warenhaus** vorgesehen ist. Das Gebäude mit der auffallenden strukturierten Metallfassade, das von der Karstadt AG übernommen wurde, soll einem Neubau weichen. Das einst international bewunderte Gebäude wird mit Billigung der Stadt durch einen Allerweltskonsumklotz ersetzt. Diese neoliberale Logik, von Investorenbegehrlichkeiten städteplanerische Interessen außer Kraft setzen zu lassen, hat schon in westdeutschen Städten zu allerhand Unfug geführt.

> **KLEINE PAUSE**
>
> *Weiße Gasse*
>
> In der Fußgängerpassage zwischen Wilsdruffer Straße und Kreuzgasse reihen sich ein **knappes Dutzend Restaurants, Cafés und Imbisse** aneinander (das „Rauschenbach Deli" zum Beispiel), zudem ein Eiscafé, Tapas- und Sushi-Lokale.

Wie ein Ufo mitten in der Stadt wirkt das **dekonstruktivistische Multiplexkino „Kristallpalast"**, entworfen vom Architekturbüro Coop Himmelb(l)au. Gleich neben dem Ufa-Kino steht die in den 1970er-Jahren erbaute Rotunde, die unter Denkmalschutz steht und in der 3D-Filme gezeigt werden.

Der **Hauptbahnhof** präsentiert sich demnächst aufgeräumt und prächtig. Der englische Stararchitekt *Norman Foster* lässt ein weißes, lichtdurchlässiges Membrandach über Gleise und Bahnsteige spannen. Für die Modernisierung wird die historische Struktur mit neuen Materialien und Formen kombiniert – wie auch beim Reichstag in Berlin mit der Glaskuppel. Der Bahnhof wird insgesamt heller und transparenter, denn die lange Zeit überbaute Glaskuppel der Eingangshalle wird mehr Licht ins Innere lassen.

Auch der **Wiener Platz** wird umgestaltet. Das neue **Kugelhaus**, eine in zwei Nachbarbauten eingelassene Glaskugel, erinnert an das historische Kugelhaus, das es in Dresden einst gab. 1928 wurde der Vorgängerbau in Dresden errichtet, allerdings dort, wo heute die Gläserne Manufaktur des Volkswagenwerks steht.

◀ *DDR-Relikt und Einkaufsmeile: Prager Straße*

# DRESDEN ENTDECKEN
*Rund um Frauenkirche und Altmarkt*

## Legende für Detailkarte I auf S. 120

- 🏛5 Kupferstich-Kabinett [I D9]
- 🏛8 Mathematisch-Physikalischer Salon [I D9]
- 🏛10 Münzkabinett [I D9]
- 🏛12 Museum für Mineralogie und Geologie [I D9]
- ⦿17 Balance Bar [I D9]
- ⦿18 Classic American Bar [I D9]
- ⦿25 Shamrock [I D9]
- ⦿35 Intermezzo [I D9]
- ⦿36 Alte Meister [I D9]
- ⦿46 BrennNessel [I C9]
- ⦿48 Italienisches Dörfchen [I D8]
- ⦿51 Wettiner Keller [I D9]
- ⦿50 Radeberger Spezialausschank [I D9]
- ⦿49 Paulaner's [I D9]
- ⦿57 Borowski [I D9]
- ⦿58 Grand Café im Coselpalais [I D9]
- ⦿59 Sächsisch-Böhmisches Bierhaus Altmarktkeller [I D9]
- ⬛52 Dresdner Antiquariat [I D9]
- ⬛53 Konditorei Kreutzkamm [I D9]
- ⬛54 Meissener Porzellan [I D9]
- ⬛55 Opus 61 [I D9]
- ⬛56 Sächsische Vinothek [I D9]
- ⦿92 Tourist Information Office [I D9]
- 🎬96 Ufa-Palast Dresden [I D10]
- ⦿97 Dresdner Kreuzchor [I D9]
- ⦿98 Dresdner Philharmonie [I D9]
- ⦿100 Bärenzwinger [I D9]
- ⦿105 Kulturpalast Dresden [I D9]
- ⦿106 Motown Club [I E9]
- ⦿110 Breschke & Schuch [I C9]
- ⦿111 Herkuleskeule [I C9]
- ⦿112 Komödie Dresden [I C9]
- ⦿115 Staatsschauspiel Dresden [I D9]
- ⦿116 Theaterkahn [I D8]
- 🏨132 Hilton Dresden [I D9]
- 🏨139 Kempinski Taschenbergpalais [I D9]
- 🏨140 Radisson SAS Gewandhaushotel [I D9]
- 🏨143 Apartments an der Frauenkirche [I D9]
- 🏨120 Jugendgästehaus Dresden [I C9]

- ❶ Zwinger [D9]
- ❷ Gemäldegalerie Alte Meister [D9]
- ❸ Rüstkammer [D9]
- ❹ Porzellansammlung [D9]
- ❺ Hofkirche St. Trinitatis [D9]
- ❻ Fürstenzug [D9]
- ❼ Stallhof und Langer Gang [D9]
- ❽ Taschenbergpalais [D9]
- ❾ Residenzschloss [D9]
- ❿ Grünes Gewölbe [D9]
- ⓫ Semperoper [D8]
- ⓰ Ständehaus und Sekundogenitur [D9]
- ⓱ Kunstakademie [D9]
- ⓲ Gemäldegalerie Neue Meister [D9]
- ⓳ Skulpturensammlung [D9]
- ⓴ Kasematten/Museum Festung Dresden [D9]
- ㉑ Synagoge [E9]
- ㉒ Neumarkt [D9]
- ㉓ Frauenkirche [D9]
- ㉔ Coselpalais [D9]
- ㉕ Verkehrsmuseum im Johanneum [D9]
- ㉖ Altmarkt [D9]
- ㉗ Stadtmuseum Dresden [E9]
- ㉘ Kreuzkirche [D9]
- ㉙ Prager Straße [D10]
- ㉛ Deutsches Hygiene-Museum [E10]
- ㉞ Augustusbrücke [D8]

## Rund um Frauenkirche und Altmarkt

### 6 EINKAUFEN

**52** [I D9] **Dresdner Antiquariat,** Wilsdruffer Str. 14, Mo.–Fr. 10–19 Uhr, Sa. 10–18 Uhr, Haltestelle: Altmarkt. Eines der größten Ladenantiquariate Deutschlands. Enorme Auswahl an Dresden-Literatur, -Bildbänden usw.

**53** [I D9] **Konditorei Kreutzkamm,** Seestr. 6, www.kreutzkamm.de, Mo.–Sa. 9–19 Uhr, Sa. 12–18 Uhr, Haltestelle: Altmarkt. Eine Art Legende ist der Baumkuchen, zur Adventszeit auch der Stollen. Die traditionsreiche Konditorei wurde einst in Dresden gegründet, Hauptsitz ist heute München. Beherbergt auch ein kleines Café, im Sommer zudem ein paar Tische draußen unter den Arkaden.

**54** [I D9] **Meissener Porzellan,** im Hilton Hotel, An der Frauenkirche 5, Eingang Töpferstraße, Haltestelle: Altmarkt oder Theaterplatz. Wem die Zeit für einen Tagesausflug nach Meißen fehlt, der kann sich hier vom Fachhändler bei der Auswahl beraten lassen.

**55** [I D9] **Opus 61,** Wallstr. 17–19, www.opus61.de, Mo.-Fr. 10–20 Uhr, Sa. 10–18 Uhr, Haltestelle: Postplatz. Klassische Musik und Jazz, große Auswahl auch jenseits des Mainstreams. Gute Beratung, vielleicht zum Thema CDs von Dresdner und sächsischen Musikern und Orchestern?

**56** [I D9] **Sächsische Vinothek,** An der Frauenkirche 13/Salzgasse 2, www.saechsische-vinothek.de, Mo.–Sa. 11–19 Uhr, So. 12–19 Uhr, Haltestelle: Altmarkt. Mehr als 30 sächsische Winzer werden von den Inhabern kundig vertreten, auch die ganz kleinen. Außerdem Themenabende, Weinproben und Weinbergsführungen.

### 7 KULINARISCHES

**57** [I D9] **Borowski,** Prager Straße 8, Tel. 0351 4906411, tgl. 9–1 Uhr, www.restaurant-dresden.de, Haltestelle: Walpurgisstraße oder Dr.-Külz-Ring. Die Terrasse schiebt sich aus der ersten Etage über die Prager Straße – ein Logenplatz mit Blick auf die Passanten der Fußgängerzone. Für einen Kaffee beim Einkaufsbummel bestens geeignet.

**58** [I D9] **Grand Café im Coselpalais,** An der Frauenkirche 12, Tel. 0351 4962444, www.restaurant-dresden.de, tgl. 10–1 Uhr, Haltestelle: Altmarkt. Im barocken (wiederaufgebauten) Coselpalais direkt neben der Frauenkirche erwarten einen innen stimmungsvolle Räume und im Ehrenhof eine kleine Terrasse mit Blick auf die Frauenkirche. Auf der Karte stehen deutsche, französische und sächsische Gerichte, überzeugend ist vor allem aber das Kaffee- und Kuchenangebot. Auch viele sächsische Weine glasweise im Ausschank. Suppen, Salate und Vorspeisen 4–13 €, Hauptgerichte 10–22 €.

**59** [I D9] **Sächsisch-Böhmisches Bierhaus Altmarktkeller,** Altmarkt 4, Tel. 0351 4818130, www.altmarktkeller-dresden.de, tgl. 11–24 Uhr, Haltestelle: Altmarkt. Im großen Lokal (320 Plätze) steigt bei voller Besetzung auch der Lärmpegel. Der rustikale mittelalterliche Gewölbekeller ist ideal für kalte oder nasse Tage, im Sommer gibt es oben ein paar Tische draußen mit Blick auf den Altmarkt. Wie der Name schon sagt, sind sächsische und böhmische Gerichte die Spezialität des Hauses. Je nach Jahreszeit auf der Saisonkarte außerdem Spargel oder Gans und Wild im Angebot, dazu Krusovice oder Radeberger Pilsner. Fr. und Sa. Livemusik. Suppen und Salate 3–8,50 €, Hauptgerichte 8–14 €.

▶ *Modernste Industriearchitektur: Gläserne Manufaktur*

# ÄUSSERE ALTSTADT

*Es lohnt sich durchaus, sich aus dem Dreieck Zwinger–Semperoper–Frauenkirche wegzubewegen. Stadtauswärts am Rand von Dresdens Altstadt, Richtung Pirnaische Vorstadt und Johannstadt, liegen lohnende Ziele, jedes einzelne einen Abstecher wert.*

### 🟥 GLÄSERNE MANUFAKTUR ★ [E9]

*Automontage als Theatervorführung oder Filmset: Mechaniker in weißer Kleidung tänzeln über das Ahornparkett.*

Im Dezember 2001 eröffnete die Volkswagen AG eine **transparente Produktionsstätte** am Großen Garten, in der der Phaeton gefertigt wird. Der abends hell erleuchtete Glaspalast hat keinerlei Ähnlichkeit mit einer vor Ölschmiere starrenden Werkstatt – über fleckenfreies Parkett schweben Nobelkarossen ihrer Endfertigung entgegen, betreut von Mechanikern in blütenweißen Overalls, die eher an Ärzte erinnern als an Monteure.

Zur perfekten Inszenierung gehört, dass die **Produktion zugleich Ausstellung** ist, dass Käufer hier die „Geburt" ihres Wagens beobachten können. Es gibt auch Führungen, aber vor allem soll der Autokauf zum Kulturerlebnis gemacht werden: Der Name „Manufaktur" ist Programm, die Produktion wird mit Liebe zum Detail und der Herstellung einzigartiger Handwerkskunst assoziiert. Pro Tag rollen nur etwa 30 Wagen in den Glasturm, wo die fertigen Karossen stehen. Der Kunde darf sein Auto selbst zusammenstellen, er wählt Bezugsstoffe und andere Materialien für die Innenausstattung, Extras und Accessoires in exklusi-

# DRESDEN ENTDECKEN
*Äußere Altstadt*

vem VIP-Ambiente aus. Für eine Besichtigung mit Führung ist allerdings eine Voranmeldung erforderlich.

Selbstverständlich gehört zum Einkaufserlebnis mit individuellem Rundgang durch die „Manufaktur" auch ein **cooles Gourmet-Restaurant** mit Bar und Außenterrasse – das Lesage 3, das als Dependance vom Taschenberg Kempinski geführt wird. Wie wäre es mit einem Glas Sekt an der Bar?

› Tel. für Anmeldung: 0351/42040, www.glaesernemanufaktur.de
› Haltestelle: Straßburger Platz

---

**EXTRATIPP**

*Produkte aus der Region*

Freitags ist **Wochenmarkt** in der Lingner-Allee [E9] mit vielen Produkten aus der Region (9–17 Uhr).

---

## ③ DEUTSCHES HYGIENE-MUSEUM ★★ [E10]

*Einmalig ist das Hygiene-Museum, das sich als Universalmuseum vom Menschen bzw. vom menschlichen Körper versteht. Bekanntestes Exponat ist der „Gläserne Mensch".*

Etwas versetzt hinter dem Georg-Arnholt-Bad 19 und dem Stadion liegt das Hygiene-Museum, **dem menschlichen Körper gewidmet** – in seiner Wechselwirkung mit Kultur und Umwelt, Wissenschaft und Gesellschaft. Zu den berühmtesten Exponaten gehört der „Gläserne Mensch". Besonders eindrucksvoll sind aber auch eine Fruchtfliege in 500-facher Vergrößerung, eine „Eiserne Lunge" und die zahllosen Präparate von Organen, Zellen, Knochen- oder Muskelapparat. Erschreckend präzise sind die dreidimensionalen Krankheitsbilder, zumeist

aus Wachs hergestellt und dann bemalt, etwa von Tuberkulose oder Syphilis.

Das Museum hat eine **wechselvolle Geschichte** hinter sich, war doch das Thema Mensch, Gesundheit, Hygiene weder im Dritten Reich noch in der DDR ideologiefrei. Der Museumsgründer Lingner, „Odol-König" genannt, hatte in Dresden 1911 die erste Hygiene-Ausstellung organisiert. Ein voller Erfolg: Von März bis Oktober besuchten fünf Mio. Menschen die Ausstellung. Der Gewinn diente als Gründungskapital für das Museum. Das Engagement des Unternehmers für die Gesundheitsaufklärung breiter, auch armer Bevölkerungsschichten war vor dem Ersten Weltkrieg noch echte Pionierarbeit (siehe Exkurs „Der Odol-König"). In Zeiten der Farbfotografie und des zum Allgemeingut gewordenen Wissens über Gesundheit hat sich das Museum ein neues Konzept gegeben, zum „Universalmuseum vom Menschen" gewandelt und ein Kindermuseum eröffnet.

Die ständige Ausstellung wurde in mehrere **Themenbereiche** unterteilt: Der gläserne Mensch, Leben und Sterben, Essen und Trinken, Sexualität, Erinnern – Denken – Lernen, Bewegung, Haut und Haar. An vielen Stellen ergänzen digitale Medien und interaktive Stationen die Exponate, kann man sein Lungenvolumen messen oder Stimmen die passenden Gesichter zuordnen. Interessante, oft interdisziplinäre Wechselausstellungen.

> Lingnerplatz 1, Haltestelle: Hygienemuseum, Di.–So. 10–18 Uhr, Eintritt 6 €, ermäßigt 3 €, www.dhmd.de

*◀ Das Hygiene-Museum ist auch für Kinder eine spannende Angelegenheit*

## ❷ GROSSER GARTEN ★ ★ [E10]

*Dresdens größte und schönste Parkanlage bietet Joggern und Skatern viel Auslauf. Hier kann man mehr als nur spazieren gehen: Neben beliebten Lokalen, einer Liliputeisenbahn und Bootsverleih lohnen auch Zoo und Botanischer Garten einen Besuch sowie die Ausstellung barocker Skulpturen im Parkpalais.*

Die **riesige grüne Oase** reicht mit Blüherpark und Bürgerpark bis an die Altstadt heran. Den Zugang an der Hauptallee zieren allegorische Vasen, rechts steht ein Mosaikbrunnen, der von Hans Poelzig anlässlich der Gartenbauausstellung 1926 entworfen wurde. Vorbei an zwei Zentauren-Skulpturen geht man auf der zentralen Achse genau auf das hübsche Parkpalais zu.

Noch zur Regierungszeit von Kurfürst Johann Georg II. wurde 1676 mit der Anlage des Gartens begonnen, damals noch in einiger Entfernung vor den Toren der Stadt. Auch mit dem Bau eines Garten- und Lusthauses ließ der Kurfürst sogleich seinen Baumeister Johann Georg Starcke beginnen, das **Palais** ist damit Sachsens frühester Barockbau. Mit seinen Deckengemälden, Säulen, Plastiken und dem großen Festsaal erinnert es an eine italienische Villa, ein Vorbild war auch Schloss Marly bei Paris. Als Mittelpunkt des Großen Gartens liegt es dort, wo sich die Blickachsen von Haupt- und Querallee treffen. Einst für sommerliche Vergnügungen der Hofgesellschaft erbaut, wird das Palais heute für festliche Anlässe vermietet. Im Erdgeschoss zeigt die Ausstellung „Permoser im Palais" Barockskulpturen des berühmten Bildhauers aus dem Zwinger und Werke von Kollegen.

Unter dem Sohn *Johann Georg III.* und dem Enkel *August dem Starken* wurde der Park erweitert und ab 1683 **nach dem Vorbild symmetrischer französischer Gartenkunst prächtig ausgestaltet,** Marmorstatuen wurden aufgestellt, Blumenrabatten und schnurgerade Alleen angelegt, ein Wasserbassin für Wasserfeste und ein Parktheater errichtet. Zwei überlebensgroße Herkulesstatuen von *Permoser* stehen am Eingang der Herkules-Allee – der Bildhauer schuf sie eigens für das glanzvolle Venusfest, das *August der Starke* für die Gräfin *Cosel* im Park ausrichten ließ. Seine jetzige Gestalt verdankt der Park dem Lenné-Schüler *Friedrich Bouché,* der weite Teile der Anlage in einen englischen Landschaftsgarten verwandelte.

Jahrzehntelang war der Park von einer hohen Mauer umgeben und nur für den Hof und seine Gäste zugänglich. Im Jahr 1813 wurde unter dem Gouverneur *Repnin* (Sachsen war zu dieser Zeit von Preußen unter russische Verwaltung gestellt worden) der Große Garten für die Allgemeinheit geöffnet – wie auch die Brühlsche Terrasse nicht zum Beifall aller – und die Parkmauer abgerissen.

Im 19. Jahrhundert wurde eine Kiesgrube zum **Carolasee** (mit Bootsverleih) umgewandelt und durch Erhaltung der **Bürgerwiese** die Grünfläche noch erweitert. Das langgestreckte Parkstück führt den heute etwa 155 ha umfassenden Großen Garten bis an den Stadtkern heran. Auffallendstes Stück unter den zahlreichen Kunstwerken der Bürgerwiese ist der Mozartbrunnen, den drei vergoldete Bronzeskulpturen schmücken: graziös tanzende Frauenfiguren, die das Beschwingte, Heitere der Mozartschen Musik verkörpern.

Eine kleine **Parkeisenbahn** rattert von der Gläsernen Manufaktur am Zoo vorbei bis zum Carolasee und zum Palaisteich. Die Spurweite der Minibahn beträgt 381 mm, die Rundfahrt über 5,6 km dauert etwa eine halbe Stunde. Das Personal besteht bis auf die Lokführer aus Kindern. An fünf „Bahnhöfen" kann man aus- und zusteigen.

Der **Botanische Garten,** eine wissenschaftliche Einrichtung der Technischen Universität Dresden, kann mehr als 9000 Pflanzen im Freigelände und in den Schauhäusern vorweisen. Der schon im 19. Jahrhundert gegründete Dresdner Garten ist vorwiegend geografisch gegliedert und lädt ein zur Weltreise durch Kontinente und Klimazonen.

Der **Zoo** im südlichen Teil des Großen Gartens wurde 1861 gegründet und zählt damit zu den ältesten zoologischen Gärten Deutschlands. Unter den rund 2700 Tieren sind besondere Attraktionen die Menschenaffenzucht, das Afrikahaus und der „Zoo unter der Erde".

› **Informationen im Internet:** www.schloesser-dresden.de, www.tu-dresden.de/bot-garten, www.zoo-dresden.de, www.liliputbahn.de

› **Parkeisenbahn:** Mai–Sept. 10–18 Uhr alle 10–20 Min., im April und Okt. Mo.–Fr. 13–17 Uhr, Sa., So. 10–17 Uhr, Fahrpreise 1,50–4 €, ermäßigt 1,50–2 €

› **Botanischer Garten:** April–Sept. tgl. 8–18 Uhr, Gewächshäuser 10–18 Uhr, Okt. u. März tgl. 10–17 Uhr, Nov. u. Febr. tgl. 10–16 Uhr, Jan. u. Dez. tgl. 10–15 Uhr

› **Zoo:** Ostern–Okt. tgl. 8.30–18.30 Uhr, im Winter nur bis 16.30 Uhr

› **Parktheater:** Es gibt eine kleine und eine große Freilichtbühne im Park, Konzerte und Aufführungen siehe jeweils aktuelle Veranstaltungskalender (siehe „Praktische Tipps/Informationsquellen").

Nördlich der Herkules-Allee gibt es auch noch das Puppentheater Sonnenhäusl.
› **Haltestellen:** Straßburger Platz, Hygienemuseum, Zoo

> EXTRATIPP
>
> Der Besuch des Botanischen Gartens ist kostenlos, für Zoo und Parkeisenbahn gibt es ein **Kombiticket** (8,50 €, Kinder 4,60 €, ermäßigt 5,60–7,50 €, Familien 23,50 €).

### ❸❸ RUSSISCH-ORTHODOXE KIRCHE ★ [D11]

Sechs blaue oder vergoldete Zwiebelkuppeln mit Kreuzen obenauf wirken in Dresden doch recht exotisch. Doch die 1874 geweihte russisch-orthodoxe Kirche, benannt „Heiliger Simeon vom wunderbaren Berge", verkörpert für aus Russland nach Sachsen eingewanderte Menschen **ein Stück Heimat.** 1861 wurde eine russisch-orthodoxe Gemeinde in Dresden begründet, rund zehn Jahre später mit dem Kirchenbau begonnen. Zu den bekannten russischen Persönlichkeiten, die sich in Dresden länger aufhielten, gehören der Schriftsteller *Dostojewski* und der Komponist *Rachmaninow*.
› Eingang: Fritz-Löffler-Straße 19, Haltestelle: Reichenbachstraße

### 8 KULINARISCHES

**60** [E10] **Torwirtschaft**, Lennéstr. 11, Tel. 0351 4595202, Haltestelle: Hygienemuseum, www.feldschloesschen.de, Biergarten April–Okt. Mo.–Fr. ab 16 Uhr, Sa., So. ab 11 Uhr, Lokal März–Sept. tgl. ab 10 Uhr, Okt.–Dez., Febr. Di.–So ab 11 Uhr, Jan. geschlossen, Okt.–März Mo. Ruhetag.

Der Biergarten im Großen Garten ist mit 1000 Plätzen einer der größten der Stadt und am Wochenende gut besucht, da die joggenden, skatenden und Kinderwagen schiebenden Dresdner hier gerne auf eine Erfrischung einkehren. Grillgerichte, abends regelmäßig Livemusik.

**61** [F11] **Carolaschlösschen**, Querallee 7, Tel. 0351 4727374, Haltestelle: Querallee, www.carolaschloesschen.de, So.–Do. 10–1 Uhr, Fr., Sa. 10–3 Uhr. Direkt am Carolasee im Großen Garten und ideal zum Frühstücken oder Kaffeetrinken, sonntags und feiertags Brunchmöglichkeit. Das gutbesuchte Ausflugslokal ist Restaurant, Café, Bistro, Cocktailbar und Biergarten in einem.

▲ *Kunst im Großen Garten*

# INNERE NEUSTADT

*Die Neustadt hat zwei Gesichter: Die Äußere Neustadt ist das lebhafte, junge Szeneviertel mit renovierten Gründerzeitbauten, die Innere Neustadt das neuerstandene Barockviertel zwischen Elbufer und Albertplatz.*

Beim **großen Brand Altendresdens** im Jahr 1685 wurden mehr als 300 Wohnhäuser zerstört, das Fachwerk fing schnell Feuer, nur wenige Gebäude entgingen den Flammen. Auf dem so entstandenen Trümmerfeld planten Kurfürst *Johann Georg III.* und sein Baumeister *Wolf Caspar von Klengel* einen komplett neu angelegten Stadtteil, die „Neue Stadt bey Dresden". Unter *August dem Starken* setzten sich die Arbeiten bis 1732 noch fort.

Im Schatten der Dreikönigskirche ❸❽ haben sich in den barocken Bürgerhäusern inzwischen teure Modeboutiquen und Galerien, Antiquariate und Antiquitätengeschäfte angesiedelt. **Attraktionen im Viertel** sind außerdem das Japanische Palais ❸❻ mit dem Canaletto-Blick über die Elbe, der von Platanen gesäumte Fußgängerboulevard Hauptstraße ❹❶ und die Museen ▯ (Erich Kästner, Sächsische Kunst ❹❶, Archäologie, Naturkunde und Völkerkunde).

## ❸❹ AUGUSTUSBRÜCKE ★★ [D8]

*Die Augustusbrücke ist nicht nur Dresdens schönste und älteste Brücke, sie bietet auch einen wunderbaren Blick auf die Altstadtsilhouette und die Brühlsche Terrasse.*

Dass Dresden seine Entstehung der Lage an einem wichtigen Handelsweg (und den hohen Zollerträgen am Elbübergang) verdankt, kann man auch daran erkennen, dass hier schon früh eine Brücke gebaut worden war. Schon Ende des 13. Jahrhunderts ist bereits eine steinerne Brücke bezeugt – zu dieser Zeit nördlich der Alpen noch eine Seltenheit. Ab 1727 ließ *August der Starke* sie nach Plänen *Pöppelmanns,* der sich **an der Prager Karlsbrücke orientierte,** umbauen und verbreitern – das Projekt schmückender Heiligenfiguren wurde allerdings nicht realisiert. 1813 sprengten die Franzosen zwei Bögen, doch wechselndes Kriegsglück zwang *Napoleon,* die Brücke durch einen Holzbau wieder passierbar zu machen.

Anfang des 20. Jahrhunderts wurde die alte Brücke abgetragen und *Wilhelm Kreis,* der Architekt des Hygiene-Museums, mit den Entwürfen für einen **schifffahrtstauglichen Neubau** beauftragt. Das rund 350 m lange Bauwerk mit nur noch neun statt einst 23 (später 12) Bögen lehnt sich aber eng an *Pöppelmanns* Entwurf an. Die Elbbrücke verbindet Altstadt und Neustadt miteinander; besonders abends ist der Blick auf das beleuchtete Altstadtpanorama und die Brühlsche Terrasse sehr stimmungsvoll.

› Haltestelle: Theaterplatz oder Neustädter Markt

## ❸❺ NEUSTÄDTER MARKT UND GOLDENER REITER ★ [D8]

Das sogenannte **Blockhaus** stammt aus der Zeit des Brückenumbaus. Ein altes Zollhaus an der Augustusbrücke wurde abgebrochen und dieses Gebäude 1732 von *Zacharias Longuelune* erbaut, das

▶ *Goldener Reiter*

# DRESDEN ENTDECKEN
## Innere Neustadt

des Bildhauers *Jean Josephe Vinache* geschmiedet. Der **Goldene Reiter** zeigt *August den Starken* als römischen Imperator mit Feldherrnstab – allerdings mit Blick in Richtung Polen.

In der angrenzenden Großen Meißner Straße blieb ein weiteres barockes Bürgerhaus erhalten, das noch zu DDR-Zeiten in den Bau des Hotel Bellevue 21 integriert wurde. In den 1970er-Jahren erfolgte die Neugestaltung des Neustädter Marktes mit Wohnbebauung. Diese Plattenbauten, die auch an der Hauptstraße zu finden sind, wurden inzwischen schrittweise saniert und durch neue Balkonfassaden auch optisch aufgewertet.
> Haltestelle: Neustädter Markt

### 36 JAPANISCHES PALAIS UND CANALETTO-BLICK ★ [D8]

als Neustädter Wache diente. Für die Brückenkopfgestaltung war eigentlich eine spiegelbildliche Doppelanlage links und rechts der Brücke geplant, doch der strenge Kubus mit Dreiecksgiebel blieb ein Solitär. Im Zweiten Weltkrieg zerstört, ist das Blockhaus das einzige nach 1945 wiederaufgebaute Gebäude am Neustädter Markt, das Mitte des 18. Jahrhunderts erbaute Rathaus etwa wurde nicht wiederhergestellt. Hier residieren heute die Sächsische Akademie der Künste und die sächsische Landesstiftung Natur und Umwelt.

Seit 1736 steht das prächtige Reiterdenkmal *Augusts des Starken* auf einem Sockel von *Longuelune,* der nach Entwürfen von *Constantin Lipsius* Ende des 19. Jahrhunderts gestaltet wurde. Mit frischem Blattgold überzogen ist der sächsische Kurfürst die bekannteste Skulptur Dresdens. Sie wurde nach einem Modell

Ein Projekt *Augusts des Starken* war es, die Elbe durch den Erwerb und Ausbau mehrerer Schlösser zu einer **architektonisch wirkungsvoll eingefassten Wasserstraße** auszubauen. *August* kaufte das Palais 1717, nur zwei Jahre, nachdem Graf *Flemming* es hatte errichten lassen (damals hieß es noch Holländisches Palais), tauschte es gegen ein anderes Gebäude und erwarb es 1726 zum zweiten Mal. Die Schauseite des Japanischen Palais sollte sich zum Fluss hin orientieren,

**KLEINE PAUSE**
Unterhalb vom Blockhaus hat das Hotel Westin Bellevue 21 mit dem **Elbsegler** einen Biergarten eröffnet, der mit Planken, Reling und Segeln an eine Jacht erinnert. Abends kostet es ab 21 Uhr Eintritt, tagsüber gibt's das Altstadtpanorama gratis zum Bier oder Kaffee.

## DRESDEN ENTDECKEN
*Innere Neustadt*

Dach und Fassade ursprünglich ganz mit Meissener Porzellan verkleidet werden. Ein „Porzellanschloss" wurde aus dem spätbarock-klassizistischen Vierflügelbau allerdings nicht mehr, die Pläne wurden nicht verwirklicht. Das Relief im Dreiecksgiebel der Fassade zum Palaisplatz erinnert daran: Es zeigt Saxonia und die porzellanherstellenden Völker. Den sandsteinverkleideten Erweiterungsumbau beaufsichtigte Zwingerbaumeister *Pöppelmann,* ihm standen *Longuelune, Knöffel* und *de Bodt* zur Seite.

Wie das im Chinoiserie-Stil verwirklichte Schloss Pillnitz ist das „Japanische" des Palais **der Chinamode des 18. Jahrhunderts geschuldet.** Auf asiatischen Motiven beruhen etwa die geschwungenen Dächer mit eigenen Kuppeln für die Ecken und die Hauptflügel, die dem Gebäude seine charakteristische Silhouette geben. Und im Innern tragen Chinesen-Karyatiden und Chinesen-Hermen in den Treppenhäusern und im Hof scheinbar die ganze Last des Obergeschosses.

Ende des 18. Jahrhunderts zog hier die Antikensammlung ein, nach ihrer Überführung ins Albertinum die Sächsische Landesbibliothek. Heute beherbergt das 1945 schwer beschädigte und nach dem Krieg wiederaufgebaute Bauwerk das **Museum für Völkerkunde,** das **Landesmuseum für Archäologie** und das **Museum für Tierkunde** (alle 1), die hier wechselnde Ausstellungen zeigen.

Der Hügel neben dem Palais ist ein Überbleibsel der einstigen Neustädter Befestigungsanlagen – von hier bietet sich der berühmte **Canaletto-Blick** auf die Stadtsilhouette jenseits der Elbe. 1748 malte *Bernardo Bellotto,* genannt *Canaletto,* „Dresden vom rechten Elbufer unterhalb der Augustusbrücke", sein bekanntestes Bild. Im Palaisgarten am Elbufer steht ein Glockenspielpavillon.

› Haltestelle: Palaisplatz

## DRESDEN ENTDECKEN
*Innere Neustadt*

## ❼ KÖNIGSTRASSE UND RÄHNITZGASSE ★★ [D8]

*Die parallel zu Hauptstraße verlaufende Königstraße ist seit den umfangreichen Restaurationsarbeiten eine der schönsten Barockstraßen Deutschlands und mit den benachbarten Straßen Rähnitzgasse und Obergraben das Vorzeigequartier der Inneren Neustadt.*

Von *Pöppelmann* wurde sie als prächtige Allee konzipiert, ausgerichtet von der Mittelachse des Japanischen Palais und bis zum heutigen Albertplatz führend. Schicke Modeboutiquen, Schuhgeschäfte, Designer- und Feinkostläden locken eine zahlungskräftige Klientel und machen die Königstraße zu **Dresdens feinster Adresse.**

Viele Häuser besitzen restaurierte oder neu gestaltete Innenhöfe und Durchgänge, die die Königstraße zum Teil mit den benachbarten Gassen verbinden. Das etwas zurückversetzt gelegene Haus Wallgässchen Nummer 4 wurde zur **Prisco-Passage** mit mehreren Geschäften und Restaurants umgebaut und die **Passage Königstraße** führt zur Rähnitzgasse. Dort hat in Nr. 8 mit dem **Kunsthaus Dresden** die Städtische Galerie ihr Domizil.

> **EXTRATIPP**
> *Galerien*
> Mehr als die Hälfte aller rund 50 Dresdner Galerien hat sich in der Neustadt angesiedelt (siehe www.dresden.de/ausstellungen).

◀ *Der berühmte Canaletto-Blick bietet sich dem Genießer von einem Hügel neben dem Japanischen Palais*

## ❽ DREIKÖNIGSKIRCHE ★ [D8]

Unter der Leitung von Zwingerarchitekt *Matthäus Daniel Pöppelmann* wurde die barocke Kirche 1732–39 errichtet, der knapp 90 m hohe Turm kam erst im 19. Jahrhundert dazu. Für die Gestaltung des Innenraums wurde *George Bähr* hinzugezogen, der Baumeister der Frauenkirche. Beim Wiederaufbau nach 1945 wurde die Kirche um ein Tagungs- und Gemeindezentrum erweitert. Für den **Rundblick vom Turm** (Aussichtsplattform in 45 m Höhe) auf die umliegende Neustadt und das Altstadtpanorama sollte man sich die Zeit nehmen.

Im Innern der Kirche ist der „**Dresdner Totentanz**" aus der Renaissancezeit sehenswert, ein über 12 m langes Sandsteinrelief unter der Orgelempore, das ursprünglich für das Georgentor des Schlosses geschaffen worden war. Es zeigt die Vertreter aller Stände, angeführt vom großen Gleichmacher Tod.

> ❯ Haltestelle: Albertplatz, Di.–Sa. 10–17.30 Uhr, So. ab 11.30 Uhr, Nov.–Febr. auch Di. geschlossen, die Öffnungszeiten des Turmes variieren

## ❾ ERICH-KÄSTNER-MUSEUM ★ [D7]

Nur wenige Schritte entfernt vom Denkmal am Albertplatz gibt es zweites **Kästner-Denkmal:** Der Schriftsteller hockt als kleiner Junge auf einer Mauer. *Erich Kästners* Onkel *Franz,* ein erfolgreicher Pferdehändler aus der Hechtstraße, erwarb 1915 das „Villa Augustin" genannte Haus an der Antonstraße. Sein Neffe beobachtete von der Gartenmauer aus das lebhafte Treiben auf dem Albertplatz, den Automobile, Passanten und Straßenbahnen kreuzten.

# ERICH KÄSTNER

*Generationen kennen seine Kinderbücher, viele auch seine Romane und Gedichte für Erwachsene. Erich Kästner gehört gewiss zu den bekanntesten deutschsprachigen Schriftstellern des 20. Jahrhunderts. „Erich Kästner war ein wehmütiger Satiriker und ein augenzwinkernder Skeptiker", sagte Marcel Reich-Ranicki über ihn.*

*Der Erfolgsautor ist ein gebürtiger Dresdner, seine Eltern waren 1895 vom rund 50 km entfernten Döbeln nach Dresden gezogen. Der Vater, ein Sattlermeister, hatte seinen Handwerksbetrieb schließen müssen. In der Großstadt fand er Arbeit in der Kofferfabrik Lippold, die Mutter Ida Amalie besserte den Lohn mit Heimarbeit auf. Am 23. Februar 1899 wird der Sohn Erich in der Königsbrücker Straße 66 geboren. Später zieht die Familie um, in die Hausnummer 48, dann 38, vom vierten Stock in den dritten, dann in den zweiten: „Wir zogen tiefer, weil es mit uns bergauf ging" - je niedriger die Etage, desto bürgerlicher. Ein wohlgehütetes Familiengeheimnis bleibt, dass Erich Kästners leiblicher Vater der Hausarzt der Familie ist: Emil Zimmermann.*

*Die Mutter ist ehrgeizig und will dem Sohn den Aufstieg ermöglichen. Der fühlt sich verpflichtet, „der beste Schüler und der bravste Sohn" zu sein. Schon als 13-jähriger wechselt er in das Lehrerseminar, um Volksschullehrer zu werden - eine der wenigen Möglichkeiten, aus dem proletarischen Milieu aufzusteigen. Kindheit und Jugend in Dresden hat Kästner in seinem Erinnerungsband „Als ich ein kleiner Junge war" beschrieben, der 1957 erschien und mit dem Ersten Weltkrieg endet.*

*Im Juli 1917 wird Kästner einberufen, jedoch nicht mehr zu den kämpfenden Truppen abkommandiert. Nach dem Ersten Weltkrieg holt er das Abitur nach und beginnt, für eine Schüler- und eine Theaterzeitschrift zu schreiben. Das glänzende Abitur verschafft ihm ein Stipendium, im Herbst 1919 immatrikuliert er sich in Leipzig. Zu dieser Zeit sind Söhne aus Arbeiter- oder Kleinbürgerfamilien noch eine Seltenheit an deutschen Hochschulen.*

*Noch will er Regisseur werden, aber den Dozenten fällt sein außergewöhnliches journalistisches Talent auf. Der Student wird als Mitarbeiter für drei Magazine des Leipziger Tageblatts engagiert, nachdem er eine Glosse über die Geldentwertung eingeschickt hat. Als das Leipziger Tageblatt die neue Leipziger Zeitung übernimmt, wird er dort Redakteur der Ressorts Politik und Feuilleton.*

*1927 wird Kästner entlassen (der Vorwand ist ein frivoles Gedicht, ausschlaggebend waren aber eher seine linksliberalen Ansichten) und zieht nach Berlin. In den nächsten Jahren schreibt er unermüdlich, versorgt verschiedene Zeitungen mit Geschichten und Kritiken. Seinen Erfolg begründet er mit einem Gedichtband: 1928 erscheint „Herz auf Taille". 1929 liegt die zweite Gedichtsammlung „Lärm im Spiegel" vor, 1930 „Ein Mann gibt Auskunft", 1932 „Gesang zwischen den Stühlen". Alle Bände sind Verkaufserfolge - Kästner will ein breites Publikum ansprechen, grenzt sich von elitären Ansprüchen jener ab, die er „Lyriker mit dem lockig im Winde wallenden Gehirn" nennt: „Wer Krieg, Inflation, Untergang des Mittelstandes, Pro-*

*letarisierung der bürgerlichen Schicht, Arbeitslosigkeit, Justizkrise, Parteikämpfe gesehen und gar miterlebt hat, der kann niemals ein ‚Dichter', ledergebunden und mit Goldschnitt, werden".*

*Dass seine Gedichte als „Gebrauchslyrik" abgetan werden, stört Kästner nicht, er bleibt der „außerliterarischen", aufklärerischen und humanitären Idee verpflichtet. Zu Kästners Markenzeichen wird sein lakonischer Stil, sein schnoddriger Tonfall. Seine scharfen Attacken gelten vor allem Militarismus, Untertanengeist und Kapitalismus. Das 1930 veröffentlichte Gedicht „Die andre Möglichkeit" etwa scheint geradezu prophetisch: „Wenn wir den Krieg gewonnen hätten, [...] dann wäre Deutschland nicht zu retten und gliche einem Irrenhaus. [...] Wenn wir den Krieg gewonnen hätten, dann wären wir ein stolzer Staat. Und preßten noch in unsern Betten die Hände an die Hosennaht. Die Frauen müßten Kinder werfen. Ein Kind im Jahre. Oder Haft. Der Staat braucht Kinder als Konserven. Und Blut schmeckt ihm wie Himbeersaft."*

*1929 wird Kästners erstes Kinderbuch „Emil und die Detektive" zu einem Riesenerfolg, von Anfang an auch international. Marcel Reich-Ranicki nennt es „ein bahnbrechendes Buch, da es die Kinderliteratur auf eine völlig neue Basis stellte": Ein Roman, der in Berlin spielte, in der Gegenwart der Großstadt und in der Lebenswelt der Kinder – das war neu. Zielstrebig nutzt Kästner seine Popularität und veröffentlicht auch Texte aus der Schublade. Mit „Pünktchen und Anton" kann er an den Debüterfolg anschließen. Der Kinderbuchautor wird bekannter als der Journalist, Lyriker und Romancier. Die mediale Vermarktung trägt zu seinem rasanten Aufstieg bei, ob Chansons und Revuen, Filme, Theaterstücke oder Hörspiele. Schon 1930 werden die Filmrechte für „Emil und die Detektive" von der Ufa gekauft, die Premiere im Winter 1931 ist ein großer Erfolg.*

*Obwohl unter den Nationalsozialisten auch Erich Kästners Bücher verbrannt werden, bleibt er in Deutschland und verlegt sich auf Optimistisch-Humoristisches, schreibt „zensurgerechte Märchen" für Erwachsene (Hermann Kesten). Doch wird er nicht in die Reichsschrifttumskammer aufgenommen. Und obwohl ein Gutachten ihm 1937 bescheinigt, nichts sei zu beanstanden, bleiben seine Werke auf den Listen „unerwünschten Schrifttums". Er selbst hat es „Weiterwursteln" genannt. Ganz klar ist seine Rolle nicht, als Drehbuchautor hat er etwa an „Münchhausen" mitgewirkt, einem Prestigeprojekt der Ufa mit Hans Albers in der Titelrolle.*

*Nach dem Ende des Dritten Reichs bleibt er bei der Rolle des Unterhaltungsschriftstellers. Kästner wird vielfach geehrt und ausgezeichnet, vom Büchner-Preis bis zum Bundesverdienstkreuz, er ist Ehrenpräsident des PEN-Clubs der BRD – nur als Schriftsteller spielt er keine aktive Rolle mehr. 1974 stirbt er in München. Aus Dresden ist er zwar weggegangen, aber seine Heimatstadt hat er geliebt. „Ich mußte, was schön sei, nicht aus Büchern lernen", schrieb er. „Ich durfte Schönheit einatmen wie Försterkinder die Waldluft."*

Im **interaktiven Museum** sind heute Erstausgaben, Briefe und Erinnerungsstücke des Kinderbuchautors, Journalisten, Dichters, Kabarettisten und Drehbuchschreibers in Schubladen und Kästen verstaut, die man herausnehmen kann. In der „begehbaren Schatzkiste", vom irischen Architekten *Ruairi O'Brien* gestaltet, ist jeder Besucher eingeladen, spielerisch sein eigenes Kästner-Bild zu kreieren. Zukünftig sollen auch Internetbesucher in die „Schubladen" schauen können.

› Villa Augustin, Antonstr. 1, Haltestelle: Albertplatz, So.–Di. 10–18, Mi. 10–20 Uhr, Do.–Sa. geschlossen bzw. für Schulklassen, Eintritt 3 €, ermäßigt 2 €, www.erich-kaestner-museum.de

▼ *Wunderschöner, von Bäumen gesäumter Boulevard: Hauptstraße*

## ④⓪ ALBERTPLATZ UND HAUPTSTRASSE ★★ [D8]

*Die platanengesäumte Hauptstraße ist die zentrale Achse der Inneren Neustadt. Rechts und links führen reizvolle Abstecher in Passagen, begrünte Hinterhöfe und die alte Markthalle.*

Vom **Albertplatz** gehen sternförmig Straßen in alle Himmelsrichtungen ab; jenseits beginnt die Äußere Neustadt. Mehrere Brunnen, „Stille Wasser" auf der Ostseite und „Stürmische Wogen" auf der Westseite, ein Schiller- und ein Erich-Kästner-Denkmal wurden hier aufgestellt und an der Ecke Antonstraße und Königsbrücker Straße steht das erste, 1929 erbaute Hochhaus Dresdens mit elf Geschossen. Der Brunnentempel an der Ecke zur Königsbrücker Straße stammt von *Hans Erlwein* und erhält sein Wasser aus einem alten artesischen Brunnen.

Als „schönste und freundlichste Straße Dresdens" beschrieb *Wilhelm von Kügelgen* die Neustädter Allee, die heute **Hauptstraße** heißt und seit den 1970er-Jahren ein großzügiger **Fußgängerboulevard** mit Brunnenanlagen, Bänken und viel Grün ist. Auch sie wurde als Teil der barocken Neustadt im 18. Jahrhundert unter *August dem Starken* angelegt. Als zweite Achse (neben der Königstraße) der symmetrisch angelegten Neustadt ist sie 500 m lang und am Albertplatz 30 m breit, bis zum Neustädter Markt sich auf 50 m verbreiternd.

Neben neueren Bauten sind sechs historische Bürgerhäuser schon älteren Datums, unter anderem das Haus Nr. 13: Das **Kügelgenhaus** wurde nach dem großen Brand 1685 als zweigeschossiges Barockgebäude errichtet und ab 1750 auf vier Stockwerke plus Dachmansarde erweitert. Hier befand sich 1808–1826 in der zweiten Etage die Wohnung des Malers *Wilhelm von Kügelgen*. Das Gottessegenhaus ist heute Domizil des **Museums der Dresdner Romantik** [1].

Im Hinterhof von Nr. 19 befindet sich nicht nur das **Societaetstheater** [20], hier ist auch ein hübscher kleiner barocker **Kräutergarten** zu entdecken, schöne Cafés zum Draußensitzen und in den Durchgängen der Häuserzeile einige wirklich sehenswerte Kunsthandwerks- und Antiquitätengeschäfte.

In den **Kunsthandwerkerpassagen** kann man Blaudruckern, Glasmalern, Holzdrechslern und Zinngießern zum Teil auch bei der Arbeit zusehen.

Auf der anderen Seite der freundlichen Flaniermeile steht die 1899 erbaute **Markthalle** [9].

› Haltestelle: Albertplatz, www.dresden-hauptstraße.de

**KLEINE PAUSE**

*Schwarzmarktcafé*
Knurrt einem der Magen, weil es noch kein Frühstück gab, dann ist das Schwarzmarktcafé [10] an der Ecke von Markthalle, Hauptstraße und Metzer Straße genau die richtige Adresse.

## ❹ MUSEUM FÜR SÄCHSISCHE VOLKSKUNST IM JÄGERHOF ★ [D8]

An der Stelle eines ehemaligen Klosters ließ Kurfürst *August* Ende des 16. Jahrhunderts einen Jägerhof errichten, nahe der Dresdner Heide, in der er gerne auf die Jagd ging. Neben Diensträumen für die Jägermeister gab es Zeughäuser für die Gerätschaften und Zwinger für die Hundemeute und exotische Raubtiere. Nach 1831 diente der Bau als Kaserne, später gab es hier Wohnungen und Werkstätten sowie Pferde und Straßenbahnen der Dresdner Pferdebahn. Um 1900 sollte der Gebäudekomplex abgerissen werden. *Oskar Seyffert,* der Vorsitzende des Vereins für Sächsische Volkskunde, kämpfte hartnäckig und erfolgreich um den Erhalt. Heute ist der erhaltene Westflügel mit dem schönen Giebel eines der wenigen Gebäude in Dresden, welches aus der Renaissancezeit stammt, und **der älteste Bau der Neustadt.**

Das hier untergebrachte Landesmuseum für Sächsische Volkskunst zeigt auf drei Etagen **bäuerliche Möbel und Erzeugnisse ländlichen Handwerks,** von Korbmachern und Blaudruckern, Klöpplern und Zinngießern, Webern und Schreinern. Umfangreich ist die Sammlung traditioneller Volkskunst aus dem Erzgebirge, vor allem Lichterpyramiden

# DRESDEN ENTDECKEN

## Detailkarte II: Innere Neustadt

und Nussknacker. Bemalte Möbel, prächtige Trachten, bedruckte Textilien, handgefertigte Spitzen und traditionelle Keramik dokumentieren den ländlichen Alltag in den Regionen Sachsens. Hinzu kommen eine große Sammlung historischen Spielzeugs und eine Puppentheatersammlung. Jedes Jahr finden Oster- und Weihnachtsausstellungen statt – ein echter Tipp, wenn man zu dieser Zeit in Dresden ist.

› Köpckestr. 1, Haltestelle: Carolaplatz, Di.–So. 10–18 Uhr, Mo. geschlossen, Eintritt 3 € (ermäßigt 2 €, Familien 7 €), www.skd-dresden.de

## DRESDEN ENTDECKEN 139
*Innere Neustadt*

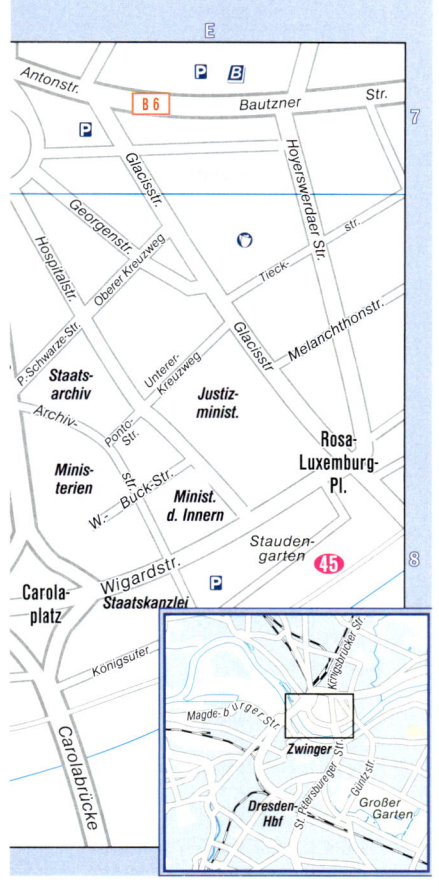

| | |
|---|---|
| ❶19 | Elbsegler [II D8] |
| ❶23 | Red Rooster [II D8] |
| ❶33 | Canaletto [II D8] |
| ❶34 | Caroussel [II D8] |
| ❶47 | Chiaveri [II D8] |
| ❶64 | Bauernstuben im Kügelgenhaus [II D8] |
| ❶65 | Cuchi [II D8] |
| ❶66 | El Espanol [II D8] |
| ❶67 | Kartoffelkeller [II D8] |
| ❶68 | Pastamanufaktur [II D8] |
| ◯63 | L'Art de vie [II D8] |
| ◯69 | Schwarzmarktcafé [II D8] |
| ◯70 | Watzke [II D8] |
| ◯71 | Wenzel – Prager Bierstuben [II D8] |
| ⌂61 | Am Goldenen Reiter [II D8] |
| ⌂62 | Neustädter Markthalle [II D8] |
| ❷104 | Jazzclub Tonne [II D8] |
| ❍113 | Societaetstheater [II D8] |
| ⚓117 | CVJM-Jugendschiff [II D7] |
| ⚓118 | Die Koje [II D7] |
| 🏨134 | Maritim [II D8] |
| 🏨135 | Martha Hospiz [II D8] |
| 🏨138 | Bülow Residenz [II D8] |
| 🏨142 | Westin Bellevue Dresden [II D8] |
| ⓫ | Semperoper [D8] |
| ⓬ | Neuer Sächsischer Landtag [D8] |
| ⓭ | Erlweinspeicher [D8] |
| ㉞ | Augustusbrücke [D8] |
| ㉟ | Neustädter Markt und Goldener Reiter [D8] |
| ㊱ | Japanisches Palais und Canaletto-Blick [D8] |
| ㊲ | Königstraße und Rähnitzgasse [D8] |
| ㊳ | Dreikönigskirche [D8] |
| ㊴ | Erich-Kästner-Museum [D7] |
| ㊵ | Albertplatz und Hauptstraße [D8] |
| ㊶ | Museum für Sächs. Volkskunst [D8] |
| ㊺ | Königsufer [E8] |

| | |
|---|---|
| 🏛4 | Kunsthaus Dresden [II D8] |
| 🏛6 | Landesmuseum für Vorgeschichte [II D8] |
| 🏛11 | Museum der Dresdner Romantik [II D8] |
| 🏛13 | Museum für Tierkunde [II D8] |
| 🏛14 | Museum für Völkerkunde [II D8] |

## DRESDEN ENTDECKEN
*Innere Neustadt*

### 9 EINKAUFEN

**61** [II D8] **Am Goldenen Reiter,** Hauptstr. 19, Mo.-Fr. 9-20 Uhr, Sa. 9.30-16 Uhr, Haltestelle: Neustädter Markt oder Albertplatz. Antiquitäten, Meissener Porzellan, Gläser.

**62** [II D8] **Neustädter Markthalle,** Metzer Str. 1 (Ecke Hauptstraße), www.markthalle-dresden.de, Mo.-Fr. 8-20, Sa. 8-18 Uhr, Haltestelle: Albertplatz. Gründerzeithalle mit gusseisernen Säulen und umlaufender Galerie. Sächsische Spezialitäten, Keramik, Holzspielzeug, Teeladen. Oben auf der Galerie Ausstellung zum Fahrzeugbau in Sachsen, vom Trabi bis zum Wartburg.

### 10 KULINARISCHES

**63** [II D8] **L'Art de vie,** An der Dreikönigkirche 1a, tgl. 10-24 Uhr, Haltestelle: Albertplatz. Das Café im Societaetstheater lockt mit Frühstücksangeboten und einer kleinen Terrasse in ruhiger Innenhoflage. Mit Blick auf den hübschen Kräutergarten. Auch Restaurant mit französisch-italienischer Küche, auf der Karte Salate, Pasta, Gratins 9-13 €.

**64** [II D8] **Bauernstuben im Kügelgenhaus,** Hauptstr. 13, Tel. 0351 563312, tgl. ab 11 Uhr, Haltestelle: Albertplatz. Gutbürgerlich-sächsische Küche im historischen „Gottessegenhaus", im Sommer ein paar Tische draußen. Vorspeisen 3-8,50 €, Hauptgerichte 6-13 €.

**65** [II D8] **Cuchi,** Wallgässchen 5, Tel. 0351 8627580, Juni-Okt. tgl. 12-23 Uhr, sonst Mo.-Do. 12-15, 17.30-24 Uhr, Fr.-So. 12-24 Uhr, Haltestelle: Palaisplatz oder Albertplatz. Für Sushi-Fans.

**66** [II D8] **El Espanol,** An der Dreikönigkirche 7, www.elespanol.de, Tel. 0351 8048670, tgl. 11-1 Uhr, Fr., Sa. bis 2 Uhr, Haltestelle: Palaisplatz oder Albertplatz. Tapas, Paella und üppige spanische Gerichte im andalusisch gestalteten Lokal. Hauptgerichte 11-16,50 €.

**67** [II D8] **Kartoffelkeller,** Nieritzstr. 11, www.kartoffelkeller.de, Tel. 0351 8176358, tgl. 17-24 Uhr, Haltestelle: Palaisplatz oder Albertplatz. Kartoffelgerichte im urigen Kellergewölbe. Recht preisgünstig, 4-11,50 €.

**68** [II D8] **Pastamanufaktur,** An der Dreikönigskirche 3, www.diepastamanufaktur.de, Tel. 0351 3237799, Mo.-Sa. 10-22 Uhr, So. geschlossen, Haltestelle: Albertplatz. Frische Nudeln, von Spätzle über Maultaschen bis zu italienischen Gerichten, ab 6 €.

**69** [II D8] **Schwarzmarktcafé,** Hauptstr. 36, tgl. 8-24 Uhr, im Winter nur bis 21 Uhr, Haltestelle: Albertplatz. Das Café direkt neben der Markthalle eignet sich hervorragend zum Frühstücken (große Auswahl, bis 16 Uhr). Außerdem Sandwiches, hausgemachter Kuchen und Tagesgerichte. Viele Zeitungen und Magazine zum Blättern, große Fenster, zeitlos-moderne Inneneinrichtung und im Sommer ein paar Tische vor der Tür mit Blick auf die Passanten auf der Neustädter Hauptstraße.

**70** [II D8] **Watzke.** Der Ableger des Ball- und Brauhauses Watzke [3] direkt am Neustädter Markt. Mitten im Raum steht der Fehlguss der für die Frauenkirche bestimmten Glocke.

**71** [II D8] **Wenzel - Prager Bierstuben,** Königstr. 1, Tel. 0351 8042010, tgl. 11-24 Uhr, Haltestelle: Palaisplatz, www.wenzel-prager-bierstuben.de. Innen rustikale Holztische und Stimmengewirr, im glasüberdachten Atrium und auf der Terrasse an der Königstraße etwas ruhiger. Böhmisch-tschechische Küche, von Sauerkrautsuppe bis zu Gulasch mit Knödeln, dazu Prager Bier. Hauptgerichte 8-14 €.

# ÄUSSERE NEUSTADT

*Wer abends ausgehen will, geht in die Äußere Neustadt – wenn anderswo längst Ruhe eingekehrt ist, pulsiert hier noch das Nachtleben. Das Viertel zwischen Bischofsweg, Königsbrücker, Bautzner und Prießnitzstraße bietet die größte Dichte an Kneipen und Bars, an Szeneläden und improvisierten Biergärten in Hinterhöfen oder auf Freiflächen. Dazwischen existiert ein bunter Mix aus Hinterhofwerkstätten, Plattenshops, Secondhand-Boutiquen und spezialisierten Buchhandlungen, skurrilen Läden für Grufti-Outfits oder Hippiemode, preiswerten Hostels und Internetcafés.*

▲ *Das Raskolnikoff in der Böhmischen Straße*

Zu DDR-Zeiten war die Äußere Neustadt ein ziemlich **heruntergekommenes Arbeiterviertel**, von jahrzehntelangem Verfall geprägt. Wer es sich leisten konnte, zog von hier in die „Platte", wo es fließend Wasser und Heizung gab. Stattdessen lebten als quasi tolerierte „Instandbesetzer" immer mehr Künstler, Studenten und Punks in den Altbauten und retteten die verfallende Bausubstanz. Die Nischenkultur wurde von der Staatsmacht geduldet; doch trotz der scheinbaren Toleranz prägte die restriktive Politik auch hier das Lebensgefühl einer Subkultur von Alternativen, Unangepassten und Aussteigern – ähnlich wie am Prenzlauer Berg in Berlin.

Nach der Wende wurde hier trotzig-fröhlich die **Bunte Republik Neustadt (BRN)** ausgerufen, ursprünglich ein anar-

## DRESDEN ENTDECKEN
### Äußere Neustadt

> **EXTRATIPP**
>
> *Der Hecht – das neue Künstlerviertel*
> Seit die Äußere Neustadt grundsaniert wird, steigen auch die Preise für Wohnungen und Werkstätten. Weil die Mieten kontinuierlich klettern, zog und zieht es viele Künstler alternativ inzwischen ins **Hechtviertel**. Nach jahrzehntelangem Verfall wird das klassische Dresdner Arbeiterquartier rund um den Bischofsplatz [D6] als Wohn- und Ateliergebiet immer interessanter.

chisches, autonom angehauchtes politisches Ereignis. Eigentlich war es eine Aktion gegen Mietwucher und Spekulation, die einsetzende Sanierung nach der Wende sorgte für sozialen Sprengstoff. Man proklamierte die Republik als Staat im Staat, mit Demarkationslinie, provisorischer Regierung und einer eigenen Währung, lud Freunde ein und feierte auf der Straße.

Seit dem Rücktritt der provisorischen Regierung 1993 ist die BRN ein friedliches **Straßen- und Nachbarschaftsfest**, das traditionell am dritten Juniwochenende stattfindet, mit Straßentheater und Kinderprogramm, Konzerten, Lesungen und Partys. Die Kneipen bauen Podeste vor ihre Fenster und stellen drei Tage lang Stühle und Tische nach draußen, dazwischen gibt es Stände mit Saft, Suppe, Bier und Würstchen. Alljährlich schieben sich inzwischen Tausende Vergnügungssüchtige durch die Straßen.

Dass hier in den letzten zwei Jahrzehnten aus fünf Kneipen 150 wurden und viele Häuser saniert sind, hat allerdings zur Folge, dass die Äußere Neustadt sich verändert. Neben dem Bier favorisierenden Punk und Ex-Hausbesetzer sitzen inzwischen Touristen mit Caipirinha, zwischen Stuckdecken und Parkett richten sich gutverdienende Jungakademiker ein. Nach wie vor ist das Viertel aber **offen für Existenzgründer und Überlebenskünstler**. Das beste Beispiel sind die mehr als ein Dutzend unabhängigen Buchhandlungen, die sich hier auf anderthalb Quadratkilometern angesiedelt haben.

### ㊷ KUNSTHOFPASSAGE ★ [E7]

Hinter den Gründerzeitgebäuden tut sich **eine andere Welt** auf: In mehreren Hinterhöfen zwischen Alaunstraße und Görlitzer Straße haben Künstler und Kunsthandwerker nicht nur trendige Läden, Lokale und Werkstätten eingerichtet, sondern auch mit Fassadenkunst und Wasserspielen, mit Farbe und phantasie-

## DRESDEN ENTDECKEN
*Äußere Neustadt*

vollen Ideen – etwa Giraffen oder Trompeten an Häuserwänden – ein Ambiente à la *Hundertwasser* geschaffen. Vier verwinkelte Innenhöfe (Hof der Fabelwesen, Hof der Elemente, Hof des Lichts, Hof der Metamorphosen) laden zum Bummeln oder zu einer Pause ein. Jede halbe Stunde tritt das Fassaden-Wasserspiel im Hof der Elemente in Aktion.

› Görlitzer Str. 21–25, Alaunstr. 70, Haltestelle: Louisenstraße, Görlitzer Straße, Alaunplatz, www.kunsthof.com

### ❸ ALTER JÜDISCHER FRIEDHOF ★ [E7]

*Sachsens ältester jüdischer Friedhof ist ein stimmungsvoller Ort, den man auf einem Spaziergang durch die Gräberreihen respektvoll erkunden kann.*

Der älteste erhalten gebliebene jüdische Friedhof Sachsens wurde von 1751 bis 1868 als Grabstätte genutzt – ein stiller, von Pflanzen überwucherter und melancholischer Winkel nahe der Martin-Luther-Kirche. (Der 1867 eröffnete Neue Israelitische Friedhof in der Fiedlerstr. 3 in der Johannstadt ist mit mehr als 3000 Grabstätten einer der größten jüdischen Friedhöfe Sachsens.)

Eine Besichtigung ist nur nach Anmeldung möglich, Männer benötigen eine Kopfbedeckung.

› Haltestelle: Pulsnitzer Straße, Tel. 0351 8020489 (Begegnungsstätte Hatikva, nebenan), Mo.–Do. 9–12, 13–16 Uhr

### ❹ PFUNDS MOLKEREI ★ ★ [E7]

*Erst fast vergessen, nach der Wende restauriert und reanimiert, ist der schöne Käseladen heute eine echte Dresdner Touristenattraktion.*

Der „schönste Milchladen der Welt" in der Bautzner Straße 79 zieht Busladungen von Touristen an und besitzt längst eine eigene Haltestelle auf der Route der organisierten Stadtrundfahrten. Die **handgemalten farbigen Fliesen**, auf denen Engel und Putten ein Lob der Milch singen, kann man vor lauter Besucherandrang kaum in Ruhe betrachten. Die Firma Villeroy & Boch fertigte 1892 die detail- und ornamentreiche Ladenausstattung – damals war die Steingutfabrik in Dresden ansässig. *Paul Gustav Pfund,* der das Fliesenkunstwerk in Auftrag gegeben hatte, war der erste, der Kondensmilch herstellte und die Pasteurisierung der Milch einführte. Sein Unternehmen wuchs weit über einen kleinen Milchladen hinaus.

Im ersten Stock gibt es ein Restaurant, im Laden selbst findet man Stehtische für einen Imbiss – und es wird im Kachelkunstwerk tatsächlich auch Käse verkauft! Das Fotografieren ist nicht gestattet, warum auch immer.

› Bautzner Str. 79, Haltestelle: Pulsnitzer Straße, Mo.–Sa. 10–18 Uhr, So. 10–15 Uhr, www.pfunds.de

---

**EXTRATIPP** — *Mitbringsel aus dem Osten*
Gleich neben Pfunds Molkerei haben sich **Läden für Ostalgieprodukte,** Bunzlauer Keramik, Senf und sächsische Weine angesiedelt.

---

◀ *Der Hof der Elemente in der Kunsthofpassage thematisiert u. a. das Element Wasser*

## DRESDEN ENTDECKEN
*Äußere Neustadt*

### 45 KÖNIGSUFER ★ [E8]

Wer von Pfunds Molkerei ans Elbufer zurückkehren will, kann durch den **Rosengarten** spazieren, der zur Gartenbauausstellung 1936 angelegt wurde. In der durch mehrere Querachsen unterbrochenen Anlage auf rund 3 ha sind um die 100 Rosensorten zu bewundern. Hinter der Albertbrücke folgt ein weiteres botanisches Highlight: der **Staudengarten**.

Das gewaltige Gebäude vor der Carolabrücke mit der vergoldeten Krone auf der Spitze des Hauptturms, auch Gesamtministerium genannt, beherbergt heute die **Sächsische Staatskanzlei** sowie Innen-, Kultus- und Justizministerium. Es wurde wie das sächsische **Finanzministerium** jenseits der Brücke um die Wende vom 19. zum 20. Jahrhundert erbaut.

Die beiden großen Repräsentativbauten direkt an den Elbwiesen entstammen dem Späthistorismus und verbinden klassizistische und neobarocke Formen sowie Elemente der Neorenaissance. Das 50 m² große Giebelbild des Sächsischen Finanzministeriums aus bunten Majolikafliesen zeigt die in Landesfarben gekleidete *Saxonia,* umgeben von Figuren, die die Einnahmen und Ausgaben des Landes personifizieren.

Die Treppen unterhalb – wie das gesamte Königsufer inklusive Rosengarten in den 1930er-Jahren angelegt – bilden in den Sommermonaten die Zuschauertribüne für die mehr als empfehlenswerten **Filmnächte am Elbufer** (siehe „Zur richtigen Zeit am richtigen Ort"). Auch tagsüber bietet sich von hier ein wunderbarer Blick auf das gegenüberliegende Altstadtpanorama.

› Haltestelle: Rosa-Luxemburg-Platz, Carolaplatz, www.rosengarten-dresden.de

### 11 EINKAUFEN

**72** [III E7] **Bunzlauer Keramik,** Bautzner Straße 75, www.bunzlau24.de, Mo.–Fr. 10–17 Uhr, Sa. 10–15 Uhr, Haltestelle: Pulsnitzer Straße. Traditionelle Keramik, blau mit weißen Punkten.

**73** [III E7] **Der Reisebuchladen,** Martin-Luther-Straße/Louisenstraße, Haltestelle: Pulsnitzer Straße, Mo.–Fr. 11–19, Sa. 11–14 Uhr, www.der-reisebuchladen.de. Reiseführer, Karten, Bildbände und Reiseliteratur.

**74** [III E7] **Der Senfladen,** Bautzner Str. 79, www.senf.de, Mo.–Sa. 9.30–18, So. 10–15.30 Uhr, Haltestelle: Pulsnitzer Straße. 200 Sorten Senf und über 100 Gewürze.

**75** [III E7] **Kaffeerösterei Dresden,** Bautzner Str. 75. In einem alten Kaffeeröster aus den 1950er-Jahren röstet *Lars Uhlig* Kaffee- und Espressospezialitäten aus ökologisch angebauten Bohnen.

**76** [III E7] **Kommissariat,** Louisenstr. 38, www.kommissariat-buch.de, Mo.–Sa. 11–20 Uhr, Haltestelle: Louisenstraße, Görlitzer Straße. Spezialisiert auf Krimis und Hörbücher. Lesungen.

**77** [III E7] **Lesezeichen,** Prießnitzstr. 56, www.buchlesen.de, Mo.–Fr. 10–19 Uhr, Sa. 10–14 Uhr, Haltestelle: Pulsnitzer Straße. Literarisches Taschenbuch, Lyrik, Lesungen und Ausstellungen.

**44** [E7] **Molkerei Pfund,** Bautzner Str. 79, www.pfunds.de, Mo.–Sa. 10–18 Uhr, So. 10–15 Uhr, Haltestelle: Pulsnitzer Straße. Die Molkerei ist keineswegs nur eine Sehenswürdigkeit, auch das große Käseangebot lohnt. Wer Käse aus den neuen Bundesländern als Mitbringsel mit nach Hause nehmen will, kann hier geräucherten Gouda aus Magdeburg oder Schafskäse aus Sautlitz einkaufen – oder gleich im Bistro im ersten Stock eine Käseplatte probieren.

◻ Detailkarte Seite 146

# DRESDEN ENTDECKEN
*Äußere Neustadt*

**78** [III E7] **Pusteblume,** Martin-Luther-Platz/ Ecke Pulsnitzer Str., www.pusteblume-buchhandlung.de, Mo.–Fr. 10–19 Uhr, Sa. 10-13 Uhr, Haltestelle: Pulsnitzer Straße. Literatur und Sachbücher für Frauen und Kinder, pädagogische Fachliteratur. Die Inhaberin konnte 2005 bereits das zehnjährige Bestehen feiern.

## 12 KULINARISCHES

**79** [III E7] **Blumenau Caffè & Bar,** Louisenstraße 67, www.cafe-blumenau.de, Mo.–Do. 8–2 Uhr, Fr. 8–3 Uhr , Sa. 9–3 Uhr, So. 9–2 Uhr, Haltestelle: Görlitzer Straße. In-Treffpunkt in der Neustadt mit großen Fensterfronten zur Louisenstraße, im Sommer weit offen. Einer der beliebtesten Plätze zum Sehen und Gesehenwerden, zum Frühstück, zum Nachmittagscafé, für Nachtschwärmer. Auf der Karte lockt ein großes Kaffeeangebot.

**80** [III E7] **Café Neustadt,** Bautzner Str. 63, www.neustadt-cafe.de, Mo.–Fr. 7.30–1, Sa., So. 9–1 Uhr, Haltestelle: Pulsnitzer Straße. Trotz der Lage an der vielbefahrenen Bautzner Straße ein beliebtes Café. Vielseitiges Frühstücksangebot, vom Rührei über Blini mit Kaviar bis zur Variante New Orleans mit Ham and Eggs, Pancake und Bagel. Wechselnde Mittagskarte.

**81** [III E7] **El Perro Borracho,** Alaunstr. 70, Tel. 0351 8036723, www.elperro.de, Mo. 16–1 Uhr, Di.–Fr. 11.30–1 Uhr, Sa., So. 10–3 Uhr, Haltestelle: Louisenstraße, Görlitzer Straße. Sehr beliebtes spanisches Kneipenlokal in der Kunsthofpassage 42 mit ein paar Tischen draußen im Hof. Auf zwei Etagen Tapas, Tortillas, Arrozes (Reispfannen) und spanische Rotweine. Abends ist es immer gut besucht. Hauptgerichte 8–18 €.

**82** [III F7] **Marcolini,** Bautzner Str. 96, Zugang auch von der Elbe her, Tel. 0351 8627800, www.restaurant-marcolini.de, Mo.–Fr. 15–23 Uhr, Sa. 12–23 Uhr, So. 12–18 Uhr, Haltestelle: Nordstraße. Graf *Camillo Marcolini,* Direktor von Porzellanmanufaktur und Akademie, erwarb das Anwesen an der Elbe im 18. Jahrhundert. Im Sommer wird man die schöne Terrasse im großen Garten mit alten Bäumen bevorzugen, an herbstlichen Tagen eher zwei stimmungsvoll ausgeleuchtete Gewölbe im Untergeschoss der Villa. Die Küche war den eigenen Ambitionen kurz nach Eröffnung noch nicht ganz gewachsen, wer auf Nummer Sicher gehen will, hält sich lieber an die Standards, z. B. Limonenspaghetti. Suppen, Vorspeisen, Salate 5–12 €, Hauptgerichte 15–21 €.

**83** [III E7] **Soy's Sushi Bar,** Alaunstr. 47, Tel. 0351 8108807, tgl. 12.30–23,30 Uhr, Mi. erst ab 18.30 Uhr, Haltestelle: Görlitzer Straße. Japanische Fingerfood-Bar auf zwei Etagen. Misosuppe und Reishäppchen, im Erdgeschoss ziehen Sushi und Sashimi im Oval an den Gästen vorbei, die Farbe der Teller signalisiert den Preis. Mittwochs und sonntags „All you can eat", hierfür unbedingt reservieren (Happy Hour 12,50 €).

**84** [III E7] **Suppenbar,** Rothenburger Str. 37, www.suppenbar-dresden.de, Mo.–Fr. 11.30–22 Uhr, Sa. 11.30–16 Uhr, Haltestelle: Bautzner/Rothenburger Straße. Wöchentlich wechselnde Suppen, frisch zubereitet in vielen Variationen. Ein Teller Suppe kostet 2,80–4,80 €, kleine Portionen gibt es preiswerter.

# DRESDEN ENTDECKEN

## Detailkarte III : Äußere Neustadt

# DRESDEN ENTDECKEN 147
## Äußere Neustadt

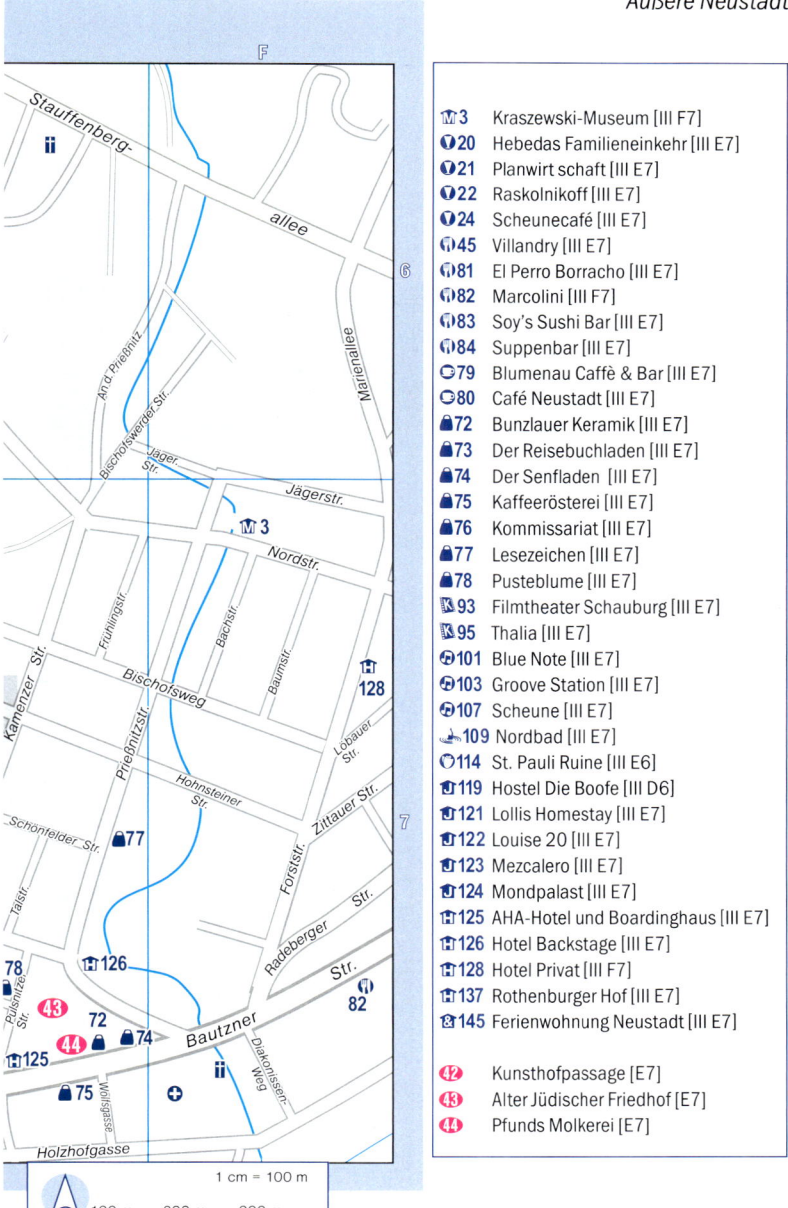

- 🏛 **3** Kraszewski-Museum [III F7]
- 🍴 **20** Hebedas Familieneinkehr [III E7]
- 🍴 **21** Planwirtschaft [III E7]
- 🍴 **22** Raskolnikoff [III E7]
- 🍴 **24** Scheunecafé [III E7]
- 🍴 **45** Villandry [III E7]
- 🍴 **81** El Perro Borracho [III E7]
- 🍴 **82** Marcolini [III F7]
- 🍴 **83** Soy's Sushi Bar [III E7]
- 🍴 **84** Suppenbar [III E7]
- ☕ **79** Blumenau Caffè & Bar [III E7]
- ☕ **80** Café Neustadt [III E7]
- 🛍 **72** Bunzlauer Keramik [III E7]
- 🛍 **73** Der Reisebuchladen [III E7]
- 🛍 **74** Der Senfladen [III E7]
- 🛍 **75** Kaffeerösterei [III E7]
- 🛍 **76** Kommissariat [III E7]
- 🛍 **77** Lesezeichen [III E7]
- 🛍 **78** Pusteblume [III E7]
- 🎬 **93** Filmtheater Schauburg [III E7]
- 🎬 **95** Thalia [III E7]
- 🎵 **101** Blue Note [III E7]
- 🎵 **103** Groove Station [III E7]
- 🎵 **107** Scheune [III E7]
- 🏊 **109** Nordbad [III E7]
- **114** St. Pauli Ruine [III E6]
- 🛏 **119** Hostel Die Boofe [III D6]
- 🛏 **121** Lollis Homestay [III E7]
- 🛏 **122** Louise 20 [III E7]
- 🛏 **123** Mezcalero [III E7]
- 🛏 **124** Mondpalast [III E7]
- 🏨 **125** AHA-Hotel und Boardinghaus [III E7]
- 🏨 **126** Hotel Backstage [III E7]
- 🏨 **128** Hotel Privat [III F7]
- 🏨 **137** Rothenburger Hof [III E7]
- 🏠 **145** Ferienwohnung Neustadt [III E7]

- **42** Kunsthofpassage [E7]
- **43** Alter Jüdischer Friedhof [E7]
- **44** Pfunds Molkerei [E7]

# DRESDEN ENTDECKEN
## Elbschlösser und Elbvororte

# ELBSCHLÖSSER UND ELBVORORTE

*Paradoxerweise sind heute die Dresdner Vororte das eigentliche Dresden, denn außerhalb der Innenstadt blieb am meisten historische Bausubstanz erhalten. Durch das Blaue Wunder verbunden, bilden die einstigen Vororte Blasewitz, Loschwitz und Weißer Hirsch eine Art „zweites Zentrum". Auf dem Weg dorthin, zwischen Äußerer Neustadt und Körnerplatz, lohnt ein Halt bei den Elbschlössern inmitten einer Parklandschaft oberhalb von Weinbergen.*

In Blasewitz, Loschwitz und Weißer Hirsch sowie auch in den stadtauswärts folgenden Stadtteilen von Tolkewitz bis Zschieren und Wachwitz bis Hosterwitz gibt es nur an manchen Stellen geschlossene Straßenzüge. In den alten Dorfkernen blieben noch viele Relikte ländlicher Bauweise erhalten, ob Winzerhäuser oder Dreiseithöfe. Dazwischen prägt lockere Einzelbebauung das Bild und gibt Dresden den **Charakter einer „offenen Landschaftsstadt".**

Vor allem in Blasewitz' großem Villenviertel zwischen Parks, Gärten und Elbwiesen und am Loschwitzer Elbhang gegenüber mit den Villen der feinen Bourgeoisie und üppigen Gärten hinter Jugendstilzäunen lohnt ein Spaziergang, wenn man sich für diese Art historisierender Architektur interessiert. Ende des 19. Jahrhunderts entstanden außerdem **drei technische Denkmäler**: die elegante Hängebrückenkonstruktion des Blauen Wunders und zwei Bergbahnen.

▲ *Blick auf die Elbschlösser in malerischer Elbhanglage*

## Elbschlösser und Elbvororte

## ㊻ SCHLOSS ALBRECHTSBERG, LINGNERSCHLOSS UND SCHLOSS ECKBERG ★★ [H7]

*Dort, wo das Gelände hinter dem Waldsschlösschen ansteigt, reihen sich am Elbhang die drei Elbschlösser aneinander, so genannt, obwohl es eigentlich übergroße klassizistische Villen sind. Alle drei wurden im 19. Jahrhundert errichtet, als sich die reizvolle Weinberglandschaft am Stadtrand immer mehr zum Villenvorort Dresdens entwickelte.*

Wer von den Dresdnern etwas auf sich hielt, besaß oder pachtete einen Weingarten vor der Stadt, und zwar rechtselbisch flussaufwärts. Als **Sommersitz und Statussymbol** waren die Loschwitzer Weinhänge begehrt bei den Adligen der Umgebung und bei der Dresdner Stadtprominenz. Ende des 17. Jahrhunderts gehörten die Flurstücke an der Stelle der drei Schlösser keinen Geringeren als Hofjuwelier *Melchior Dinglinger* und Hofmusikus *Heinrich Schütz*.

Um 1800 kaufte Lord *Jacob Ogilvy*, ein reicher Schotte und der 7. Earl of Findlater, fünf Weingärten auf. Er ließ fast alle

> **KLEINE PAUSE**
> ... mit einem Getränk auf der **Terrasse des Hotelrestaurants Schloss Eckberg** ㉑ ?
> Die Lingnerterrasse ist leider nur im Sommer geöffnet, die Gartenterrasse von Schloss Albrechtsberg nur an Sommerwochenenden.

> **EXTRATIPP**
> *Weingenuss unterhalb der Elbschlösser*
> Die Weinterrassen unterhalb der Elbschlösser bewirtschaftet seit einigen Jahren der Winzer *Lutz Müller*. Im **Kavaliershaus** von Schloss Albrechtsburg besitzt er einen romantischen **Weinkeller**. Im Sommer, von Juli bis September, öffnet er an den Wochenenden eine kleine Straußwirtschaft (15–21 Uhr). Weinseminare, Weinproben und Ferienwohnung auf Anfrage (Tel. 0351 7997071, www.winzer-mueller.de).

Rebstöcke roden und für sich und seinen Lebensgefährten ein Landhaus errichten. Nach seinem Tod wurde das Haus eine beliebtes Lokal, in dem *E.T.A. Hoffmann, Richard Wagner* und *Gottfried Semper* bewirtet wurden. 1852 erwarb es Prinz *Albrecht von Preußen,* der Bruder des späteren Kaisers *Wilhelm I.* Der Schinkel-Schüler *Adolf Lohse* baute für den neuen Hausherrn das imposante **Schloss Albrechtsberg** (1850–54) mit zwei Ecktürmen im Stil einer italienischen Renaissancevilla, ein architektonisches Vorbild war die Villa Medici in Rom.

Ein Spaziergang durch die große, am Hang gestaffelte Parkanlage im englischen Stil bietet nicht nur architektonische Reize wie das Römische Bad mit Wasserbecken und Wasserbühne unterhalb der Villa, sondern auch einen wunderschönen Blick auf die Elbe und das Blaue Wunder ㊶. Seit 1925 gehört das Schloss der Stadt Dresden. Hier finden **Tagungen, Bälle und Konzerte** statt und die Kurse einer Jugendkunstschule, im Sommer auch im Park. Im Torhaus gibt es eine Ausstellung zur Familienchronik Prinz *Albrechts,* das Schlossinnere mit Kronensaal, Salons und Türkischem Bad kann man leider nur bei Veranstaltungen erleben.

Die benachbarte Villa Stockhausen, ebenfalls Eigentum der Stadt Dresden, ließ sich Mitte des 19. Jahrhunderts der

## DRESDEN ENTDECKEN
### Elbschlösser und Elbvororte

Hofmarschall des Prinzen *Albrecht von Preußen* erbauen, selbstverständlich in bescheideneren Ausmaßen, aber ebenfalls nach Entwürfen von *Lohse*. Heute wird es nach seinem späteren Besitzer *Karl August Lingner* auch **Lingnerschloss** genannt, der das Anwesen 1906 erwarb. Der Odol-Fabrikant und Stifter des Hygiene-Museums (siehe Exkurs) vermachte die Villa nach seinem Tod der Stadt. Die Sanierung des lange vernachlässigten Bauwerks steht an. Unterhalb des Lingnerschlosses ist am Elbhang ein terrassierter Weinberg (wieder) aufgerebt.

Das dritte Schloss im Bunde, die ehemalige Villa Souchay, ließ der englische Kaufmann *John Daniel Souchay* um 1860 im neogotischen Tudorstil erbauen. Als **Schloss Eckberg** ist es heute ein luxuriöses Hotel [21].

› Haltestelle: Wilhelminenstraße oder Schloss Albrechtsberg, www.schloss-albrechtsberg.de, www.lingnerschloss.de

**EXTRATIPP**

Die angrenzende **Dresdner Heide**, ein 50 km² großes Waldgebiet im Nordosten der Stadt, ist eines der Naherholungsgebiete der Dresdner. Von der Fläche entspricht sie etwa einem Sechstel des Stadtgebiets!

Den **besten Blick auf die drei Elbschlösser** am gegenüberliegenden Hang, auch zum Fotografieren, hat man vom Blasewitzer Käthe-Kollwitz-Ufer [H8] aus. Besonders schön ist der Blick abends, wenn die Bauwerke angestrahlt werden.

▶ *„Odolkönig" Karl August Lingner*

### ㊼ BLASEWITZ ★★ [I8]

*Der hübsche Vorort Blasewitz, direkt an der Elbe und am Blauen Wunder gelegen, ist quasi ein Freilichtmuseum bürgerlicher Villenarchitektur. In der zweiten Hälfte des 19. Jahrhunderts bis etwa zum Ersten Weltkrieg entwarfen teilweise namhafte Architekten hier für reiche Dresdner ein vielfältiges Stilgemisch an prächtigen Häusern – die Bauvorschriften machten zur Auflage, dass jede Villa anders auszusehen habe.*

Noch um 1800 war Blasewitz nur ein kleines Dorf an einer Elbfurt mit gerade mal knapp 40 Häusern und Höfen. Der Aufschwung der Villenarchitektur begann in den 1860er-Jahren, als viele wohlhabende Familien auch aus anderen Regionen Deutschlands und sogar aus dem Ausland nach Dresden zogen. Der großbürgerliche Stil hat reizvolle Mischungen von Jugendstil, Klassizismus, Neobarock und -renaissance hervorgebracht, die **Stilvielfalt der Villen** spiegelt den zeitgenössischen Geschmack. Hier gibt es teilweise noch üppigere Wohnschlösser als in den gegenüberliegenden Orten Oberloschwitz und Weißer Hirsch, wenn auch nicht in so einzigartiger Hanglage.

Dafür ist es sicher der **grünste Stadtteil Dresdens.** Neben dem Blasewitzer Waldpark, einer ruhige Parkanlage inmitten des Stadtteils, tragen die großen Villengrundstücke und Gärten mit alten Bäumen das Ihre dazu bei. Der **Schillerplatz** [I8] ist das kleine Einkaufszentrum des Stadtviertels, außer dem Shoppingcenter Schillergalerie haben sich rundherum viele weitere Läden angesiedelt. Außerdem findet dienstags, donnerstags und samstags ein Wochenmarkt vor dem Schillergarten statt.

# DER ODOLKÖNIG – KARL AUGUST LINGNER

*Gründer des Hygiene-Museums war Karl August Lingner, der mit seinem Mundwasser reich gewordene „Odol-König". Das Ziel des **medizinischen Autodidakten** war es, die Menschen umfassend über Gesundheitsvorsorge aufzuklären. Er selbst kam aus einfachen Verhältnissen, hatte eine Drogistenlehre gemacht und in anderen Branchen gearbeitet, bevor er mit dem antiseptischen Mundwasser schwerreich wurde. Genial war weniger die Erfindung als die Vermarktung: Lingner entwickelte die charakteristische Verpackung (die Seitenhalsflasche, bis heute im Handel), schaltete witzige Anzeigen und förderte aktiv die Nachfrage – Odol gilt daher als der erste Markenartikel.*

*1911 initiierte der Volksaufklärer in Dresden die **erste Hygiene-Ausstellung mit thematischen Bereichen** wie Kurorte und Bäder, Nahrungsmittel, Körperpflege, Kraftmaschinen u. a. Als genialem Organisator gelang es ihm, bedeutende Wissenschaftler für sein Projekt zu verpflichten und als ebenso genialer Marketingmann plante er auf dem Gelände von Anfang an auch Vergnügungsstätten wie eine Rodelbahn, eine Kegelhalle und einen Tanzsaal sowie Cafés und Restaurants. Das Konzept ging auf, die Menschen standen Schlange, um seine Ausstellung zu sehen. Mehr als fünf Millionen Besucher in sechs Monaten!*

*Mit den Einnahmen sollte eine ständige Ausstellung eingerichtet werden, doch das Vermögen fiel der Inflation zum Opfer. 1916 starb Lingner im Alter von 56 Jahren; das Hygiene-Museum konnte erst 1930 eröffnet werden. Noch miterlebt hatte er die **Gründung der Werkstätten** 1912. Hier wurden Schautafeln und Modelle als Informationsmaterial für Schulen, Universitäten und Wanderausstellungen gefertigt. Hier entstand auch eine der Hauptattraktionen des Hygiene-Museums: der „Gläserne Mensch". Das Objekt zeigt Organe, Muskeln, Blutbahnen und Nervensystem, Haut und Fleisch sind aus durchsichtigem Material. Mehr als 100 gläserne Männer und Frauen wurden in Dresden hergestellt, u. a. eine gläserne Frau für das New York Museum of Science und auch einige gläserne Pferde und Kühe.*

*Mindestens eine **Schwäche** hatte dieser vorbildliche Mensch wohl dennoch: Als „Emporkömmling" wurde ihm der Neid der Zeitgenossen und die Herablassung adliger Kreise entgegengebracht. Trotz seines aufklärerischen Engagements für die Gesundheitsvorsorge breiter Bevölkerungsschichten und seiner großzügigen Förderung der Künste war er zu Lebzeiten nicht überall wohlgelitten.*

## DRESDEN ENTDECKEN
*Elbschlösser und Elbvororte*

### ㊽ JOHANNISFRIEDHOF ★★ [J10]

*Der Friedhof in Tolkewitz ist ein interessantes Zeugnis der Gründerzeit mit einem Krematorium im Jugendstil, einem Urnenhain und vielen Gräbern Dresdner Prominenter.*

Auf dem Tolkewitzer Johannisfriedhof fanden Dresdner Prominente (u. a. die Oberbürgermeister *Friedrich Wilhelm Pfotenhauer*, *Otto Beutler* und *Bernhard Blüher*, die Sängerin *Eva Plaschke-von der Osten* und der Gründer des Volkskunstmuseums *Otto Seyffert*), unzählige Opfer der Luftangriffe und Widerstandskämpfer ihre letzte Ruhestätte. 1881 eröffnet und mit knapp 25 ha bis in die 1930er-Jahre der größte Dresdner Friedhof, beeindruckt der Johannisfriedhof heute durch seine **verwunschene, zum Teil verwilderte Anlage.**

Besonders auffallend sind der Urnenhain und die Ende des 19. Jahrhunderts durch *Paul Wallot* geschaffene historisierende Kapelle mit großer Kuppel sowie das feierlich-monumentale **Krematorium**, das 1909–11 im späten Jugendstil erbaut wurde: Eine symmetrisch gestaltete Anlage mit Kreuzgängen, Feierhalle und Wasserbecken, die zu ihrer Zeit stilprägend war.

› Wehlener Str., Haltestelle: Schlömilchstraße, Jan. u. Dez. 8–16.30 Uhr, Febr. u. Nov. bis 17 Uhr, März u. Okt. bis 18 Uhr, April u. Sept. bis 19 Uhr, Juni–Aug. bis 20 Uhr, www.johannisfriedhof-dresden.de

---

**EXTRATIPP**

*Prominente auf anderen Friedhöfen*
Berühmte Persönlichkeiten, die auf dem **Trinitatisfriedhof** [F8] in der Johannstadt (Fiedlerstr.) begraben wurden, sind die Maler *Carl Gustav Carus* und *Caspar David Friedrich*, der Bildhauer *Ernst Rietschel*, *Paul Pfund*, der Inhaber von Pfunds Molkerei, und *Wilhelmine Schröder-Devrient*.

Bedeutende Persönlichkeiten, die auf dem **Eliasfriedhof** [E8] bestattet wurden, sind der Maler *Johann Christian Dahl* und *Johanne Justine Renner*, geb. *Segedin*, Vorbild für die Gustel von Blasewitz im Schillerschen Drama „Wallensteins Lager" (Ziegelstr., www.eliasfriedhof-dresden.de).

---

◀ *Jugendstil-Krematorium auf dem Johannisfriedhof*

## DRESDEN ENTDECKEN
*Elbschlösser und Elbvororte*

### ㊾ WEISSER HIRSCH ★★ [J7]

*Der Villenort am Hang, Wohnsitz wohlhabender Bürger, lädt zum Spaziergang ein und bietet eine phantastische Aussicht auf Dresden und das Elbtal, von der Bergstation der Standseilbahn etwa oder vom Ausflugslokal Luisenhof.*

Der Name des Stadtteils kam vermutlich recht schlicht zustande und geht auf den Namen eines ehemaligen Gasthauses am Rand der Dresdner Heide zurück. Weit über Dresden hinaus bekannt wurde der Ort vor rund 100 Jahren: Gegen Ende des 19. Jahrhunderts begründete der junge Arzt *Heinrich Lahmann* hier ein **Sanatorium**, in dem er mit Rohkost, Bewegung, viel frischer Luft und Naturheilkunde seine zivilisationsgeschädigten Wohlstandspatienten kurierte. Dank der Lage zwischen Dresdner Heide und der Elbniederung bot der Weiße Hirsch mit seiner ozonreichen Luft ein ideales Heilklima und wurde später auch als Luftkurort anerkannt.

Europaweit bekannt, lockte das Kurbad bald auch vornehme Gäste aus Russland und Skandinavien, Holland, England und Polen an, die dem Ort ein **mondänes Gepräge** gaben. Selbst Japaner und andere Gäste aus Übersee fanden den Weg in Dresdens Vorort, um sich naturheilkundlich behandeln zu lassen. Um 1928 bestand allein das Sanatorium von *Lahmann* aus 30 Häusern mit 350 Mitarbeitern. Zahlreiche kleinere Kuranstalten, Gasthöfe und Vergnügungsstätten siedelten sich ringsherum an, Hausärzte von *Lahmanns* Institut machten sich mit eigenen Kliniken selbstständig. Ein Schwimmbad, Tennisplätze, eine Reitschule und andere Sportstätten kamen hinzu.

Der Sommertreffpunkt von Hocharistokratie, Großbürgertum und Künstlern zog auch reiche Dresdner an, die sich hier **noble Villen im Grünen** errichten ließen. *Hugo Zietz,* der Gründer der Zigarettenfabrik Yenidze ⓴, ließ sich 1912 eine Villa mit Fachwerk und Jagdmotiven in der Straße Am Hochwald bauen. Der Kamerahersteller *John Noble* erwarb 1937 ein Anwesen mit Turm in der Bergbahnstraße 12 und der Küchenfabrikant *Eschebach* residierte in einem Villendomizil am heutigen Lahmannring.

1921 wurde der Weiße Hirsch eingemeindet, mit 226 m über dem Meeresspiegel ist er übrigens Dresdens **höchstgelegener Stadtteil**. Im Gegensatz zur Innenstadt blieb er von Bomben verschont. Nach 1949 wurden zum Teil Wohnheime für Kinder und Jugendliche eingerichtet, doch auch in der DDR blieb der Vorort **Wohnviertel der Bessergestellten.** Auch der zweite sächsische Ministerpräsident *Max Seydewitz* lebte hier, ebenso wie Volkskammerpräsident *Johannes Dieckmann* und General *Friedrich Paulus.*

Der dänische Dichter *Martin Andersen Nexø* (1869–1954) verbrachte in Dresden die letzten Jahre seines Lebens, die Stadt verlieh ihm die Ehrenbürgerschaft. Schon seine erste Deutschlandreise in jungen Jahren hatte ihn in die Elbestadt geführt und auch seine erste autorisierte deutsche Übersetzung erschien schon 1902 in einem Dresdner Verlag. Zunächst in Radebeul einquartiert, bezog der Schriftsteller 1952 ein Wohnhaus in der Collenbuschstr. 4 auf dem Weißen Hirsch. Bekannt wurden vor allem seine Bücher „Pelle der Eroberer" und „Ditte Menschenkind".

Ein weiterer prominenter Anwohner war Baron *Manfred von Ardenne* (1907–

## DRESDEN ENTDECKEN
*Elbschlösser und Elbvororte*

1997), der schon mit fünfzehn Jahren die erste einer langen Reihe von Erfindungen machte. Der technisch begabte Physiker war an der Entwicklung der russischen Atomwaffen beteiligt und kam 1955 aus der Sowjetunion in die DDR zurück. Anfang der 1960er-Jahre zog er in die massige Villa Meissner (gleich neben dem Ausflugslokal Luisenhof 14) und ließ sich im Garten ein kleines Planetarium bauen. In Dresden leitete der berühmte und vielfach geehrte Wissenschaftler ein eigenes Institut für Elektronen-, Ionen- und Kernphysik, das einzige private der DDR. Später erlangte der „rote" Baron auch mit einer Krebstherapie Aufmerksamkeit. Seine Großmutter war übrigens das Vorbild für *Fontanes* literarische Frauenfigur Effi Briest.

Jahrzehntelange Mangelwirtschaft hatte aber die hochherrschaftlichen Anwesen bröckeln lassen. Nach der Wende waren **Verfall und Luxussanierung** noch unmittelbar nebeneinander zu beobachten, aber unaufhaltsam scheint sich der Stadtteil zu Dresdens Nobelviertel zu entwickeln. Vor allem in der steil ansteigenden Plattleite wohnt, wer es zu etwas gebracht hat. Inzwischen sind fast alle der rund 200 unter Denkmalschutz stehenden Villen restauriert, doch einige stehen auch leer.

Ein Spaziergang von der Bergstation der Standseilbahn 53 beispielsweise vermittelt einen Eindruck von dem **einzigartigen Reiz dieser Wohnlage** auf dem „Dach Dresdens". Eine kleine Runde führt etwa durch Plattleite (in Nr. 38 wohnte einige Jahre der in der DDR vielgelesene Schriftsteller *Ludwig Renn*), Zeppelinstraße (mit der Ardenne-Villa, Nr. 7), Wolfshügelstraße, Collenbuschstraße (mit dem Nexö-Haus, Nr. 4) und zurück durch den Rißweg. Im Haus Rißweg Nr. 68 wohnte 1910 *Oskar Kokoschka.*

› Haltestelle: Körnerplatz, Tal- und Bergstation der Standseilbahn oder Plattleite

### 50 LOSCHWITZ ★★ [I8]

*Dank seiner landschaftlich reizvollen Lage zwischen Elbhängen und Flussniederung ist Loschwitz schon rund zwei Jahrhunderte lang einer der beliebtesten und schönsten Stadtteile Dresdens.*

Um 1800 war Loschwitz noch ein kleines Dorf – an der Friedrich-Wieck-Straße stehen puppenhaus-zierliche Fachwerkhäuser, die noch aus der Zeit stammen, als hier Handwerker und Tagelöhner in den Weinbergen lebten, Feld- und Waldarbeiter, Treidelknechte und Jagdtreiber, die im Nebenerwerb Obst, Feldfrüchte und Wein in den Gärten anbauten. Von den Dorfbewohnern hatten nur wenige einen eigenen Weinberg, aber viele arbeiteten als Winzer in den herrschaftlichen Weingütern. „Alles hier herum wimmelt von Weinbergen, Landhäuschen und Gütern", schrieb *Friedrich Schiller* 1785. Die **ländliche Idylle** mit Fischer-, Winzer- und Bauernhäuschen, ein paar verstreuten Sommerresidenzen, Wassermühlen im Loschwitzgrund, Weinbergen und dem weiten Blick ins Elbtal bildet das Motiv zahlloser Bilder. Der Maler *Ludwig Richter,* der hier ab 1852 an die dreißig Sommer verbrachte, äußerte sich in seinen Briefen geradezu hymnisch: „O Gott, wie herrlich ist hier von meinem Plätzchen auf dem Berge die weite Gegend! So himmlisch schön, so sinnlich

▶ *Der idyllische Elbvorort Loschwitz mit seinen Galerien und Geschäften*

## DRESDEN ENTDECKEN
*Elbschlösser und Elbvororte*

schön! Der blaue tiefe Himmel, die weite grüne Welt ...".

Auch heute noch kann sich hier dies heiter-beschwingte Lebensgefühl einstellen. Damals allerdings war Loschwitz noch von Weingärten geprägt, im 19. Jahrhundert wurde einer nach dem anderen verkauft und dem Villenbau geopfert. 1818 hatte Loschwitz 700 Einwohner, 1855 schon 2079 – das Dorf entwickelte sich zum begehrten **Bauplatz für wohlhabende Dresdner**. Feudale Landhäuser, italienische Palazzi, englische Tudorvillen, Alpenhaus-Architektur oder deutsche Neorenaissance mit Erkern, Giebeln und Türmchen belegen die Vielfalt der Baustile. Vermögende Bankiers und Fabrikanten und alter Adel lebten durchaus in Harmonie mit den Loschwitzer Dorfbewohnern und auch Künstler fühlten sich nach wie vor von der romantischen Hanglandschaft angezogen.

Seit der Wende hat sich auch Loschwitz zum **beliebten Wohngebiet** entwickelt, Oberloschwitz bietet eine ähnlich schöne (und teure) Hanglage wie der Weiße Hirsch. Ein Juniwochenende lang wird hier gemeinsam mit den rechtselbischen Orten bis zur Stadtgrenze in Pillnitz das **Elbhangfest** gefeiert (siehe „Zur richtigen Zeit am richtigen Ort").

Vom Körnerplatz [18] (benannt nach *Christian Gottfried Körner,* der nicht weit von hier wohnte) lohnt ein Spaziergang entlang der Galerien, Keramik- und Antiquitätengeschäfte in der Friedrich-Wieck-Straße bis hinunter zum Elbufer und zum Fährgut aus dem 17. Jahrhundert. Hier wurde das **ländlich-beschauliche Dresden restauriert** und die **Biergärten** im Schatten des Blauen Wunders 51 gehören zu den Lieblingsplätzen der Einheimischen (die man sofort auch als eigene annektiert). Das Buchhaus Loschwitz [13]

## DRESDEN ENTDECKEN
*Elbschlösser und Elbvororte*

ist nicht nur für Dresden-Literatur zu empfehlen, an der Nr. 10 erinnert eine Gedenktafel an *Friedrich Wieck,* den Vater von *Clara Schumann,* der hier von 1840 bis 1873 lebte. Hinter den Lokalen Körnergarten 3 und Elbegarten 4 kann man über eine Treppe auf die Hängebrücke hinaufgelangen.

Wer dagegen einen Abstecher zum **Leonhardi-Museum** 1 in einem reich bemalten, „altdeutschen" Fachwerkhaus machen möchte, dreht wieder um und geht ein Stück die (befahrene) Grundstraße entlang.

### 51 BLAUES WUNDER ★★ [I8]

*Die 1893 in Betrieb genommene stählerne Hängebrücke ist eine echte Berühmtheit. Sogar eine eigene Sondermarke der Post bekam das Blaue Wunder im Jahr 2000. Rund 141 m lang spannt sie sich von Loschwitz nach Blasewitz.*

Für die **Herkunft ihres Namens** gibt es verschiedene Geschichten oder wohl eher Legenden – sie sei ursprünglich grün gestrichen worden, der gelbe Farbanteil aber nicht lichtecht gewesen und so schnell verblichen, dass nur das Blau übrig blieb. So könne man sein blaues Wunder erleben!

Zu ihrer Zeit war die 3500 t schwere Stahlkonstruktion jedenfalls eine **technische Meisterleistung:** die erste Brücke ohne Strompfeiler in Europa. Nach einer Belastungsprobe mit Fuhrwerken und Kutschen, Dampfwalzen und Straßenbahnen mit einem Gesamtgewicht von 157 Tonnen wurde sie 1893 schließlich für den Verkehr freigegeben. In den 1930er-Jahren wurden die Gehwege an den Seiten angefügt.

› Haltestelle: Schillerplatz oder Körnerplatz

### 52 SCHILLERHÄUSCHEN ★ [I8]

Zwei Jahre blieb der junge *Schiller* in Dresden, von September 1785 bis Juli 1787, als Gast von *Christian Gottfried Körner* (1756–1831). Dieser hatte 1785 ein Weinberggrundstück im Dorf Loschwitz erworben. Das zweigeschossige Gebäude in idyllischer Lage ist noch erhalten und eines der ältesten Landhäuser der Gegend – hier verbrachte man die Sommer. Am oberen Ende des Grundstücks stand ein würfelförmiger Pavillon: das **ehemalige Weinpressenhaus** und spätere Schillerhäuschen.

Am „Don Carlos" arbeitete der Dichter hier und an den Erzählungen „Der Verbrecher aus verlorener Ehre" und „Der Geisterseher". Die Wirtstochter *Justine Segedin* setzte er als Marketenderin *Gustel von Blasewitz* in seinem Drama „Wallensteins Lager" ein literarisches Denkmal. Auch nach seiner Übersiedlung nach Weimar blieb er *Körner* freundschaftlich verbunden, der 1812/15 die erste Gesamtausgabe der Werke *Schillers* besorgte. Dieser hat ihn 1792 und 1801 nochmals für einige Wochen in Dresden besucht. In dem kleinen Museum (Eintritt frei) dokumentieren **Bilder und Handschriften** die Dresdner Zeit *Schillers* im Freundeskreis um *Körner.*

› Schillerstr. 19, Haltestelle: Körnerplatz, Ostern–Sept. Sa., So. 10–17 Uhr, www.museen-dresden.de, www.stmd.de, Eintritt frei

▶ *Aus der Loschwitzer Schwebebahn bietet sich dem Fahrgast ein toller Blick auf das Blaue Wunder und ganz Dresden*

# DRESDEN ENTDECKEN
## Elbschlösser und Elbvororte

### 53 STANDSEILBAHN UND BERGSCHWEBEBAHN ★ ★ [I8]

*Zwei Bergbahnen führen von Loschwitz hinauf auf die Elbhänge. Beide, die Standseilbahn wie die Bergschwebebahn, waren zu ihrer Erbauungszeit technisch gewagte Ingenieursstücke.*

Vom Körnerplatz in Loschwitz bzw. neben der Kirche ersparen die Bergbahnen den mühevollen Aufstieg auf die Höhe. Die mehrfach modernisierte **Standseilbahn**, eine der ältesten Europas, verbindet seit 1895 die Talstation in Loschwitz mit dem Villenviertel Weißer Hirsch 49. In der Mitte der eingleisigen Strecke begegnen sich die beiden Wagen, der Höhenunterschied beträgt 95 m. Von der Ausflugsgaststätte „Luisenhof" 14 direkt gegenüber der Bergstation bieten schon Panoramafenster und eine Terrasse einen phantastischen Blick auf Dresden und das Elbtal. Überdies besitzt das Lokal aber noch einen kleinen Turm, den man gegen einen Obolus von einem Euro besteigen kann.

Die **Schwebebahn** auf der gegenüberliegenden Seite des Nebentals (durch das die Straße hinauf nach Bühlau führt) ist die älteste ihrer Art und wurde 1901 in Betrieb genommen. An einem Traggerüst schwebt jeweils ein Wagen hinauf oder hinunter, für die rund 84 m Höhenunterschied zwischen Loschwitz und Oberloschwitz benötigt die Bahn etwa vier Minuten.

› **Fahrzeiten:** Seilbahn tgl. etwa 8–20.30 Uhr, Schwebebahn Mo.–Fr. 10–18 Uhr, Sa. u. So. bis 20 Uhr, beide alle 15 Minuten, Fahrscheine: Einzelfahrt 3 € (ermäßigt 2 €), Berg- und Talfahrt 4 €, (ermäßigt 2,50 €, Familien 10 €)

› **Haltestelle:** Körnerplatz, www.dvbag.de, www.dresden-loschwitz.de

# DICHTER IN DRESDEN

*Friedrich Schiller (1759-1805) lebte von 1785 bis 1787 in Dresden und hat auch namentlich Spuren hinterlassen, das Schillerhäuschen 52 in Loschwitz und den Schillergarten 3 in Blasewitz am Schillerplatz, direkt am Blauen Wunder. Der Dichter kam gerne in den Vorläufer, die Fleischersche Schenke, und setzte der Wirtstochter Auguste Segedin in „Wallensteins Lager" ein literarisches Denkmal: „Potz Blitz! Das ist ja die Gustel von Blasewitz!" Christian Gottfried Körner (1756-1831), Rat am Oberappellationsgericht in Dresden, hatte den Dichter eingeladen wie auch andere illustre Gäste: Mozart und Goethe, Tieck und die Schlegel-Brüder, die Humboldt-Brüder, Herder und Arndt. Im Körnerschen Gartenhäuschen in Loschwitz vollendete Schiller den „Don Carlos" und schrieb die „Ode an die Freude". Ein Denkmal vor der Semperoper, geschaffen von dem Dresdner Bildhauer Ernst Rietschel, erinnert an den Dichter.*

*Wilhelm von Kügelgen (1802-1867) war eigentlich Maler und Kammerherr, doch seine „Jugenderinnerungen eines alten Mannes" gehören zu den bekanntesten Memoiren des 19. Jahrhunderts. Da im Hause seines Vaters, des Malers Gerhard Kügelgen, viele Künstler zu Gast waren, skizziert sein Buch auch ein Stück Dresdner Kulturgeschichte.*

*E. T. A. Hoffmann siedelte die Handlung des fantastischen Märchens „Der Goldene Topf" in Dresden an. Er selbst war als Kapellmeister nur ein halbes Jahr in der Elbestadt, im Sommer 1813. In den zwei Jahren (1809), die Heinrich von Kleist (1777-1811) in der Stadt wohnte, schrieb er Stücke wie „Penthesilea", „Käthchen von Heilbronn" und die Novelle „Michael Kohlhaas". Ludwig Tieck (1773-1835) versammelte bei seinen Vorleseabenden in seinem Wohnhaus am Altmarkt Gleichgesinnte um sich und fesselte seine Zuhörer durch sein mimisches Talent. Seit 1824 arbeitete er als Dramaturg in Dresden und brachte neben Goethes „Faust" und Stücken von Kleist ein Dutzend Shakespeare-Dramen auf die Bühne.*

*Theodor Fontane (1819-1898) arbeitete in der Salomonis-Apotheke am Neumarkt, seine Ausbildung zum Apotheker hatte er in Berlin und Leipzig gemacht. 1842 heuerte er bei Dr. Gustav Struve an, dessen Vater durch die Erfindung des künstlichen Mineralwassers international bekannt geworden war: „Struve galt für absolute Nummer 1 in Deutschland, ich möchte fast sagen in der Welt, und verdiente diesen Ruf auch. Ich verbrachte da ein glückliches Jahr."*

*Mit rund 6000 anderen polnischen Emigranten kam Józef Ignacy Kraszewski (1812-1887) 1862 nach Dresden, um der drohenden Deportation nach Sibirien zu entgehen. Der auch außerhalb seiner polnischen Heimat bekannte Romancier Historiker und Publizist verfasste allein in Dresden rund 80 Bücher, insgesamt soll das Werk des produktiven Autors rund 600 Bände umfassen. Für Dresden-Besucher ist vor allem die sogenannte Sachsen-Trilogie interessant mit den historischen Romanen „Gräfin Cosel", „Brühl" und „Aus dem Siebenjährigen Krieg".*

## DRESDEN ENTDECKEN
### Dichter in Dresden

1869-1871 lebte **Fjodor Dostojewski** (1821-1881) in Dresden, zuvor war er schon mehrmals zu Besuch gewesen. Hier wurde seine Tochter Ljubov geboren, hier schrieb er seinen Roman „Der ewige Gatte" und das berühmte Werk „Die Dämonen". Die Tagebücher seiner Frau Anna (ins Deutsche übersetzt unter den Titeln „Die Reise in den Westen" und „Erinnerungen") halten ihre Eindrücke von Deutschland und den Alltag der Familie in Dresden fest. Fast zur gleichen Zeit, 1868-1875, lebte auch **Henrik Ibsen** (1828-1906) in Dresden. Er hatte 1864 ein Stipendium für eine Studienreise ins Ausland erhalten und blieb fast 30 Jahre weg, außer an der Elbe war er auch in München und Rom.

Den Dresdner Alltag zur Hitlerzeit hat **Victor Klemperer** (1881-1960) in seinen Tagebüchern sehr eindringlich festgehalten, die unter dem Titel „Ich will Zeugnis ablegen bis zum letzten" erschienen. Ab 1933 war der Romanistikprofessor jüdischer Herkunft zunehmenden Drangsalierungen ausgesetzt. Der Terror gegen Juden im Dritten Reich zwang auch ihn erst aus dem Amt, dann aus seinem Haus. In einer erschütternden Schicksalswendung retteten ihm ausgerechnet die Luftangriffe im Februar 1945 das Leben: Er sollte einen Tag später deportiert werden - im Chaos konnte er untertauchen.

Eine Autorin, die das Kriegsende und die Nachkriegsjahre in Dresden erlebte, ist die 1937 geborene **Helga Schütz**. Schauplatz fast all ihrer Romane und Erzählungen ist Dresden. Ihre beiden Romane „Jette in Dresden" (in Westdeutschland unter dem Titel „Mädchenrätsel" erschienen) und „Julia oder Erziehung zum Chorgesang" sind eine Art literarische Chronik des Alltags in der zerstörten Stadt und der Anfänge des Sozialismus.

Der junge amerikanische Kriegsgefangene **Kurt Vonnegut** (1922 geb.) wurde Anfang 1945 in einer Halle des Schlachthofs an der großen Elbschleife inhaftiert. Hier überlebte er das Inferno der Bombardierung. Mit seinem Roman „Slaughterhouse 5", der 1969 erschien und zum Kultbuch wurde, machte er Dresden auch in den USA bekannt.

Der Lyriker **Durs Grünbein** (1962 geb.) wurde in Dresden geboren, das alte Dresden hat er nicht mehr kennengelernt. In seinem Essay „Chimäre Dresden" schrieb er 1995: „Dort bin ich geboren, und es brauchte viel List, da herauszukommen." Seit langen Jahren lebt er in Berlin, doch wie Joseph Brodsky Sankt Petersburg betrachtet Grünbein seine Geburtsstadt als geistige und ästhetische Hypothek, deren Echo ihn überall heimsucht. Immer wieder hat er sich mit seiner Heimatstadt literarisch auseinandergesetzt und auch als Nachgeborenem erscheint ihm das „Barockwrack an der Elbe" als Chiffre für Verlust und Verschwinden.

Ebenfalls in Dresden geboren ist **Uwe Tellkamp** (geb. 1968), dessen Buch „Der Turm" 2008 mit dem Deutschen Buchpreis ausgezeichnet wurde. In seiner „Geschichte aus einem versunkenen Land" erzählt der Autor auf knapp 1000 Seiten vom Niedergang der DDR.

## 54 LOSCHWITZER KIRCHE UND LOSCHWITZER FRIEDHOF ★ [J8]

Anfang des 18. Jahrhunderts entstand die **weißrosa Kirche** als barocker Zentralbau. Beauftragt wurden Ratsmaurermeister *Johann Christian Fehre* und Ratszimmermeister *George Bähr*, der spätere Baumeister der Frauenkirche ㉓. Beim Luftangriff auf Dresden im Februar 1945 brannte die Kirche bis auf die Umfassungsmauern nieder. Erst 1989 stimmte das Landeskirchenamt Sachsen dem Wiederaufbau zu, viele private Spender unterstützten dabei. 1994 wurde die Kirche, die als **kleine Schwester der Frauenkirche** gilt, zum zweiten Mal geweiht.

Die Rekonstruktion des **Altars** war nicht möglich, aber es lagerten in Dresden noch Teile eines berühmten Altars, den *Giovanni Maria Nosseni* 1606–07 für die abgerissene Sophienkirche entworfen hatte. In einer aufwendigen Rekonstruktion wurden alle noch erhaltenen Teile wieder zusammengefügt. Seit 2002 steht der „neue" Altar im Kirchenraum, als wäre er hierfür geplant gewesen (www.loschwitzer-kirche.de).

Der **Friedhof** steht unter Denkmalschutz, denn viele Grabmäler wurden von Loschwitzer Künstlern für ihre Kollegen geschaffen. Mehr als 30 Maler und Bildhauer sind hier begraben, zu entdecken ist beispielsweise das Grab des Malers *Eduard Leonhardi* mit einem anklopfenden Pilger (siehe auch Leonhardi-Museum ①). Eine schlichte Stele mit einem „G" erinnert an *Hermann Glöckner,* den „Patriarchen der modernen Kunst der DDR". Weitere hier begrabene Maler, Musiker, Dichter und auch Architekten sind *Otto Griebel, Joseph Hegenbarth, Woldemar Hottenroth, Hans Jüchser, Hans Theo Richter, Hans Unger* und *Oskar Zwintscher.*

› Haltestelle: Künstlerhaus

## 13 EINKAUFEN

- **84** [I8] **Buchhaus Loschwitz,** Friedrich-Wieck-Straße 6, Loschwitz, Di.–Fr. 10–18, Sa. 10–14, So. 11–16 Uhr, Haltestelle: Körnerplatz. Kleine Buchhandlung in hübsch restauriertem Fachwerkhaus. Schwerpunkte sind Belletristik, Kinderbuch, Regionalia und das Programm der Büchergilde Gutenberg. Das **Kulturhaus Loschwitz** gleich nebenan gehört ebenfalls den beiden Buchhändlern *Susanne Dagen* und *Michael Bormann.* Hier finden Lesungen, Buchpräsentationen, Konzerte und Diskussionsreihen statt. Eine Mischkalkulation aus Eigenveranstaltungen und Vermietungen finanziert das Konzept.
- **85** [I8] **Café Toscana,** Schillerplatz 7, Blasewitz, Mo.–Sa. 9–19, So. 11–19 Uhr, Haltestelle: Schillerplatz. Café und Konditorei mit gerühmter Tortenauswahl und feinen Pralinen.
- **86** [I8] **Keramik am Körnerplatz,** Friedrich-Wieck-Straße 7, Loschwitz, Di.–Fr. 10–18.30 Uhr, Sa. 10–14, So. 11–16 Uhr, www.keramik-am-koernerplatz.de, Haltestelle: Körnerplatz. Keramik, u. a. Geschirr-Entwürfe der bekannten Keramikerin *Hedwig Bollhagen.*

---

**KLEINE PAUSE**

Der **Obere Gasthof** ③ in Niederpoyritz tut ganz unauffällig. Dabei gibt es hier hervorragende ungarische Gerichte, der Koch hat sein Handwerk bei wirklich exzellenten Profis gelernt. Im Sommer auf der Terrasse, im Winter im Raucher- oder Nichtraucherraum.

## 14 KULINARISCHES

○87 [I8] **Demnitz Elbegarten,** Friedrich-Wieck-Str. 18, Loschwitz, Tel. 0351 2106443, www.elbegarten.de, Mai–Sept. Mo.–Fr. 12–23 Uhr, Sa., So. 11–23 Uhr, Haltestelle: Körnerplatz. Großer Biergarten (400 Plätze) unter Kastanien direkt unterhalb des Blauen Wunders. Einfach und preisgünstig, mit Selbstbedienung.

○88 [K10] **Erbgerichtsklause,** Pillnitzer Landstr. 170, Niederpoyritz, Tel. 0351 2632363, Mo.–Fr. ab 18 Uhr, Mai–Sept. auch Mo.-Fr. 11–14.30 Uhr, Sa., So. ab 12 Uhr, Haltestelle: Moosleite. Kleiner lauschiger Biergarten an der Elbe am Ortseingang von Niederpoyritz und an der Fähre nach Tolkewitz.

○89 [J10] **Gare de la Lune,** Pillnitzer Landstr. 148, Wachwitz, Tel. 0351 2678554, www.gare-de-la-lune.de, Mo.–Fr. ab 16 Uhr, Sa. ab 15 Uhr, So. ab 9 Uhr, Haltestelle: Altwachwitz. Ein Biergarten wie aus alter Zeit mit herrlichem Blick auf die Elbe. Einst hatte das Lokal den schönen Namen „Ehlichs Dampfschiffrestaurant". Schöne Streuobstwiese mit ein paar Kastanienbäumen und ein paar Strandkörben, nur sonntags schon zum Frühstück. Im Ballsaal Tangonächte u. a.

◐90 [J8] **Luisenhof,** Bergbahnstr. 8, Bühlau, Tel. 0351 2149960, www.luisenhof.org, Mo.–Sa. 11–1, So. 10–24 Uhr, Haltestelle: Körnerplatz/Bergstation der Standseilbahn oder Plattleite. Traditionsreiches Ausflugsrestaurant und -café hoch über dem Blauen Wunder, das im selben Jahr wie die Bergbahn eröffnete (1895). Nachmittags werden zum Kaffee Kuchen und Torten aus eigener Produktion serviert, sonntags gibt es Brunch von 10 bis 15 Uhr. Auf den Turm kann man gegen eine geringe Gebühr hochklettern, dann ist der Blick vom „Balkon Dresdens" nicht mal durch Fenster begrenzt. Unterhalb die Loschwitzer Hänge und die Elbwiesen, dahinter breitet sich die Stadt aus.

## WEITERE ELBDÖRFER

*Hinter Loschwitz folgen Wachwitz und Niederpoyritz, Hosterwitz und Pillnitz. Zwischen Uferwiesen, Gärten und Elbhängen liegen **alte Dorfkerne**, dann wieder lockere Bebauung, Neubauten im Überschwemmungsgebiet und Villen in den Weinbergen, restaurierte Fachwerk- und Winzerhäuser und einzelne graubraune Relikte, die noch auf ihre Renovierung warten.*

*Sehenswert gegenüber dem Loschwitzer Friedhof ist das Künstlerhaus, oberhalb davon liegt **Schloss Wachwitz**. Prinz Friedrich August, ein Gartenliebhaber, kaufte ab 1824 sukzessive Parzellen auf der Wachwitzer Flur und ließ von Hofgärtnern und Architekten den Königlichen Weinberg gestalten (mit Weinbergkapelle und Winzerhaus), welcher in den 1980er Jahren wiederaufgerebt wurde. Das Wachwitzer Schloss wurde in den 1930er-Jahren für Friedrich Christian erbaut, den Sohn des letzten sächsischen Königs. Der nahe **Rhododendrongarten** lockt zur Blütezeit im Mai und Juni zahlreiche Besucher an.*

*Der 252 m hohe **Fernsehturm** oben auf dem Hang wurde 1969 erbaut und ist das höchste Bauwerk der Stadt; die Aussichtsplattform ist derzeit geschlossen. Die Elbterrasse in Altwachwitz* [3] *mit Biergarten direkt an der Elbe ist ein beliebtes Ausflugslokal.*

# SCHLOSS UND PARK PILLNITZ

**55 SCHLOSS UND PARK PILLNITZ** ★★★ [IV N13]

*Die Schlossanlage von Pillnitz – idyllisch in einer Parkanlage direkt an der Elbe gelegen – ist einer der schönsten barocken Sommersitze Europas, fast unwirklich in seiner zeitlosen Schönheit, der vollkommenen Harmonie von Architektur und geformter Natur.*

Im Kontrast zur eleganten, bis ins Detail gestalteten Schloss- und Parkanlage steht die naturgeschützte, wilde **Elbinsel** gegenüber, deren unberührter Auenwald nicht betreten werden darf.

1706 schenkte *August der Starke* das Rittergut und die Ländereien seiner Mätresse Gräfin *Cosel*, die beides tatkräftig bewirtschaftete. Die heutigen Gebäude entstanden erst später, nach Ende der Liaison: Das außergewöhnliche Ensemble, das **im Chinoiserie-Stil erbaut** wurde, verdankt sich der Asienmode des frühen 18. Jahrhunderts. Von *Matthias Daniel Pöppelmann* ließ *August der Starke* ab 1720 **Wasser- und Bergpalais** errichten, für leicht fernöstliche Exotik sorgen die Pagodendächern nachempfundenen geschwungenen Walmdächer und die gartenseitigen Säulenvorhallen mit reich geschmückten Kapitellen und farbig bemalten Hohlkehlen. Das quergestellte **Neue Palais** kam erst Anfang des 19. Jahrhunderts hinzu.

Die festliche Sommerresidenz des Dresdner Hofes gehört zum Projekt *Augusts des Starken,* **die Elbe wie den Canal Grande zu inszenieren**, mit der Augustusbrücke als „sächsischem Rialto". Eine Reihe wie Perlen an den Fluss ge-

## DRESDEN ENTDECKEN
*Schloss und Park Pillnitz*

setzte Schlösschen, Übigau flussabwärts in Mickten und das Japanische Palais 36 verdanken sich dieser heiter-südlichen Vision einer „sächsischen Serenissima", und wie das Wasserpalais mit der Freitreppe zum Fluss war auch der Zwinger mit einer Elbtreppe geplant. Über die mit steinernen Sphinxen gefasste Treppenanlage von *Zacharias Longuelune* konnten Gäste direkt aus der Gondel zum Palais emporsteigen. Über der Stromtreppe ist der erschreckende Pegelstand von 2002 eingraviert – die Jahrhundertflut hat dies alles unter Wasser gesetzt.

*August der Starke* ist auch tatsächlich in Gondeln nach Pillnitz angereist. Ein Beispiel ist die rote **Tritonengondel** im Heckengarten, die allerdings aus späterer Zeit stammt. 1790 wurden eine grüne und eine rote Schaluppe gebaut, aus Teilen beider wurde in den 1950er-Jahren das ausgestellte, an eine Prunkgondel erinnernde Exemplar rekonstruiert.

Zwischen den drei Palais ist der Innenhof als barocker **Lustgarten** mit Blumenrabatten und geschwungenen Wegen angelegt, ab Mitte des 19. Jahrhunderts wurde er nach Anregungen von *Peter Joseph Lenné* umgestaltet. Östlich verbirgt sich hinter dem Neuen Palais noch ein von der anderen Seite zugänglicher **Fliederhof**, westlich schließt sich der labyrinthisch wirkende, aber streng geometrische **Heckengarten** an. Den in Form geschnittenen Hainbuchengarten verlängert eine rund 500 m lange Kastanienallee, die als Mailbahn genutzt wurde, ein golfähnliches Spiel mit Holzkugeln.

◀ *Die prachtvolle Front des Schlosses*

Der sehenswerte, als **englischer Garten** gestaltete Park wurde um 1780 angelegt. Exotische Bäume, manche mit botanischen Namensschildchen, und an die 600 Kübelpflanzen prägen die gepflegte Parkanlage. Im Winter kommen sie in **Orangerie** und **Palmenhaus** unter. Über die Parkanlage sind weitere frühklassizistische Bauten verstreut: der **Englische Pavillon** am Teich in der Nordwestecke, der **Chinesische Pavillon** an der nördlichen Parkmauer.

Als Highlight blüht von Februar bis Mitte April eine über **230 Jahre alte und 11 m hohe Kamelie**, die dann bis zu 35.000 karminrote Blüten entfaltet, die nicht duften. In den kühleren Monaten wird sie von einem fahrbaren gläsernen Gewächshaus geschützt, in dem Temperatur, Luftfeuchtigkeit und Belüftung computergesteuert geregelt werden. 1801 wurde sie hier eingepflanzt, als einzige von vier im 18. Jahrhundert aus Japan importierten Pflanzen hat sie bis heute überlebt.

Durch den Großen Schlossgarten am Bergpalais kehrt man zurück zum Eingangsbereich mit Besucherinformation sowie dem Pillnitzer Schlosshotel mit dem noblen **Kaminrestaurant** 3. Das Angebot ist vielfältig, auf der Terrasse von Biergarten und Café gibt es auch einfache Gerichte, Eis und Kuchen.

› **Park:** Febr., März tgl. 9–17 Uhr, April–Okt. 8–20 Uhr, Nov.–Jan. 10–16 Uhr
› **Schlossmuseum:** April–Okt. tgl. 10–18 Uhr
› **Besucherinformation und Souvenirshop:** Mai–Okt. 9–18 Uhr, Nov.–April 10–16 Uhr.
› **Haltestelle:** Pillnitz, schön ist auch die An- oder Rückfahrt mit einem Schaufelraddampfer
› **Informationen:** www.pillnitz.com, www.schloesser-dresden.de

## DRESDEN ENTDECKEN
*Schloss und Park Pillnitz*

### 56 Kunstgewerbemuseum ★ [N13]

In beiden Flügeln des Schlosses (Berg- und Wasserpalais) ist das Kunstgewerbemuseum untergebracht. Wie in so vielen Dresdner Sammlungen sind auch hier Stücke aus dem Besitz *Augusts des Starken* zu sehen, etwa seine einzigartigen Silbermöbel aus Augsburg. **Virtuoses Kunsthandwerk** demonstrieren auch die farbigen Lackmöbel im chinesischen Stil aus der Werkstatt des Hoflackierers *Schnell,* der auch an der Ausstattung des Grünen Gewölbes 10 beteiligt war.

Wie königliche Gäste hier vielleicht gewohnt haben, zeigt das „Weinlig-Zimmer" mit Schnitzereien aus dem Jahr 1790. Hier übernachtete Kaiser *Leopold II.* 1791 beim Pillnitzer Fürstentreffen, bei dem er, der preußische König, der Bruder des französischen Königs und der sächsische Kurfürst über die Ereignisse der Revolution in Frankreich berieten und die Wiederherstellung der Monarchie forderten. Als **„Pillnitzer Deklaration"** ging das Treffen in die Geschichte ein.

Insgesamt präsentiert das Museum eine Sammlung sächsischen Kunsthandwerks vom 16. bis zum 20. Jahrhundert, darunter Intarsienmöbel, Porzellan, Majolika, Zinn, Glas und Textilien, ergänzt um internationale, auch die neuere Entwicklung von Kunsthandwerk und Design bis zur Gegenwart dokumentierende Objekte. Wer schon in der Gartenstadt Hellerau war, den werden etwa die **„Maschinenmöbel"** aus den Deutschen Werkstätten 58 interessieren, die als Vorläufer des Bauhausdesigns gelten.

› Schloss Pillnitz, Haltestelle: Pillnitz, Mai-Okt. tgl. 10-18 Uhr, Bergpalais Mo. geschlossen, Wasserpalais Di. geschlossen, Eintritt Kunstgewerbemuseum 3 €, ermäßigt 2 €, Familien 7 €, www.skd-dresden.de

### 57 PILLNITZ UND HOSTERWITZ ★ [IV N12]

Wer Lust und Zeit hat, kann noch einen kleinen Rundgang durch den Ort Pillnitz und das angrenzende Hosterwitz anschließen. Jenseits der Parkmauern ziehen sich **Rebstöcke an den Elbhängen** entlang, hier bewirtschaftet der Winzer *Klaus Zimmerling* das Rysselsche Weingut. Weinprobe und Weinverkauf an Wochenenden beim Ausschank im Schloss Pillnitz, wo er auch den Schlosskeller zum Keltern nutzt, ansonsten auf seinem Weingut (nach Voranmeldung, siehe Exkurs „Einkaufen auf Weingütern").

Die hübsche **Weinbergkirche** „Zum heiligen Geist" [N13] wurde 1723-1725 von Zwingerbaumeister *Matthias Daniel Pöppelmann* erbaut, der unmittelbar zuvor schon den Pillnitzer Schlossbau beaufsichtigt hatte (www.weinbergkirche.de). Der Königliche Weinberg direkt darüber wurde schon Ende der 1970er-Jahre rekultiviert. Oberhalb der Rebhänge verläuft am Waldrand der Leitenweg, der von der Weinbaugemeinschaft Pillnitz als **Weinlehrpfad** angelegt wurde.

---

*Legende zur Karte auf S. 166*
- M 2  Carl-Maria-von-Weber-Museum [IV M12]
- 42  Pillnitzer Kaminrestaurant [IV N13]
- 90  Kurhaus Kleinzschachwitz [IV M13]
- 91  Pillnitzer Elbblick [IV N13]
- 127  Hotel Goldener Apfel [IV N13]

- 55  Schloss und Park Pillnitz [IV N13]
- 56  Kunstgewerbemuseum [IV N13]
- 57  Pillnitz und Hosterwitz [IV N12]

## DRESDEN ENTDECKEN
### Schloss und Park Pillnitz

**KLEINE PAUSE**
An Wochenenden kann man die Weine des auch überregional anerkannten **Pillnitzer Winzers Klaus Zimmerling** beim Ausschank im Schloss Pillnitz probieren, wo er auch den Schlosskeller zum Keltern nutzt.

In **Hosterwitz**, einst ein Fischer und Winzerort, sind die Weinberge mit Obstgärten und Spargelfeldern durchmischt, zum Selbsternten oder im kleinen Laden an der Straße. Weiter oberhalb erinnert ein kleines **Museum** an *Carl Maria von Weber* 1. Der Komponist verbrachte über mehrere Jahre (1818–1824) die Sommer hier in einem Winzerhäuschen und arbeitete u. a. an der Oper „Der Freischütz" – in der die Bühnenfigur Kaspar vor der Waldschenke ein fröhliches Weinlied singt.

Hübsch, besonders vom Fluss aus gesehen, ist das malerisch an der Elbe gelegene Zwiebelturmkirchlein **Maria am Wasser** [IV M12], das die liebliche Landschaft in Szene setzt und akzentuiert (www.maria-am-wasser.de). Von der Schifferkirche kehrt man am Elbufer oder durch die lange Kastanienallee zum Schloss zurück oder setzt mit der Fähre noch nach Kleinschachwitz über.

### 15 KULINARISCHES

○ **Elbterrasse Laubegast**, Kleinzschachwitzer Ufer 7, Tel. 0351 2506867, tgl. 11–23 Uhr. An einer Straßenbiegung am Elberadweg, im Volksmund als „Feuchte Kurve" bekannt, liegt seit über 100 Jahren die Elbterrasse Laubegast. Vom Biergarten unter schattigen Bäumen geht der Blick zum Kirchlein Maria am Wasser jenseits der Elbe. Für Hungrige gibt's zünftige Biergartenklassiker (mit Selbstbedienung, 250 Plätze).

**90** [IV M13] **Kurhaus Kleinzschachwitz**, Berthold-Hauptstr. 128, Kleinzschachwitz, Tel. 0351 2001996, www.kurhaus.net, tgl. ab 11 Uhr, Haltestelle: Freystraße. Das schöne Ausflugslokal in Kleinzschachwitz liegt elbnah an der Fähre zum Schloss Pillnitz und auch der Elberadweg führt direkt am Haus vorbei. Das Gründerzeithaus mit hohen Stuckdecken, Fliesen und dunklem Holz wurde wiederhergerichtet, nachdem das Gebäude jahrzehntelang nur verfiel. Bürgerliche Küche (Forelle Müllerinnen Art, Krustenbraten, Roulade und Schnitzel), mediterrane Gerichte (Pasta, Lammhaxe, Kaninchen) und Salate. Im Sommer im Garten, im Winter drinnen. Suppen, Vorspeisen 3,50–11 €, Hauptgerichte 9–16 €.

**91** [IV N13] **Pillnitzer Elbblick**, Söbrigener Str. 2, Pillnitz, Tel. 0351 4248444, März-Okt. tgl. ab 11 Uhr, www.elbblick-pillnitz.de. Am Anleger der Raddampfer besteht hier die Möglichkeit einer kleinen Rast auf der Terrasse. Auf der „Bordkarte" stehen sächsische und böhmische Hausmannskost und frisch geräucherter Fisch.

**EXTRATIPP**
*Spaziergang in Kleinzschachwitz*
Mit der kleinen Personen- und Autofähre kann man von Pillnitz nach Kleinzschachwitz am anderen Elbufer übersetzen. Das eingemeindete Dorf (und später auch Kurort am östlich Rande Dresdens) hat viele architektonisch interessante Villen aufzuweisen – einst hatten hier Prominente wie der russische Fürst *Putjatin* oder die Operndiva *Theres Malten* ihren Wohnsitz. Man sollte einfach mal aufs Blaue durch ein paar Straßen flanieren.

# 166 DRESDEN ENTDECKEN

## Detailkarte IV: Pillnitz

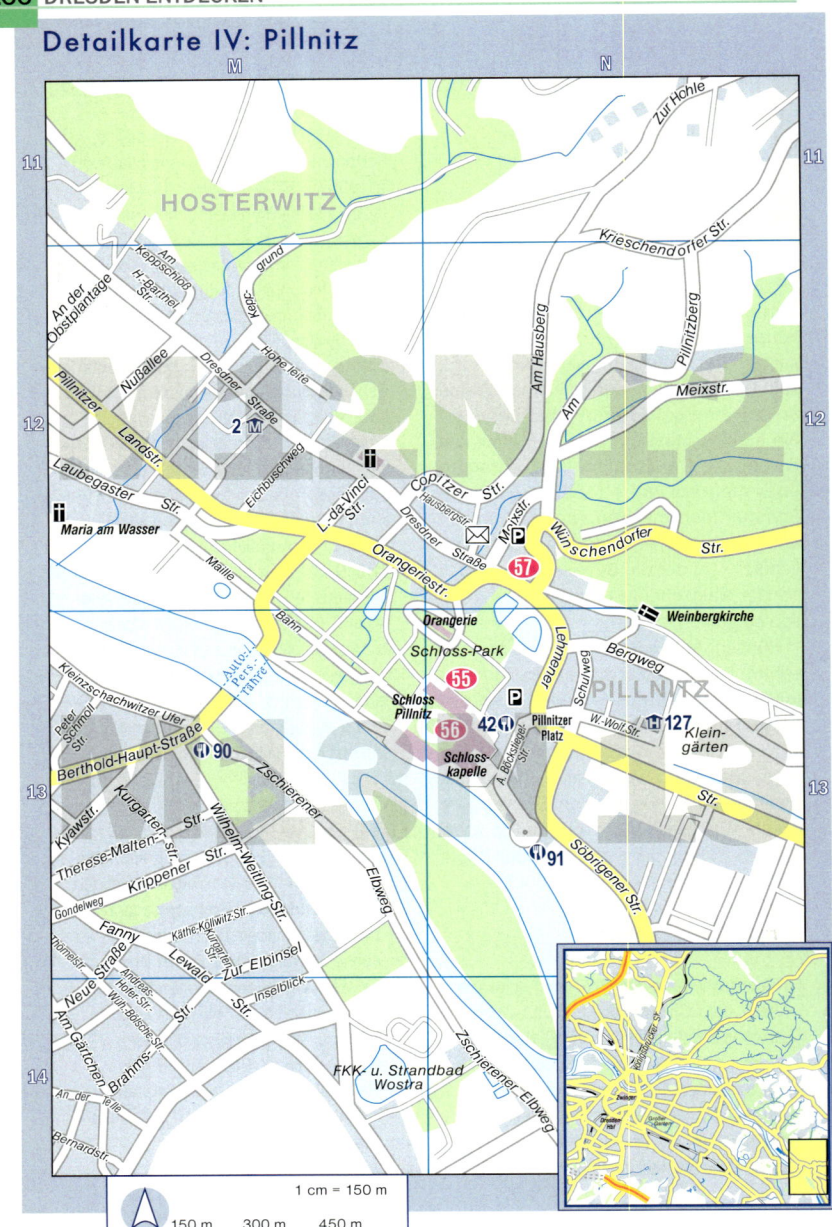

# GARTENSTADT HELLERAU

*1898 erschien in England ein Buch von Ebenezer Howard, „Tomorrow", in dem er das Modell einer Gartenstadt entwickelte als Gegene ntwurf zu den Mietskasernen und Slums der Industriestädte. Weg von den Schloten der Fabriken, in die Sonne, ins Grüne! Genossenschaft und lebenslanges Mietrecht statt Mietwucher und Spekulation! Nur wenige Jahre später machte man sich in Letchworth und Hampstead bei London an die Verwirklichung dieser Vision und auch in Deutschland fand die Gartenstadtidee unter Reformern und Genossenschaftlern Anklang. 1902 wurde bei Berlin die Deutsche Gartenstadtgesellschaft gegründet, 1906 stiftete Margarete Krupp das Startkapital für die Gartenstadt Margarethenhöhe bei Essen.*

Die Gartenstadt Hellerau liegt auf halbem Weg zwischen Zentrum und Flughafen im Norden Dresdens. Bei einem Spaziergang durch das Viertel (Am Grünen Zipfel, Moritzburger Weg, Heideweg, Festspielhaus, Ruscheweg, Am Talkenberg, Am Sonnenhang, Markt) sind **gartensäumte Zeilen kleiner Reihenhäuser** zu entdecken, die sich der Hanglage anpassen, freistehende Ein- und Zweifamilienhäuser und der große Fabrikbau ➄➇, in dem heute wieder kleine Firmen und Agenturen arbeiten.

› Besucherinformation: Markt 2, Di.–Fr. 9–12.30, 14.30–18 Uhr, Sa. u. So. bis 17 Uhr, Haltestellen: Festspielhaus Hellerau, Am Hellerrand

▲ *Idyllische Reihenhäuser mit viel Grün prägen das Bild Helleraus*

## ⓘ DEUTSCHE WERKSTÄTTEN ★★ [V E2]

*Der Möbelfabrikant Karl Schmidt verwirklichte mit der Gartenstadt Hellerau ein sozialreformerisches Stadtprojekt. Und in seinen Deutschen Werkstätten stellte er preiswerte und sachlich-schlichte Serienmöbel her, manche Bauhaus-Ideen vorwegnehmend.*

Aufbauend auf den englischen Ideen gründete der *Karl Schmidt* 1908 die Gartenstadt und siedelte dort auch seine „Dresdner Werkstätten für Handwerkskunst" an, eine Möbelfabrik, die der gelernte Tischler seit einigen Jahren betrieb, später in „Deutsche Werkstätten" umbenannt. Als erfolgreicher und anspruchsvoller Unternehmer – für *Theodor Heuss* war er der „Holz-Goethe" – bemühte sich *Schmidt* um **gestalterische Qualität bei der industriellen Produktion** von „Maschinenmöbeln". Als erster stellte er sachliche, funktionelle Einzel- und Serienmöbel her und wirkte damit bahnbrechend für die weitere Entwicklung der modernen Möbelproduktion. Die Deutschen Werkstätten Hellerau konnten ihre Tradition bis in die Gegenwart fortführen und übernahmen beispielsweise Ausstattungsaufträge für den sächsischen Landtag und die Semperoper.

Um seine Fabrik vergrößern zu können, erwarb *Schmidt* in der Dresdner Heide 73 Hektar Land, doch sein Projekt ging über eine angegliederte Arbeitersiedlung mit Unterkünften weit hinaus. Ziel des sozialreformerischen Stadtprojekts war es, **Wohnen und Arbeiten, Natur, Kultur und Bildung miteinander in Einklang zu bringen.** Schön gestaltete, gesunde und preiswerte Häuser, zufriedene Menschen in Eintracht mit ihrer Umgebung – das war das Ideal. Als Architekten beauftragte er *Richard Riemerschmid, Heinrich Tessenow* und *Hermann Muthesius,* die das Fabrikgebäude und die Wohnsiedlung entwarfen, nicht nur ganze Straßenzüge, sondern auch einen Marktplatz, Geschäfte und Praxen, öffentliche Gebäude, Bade- und Waschhaus. Die Häuser sollten die Arbeiter nicht nur aus den schlechten Lebensbedingungen in den Mietskasernen erlösen, sie waren zudem perfekt auf die Bedürfnisse ihrer Bewohner zugeschnitten. Auf Kritiker wie *Walter Gropius* wirkte die Möbelfabrik allerdings wie ein zu groß gewordener Gutshof mit Wirtschaftstrakt. Der Bauhausarchitekt sprach abfällig von „Bauernromantik".

› Moritzburger Weg, www.dwh.de

# DRESDEN ENTDECKEN
## Gartenstadt Hellerau

## 🔴 FESTSPIELHAUS ★ ★ [V E2]

*Das tempelartige, monumental-schlichte Festspielhaus bildet das zweite Zentrum der Gartenstadt. Einige Jahrzehnte lang trafen sich hier kreative Köpfe und progressive Künstler aus ganz Europa.*

Zu den architektonischen und gewerblichen Zielen kam das ehrgeizige pädagogische Vorhaben, „bessere und schönere Menschen entstehen zu sehen". Den von der Zivilisation verformten und krank gemachten Menschen wollten die Reformpädagogen wieder näher zur Natur bringen. An vorderster Stelle stand viel Bewegung, am besten im Freien. Für die Gartenstadt wurde folgerichtig auch eine **musikalisch-rhythmische Unterrichtsanstalt** geplant, die Grundsteinlegung erfolgte 1911. Der Architekt *Heinrich Tessenow* entwarf ein imposantes neoklassizistisches Festspielhaus mit Säulenportikus und sich um den Vorplatz gruppierende Wohnhäuser für die Schüler und Schülerinnen.

*Emile Jacques-Dalcroze,* ein Musikpädagoge aus der Schweiz, wurde eingeladen, hier rhythmische Gymnastik zu unterrichten. Mit *Mary Wigman* und *Gret Palucca* wurde Hellerau ein **Zentrum für modernen Ausdruckstanz.** Beide Tänzerinnen kamen für ihre Ausbildung nach Hellerau und eröffneten später eigene Schulen in Dresden.

Das Festspielhaus wurde rasch zum geistigen und kulturellen Mittelpunkt Helleraus. Im großen, an einen antiken Tempel erinnernden „Lichtsaal" des Hauses fand sich zu den alljährlichen Festspielen ein internationales Publikum ein. Zur

◄ *Deutsche Werkstätten Hellerau*

> **KLEINE PAUSE**
> *Schmidt's*
> Das **Restaurant Schmidt's** ③ ist so gut, dass es sich auch lohnt, allein deswegen nach Hellerau zu fahren. Wer gerade über die Mittagszeit die Gartenstadt besucht, sollte unbedingt hier einkehren, und sei es nur auf eine Kleinigkeit.

*Uraufführung des Theaterstücks „Verkündigung" des Autors Paul Claudel im Jahr 1913 waren **illustre Gäste** anwesend: Lou Andreas Salomé, Franz Blei, Else Lasker-Schüler, Annette Kolb, Max Reinhardt, Gerhart Hauptmann, Rainer Maria Rilke, Franz Werfel und Stefan Zweig. Selbst zu den Schulfesten kamen Künstler aus dem europäischen Ausland – von Kafka bis Le Corbusier.*

Der Gedanke an Kunst und die soziale Utopie lockten weitere kreative Geister an. Von 1918 bis 1922 lebte *Berthold Viertel* (1885–1953) in der Gartenstadt Hellerau, der als Regisseur am Schauspielhaus in dieser Zeit mehr als 20 Stücke inszenierte. Einige seiner Bücher erschienen im Hellerauer Verlag, von *Jakob Hegner* (1882–1962) gegründet, der schon seit 1912 hier lebte. Er verlegte unter anderem auch Bücher von *Franz Blei, Else Lasker-Schüler* und *Rilke*. *Viertel* beschreibt in seinen Erinnerungen Hellerau als „Gemeinschaft geistig Schaffender, eine lose Gesellschaft, in der es Dichter und Denker, soziale Utopisten, moderne Baumeister, Philosophen und Kritiker" gab.

Schon der **Erste Weltkrieg** unterbrach das Experiment und zerstreute seine Freunde und Förderer. Die Glanzzeit des Festspielhauses endete bereits 1925, als die „Schule für Rhythmus, Musik und

# DRESDEN ENTDECKEN

## Detailkarte V: Hellerau

Körperbildung" in die Nähe von Wien zog. Wie auch an anderen Orten **machten Diktatur und Krieg der humanen Vision endgültig ein Ende.** Die Nazis vertrieben die Künstler, ab 1937 dienten die Gebäude der Reichspolizei und als Kaserne, von 1945 bis 1992 als Lazarett für russische Soldaten der Besatzungstruppen. Nach 80 Jahren Pause wurde in der Saison 2005/2006 der Spielbetrieb im Festspielhaus Hellerau wieder aufgenommen. In ein Seitengebäude zog das „Europäische Zentrum der Künste" ein.

> 43 Schmidt's [V E2]
> 58 Deutsche Werkstätten [V E2]
> 59 Festspielhaus [V E2]

› Karl-Liebknecht-Str. 56, Haltestelle: Heideweg, www.kunstforumhellerau.de, www.festspielhaus-hellerau.de

# ELBTAL, SÄCHSISCHE SCHWEIZ

Am Fluss entlangradeln, Schlösser ansehen, Weingüter besuchen, im Biergarten sitzen – Ausflüge ins Elbtal gehören zu einem Dresden-Besuch unbedingt dazu. Im Umkreis von weniger als einer Stunde (und auch in Fahrradreichweite) liegen Meißen mit der berühmten Porzellanmanufaktur, das barocke Wasserschloss Moritzburg und die Karl-May-Stadt Radebeul, Pirna, Burg Stolpen und die Sächsische Schweiz.

# ELBEABWÄRTS

*Dresden ist Höhepunkt einer über Jahrhunderte gewachsenen Kulturlandschaft im Elbtal. Seit über 800 Jahren wird hier Wein angebaut, vorwiegend in Hang- und Steillagen. Die terrassierten Weinberge mit ihren Rebreihen prägen den Eindruck flussabwärts noch über Meißen hinaus bis Diesbar-Seußlitz und verleihen den Elbeufern einen heiter-südländischen Charme.*

## 60 RADEBEUL ★★

*Radebeul, an den Weinhängen der Lößnitz gelegen und unmittelbar an Dresden angrenzend, dehnt sich bis zu den Elbauen aus. Wer sich von Dresden über die verkehrsreiche Ausfallstraße durch Industriegelände und Vororte dorthin auf den Weg macht, ahnt nicht, welche schönen Ecken sich rechts und links verbergen. In Radebeul finden sich hübsch restaurierte Winzerhäuser – Relikte der zur Stadt zusammengewachsenen Weindörfer – ebenso wie Viertel mit großbürgerlichen Villen.*

Seit dem 13. Jahrhundert wird an den steilen Hängen **Wein angebaut.** Zur Großlage Lößnitz gehören die Einzellagen Radebeuler Johannisberg, Radebeuler Steinrücken und Radebeuler Goldener Wagen. Unbedingt zu empfehlen ist ein Spaziergang oberhalb der Steillagen, der führt auch der Sächsische Weinwanderweg entlang (siehe Exkurs). Zum Ausgangspunkt zurückkehren kann man vorbei an Gärten und Sommerresidenzen durch die ruhigen Wohnstraßen am Fuß der Weinberge. Hier wirkt Radebeul wie ein eleganter Vorort, rund 1500 Villen stehen unter Denkmalschutz!

Radebeul war sogar einmal ein **Erholungs- und Kurort.** Ende des 19. Jh.s hatte der gebürtige Radebeuler *Eduard Bilz* sich ganz der Naturheilkunde verschrieben. Er unterhielt ein Kursanatorium und erwarb außerdem ein großes Areal, um dort ein Schwimmbad zu errichten. Als er auf der Dresdner Hygiene-Ausstellung 1911 eine Wellenmaschine sah, kaufte er sie sofort und ließ sie im Bilzbad einbauen – sie ist dort nach wie vor in Betrieb (siehe „Praktische Reisetipps/Sport und Freizeit"). Sein Credo war: „Wo die Sonne hinscheint, kommt der Arzt nicht hin." Was heute zum Allgemeinwissen über gesunde Lebensweise gehört, war damals noch revolutionär. *Bilz* verordnete Wassergüsse und Barfußlaufen, gesunde Ernährung und vor allem viel Bewegung und frische Luft. Und er hatte großen Erfolg damit – sein Buch „Das Neue Naturheilverfahren" wurde in wenigen Jahren mehr als drei Millionen Mal verkauft und in viele Sprachen übersetzt.

› Anfahrt mit dem Auto: Radebeul und Dresden gehen ineinander über, hinter Neustädter Bahnhof die Leipziger Straße stadtauswärts.

› Anfahrt mit dem Rad: Elberadweg (rechtselbisch), ca. 10 km – je nach Ziel in Radebeul

› Anfahrt mit der Bahn: Straßenbahn, S-Bahn oder Regionalbahn

› Information: Tourist-Information Radebeul, Meißner Str. 152, 01445 Radebeul, Tel. 0351 19433, www.radebeul.de

▶ *Fachwerkhaus des Weingutmuseums Hoflößnitz inmitten des Weinbergs*

## Weingutmuseum Hoflößnitz

Das hübsche Fachwerkhaus in den Weinbergen oberhalb von Radebeul ist **Teil eines historischen Gebäudeensembles,** das als Weinmuseum eingerichtet wurde. Urkundlich nachgewiesen ist das Weingut schon seit Anfang des 15. Jahrhunderts. Im Berg- und Lusthaus, Mitte des 17. Jahrhunderts für Kurfürst *Johann Georg I.* errichtet, informiert eine Ausstellung über Rebsorten, klimatische Bedingungen und Böden im Elbtal.

Der **Festsaal** in der ersten Etage besitzt noch die originale Ausstattung mit Wand- und Deckenmalereien auf Holzvertäfelungen. An der Kassettendecke beeindrucken rund 80 Darstellungen von exotischen Vögeln, die der holländische Maler *Albert Eyckhout* (1610–1666) anbrachte. Im **Pressenhaus** sind im Gewölbekeller alte Gerätschaften (Rüttelbrett für Sektflaschen, Fässer etc.) ausgestellt, das Winzerhaus widmet dem Korbflechterhandwerk eine Etage.

Im Shop im Kavalierhaus kann man die hauseigenen Weine kaufen oder sie in der Weinstube zu Zwiebelkuchen probieren. Das Öko-Weingut bewirtschaftet 7,7 ha Rebfläche. Interessant und unterhaltsam sind die thematischen Führungen, regen Zuspruch erfahren auch die Kammerkonzerte.

› Knohllweg 37, Haltestelle: Weißes Roß, Museum und Weinladen: Di.–Fr. 10–13, 14–18 Uhr, Sa., So. 10–18 Uhr, Weinstube ab 17 Uhr, Sa., So. ab 12 Uhr, Di. geschlossen, www.hofloessnitz.de

## Spitzhaustreppe

Nahe dem Weingut und Weinmuseum Hoflößnitz führt die steile Spitzhaustreppe durch die Weinberglage „Goldener Wagen" hinauf. 365 Stufen sollen es sein, für jeden Tag des Jahres eine, mit

52 Absätzen für die Wochen und 12 Ruheplätzen für die Monate. Jeder Absatz eröffnet eine neue Perspektive, oben belohnt ein **traumhaft schöner Rundblick** über Radebeul und das Elbtal für die Kletterei. Die barocke Treppenanlage, auch Himmelsleiter genannt, wurde Mitte des 18. Jahrhunderts von Zwingerbaumeister *Pöppelmann* schon unter *August dem Starken* angelegt. Meist Anfang Oktober findet übrigens der **Spitzhaustreppenlauf** statt (www.treppenlauf.de).

Oben auf der Anhöhe gelangt man zum Bismarckturm und ein paar Schritte weiter zum namengebenden **Spitzhaus**, heute ein Lokal mit Aussichtsterrasse, das einst das Lust- und Winzerschlösschen der Gräfin *Cosel* war und zu DDR-Zeiten zum Betriebsferienheim umfunktioniert wurde.

Wenn man wieder am Fuß der Weinterrassen angelangt ist, kann man vorbei an weiteren Sehenswürdigkeiten zum Weinmuseum zurückschlendern: das **Bennohaus**, „Rote Presse" genannt (Bennostr. 35), ist das älteste erhaltene Herrenhaus der Lößnitz und stammt aus der Zeit um 1600. In der Weinbergstraße lädt im Retzsch-Gut eine kleine Straußwirtschaft (siehe „Kulinarisches") zur Pause ein. In der ersten Hälfte des 19. Jahrhunderts lebte hier *Moritz Retzsch,* Professor der Dresdner Kunstakademie und Maler der sächsischen Weinlandschaft. Kurz dahinter folgt an der Ecke zum Knohllweg **Meinholds Turmhaus**, Mitte des 18. Jahrhunderts erbaut und heute Weingut *Karl Friedrich Aust.* Hier und in den anderen Straßen Radebeuls sind noch viele weitere Winzerhäuser und Weinkeller zu entdecken, auch jenseits der Schmalspurbahn im Viertel unterhalb von Friedensburg und Wasserturm.

## Karl-May-Museum

Der wohl bekannteste Bürger der Stadt war *Karl May* (1842–1912). 1888 gab er seine Wohnung in Dresden auf und zog in die idyllische Lößnitzgegend. Dort lebte er bis zu seinem Tod 1912, begraben wurde *Karl May* auf dem Friedhof Radebeul-Ost. Er war schon erfolgreich mit seinen Abenteuerromanen über den Wilden Westen und den Orient; mit dem Ertrag konnte er sich 1895 eine eigene Villa leisten. Weltweit bekannt machten ihn seine Abenteuerromane um *Kara ben Nemsi, Winnetou* und *Old Shatterhand:* Mehr als 70 Bücher hat er geschrieben, millionenfach aufgelegt und in zahllose Sprachen übersetzt. Sie prägten das Indianer- und Orientbild von Generationen von Lesern. Nach wie vor gehört May zu den **meistgelesenen deutschen Unterhaltungsautoren** und die Karl-May-Gesellschaft ist eine der mitgliederstärksten literarischen Vereinigungen.

Sein Wohnhaus, die **Villa Shatterhand**, erinnert an den Romanschriftsteller, das Arbeitszimmer und die Bibliothek zeigen seine literarische Wirkungsstätte. Drei legendäre Gewehre sind in einer Vitrine zu sehen: Silberbüchse, Henrystutzen und Bärentöter. Im benachbarten Blockhaus, der Villa Bärenfett, informiert eine ethnologische Schau über Kultur und Lebensweise der Indianer Nordamerikas. Lebensgroße Figuren tragen die originale Kleidung verschiedener Stämme. Außerdem werden Kalumets, Tomahawks und andere Objekte präsentiert.

Wer es sich einrichten kann, kommt im Mai, wenn die **Karl-May-Festtage** stattfin-

▶ *Im Belvedere von Schloss Wackerbarth kann man auch heiraten*

den und Pferde, Zelte, Musiker und Grillstände den Ort beleben. Kaum jemand kommt ohne Verkleidung, ob als Cowboy oder Indianer (www.karl-may-fest.de).
› Karl-May-Str. 5, Haltestelle: Radebeul-Ost oder Schildenstraße, März–Okt. Di.–So. 9–17.30Uhr, Nov.–Febr. Di.–So. 10–15.30 Uhr, www.karl-may-museum.de

## Schloss Wackerbarth

Das sächsische Staatsweingut (93 ha), auch Sektkellerei, ist ein **beliebter Rahmen für Hochzeiten und andere Feiern.** *August Christoph Graf von Wackerbarth* (1662–1734) wählte den Platz hier am Fuß der Radebeuler Weinberge zum Alterssitz. Das barocke Gebäude und das kleine Belvedere – vermutlich das meistfotografierte Weinmotiv der Region – schuf Baumeister *Johann Knöffel* ab 1729. Auch der Bauherr selbst hatte (in Rom) Architektur studiert und dann am Hof *August des Starken* eine glänzende Karriere gemacht: als Oberinspektor für alle Zivil- und Militärbauten, als Kabinettsminister und Generalintendant, in Kriegszeiten sogar als Generalfeldmarschall und Oberkommandierender der sächsischen Armeen.

Verkauft werden die eigenen Weine und Sekte in einem modernen Glasbau, das Restaurant in der Orangerie serviert verfeinerte Bistroküche, Regionales und Saisonales (siehe Exkurs „Einkaufen auf Weingütern"). Es werden drei verschiedene Führungen angeboten, neben einer Wein- und einer Sekt-Führung auch eine Schloss- und Garten-Tour. An den Wochenenden werden Events und Konzerte organisiert, von der langen Sekt-Nacht über Pfingstbrunch, Parkschoppenfest und Sommernachtsball bis hin zu „Jazz meets Wine" und dem Finale des großen Dixielandfestivals.

> Wackerbarthstr. 1, 01445 Radebeul, Haltestelle: Schloss Wackerbarth, Tel. 0351 89550, www.schloss-wackerbarth.de, Laden: tgl. 9.30–20 Uhr, Restaurant: Mo.–Fr. 12–22 Uhr, Sa., So. 10–22 Uhr

**EXTRATIPP**

Empfehlenswert ist ein **Spaziergang hinauf in die** Wackerbarther **Weinbergterrassen** machen. Der kleine Barockgarten hinter der Schlossanlage geht in Rebpflanzungen über, durch die der Sächsische Weinwanderweg hügelaufwärts führt. Oben thront das runde Lusthäuschen Jacobstein und man genießt einen weiten Blick ins Land. Ein wenig weiter folgt die Radebeuler Sternwarte.

## Lößnitzgrundbahn

Von Radebeul über Schloss Moritzburg nach Radeburg fährt die über **100 Jahre alte Dampfeisenbahn.** Schon seit 1884 rattert sie über die rund 16 km lange Strecke. Die historische Schmalspurbahn mit 750 mm Spurweite wird auch „Lößnitzdackel" genannt. Diese Bezeichnung erwarb sich der Zug durch die heftigen Schaukelbewegungen bei seiner sonst doch sehr gemächlichen Gangart.

Am Bahnhof in Radebeul wird gegenwärtig ein kleines **Schmalspurbahnmuseum** aufgebaut (www.ssb-museum.de). Bei schönem Wetter werden offene Wagen, zu besonderen Anlässen auch historische Züge eingesetzt.

> Bahnhof Radebeul-Ost, Am Alten Güterboden 4k, Tel. 035207 89290, www.loessnitzgrundbahn.de, Mo.–Fr. ca. 6 x tgl., Sa. u. So. ca. 5 x tgl., Fahrtdauer ca. 50 Min.

## Kulinarisches

🍷 **Charlotte K**, Radebeul-Zitzschewig, Coswiger Str. 23, Tel. 0351 8336876, Mi.–Sa. ab 18 Uhr, So. ab 12 Uhr. Gourmetküche ohne exotische Spielereien und mit Zutaten der Region – sehr zu empfehlen! Im edelschlichten Fachwerkhaus oder im gepflasterten Hof. Suppen, Vorspeisen 4,50–8,50 €, Hauptgerichte 11–16 €

🍷 **Straußwirtschaft Klaus Seifert,** Weinbergstr. 20a, Tel. 0351 8360400, Mai–Sept. geöffnet. Nahe des Weinguts Hoflössnitz betreibt der Winzer *Klaus Seifert* im Retzsch-Gut am Fuß der Weinterrassen diese kleine Straußwirtschaft.

🍷 **Weingut Aust,** Weinbergstr. 10, Tel. 0351 89390100, www.weingut-aust.de. Weinwirtschaft im Meinholdschen Turmhaus.

🍷 **Weinkeller Am Goldenen Wagen,** Hoflößnitzstr. 62, Tel. 0351 8362553, www.goldenerwagen.de, Mo., Di., Do., Fr. 17–22 Uhr, Sa. 15–22, So. 11–20 Uhr. Weinkeller mit Straußwirtschaft am Fuß der Weinlage „Goldener Wagen". Sächsischer Wein vom Fass oder aus der Flasche, außerdem gibt bes Sekt, Liköre und Brände, auch im Verkauf. Dazu werden kleine Gerichte wie Fettbemme, Winzerplatte, Zwiebelkuchen oder Kesselgulasch serviert.

Am Fuß der Weinberge **weitere Straußwirtschaften** (Flyer bei der Tourist Information); sehr lohnend auch ein Besuch der **Villa Sorgenfrei.**

## Einkaufen

Schwerpunkt der Auswahl liegt auf sächsischen Weinen, daneben gibt es auch Obstbrände (aus der Dresdner Augustus-Rex-Spezialitätenbrennerei) und weitere Produkte der Region (Camembert, Falkenhainer oder Oberlausitzer Blauschimmelkäse, Dornfelder Rotweinkäse, Leberwurst u. a.), z. B. bei

🛍 **Gräfes Wein & Fein,** Hauptstr. 19, Di.–Fr. 10.30–18.30 Uhr, Sa. 8.30–15.30 Uhr, www.weinundfein.com

## ALTKÖTZSCHENBRODA

*Ganz unvermutet auf **dörfliche Idylle** trifft man im Ortsteil Altkötzschenbroda. In unmittelbarer Nähe fließt die Elbe, nur einige Wiesen liegen zwischen Elberadweg und den ersten Häusern. Die charakteristischen, mit den Giebelseiten dem Dorfanger zugewandten Gebäude sind inzwischen fast alle saniert und in bunten Farben verputzt oder mit restauriertem und freigelegten Fachwerk geschmückt. „Dreiseithof" heißt diese Bauform mit einander gegenüberliegenden Wirtschaftsgebäuden (in die heute originelle kleine Läden und Lokale eingezogen sind) und dem quer dazu stehenden Wohnhaus.*

*Es hatte schon der Abriss des historischen Dorfkerns gedroht, doch 1992 wurde Altkötzschenbroda zum Sanierungsgebiet erklärt. Inzwischen ist aus dem Dorfanger geradezu die **Ausgehmeile von Radebeul** geworden. Ein Bummel vorbei an Galerien, Ateliers, Weinhandlungen, Cafés und Restaurants lohnt sich auch dann, wenn nicht gerade eines der vielen Feste (Künstlerfest, Grafikmarkt, Weinfest usw.) stattfindet. Das bekannteste ist das Herbst- und Weinfest am dritten Septemberwochenende (www.weinfest-radebeul.de). Urige Weinlokale und Gasthäuser – von der Alten Apotheke über die Grüne Linde bis zur Schwarzen Seele – Sommerwetter, ein Platz auf der Terrasse, dazu ein Schoppen Wein: Das könnte ein gelungener Abschluss für den Ausflug nach Radebeul sein.*

> *www.altkoetzschenbroda.de*

## 61 SCHLOSS MORITZBURG ★★★

Das imposante Wasserschloss, ein Kleinod sächsischer Barockarchitektur, scheint sich im Teich zu verdoppeln. August der Starke ließ einen bescheideneren Vorgängerbau von dem Baumeister des Zwinger, Matthäus Daniel Pöppelmann, zu einem repräsentativen Jagd- und Lustschloss mit vier stattlichen Rundtürmen umgestalten.

Der Moritzburger Wald war ein beliebtes Jagdrevier der sächsischen Kurfürsten, nun konnten neben Treibjagden auch höfische Lustbarkeiten veranstaltet werden. Der Diana, der Göttin der Jagd, gewidmete Schlossneubau besaß nun vier Prunksäle für Feste und Bälle und mehr als 200 weitere Räume. Die **höfischen Feiern** darf man sich nicht einfach nur als Bälle oder Maskeraden vorstellen. Da sie auch der Darstellung von Macht und Einfluss dienten, waren es aufwendige Inszenierungen. Neben Venusfesten in den Lustgärten gab es auch Dianenfeste in den Wäldern. Der König selbst legte Ablauf und Gestaltung fest und wirkte auch als Darsteller mit.

Aber damit nicht genug: Auch die Landschaft ringsherum wurde von Menschenhand gestaltet. Die weitläufige **Parkanlage** mit mehreren Seen wurde ganz auf das Schloss ausgerichtet, Teiche angelegt und vergrößert. Verstreut in der Moritzburger Teichlandschaft liegen das zierliche Fasanenschlösschen im Chinoiserie-Stil, ein Leuchtturm und eine Mole – die Kulisse für nachgespielte Seeschlachten, die mit eigens gebauten Schiffen hier ausgetragen wurden. Ein Schneisenstern für die Jagd wurde extra angelegt, sodass die adligen Damen und

Herren vom Dach des Hellhauses die Jagd beobachten konnten. Das 40 ha große **Wildgehege** im Moritzburger Forst geht ebenfalls auf die Kurfürsten zurück. Heute leben hier rund 200 Tiere – Rot- und Damwild, Wildschweine, Elche.

Die Prunksäle, Salons und etwa 200 Innenräume sind mit kostbaren Möbeln, Gemälden, Porzellan und zum Teil auch mit barocken Ledertapeten ausgestattet, wie der Audienzsaal, der als schönster des Schlosses gilt. Zu den Prunkstücken gehört das einzigartige **Federzimmer**. *August der Starke* hatte 1723 in London ein Paradebett mit Baldachin und Vorhängen erworben, das ganz aus in Leinwand gewebten Vogelfedern bestand. Diese wurden abgetrennt und als dekorative Wandteppiche aufgehängt. Außerdem gibt es eine große **Jagdtrophäensammlung** – den Speisesaal etwa schmücken Rothirschgeweihe, darunter das vermutlich größte Geweih der Welt. Die Trophäe stammt von einem vor über 300 Jahren erlegten Hirsch.

Übrigens: Für den auch in Deutschland bekannten tschechischen **Märchenfilm** „Drei Haselnüsse für Aschenbrödel" diente Schloss Moritzburg als Filmkulisse.

› April–Okt. tgl. 10–17 Uhr, Nov., Dez., Febr., März Di.–So. 10–16 Uhr, Jan. Sa., So. 10–16 Uhr, www.schloss-moritzburg.de

### KLEINE PAUSE

*Adams Gasthof*
Im Sommer lockt der Biergarten unter alten Kastanien mit Blick auf den kleinen See. Ausgezeichnete Wildgerichte und frischer Fisch aus den benachbarten Gewässern. Markt 9, Tel. 035207 99775, www.adamsgasthof.com, tgl. ab 11 Uhr.

> Anfahrt mit dem Rad: etwa 15 km
> Anfahrt mit Bus und Bahn: mit dem Bus von Dresden oder mit S-Bahn oder Straßenbahn bis Radebeul und von dort weiter mit der Lößnitzbahn (siehe Radebeul ⑥⓪)
> Anfahrt mit dem Auto: ab Autobahnausfahrt „Wilder Mann" der A4 Dresden–Bautzen weiter über Moritzburger Landstraße der Ausschilderung folgen
> Information: Tourist-Information, Schlossallee 3b, 01468 Moritzburg, Tel. 035207 8540, www.moritzburg.de. Hier ist die Radwegekarte der Moritzburger Teichlandschaft gegen kleine Gebühr erhältlich, außerdem Zimmervermittlung, Kutschfahrten, Kartenverkauf für das Moritzburg-Festival, Tagesangelkarten.

## Käthe-Kollwitz-Gedenkstätte

Auf Einladung von Prinz *Ernst Heinrich von Sachsen,* des letzten hier lebenden Wettiners, wurde Moritzburg im Sommer 1944 Wohnort von *Käthe Kollwitz:* eine Evakuierung aus Berlin wegen der Bombenangriffe in den letzten Kriegsmonaten. Im April 1945 starb die über siebzigjährige Bildhauerin hier. Im „Rüdenhof" erinnert eine kleine Sammlung ihrer grafischen Arbeiten an die von den Nationalsozialisten mit Berufsverbot belegte Künstlerin.

> Meißner Str. 7, Tel. 035207 82818, www.kollwitz-moritzburg.de, April–Okt. Mo.–Fr. 11–17 Uhr, Sa., So. 10–17 Uhr, Nov.–März Di.–Fr. 12–16 Uhr, Sa., So. 11–16 Uhr

◀ *„Märchenschloss" Moritzburg mit prächtiger Parkanlage*

## EVENTS RUND UM MORITZBURG

*Neben dem alljährlich im August stattfindenden **Moritzburg-Festival** (siehe „Zur richtigen Zeit am richtigen Ort") mit Kammermusik pilgern im September mehrere Tausend Schaulustige zum benachbarten Sächsischen Landesgestüt. Seit Ende der 1920er-Jahre finden an drei Wochenenden im September berühmte **Hengstparaden** statt, außerdem eine große Teichrundfahrt mit rund 100 Pferdegespannen.*

*Ein weiterer Höhepunkte im Jahreslauf ist der sogenannte **Fischzug** Ende Oktober. Eine Vielzahl Schaulustiger verfolgt die Fischer beim Abfischen der Teiche. Den größten Anteil der Fischpopulation stellen Karpfen, daneben gibt es Schleie, Hechte, Zander und Aale.*

## ⓶ MEISSEN ★ ★

*Zwei gekreuzte blaue Schwerter haben Meißen, die älteste Stadt Sachsens, in aller Welt bekanntgemacht, in Fernost wie in den USA. Als Porzellanstadt ist sie auch überregional ein Begriff, den Ruf als Weinstadt muss sie sich außerhalb Sachsens erst wieder erarbeiten.*

Dabei begann hier vor etwa 850 Jahren die Geschichte des sächsischen Weinbaus. Mönche haben im 12. Jahrhundert die Rebstöcke an der Elbe heimisch gemacht.

Hoch auf einem Felsen überragen **Albrechtsburg und Dom, Meisterwerke der Gotik**, die Stadt und das Elbtal. Scharf konturiert hebt sich die Silhouette beider vom Himmel ab und prägt den ersten Eindruck von Meißen, egal ob man flussabwärts von Scharfenberg kommt oder flussaufwärts von Diesbar-Seußlitz.

Im 10. Jahrhundert ließ der ostfränkische König *Heinrich I.* (919–936) auf einer strategisch günstig gelegenen Erhöhung an der Elbe eine Burg errichten und schon bald entwickelte sich an ihrem Fuße auch eine Siedlung. Meißen gilt als „**Wiege Sachsens**", denn erst 1485 zogen die Wettiner in die heutige Landeshauptstadt Dresden. Die gotischen Bauwerke wurden errichtet, als Meißen noch die **Residenz der Wettiner** war, der Dom ab 1240, das spätgotische Schloss Albrechtsburg ab 1472. Den Bau der Burg veranlassten Kurfürst *Ernst* und Herzog *Albrecht* als gemeinsame Residenz, doch noch ehe der Bau fertiggestellt war, teilten sie die wettinischen Territorien 1485 unter sich auf. *Albrecht* verlegte seinen Hof nach Dresden, die Burg wurde nie bezogen.

Trotz des Namens ist die **Albrechtsburg** vom Bautypus her eher ein **Schloss** – es gilt als das erste Deutschlands. Neben die mittelalterliche Wehrhaftigkeit treten schon neuartige, für Wohnlichkeit und Repräsentation gedachte Architekturelemente, etwa die großen „Vorhangbogenfenster". An der Schlossfassade zum Hof hin beeindruckt als besonderes Meisterwerk der Große Wendelstein, ein vorgesetzter Treppenturm.

Auf Weisung *Augusts des Starken* wurde 1710 im Schloss die **Porzellanmanufaktur** eingerichtet, bis 1864 blieb das Schloss die Fabrikationsstätte. Bei der ersten großen Restaurierung danach (1873–1885) wurde das Innere farbenprächtig ausgemalt, mit monumentalen Historienbildern zur sächsischen Geschichte. In der Albrechtsburg sind au-

ELBTAL UND SÄCHSISCHE SCHWEIZ

*Elbeabwärts*

ßerdem eine Sammlung mittelalterlicher Plastiken und eine Ausstellung zur Manufakturgeschichte untergebracht. 1990 fand hier die feierliche Gründung des Freistaats Sachsen statt (März–Okt. tgl. 10–18 Uhr, Nov.–März tgl. 10–17 Uhr, www.albrechtsburg-meissen.de).

Um den **Dom** und die Albrechtsburg gruppieren sich weitere Gebäude: Bischofsschloss, Domherrenhöfe und das Kornhaus, besonders schön ist die spätgotische Dompropstei (Nr. 7). Dem Dom vorgelagert ist die Fürstenkapelle, Begräbnisstätte der Wettiner. Es lohnt sich, das Innere des frühgotischen Doms mit dem hohen, schmalen Gewölbe zu betreten und die **wertvolle Ausstattung** anzuschauen: Ein Altarbild etwa stammt aus der Werkstatt *Lucas Cranachs des Älteren,* einige Skulpturen vom *Naumburger Meister.* Anfang des 20. Jahrhunderts wurden die beiden rund 80 m hohen Domtürme neugotisch ergänzt (April–Okt. tgl. 9–18 Uhr, Nov.–März tgl. 10–16 Uhr, www.dom-zu-meissen.de).

Unterhalb des Burgbergs drängen sich Spitzweg-Motive, Dächer, Giebel, Türmchen, versteckte kleine Höfe, Treppchen und Stiegen, zum Teil noch kopfsteingepflasterte Gassen. Die verwinkelte **Altstadt** blieb im Zweiten Weltkrieg unzerstört, die von alters her gewachsene Struktur und viele Bauwerke aus Mittelalter und Früher Neuzeit erhalten. Rund 1000 Häuser stehen unter Denkmalschutz! Inzwischen sind die meisten Gebäude liebevoll saniert, kleine Wein- und Porzellangeschäfte, Restaurants und Cafés eingezogen. Zentrum ist der **Marktplatz,** den große Bürgerhäuser aus dem 16. und 17. Jahrhundert säumen. Meißens spätgotisches **Rathaus** ist älteren Datums, es wurde in der zweiten Hälfte

des 15. Jahrhunderts erbaut. Auffallend an ihm ist vor allem das steile Dach mit den drei Zwerchgiebeln, mit 18 m höher als die 11 m messende Fassade.

Die Meißner **Frauenkirche,** ein gotischer Hallenbau aus dem 15. Jh., besitzt im Turm ein Porzellanglockenspiel, das älteste der Welt. Die 1929 gefertigten Glocken aus Meissener Porzellan erklingen alle drei Stunden (6.30–20.30 Uhr). Vom Turm bietet sich der schönste Blick auf Altstadt, Albrechtsburg und Dom (Mai–Okt. 10–12, 13–17 Uhr).

▲ *Bestens erhalten: Altstadt von Meißen*

◄ *Dom und Albrechtsburg bestimmen die Silhoutte der Stadt Meißen*

- Anfahrt mit dem Auto: Linkselbisch auf der Bundesstraße 6
- Anfahrt mit dem Rad: Elberadweg (rechtselbisch über Radebeul, Coswig und am Spaargebirge entlang), ca. 25 km
- Anfahrt mit der Bahn: S-Bahn über Radebeul und Coswig, ca. 45 Min.
- Anfahrt mit dem Schiff: siehe „Praktische Reisetipps/Unterwegs"
- Informationen: Tourist-Information Meißen, Markt 3, 01662 Meißen, Tel. 03521 41940, www.touristinfo-meissen.de. Hier ist auch der Faltplan für den „Meissener Porzellan-Pfad" erhältlich.

## Porzellanmanufaktur Meissen

In den beiden **Schauwerkstätten** können die verschiedenen Arbeitsschritte der Porzellanherstellung beobachtet werden, in der **Schauhalle** zeigen über 3000 Exponate aus drei Jahrhunderten kunsthandwerkliche Tradition auf höchstem Niveau. Formen und Dekore vom 18. Jh. bis heute werden präsentiert: Das Kaffee- und Speiseservice mit dem Dekor „Grüner Weinkranz" etwa wird seit 1817 produziert und entwickelte sich zum Bestseller unter den bürgerlichen Sonntagsgeschirren. Klassiker sind auch die Figuren und Figurengruppen wie die „Affenkapelle". Nur ein einziges Mal gibt es den Weinpokal in Schlüsselform, den *August der Starke* 1714 angeblich als Trinkgefäß bestellt hat, und das gleichfalls berühmte Schwanenservice des Grafen *Brühl*.

Im Jahr 1710 gab *August der Starke* die Erfindung des europäischen Hartporzellans bekannt und begründete die Manufaktur, das heute vermutlich weltweit bekannteste Unternehmen Sachsens. Das Signet der kostbaren Stücke, die **gekreuzten blauen Schwerter**, gibt es auch schon seit 1722, es gilt als das älteste in Europa. 1865 wurde die Manufaktur in das Triebischtal verlegt, wo sie heute noch angesiedelt ist. Seit 2005 das neue Besucherzentrum eröffnet hat, gibt es in der Manufaktur neben einem Café auch ein Restaurant.

- Talstr. 9, Mai–Okt. 9–18 Uhr, Nov.–April 9–17 Uhr, www.meissen.de, Eintritt 8,50 € bzw. 6 € (ohne Schauwerkstätten), ermäßigt 4,50 €, Familien 18,50 €

## SPAARGEBIRGE

*Richtung Coswig liegt das nur 4 km „lange" Spaargebirge mit den Weinlagen Meißner Rosengründchen, Klausenberg und Kapitelberg, alten Ritterhöfen und Weingütern und schönen Wanderwegen. Ein ausgeschilderter Weinwanderweg führt zur **Boselspitze**, einem 182 m über NN gelegenen Aussichtspunkt. Für eine Führung kann sollte man sich mit dem Winzer Walter Schuh in Verbindung setzen. Neben seinem Weincafé „Zur Bosel" in Sörnewitz gibt es mit der historischen Weinstube „Bauernhäus'l" in Oberspaar eine urige Einkehrmöglichkeit.*

*Der **Boselgarten** wird von der TU Dresden betreut (April–Sept. Mi. 9–17, Sa., So. 10–17 Uhr). Im 1930 angelegten botanischen Garten werden rund 850 einheimische und wärmeliebende Pflanzenarten kultiviert, rund 200 stehen auf der Roten Liste Sachsens.*

*Außer der Boselspitze bietet auch der Aussichtspunkt **Juchhöh** einen Panoramablick über den Abfall des Spaargebirges auf das Elbtal.*

# MEISSENER PORZELLAN

*Eine der Leidenschaften Augusts des Starken galt dem Porzellan, dem „weißen Gold", das aus Japan und China importiert wurde. Dass es im eigenen Land hergestellt werden kann, ist dem Alchimisten* **Johann Friedrich Böttger (1682-1719)** *und* **Ehrenfried Walter von Tschirnhaus** *zu verdanken. Bei der Suche nach der Formel fürs Goldmachen entwickelten sie - so die Legende - 1709 die Rezeptur für das erste weiße europäische Porzellan. 1703 war Böttger in der Festung Königstein inhaftiert worden, bekam dort ein Laboratorium, sozusagen unter Aufsicht, das später in die Gewölbe der Bastion unterhalb der Brühlschen Terrasse und ins Meißner Schloss Albrechtsburg verlegt wurde. Es war jedoch wenig zufällig, sondern einer langen Serie von Versuchen (insbesondere von Tschirnhaus') geschuldet, dass die Erden gefunden wurden, aus denen sich tatsächlich Gefäße herstellen lassen. Aus eher alltäglichen Bestandteilen - Kaolin (eine mit Lehm verwandte Erde), Quarz und Feldspat - entsteht durch das Brennen in Höllenhitze hartes Steingut: Rund 1450 Grad Celsius verfestigen die Bestandteile.*

*Seit 1710 wird Porzellan in Meißen hergestellt - nach seinem Produktionsort benannt und heute weltberühmt. Seit 1723 werden Tassen und Tabakdosen, Vasen und Figuren mit dem Signet der blauen gekreuzten Schwerter versehen. Das* **Meissen-Label** *gilt als das älteste eingetragene Warenzeichen der Welt.*

*Einige Jahrzehnte blieb das sorgsam gehütete* **Herstellungsverfahren ein Staatsgeheimnis,** *obwohl mancher mit List oder Gewalt des Geheimnisses habhaft werden wollte. Als der preußische König Friedrich II. 1745, im Zweiten Schlesischen Krieg, Meißen besetzte, bediente er sich im Lager der Manufaktur und sogleich versuchte man in Berlin, das Rezept der Porzellanherstellung zu ergründen. Doch erst im Siebenjährigen Krieg gelangte das Wissen um die Porzellanherstellung an die Spree. Die dann gegründete Königliche Porzellanmanufaktur (KPM) bestimmte das Zepter des kurbrandenburgischen Wappens als „Gegenbranding" zu den zwei gekreuzten Meißner Kurschwertern.*

> **EXTRATIPP**
>
> *Ausflug in die Elbweindörfer*
> Wer Wein kaufen will: **Schloss Proschwitz**, das größte private Weingut Sachsens mit Dependance im Ortsteil Zadel, gehört *Prinz zur Lippe*. Dieser setzt auf naturnahen Weinbau, minimalen Chemieeinsatz zum Pflanzenschutz und intensive Pflege der Reben (siehe Exkurs „Einkaufen auf Weingütern").
>
> Der Abstecher lässt sich gut mit einem Ausflug in die Elbweindörfer flussabwärts von Meißen verbinden, nach Proschwitz, Winkwitz, Zadel, Nieschütz und Diesbar-Seußlitz. Viele hübsche Lokale laden zur Einkehr ein, empfehlenswert ist zum Beispiel Lehmanns Seußlitzer Weinstuben (An der Weinstraße 26, Diesbar-Seußlitz, www.weinstube-lehmann.de).

## Kulinarisches

- **Bauernhäus'l**, Oberspaarer Str. 20, Oberspaar, www.bauernhaeusl.de, Tel. 03521 733317, Di.-So. 12-14 und ab 18 Uhr. Gasthof an der Sächsischen Weinstraße nahe Meißen mit rustikaler Weinstube. Unter der Decke hängen Korbflaschen, Zinnkrüge und Winzergerätschaften, im Winter bullert der alte Kachelofen. Auf der Karte stehen neben der allgegenwärtigen Kartoffelsuppe Fisch- (Forelle, Zander, Karpfen) und Fleischgerichte, ein paar Angebote auch für Vegetarier sowie je nach Saison Wild oder Gänsekeule. Dazu regionale Weine und Biere, im Sommer auch auf der Terrasse.
Hauptgerichte 8,50-15,50 €.
- **Vinzenz Richter**, An der Frauenkirche 12, Meißen, www.vincenz-richter.de, Tel. 03521 453285, März-Okt. tgl. ab 12 Uhr, sonst Di.-Fr. ab 16 Uhr, Sa., So. ab 12 Uhr, Mo. geschlossen. Sein Weingut mit kleinem Weinladen liegt etwas stadtauswärts, im Spaargebirge an der Dresdner Straße Richtung Coswig (Mo.-Sa. 9-18 Uhr). Das kleine Restaurant im Fachwerkhaus am Markt ist eine Institution in Meißen. Sächsische Küche, Weinproben. Menüs 23-40 €.

## Einkaufen

- **Fleischerei Nagel & Delikatessen**, Fleischergasse 1, Mo.-Fr. 8-18 Uhr, Sa. 8.30-13 Uhr, www.delikat.de. Spezialitäten, geeignet zum Mitnehmen, sind Meißner Kellerspeck, Meißner Domspeck und Meißner Rotweinkäse.
- **Konditorei & Café Zieger**, Rote Stufen 5, Di.-Sa. 8-18 Uhr, So. 11-18 Uhr, www.konditorei-zieger.de. Neben Eierschecke und Christstollen gibt's hier Meißner Fummel.
- **Küfertheke**, Markt 10, Meißen, www.winzergenossenschaft-meissen.de. Laden der Winzergenossenschaft, die mit rund 1800 Mitgliedern der größte sächsische Weinerzeuger ist. Ihre Mitglieder bewirtschaften rund ein Drittel der insgesamt 450 ha Rebfläche im Elbtal.

▶ *Pirnascher Marktplatz mit Rathaus und Canalettohaus*

# ELBEAUFWÄRTS

## 🔴 PIRNA ★★

*Nur wenige Kilometer elbeaufwärts liegt die rund 40.000 Einwohner zählende Kreisstadt mit einem historischen Altstadtkern, der unter Denkmalschutz steht. Im 17. Jahrhundert war Pirna wegen der Sandsteinvorkommen eine der reichsten Städte Sachsens.*

Wenig flussaufwärts wurde der Elbsandstein aus dem Fels gebrochen und in großen Kähnen elbeabwärts transportiert. Den **Pirnaer Sandstein** verarbeitete man beim Bau des Dresdner Zwingers und der Frauenkirche. Auch als Handels- und Tuchmacherstadt war Pirna wohlhabend geworden und die Bürgerhäuser in der, trotz wechselhafter Geschichte, gut erhaltenen Innenstadt bezeugen bis heute die einstige Bedeutung.

Beim Bummel durch die Altstadtstraßen mit hübsch restaurierten Fassaden fallen viele **architektonische Details** an Giebeln, Portalen und Erkern auf. Am bekanntesten sind das Haus in der Oberen Burgstraße (Nr. 1) mit dem Teufelserker und das Eckhaus der Barbiergasse mit dem Engelserker. Und wer darauf achtet, dem fallen die vielen **Hausmarken** auf: Statt der heutigen Hausnummern ließen die Bauherren einst kunstvolle Bildwerke über dem Eingang anbringen, einen weißen Schwan, eine Sonne, ein Hufeisen oder auch den Birnbaum aus Pirnas Stadtwappen.

Der **Markt** sieht fast unverändert noch so aus, wie ihn eine Stadtansicht von *Bernardo Belletto*, genannt *Canaletto*, aus dem 18. Jahrhundert zeigt. Die Gemälde des venezianischen Malers hängen in der Dresdner Galerie Alte Meister ❷ und in der St. Petersburger

Eremitage. Neben den berühmten Elbpanoramen zeigen elf seiner Stadtansichten Pirna, etwa den „Markt zu Pirna am Mittag" oder den „Blick auf Pirna von Posta aus". Das imposante spätgotische **Rathaus** (1485) mit barockem Turm ist ein Zeugnis des Wohlstands der Bürger. Im Stadtwappen an der Ostseite des Gebäudes schlagen zwei Löwen mit ihren Tatzen die Viertelstunden. Ein Umrundung lohnt sich auf jeden Fall: Drei Brunnen, viele interessante Details an den prächtigen Fassaden der Patrizierhäuser oder ein Blick in den Hof der Löwenapotheke sind bemerkenswert. Das sogenannte **Canalettohaus** mit dem markanten Spitzgiebel wurde im 16. Jh. errichtet. Heute ist hier die Touristeninformation untergebracht.

Auch die mächtige spätgotische **Marienkirche** wurde noch zu katholischen Zeiten in der ersten Hälfte des 16. Jahrhunderts erbaut, der 60 m hohe Turm ist etwas älter. Ab 1502 war *Peter Ulrich, Peter von Pirna* genannt, an dem Kirchenbau tätig. Eingeweiht wurde der Sakralbau 1546 nach Beginn der Reformation in Sachsen. Im (gerade aufwendig sanierten) Innern der dreischiffigen Hallenkirche beeindrucken die Wand- und Deckenmalereien aus der Erbauungszeit und das prächtige Netz- und Sterngewölbe – andächtig richten sich die Blicke der Besucher nach oben. Die Gewölbefelder sind mit Szenen aus dem ersten und zweiten Buch Mose bemalt. In der Chorapsis tragen sie Darstellungen der vier Evangelisten, wobei *Lukas* und *Markus* die Züge von *Martin Luther* und *Philipp Melanchthon* tragen. Bemerkenswerte Ausstattungsstücke sind ein Renaissance-Taufstein (1561), der manieristische Hauptaltar aus Pirnaer Sandstein (1611) und die spätgotische Kanzel, ebenfalls aus Sandstein (1525).

Im Mittelalter hatte sich Pirna im Schutz der **Burg Sonnenstein** entwickelt, am Schnittpunkt mehrerer Handelswege. Wer heute auf den Burgberg hinaufsteigt, wird mit einer schönen Aussicht auf die Pirnaer Altstadt und die Copitzer Hänge mit Weinterrassen am anderen Elbufer belohnt. Mit der Burg verbindet sich aber auch ein Stück grausiger jüngerer Geschichte. In der 1811 gegründeten Heil- und Pflegeanstalt für Geisteskranke, die durch Musik-, Spiel- und Arbeitstherapie ein reformpsychiatrisches Konzept verwirklicht hatte, ermordeten die Nationalsozialisten im Dritten Reich mehr als 13.000 geistig und körperlich Behinderte und psychisch kranke Menschen.

Unmittelbar hinter Pirna beginnt eine andere Welt, schon gleich am Ortsausgang geht es bergauf. Die ersten Höhen des Elbsandsteingebirges beginnen, das Elbtal wird enger. Mit dem Beginn der Dampfschifffahrt 1837 und dem Anschluss an eine der ersten Eisenbahnlinien (1848) wurde Pirna zum **„Tor zur Sächsischen Schweiz"**.

› Tourist-Service, Am Markt 7, Tel. 03501 46570, www.pirna.de, Mo.–Fr. 9–18, Sa. 9.30–13, im Sommer auch So. 11–14 Uhr

---

**KLEINE PAUSE**

Frische Küche mit mediterranen Akzenten serviert man im **Pirna'schen Hof**, auch Vollwertgerichte, dazu sächsische Weine. Restaurant in der ersten Etage, Weinkeller im mittelalterlichen Gewölbe, dort auch ab und zu Livemusik.
Am Markt 4, Tel. 03501 44380, tgl. 12–14.30 Uhr, 18.30–22 Uhr, www.pirnascher-hof.de.

## 64 SCHLOSS WEESENSTEIN ★★

*Auf einem Felssporn über der Müglitz erhebt sich Schloss Weesenstein. Das mächtige Gebäudeensemble vereint mittelalterliche Überreste mit Renaissance- und Barockbauten – 700 Jahre wurde gebaut, verändert und erweitert.*

Durch die lange Baugeschichte entstand ein **architektonisches Kuriosum**, denn der Burgkomplex wuchs von der Felskuppe ausgehend nach unten zum Schloss: der Festsaal unterm Dach, die Ställe in der dritten Etage, der Keller darüber, ein Stockwerk tiefer die herrschaftlichen Wohnräume. Insgesamt gibt es acht Stockwerke: eine unübersichtliche und eigenartige, aber baulich durchaus interessante Anlage mit vielen Treppen und Gängen, zahllosen Räumen sowie drei Innenhöfen.

Auch das Innere des Schlosses bietet Einblick in Bau- und Zeitgeschichte seit der Gotik. Das Untergeschoss spiegelt den Zeitgeist des 19. Jahrhunderts wider, als Weesenstein König *Johann von Sachsen* gehörte. Der musisch interessierte und begabte König zog sich gerne hierher zurück, um an seiner Übersetzung von *Dantes* „Göttlicher Komödie" zu arbeiten. Außerdem gibt es wertvolle Bild-, Reispapier- und Ledertapeten zu sehen.

In einer engen Flussschleife gelegen, litt vor allem die **barocke Gartenanlage** unter der Flut 2002, wie auch der Ort, dessen Häuser stark beeinträchtigt wurden. Nach dem Vorbild französischer Gärten entstand der Park um 1780 und wird gegenwärtig noch restauriert. Ringsherum laden bewaldete Hänge ein, den Spaziergang im Schlosspark noch ein wenig zu verlängern.

› Am Schlossberg 1, 01809 Müglitztal, www.schloss-weesenstein.de, April–Okt. tgl. 9–18 Uhr, Nov.–März tgl. 10–17 Uhr, Eintritt 4,50 € (ermäßigt 2,50 €, Familien 10 €)

› Anfahrt: ab Heidenau Abzweig Altenberg, Ausschilderung folgen.

▶ *Schloss Weesenstein*

## 65 BAROCKGARTEN GROSSSEDLITZ ★★

*Akkurat geschnittene Bäume, Hecken und Buchsbaumeinfassungen, Balustraden und gekieste Wege, farbenfrohe Blumenrabatten, Skulpturen und Orangerie bilden ein anmutiges Ensemble.*

Inspiriert von italienischen und französischen Vorbildern wurde der geometrische Barockgarten ab 1719 auf Wunsch *Augusts des Starken* angelegt. Das Friedrichsschlösschen hatte zuvor schon Graf *Wackerbarth* in Auftrag gegeben. Obwohl der Garten unvollendet und auch nicht komplett symmetrisch ist, wirkt er **sehr harmonisch,** an vielen Stellen eröffnen sich über Blickachsen Beziehungen zur umgebenden Landschaft.

Zahlreiche **Skulpturen** – von antiken Göttern oder die Figurengruppe „Stille Musik" im unteren Orangerieparterre – sind über die mehrstufig terrassierte Anlage verteilt. Im Sommer werden hier auch Konzerte veranstaltet und die Untere Orangerie, der „Festsaal im Grünen", noch zusätzlich mit rund 150 Orangenbäumchen aus der Toskana dekoriert.

› Parkstr. 85, 01809 Heidenau, April–Sept. tgl. 8–20 Uhr, Okt. 8–18 Uhr, Nov.–März 8–16.30 Uhr, Eintritt 3 €, ermäßigt 1,50 € (April–Okt., im Winter Eintritt frei), So. und feiertags um 15 Uhr Parkführungen (Anmeldung unter Tel. 03529 56390), www.barockgarten-grosssedlitz.de
› Anfahrt: Mit S-Bahn bis Heidenau-Großsedlitz, dann 20 Min. zu Fuß der Wandermarkierung folgen. Mit dem PKW auf der B172 bis Heidenau, dann ausgeschildert (gebührenpflichtiger Parkplatz).

## 66 BURG STOLPEN ★★

*Ein Begriff ist die Burg vor allem, weil hier die Gräfin Cosel, die bekannteste Mätresse Augusts des Starken, 49 Jahre lang gefangen gehalten wurde.*

Es war mehr als eine Verbannung: Mehr als 40 Soldaten bewachten die Gräfin, ihre Bediensteten durften nicht ins Dorf gehen, ihre Korrespondenz wurde überwacht oder gar nicht erst zugestellt. Neun Jahre lang war *Anna Constantia von Cosel,* geborene *Brockdorff,* die Mätresse *Augusts des Starken* gewesen, dann wurde sie ihm oder seinen

▶ *Burg Stolpen, im Hinterund der Coselturm*

◀ *Zahlreiche Skulpturen schmücken den Barockgarten Großsedlitz*

# ELBTAL UND SÄCHSISCHE SCHWEIZ
*Elbeaufwärts*

intriganten Beratern zu ehrgeizig. Sie war **schön, intelligent, gebildet und schlagfertig**, eine Zeit lang auch mächtig und einflussreich – und sie mischte sich dazu noch in die Politik ein.

1716 ließ Kurfürst *August der Starke* die damals 36-Jährige auf der Burg festsetzen. Aus der zeitweiligen Gefangenschaft wurde eine lebenslängliche: Noch nach dem Tod seines Vaters verlängerte der Sohn, *Friedrich August II.,* das **tragische Schicksal** der verstoßenen Gräfin bis zu ihrem Tod als 85-Jährige. Ihre Grabstelle befindet sich in der Burgkapelle. Eine Ausstellung im Johannisturm erinnert an das Leben der Gräfin *Cosel.*

Die Burganlage lohnt den Abstecher nicht zuletzt auch wegen der **phantastischen Fernsicht von den Türmen.** Neben dem Cosel- oder Johannisturm kann man auch den Siebenspitzenturm besteigen und über den kleinen Ort am Fuße der Burg weit ins Land blicken. Auf einem imposanten Basalthügel aus dem dunklen Vulkangestein erbaut, war Stolpen einst zeitweilige Nebenresidenz der Meißner Bischöfe und der sächsischen Kurfürsten. Ein Burgrundgang führt zu dem tief in den Basalt getriebenen Brunnen, zu Hungerloch und Folterkammer, Kapelle, Wehrgang und Bischofshaus. Obwohl er 1833 die Festung zunächst verstärken ließ, sprengte *Napoleon* sie dann aber auf dem Rückzug.

Die **Altstadt** unterhalb der Burg steht unter Denkmalschutz. Beim Bummel zurück zum Parkplatz streift man den großen Markt mit Amtsgericht (heute das Stadtmuseum), Rathaus, Löwenapotheke, der alten Post und der ehemaligen Maschinenfabrik Klinger.

› Schlossstr. 10, 01833 Stolpen, tgl. 9–18, im Winter 10–16 Uhr, www.burg-stolpen.de

› Anfahrt: ca 20 km östlich von Dresden über B6 Dresden–Bischofswerda, Parkplatz unterhalb des Orts

# SÄCHSISCHE SCHWEIZ

*In den schattigen Talgründen und engen Klüften plätschern Bäche, selbst in heißen Sommern ist es dort noch kühl und feucht. Vor verwunschenen Gasthäusern und Mühlen in den Wäldern erwartet man eher Hänsel und Gretel als Mountainbiker und auf den schroffen Anhöhen möchte man den Weitblick eher auf eine Leinwand bannen als ihn mit der Digitalkamera in Pixel zu verwandeln. Hier scheint die Natur die Kunst zu imitieren. Maler und Dichter der Romantik haben diese Landschaft mit spektakulären Aussichten in Gedichten und Gemälden verewigt – das 19. Jahrhundert ist zum Greifen nah.*

**Wandern** ist in der Sächischen Schweiz die ideale Fortbewegungsweise, auch wenn das Elbsandsteingebirge kein Gebirge ist (höchste Erhebung mit 561 m ist der Zschirnstein) und die sächsische „Schweiz" nicht schweizerisch. Dafür gibt es im „Sächsischen Grand Canyon" aber eine „Säk'sche Lorelelei". *Lene Voigt,* die Dialektdichterin, hat sie besungen: „Ich weeß nich, mir isses so gomisch", beginnt ihre Version und in späteren Strophen heißt es: „De Älwe, die bläddschert so friedlich, Ä Fischgahn gommt aus dr Tschechei. Drin sitzt 'ne Familche gemiedlich, Nu sinse schon an dr Bastei. Un ohm uffn Bärche, nu gugge, Da gämmt sich ä Freilein ihren Zobb. Se schtriecheltn glatt hibbsch mit Schbugge, Dann stäcktsn als Gauz uffn Gobb."

Die Wanderwege sind echte Wanderwege und keine Forstwirtschaftsstraßen, sie schlängeln sich über in Stein gehauene Stufen bergauf und bergab, biegen unvermittelt um Felsklötze oder enden gar als steile Leiter am jäh aufragenden,

## Sächsische Schweiz

> **EXTRATIPP**
>
> *Stimmungsvolles Ambiente*
>
> Das **Festival "Sandstein & Musik"** findet von März bis Dezember an wechselnden Orten der Sächsischen Schweiz statt, in Kirchen und Burgen, in einem Sandsteinbruch und auf der Felsenbühne Rathen. www.sandstein-musik.de

turmähnlichen Gestein. Der verwitterte Quadersandstein mit seiner Formenvielfalt, seinen Vorsprüngen und Absätzen verführte die Menschen dazu, ihm **sprechende Namen** zu geben, vom Pfaffenstein und der Herkuleskeule bis zum Teufelsturm. Charakteristisch sind auch die solitären Tafelberge wie der Lilienstein und der Königsstein, zerklüftete Sandsteinfelsen und schlanke Felsnadeln.

Besonders bizarre Felsformationen sind die Schrammsteine und die Affensteine. Beim Wandern trifft man immer wieder auf **Klettersportler,** denn viele der senkrechten Felswände sind ausgesprochen beliebte Reviere. Über 18.000 Aufstiege aller Schwierigkeitsgrade gibt es hier, Sachsen gilt zudem als Ursprungsland des Freeclimbing.

Die Bastei hoch über der Elbe ist der schönste und bekannteste **Aussichtspunkt,** aber auch von der Festung Königstein, dem Lilienstein, den Zschirnsteinen und der Schrammsteinkette bieten sich überwältigende Ausblicke über das Elbtal.

Der **Nationalpark Sächsische Schweiz** umfasst rund 92 km². Im Jahr 2000 erhielten auch Teile der angrenzenden Böhmischen Schweiz Nationalparkstatus, sodass zum Areal insgesamt rund 200 km² gehören. Neben Wandern und Klettern kann man an Exkursionen mit Nationalpark-Rangern teilnehmen, gibt es Paddel- und Reitmöglichkeiten und in den Kurorten wie Rathen und Bad Schandau auch Wellness-Angebote.

Das **Elbsandsteingebirge** beginnt praktisch gleich hinter Pirna, schon bei der Stadtausfahrt geht es bergauf. Kaum ein Ziel ist weiter als eine knappe Autostunde von der Metropole Dresden entfernt, ob linkselbisch wie Königstein 67 oder rechtselbisch wie die Bastei 68 oder Bad Schandau 69, das Kirnitzschtal oder die Schrammsteine.

› www.nationalpark-saechsische-schweiz.de

## WANDERN AUF DEM MALERWEG

*Auf dem "Malerweg" kann man sich auf einer mehrtägigen Wanderung eine Fülle der Motive erwandern, die Caspar David Friedrich, Carl Gustav Carus und andere in ihren Bildern verewigt haben. Vom Liebethaler Grund kurz vor Lohmen führt der Weg in die Sächsische Schweiz, dort über die Bastei, Hohnstein und den Winterberg bis nach Schmilka an der tschechischen Grenze. Wer will, kann auch eine Rundtour daraus machen und über Schöna, Krippen und Königstein auf der anderen Elbseite nach Pirna zurückkehren. Der historische Malerweg hat eine Länge von 40 km, der erweiterte "neue" Malerweg ist fast dreimal so lang. Ein Faltblatt mit Informationen und Übersichtskarte gibt es in den örtlichen Touristeninformationen und unter www.nationalpark-saechsische-schweiz.de.*

## 67 FESTUNG KÖNIGSTEIN ★★★

*Über 750 Jahre Geschichte haben die wehrhafte Festung, die größte Deutschlands, zu einem eindrucksvollen Baudenkmal gemacht. Die als uneinnehmbar geltende Bergfestung auf einem mächtigen Felsplateau rund 230 m über der Elbe war ein Sperrfort und konnte Wagen- und Schiffsverkehr abriegeln – kein Feind hat allerdings je versucht, die Festung anzugreifen.*

Sie war Grenzfeste der Slawen und Böhmen, später Raubritterburg, Kloster, Besitz der Markgrafen von Meißen. Ende des 16. Jahrhunderts begann der Ausbau des schon im Mittelalter genannten Königsteins zur stärksten deutschen Festung. Wie viele andere wurde sie auch **als Gefängnis genutzt**: Der Erfinder des Porzellans, *Johann Friedrich Böttger,* war hier zur Herstellung von Gold „verurteilt". Er hatte sich als Apothekergehilfe mit alchimistischen Experimenten befasst und behauptet, es sei ihm gelungen, das Edelmetall herzustellen. Daraufhin wollte *Friedrich I.* von Preußen seiner habhaft werden. *Böttger* floh in den Schutz des Sachsenkönigs, was ihm zum Verhängnis wurde: Aus dem Schutz wurde Schutzhaft. Später waren der Revolutionär *Michail Bakunin,* der Sozialdemokrat *August Bebel,* der Dramatiker *Frank Wedekind* und im Zweiten Weltkrieg französische Offiziere hier inhaftiert, darunter Admiral *Darlan,* der allerdings fliehen konnte.

Auch **Zufluchtsort** war die Festung in kriegerischen Zeiten für die sächsischen Herrscher – natürlich samt Staatsschatz. Und auch in den Wirren des Zweiten Weltkriegs wurden hier ausgelagerte Kunstschätze der Dresdner Sammlungen verwahrt.

ELBTAL UND SÄCHSISCHE SCHWEIZ
*Sächsische Schweiz*

Legendär wurde die **einzige Bezwingung** der Festung durch einen Schornsteinfeger im Jahr 1848. Statt Lorbeeren zu ernten, sperrte man ihn zwei Wochen ein und schickte ihn dann nach Hause.

Ein **Spaziergang entlang der Außenmauern** führt einmal rund um die große Anlage und beeindruckt durch phantastische Ausblicke auf die Elbe und das Sandsteingebirge mit dem Lilienstein gegenüber. Auf dem 9,5 ha großen Gelände gibt es **viele weitere Bauwerke und Einrichtungen** zu besichtigen: das Brunnenhaus mit dem über 150 m tiefen Brunnen, die Garnisonskirche, das Kommandantenhaus, die beiden Zeughäuser, die älteste deutsche Kaserne aus dem 16. Jahrhundert, die unterirdischen Kasematten (mit Führung) und einige Ausstellungen, etwa zur Militärgeschichte, zur Baugeschichte der Festung und zur Geschichte der Zeughäuser. In der historischen Festungsbäckerei werden Brot und Kuchen gebacken. Wer einkehren will, findet auch Gastronomie innerhalb der Festungsmauern.

› Anfahrt mit Auto: ca. 30 km, A17 Dresden–Pirna, Abfahrt Pirna, dann B172 oder ganz auf der B172. Der Abzweig zur Festung kommt vor Königstein, etwas unterhalb der Festung gibt es einen großen gebührenpflichtigen Parkplatz.
› Anfahrt mit Bahn, Rad oder Dampfer: Wer nicht zu Fuß vom Ort Königstein über den schönen Wanderweg zur Festung hinaufwandern will (ca. 30–45 Min.), kann einen Bus (Linie 241, Haltestelle Abzweig Festung oder Thürmsdorf/Vogelstein) oder eine kleine Touristenbahn (Festungsexpress, ab Stadt Königstein und ab Parkplatz) benutzen, Abfahrt ca. alle 30 Minuten. Vom Fuß der Festung geht es auch nochmal ein Stück bergan, alternativ befördert ein Fahrstuhl Besucher hinauf auf das Plateau.
› April–Sept. 9–20, Okt. 9–18 Uhr, Nov.–März 9–17 Uhr, Eintritt 6 € (ermäßigt 4 €, Familien 15 €), www.festung-koenigstein.de
› Informationen: KWE Königstein, Schreiberberg 2, 01824 Königstein, Tel. 03501 68261, www.koenigstein-sachsen.de

## 68 BASTEI ★★★

*Zum bekanntesten Aussichtspunkt der Sächsischen Schweiz pilgern jährlich Hunderttausende. Der Blick auf das Elbtal und die markanten Berge der Sächsischen Schweiz ist aber auch tatsächlich phantastisch.*

Vom Örtchen Rathen geht es einen gewundenen Fußweg und Treppen hinauf bis zum Felsentor und zur beeindruckenden steinernen **Basteibrücke**, die Mitte des 19. Jahrhunderts in die Felsen gebaut und zum Wahrzeichen der Sächsischen Schweiz wurde. Dort ist fast schon die **Kanzel**, 192 m hoch über der Elbe, erreicht. Gegen einen Obolus ist ein umzäunter Teil des bizarren Felsengartens zu besichtigen. Über Treppen und Leitern geht es durch die Reste der einstigen **Felsenburg Rathen**, die sich im Mittelalter an dieser Stelle befand und im 15. Jahrhundert zerstört wurde.

Von oben bietet sich ein **phantastischer Blick auf die Elbe,** die hier einen großen Bogen beschreibt. Flussabwärts sieht man Wehlen, flussaufwärts die Festung Königstein 67 und den Tafelberg

◄ *Eine der vielen herrlichen Aussichten in der Sächsischen Schweiz bietet sich von der Festung Königstein*

## LILIENSTEIN

*Von Rathen führt ein Wanderweg am Elbufer entlang zum majestätischen Lilienstein (Blaustrich-Markierung des Bergwanderwegs Eisenach–Budapest). Der **markante Tafelberg** in einer großen Flussschleife wird an drei Seiten von der Elbe umflossen. Nach dem steilen Nordaufstieg, über Treppen und Leitern begehbar gemacht, bietet sich – 300 m über dem Elbtal – eine atemberaubende Aussicht auf die Festung Königstein gegenüber und das Panorama des Elbstandsteingebirges. Von hier geht es durch die Südflanke steil hinunter zur Fähre nach Königstein und zum Bahnhof.*

*Wer statt dieser etwa 2,5 Stunden dauernden Etappe nur eine Kurztour auf den „König der Steine" machen will, fährt bis zum Parkplatz an der Kaiserstraße am Fuß des Liliensteins.*

Lilienstein, tief unten kreuzt die kleine Fähre den Fluss. *Hans Christian Andersen* schwärmte 1831: „Hier ist es hoch, sehr hoch! (…) Das lange weißgelbe Band dort unten, das vor deinen Augen nicht breiter aussieht als das Trottoir auf der Straße, ist die Elbe; das gelbbraune Pappelblatt, das du schwimmen zu sehen glaubst, ist ein langer Flusskahn; du kannst aber auch, aber nur wie kleine Punkte, die Menschen darauf erkennen! (…) Die Dörfer liegen dort unten wie Spielzeug auf einem Jahrmarktstisch (…) und in der blauen Ferne siehst du die böhmischen Rosenberge und den Geisingberg im Erzgebirge." (aus: „Reise von Leipzig nach Dresden und in die Sächsische Schweiz")

Für den Abstieg kann man den Weg durch den Amselgrund wählen. Er führt an den **Schwedenlöchern** vorbei, einer Felsenklamm, die der Bevölkerung in Kriegszeiten als Zuflucht diente, und am **Amselfall**, wo der Grünbach 10 m in die Tiefe stürzt. Hier hat die Nationalparkverwaltung eine Informationsstelle eingerichtet. Unten im Talgrund passiert man noch den Amselsee mit Bootsverleih und die Naturbühne, dann ist man zurück in Rathen.

Mit der **Felsenbühne Rathen** [20], eine Spielstätte der Landesbühnen Sachsen, hat der Kurort eine ganz besondere Attraktion, durch die Karl-May-Aufführungen ist sie auch überregional bekannt. Neben *Winnetous* Abenteuern werden auch Opern inszeniert, als Klassiker der „Freischütz", denn *Carl Maria von Weber* schuf das Werk eigens für diese Freilichtbühne. Im Talgrund, inmitten der Sandsteinkulisse, werden die Aufführungen zu einem ganz besonderen Erlebnis.

› Anfahrt mit Rad oder Bahn: vom Bahnhof und vom Elberadweg muss man noch mit der Fähre übersetzen (tgl. zwischen 4.30 und 0.30 Uhr)

› Anfahrt mit dem Auto: Der kleine Kurort Rathen am Fuß der Bastei ist autofrei. Wer mit dem Wagen über Lohmen kommt, muss ihn auf dem großen Parkplatz oberhalb des Ortes abstellen. Für ganz Bequeme gibt es einen weiteren Parkplatz, der näher an der Bastei liegt und die Kletterei erspart. Am schönsten ist die Anfahrt von der anderen Seite zum linkselbischen Oberrathen. Man kann bis zur Elbe hinunter fahren, sein Auto auf dem Parkplatz an der Fähre abstellen und dann mit der Fähre übersetzen.

# ELBTAL UND SÄCHSISCHE SCHWEIZ
*Sächsische Schweiz*

### 69 BAD SCHANDAU ★

Den Titel „Bad" erhielt der kleine, beschauliche Kurort mit mineralhaltigen Quellen im Jahr 1920, doch auch schon im 19. Jahrhundert nahmen hier Feriengäste Quartier.

Um der heutigen Nachfrage nach Wellnessangeboten nachzukommen, ließ der **Kneipp-Kurort** das Thermalsolebad zur modernen **Therme** mit Liquid-Sound-Klängen und Multimedia-Projektionen ausbauen (www.toskana-therme.de), gibt es Beautyfarmen und Reha-Kliniken. Im Nationalparkhaus informieren interaktive Ausstellungen und Multivisionsshows über die Region, eine Animation zeigt die Entstehung des Elbsandsteingebirges. Der Kurort ist Ausgangspunkt für Touren zu den Schrammsteinen und ins wildromantische Kirnitzschtal.

---

**KLEINE PAUSE**

**Schwarzbachtal**, Niederdorfstr. 3, Hohnstein, Ortsteil Lohsdorf, Tel. 035975 80345, www.schwarzbachtal.de, März–Dez. Mo.–Fr. 17–24 Uhr, Sa., So. 11.30–14, 17–24 Uhr, Do. geschlossen.
Das Landgasthaus ist etwas abgelegen, lohnt aber den Abstecher in das idyllische Schwarzbachtal. Ambitionierte Kräuterküche mit eigenen Essenzen, ausgesuchte Weine, schöne Terrasse. Vielfach empfohlen, u. a. vom *Feinschmecker*.

---

▲ *Wahrzeichen der Sächsischen Schweiz: Basteibrücke*

Zum Ortsteil Ostrau gelangt man mit einem frei stehenden **Personenaufzug**, der 1904 errichtet wurde und nach wie vor funktioniert. Die 50 m hohe Eisenkonstruktion ist durch eine schmale Brücke mit dem Plateau verbunden. Oben führt ebenfalls ein Wanderweg zu den Schrammsteinen. Im schmucken Ostrau gibt es hübsche Holzvillen – Tschechien ist nicht mehr weit.

Im schmalen **Kirnitzschtal** verkehrt seit 1898 eine historische Straßenbahn (9.30–17.30 Uhr, im Sommer etwa halbstündlich, im Winter alle zwei Stunden). Vorbei an Waldhäusl, Forsthaus und Beuthenfall geht es bis zur Endstation **Lichtenhainer Wasserfall**. Von dort ergeben sich weitere Möglichkeiten, die Sandsteinlandschaft zu Fuß oder per Fahrrad zu erkunden. Eine kurze Tour führt etwa vorbei am ältesten und bekanntesten künstlichen Wasserfall der Sächsischen Schweiz zum **Kuhstall**, einem berühmten Felsentor unter dem Wildenstein. Für Wanderer ist der Panoramaweg eine Alternative: Von Bad Schandau geht es über Altendorf, Mitteldorf, Lichtenhain und Ottendorf nach Saupsdorf (18 km).

> Informationen: Bad Schandauer Kur- und Tourismus GmbH, Markt 12, 01814 Bad Schandau, Tel. 035022 90030, www.bad-schandau.de
> Nationalparkhaus Sächsische Schweiz, Dresdner Str. 2b, Bad Schandau, April–Okt. tgl. 10–18 Uhr, Nov., Dez., Febr., März Di.–So. 9–18 Uhr, Jan. geschlossen, www.lanu.de. Das Informationszentrum des Nationalparks bietet Exkursionen, Vorträge, Dokumentarfilme und Multivisionsshows, Kinderprogramm und Ausstellungen.
> Anfahrt mit der Bahn: Vom Bahnhof ist der Ort mit einer Elbfähre zu erreichen.
> Anfahrt mit dem Rad: ca. 37 km (Elberadweg)
> Anfahrt mit dem Wagen: Ab Pirna B172 Richtung Königstein

# PRAKTISCHE REISETIPPS

# PRAKTISCHE REISETIPPS

Dresden im Überblick: In diesem Kapitel finden Sie viele nützliche Informationen zur Reisevorbereitung und für den Aufenthalt vor Ort. Sollten trotzdem Fragen offen bleiben, helfen die unter „Informationsquellen" aufgeführten Adressen und die vielen Internetlinks weiter. Schreiben Sie uns, wenn sich zwischenzeitlich etwas geändert hat oder Sie interessante Hinweise an Leser der nächsten Auflage weitergeben möchten.

# ANREISE

## MIT DEM FLUGZEUG

Dresdens **Flughafen Klotzsche** liegt 9 km nördlich des Stadtzentrums und wird von vielen deutschen Städten sowie aus Österreich (Wien) und der Schweiz (Basel, Zürich) angeflogen. Mit der S-Bahn Linie 2 besteht eine direkte Anbindung an das Stadtzentrum. Sie verkehrt etwa alle halbe Stunde, die Fahrzeit zum Neustädter Bahnhof beträgt ca. 10 Min., zum Hauptbahnhof ca. 20 Min.

Ein Taxi in die Stadt kostet etwa 15–20 €. Alle großen Mietwagenfirmen sind am Flughafen vertreten, das benachbarte Parkhaus ist mit dem Terminal durch eine Fußgängerbrücke verbunden.

**Billigflieger** von und nach Dresden gibt es u. a. ab Düsseldorf, Frankfurt, Friedrichshafen, Hamburg, Köln-Bonn, München, Nürnberg, Stuttgart und Wien. Das Angebot wird ständig ausgebaut. Gesellschaften, die den Flughafen Dresden anfliegen, sind Air Berlin, Condor, dba, Germanwings, InterSky, Lufthansa und TUIfly.com. Ein einfacher Flug kann schon ab etwa 29 € gebucht werden.
> Infos: Tel. 0351 8813360, www.dresden-airport.de

## MIT DER BAHN

Direkte InterCity-Verbindungen nach Dresden bestehen – wie für eine deutsche Großstadt üblich – von vielen größeren deutschen und europäischen Städten. Dresden hat **zwei Bahnhöfe**: In der Regel kommt man am Hauptbahnhof an [D10], viele Züge halten aber auch am Neustädter Bahnhof [D7]. Von beiden ist man zu Fuß schnell im Stadtzentrum oder kann in Bus, Straßenbahn oder Taxi umsteigen.

Aus Süddeutschland und der Schweiz (Basel, Freiburg, Karlsruhe, Frankfurt/M) kann man auch mit dem **Nachtzug** anreisen (www.citynightline.de).
> Deutschlandweite Auskunft: www.bahn.de

## MIT DEM AUTO

Über die A4 und die A13 ist Dresden von Westen und Norden her zu erreichen. Ausfahrten sind Altstadt, Neustadt, Wilder Mann, Hellerau und Flughafen. Die Autobahn A 17 Dresden–Prag (140 km) gibt es bereits in Teilstücken, nach deren

◀ *Dresdens Hauptbahnhof*

Fertigstellung werden auch Pirna und die Ausflugsziele in der Sächsischen Schweiz noch näher an Dresden gerückt sein.

# BEHINDERTE

Bei der Tourist-Information (siehe „Informationsquellen") ist der **Ratgeber „Dresden ohne Barrieren"** für Gäste mit Handicap erhältlich, der mehr als 30 Hotels und knapp 20 Restaurants aufführt, die auf Rollstuhlfahrer eingestellt sind. Unter den zwölf **Museen** der Staatlichen Kunstsammlungen Dresden sind bislang nur das Grüne Gewölbe ⓿ und das Kupferstich-Kabinett ① uneingeschränkt für Rollstuhlfahrer zugänglich. In den anderen besteht nur eingeschränkte Barrierefreiheit, teilweise über separate Eingänge oder Fahrstühle nach Voranmeldung (Tel. 0351 49142000).

In der Tourist-Information gibt es einen **akustischen Stadtführer** für Blinde und Sehschwache. Weitere Informationen und einen Stadtführer für Körperbehinderte (mit Stellplätzen, Haltestellen, WCs etc.) gibt es auch unter www.dresden.de/barrierefrei.

Die alten Straßenbahnwagen haben hohe und schmale Einstiege, die insbesondere für Gehbehinderte schwierig sind. Es verkehren aber zunehmend mehr Niederflurwagen. Die **Straßenbahnen** und **Busse** sind zudem mit einem Orientierungssystem für Blinde und Sehbehinderte ausgestattet.

In der Flotte der Sächsischen Dampfschifffahrtsgesellschaft sind die beiden neuen Salonschiffe *MS August der Starke* und *MS Gräfin Cosel* für Rollstuhlfahrer zugänglich sowie die Raddampfer *Dresden* und *Leipzig*.

**Rundgänge und Führungen** für Gehörlose (in Gebärdensprache), für Blinde, Sehbehinderte und Rollstuhlfahrer vermittelt die Dresdner Tourist-Information (siehe „Informationsquellen").

› Anreise mit der Bahn: Hilfe gibt es bei der Mobilitätsservicezentrale der DB, Tel. 01805 512512, www.bahn.de. Am Hauptbahnhof gibt es nur zum Teil Personenaufzüge zu den Gleisen, aber Betreuung durch ein Serviceteam, am Bahnhof Neustadt hingegen zu allen Gleisen (Anmeldung über die Mobilitätsservicezentrale). In beiden Bahnhöfen stehen Behinderten-WCs zur Verfügung.

› Anreise mit dem Flugzeug: Haupteingang ebenerdig, Behinderten-WCs, rollstuhlgerechte Telefone, Blindenleitsystem.

# DIPLOMATISCHE VERTRETUNGEN

› **Honorarkonsulat Österreich,**
An der Frauenkirche 12, Tel. 0351 4817040, www.konsulat-dresden.de

› Das Konsulat der Schweizer Botschaft in Dresden ist geschlossen, die nächste diplomatische Vertretung finden Schweizer Staatsbürger in Berlin:
**Botschaft Schweiz,** Otto-von-Bismarck-Allee 4 A, 10557 Berlin, Tel. 030 3904000, www.botschaft-schweiz.de

# INFORMATIONSQUELLEN

## TOURISMUSVERBÄNDE

› **Tourismus Marketing Gesellschaft Sachsen,**
Bautzner Straße 45–47, 01099 Dresden, Tel. 0351 491700, www.sachsen-

tourismus.de. Informationen über Pauschalangebote, Reisetipps, Unterkunftsverzeichnisse, Veranstaltungen.
> **Dresden Werbung und Tourismus GmbH,** Ostra-Allee 11, Tel. 0351 4919210, www.dresden-tourist.de
> **Tourismusverband Sächsisches Elbland,** Niederauer Str. 26–28, 01662 Meißen, Tel. 03521 76350, www.elbland.de
> **Tourismusverband Sächsische Schweiz,** Bahnhofstr. 21/22, 01796 Pirna, Tel. 03501 470110, www.saechsische-schweiz.de

### 16 INFOSTELLEN IN DRESDEN

- **Fundbüro,** Hamburger Str. 19a, Zimmer 14, Tel. 0351 4884280, Mo., Mi. u. Do. 7.30–16, Di. 7.30–18, Fr. 7.30–16 Uhr, Haltestelle: Technisches Rathaus
- **Ordnungsamt,** Theaterstr. 13, Zimmer 52, Tel. 0351 4885996, Mo., Fr. 9–12 Uhr, Di., Do. 9–18 Uhr
- **92** [I D9] **Tourist Information Office** in der Schinkelwache, Theaterplatz, Tel. 0351 49192100 (Auskunft), 49192233 (Kartenvorverkauf), 49192222 (Zimmervermittlung), Mo.–Do. 10–18, Fr. 10–19 Uhr, Sa. u. So. 10–17 Uhr. Informationen, Stadtrundfahrten, Hotelbuchung, Kartenvorverkauf, Pauschalangebote.

### DRESDEN IM INTERNET

> **www.dresden.de.** Die offizielle Website der sächsischen Landeshauptstadt, für Einwohner (Ämter, Wirtschaftsthemen) und Besucher (Kultur usw.)
> **www.dresden-tourist.de.** Touristische Informationen zu Unterkünften, Restaurants, Einkaufs- und Ausflugstipps, Veranstaltungen
> **www.dresdeninformation.com.** Restaurants, Hotels, Einkaufen, Kultur und Freizeitmöglichkeiten in Dresden
> **www.dresdner.nu.** Ein Veranstaltungskalender, der auch in gedruckter Form kostenlos ausliegt
> **www.cybersax.de.** Die Website des Stadtmagazins *Sax* mit umfangreichem Veranstaltungskalender
> **www.dresden-neustadt.de.** Infos für das Dresdner Szene- und Ausgehviertel mit Hinweisen auf Veranstaltungen
> **www.dnn.de.** Die Website der Dresdner Neuesten Nachrichten
> **www.sz-online.de.** Die Website der Sächsischen Zeitung

◀ *„Klassische" Informationsquelle*

## PRAKTISCHE REISETIPPS
*Informationsquellen*

› www.mdr.de. Die Website des Regionalsenders MDR
› www.skd-dresden.de. Informationsportal der Staatlichen Kunstsammlungen Dresden
› www.schloesser-dresden.de. Website mit Interessantem zu Zwinger, Brühlscher Terrasse, Stallhof und Kasematten, Großem Garten, Schloss und Park Pillnitz
› www.museen-dresden.de. Seite der Städtischen Museen Dresden
› www.stmd.de. Die stadtgeschichtlichen Museen mit eigener Website
› www.frauenkirche-dresden.org. Die Stiftung Frauenkirche informiert über Mitgliedschaft, Spenden, Konzerte und Gottesdienste.
› www.saechsische-dampfschifffahrt.de. Website der Radddampferflotte, mit Fahrplan, Preisen, Veranstaltungen
› www.dvbag.de. Infos der Dresdner Verkehrsbetriebe, mit Fahrplänen, Tarifen, Liniennetz
› www.vvo-online.de. Auf der Website des Verkehrsverbunds Oberelbe gibt es detaillierte Informationen zu Fahrplänen und Liniennetz, Tickets und Tarifen für den Nahverkehr zwischen Meißen und der tschechischen Grenze.
› www.sachsen-geniessen.de. Informationen über sächsische Spezialitäten zum Mitnehmen wie Bautzner Senf, Lausitzer Leinöl und Sächsische Knacker
› www.gastinsachsen.de. Unterkünfte und Restaurants im Freistaat Sachsen
› www.saechsisches-elbland.de. Seite mit Informationen zu Meißen, Moritzburg und den Weindörfern
› www.saechsische-schweiz.de. Touristische Informationen zum Elbsandsteingebirge
› www.dresden-lexikon.de. Private Website mit Informationen zu Geschichte und Sehenswürdigkeiten
› www.dresden-online.de. Geschichte und Politik, Kultur und Tourismus, Sport und Freizeit, Shopping, Aktuelles

## AKTUELLE PUBLIKATIONEN

**Karten** der Dresdner Region und der Sächsischen Schweiz gibt es von vielen Verlagen. Detaillierte Wanderkarten stellt Sachsen Kartografie her (www.sachsen-kartographie.de), Radreiseführer für den Elberadweg werden von Bruckmann und bikeline veröffentlicht. Wanderführer für die Sächsische Schweiz gibt es in Kürze auch im Programm des REISE KNOW-HOW Verlags (siehe www.reise-know-how.de). Radwanderkarten zu Dresden und Umgebung bringt der ADFC (Allgemeiner Deutscher Fahrrad-Club, www.adfc.de) heraus, im Bielefelder Verlag erschien dazu auch der Band „Die schönsten Radtouren rund um Dresden" (von *Lutz Gebhardt* und *Jens Ulrich Groß*).

Die **Tageszeitungen** *Dresdner Morgenpost, Sächsische Zeitung* und *Dresdner Neueste Nachrichten* veröffentlichen täglich Hinweise auf Veranstaltungen. Der Sächsischen Zeitung liegt donnerstags der wöchentliche Veranstaltungskalender *PluSZ* bei.

Ausführliche Veranstaltungskalender bieten die **Stadtmagazine:** Kostenlos und empfehlenswert ist das monatliche Kulturmagazin *DRESDNER,* ein Veranstaltungskalender mit vielen Kleinanzeigen und einigen Beiträgen, kostenpflichtig die monatlich erscheinenden Stadtmagazine *SAX,* mit informativem redaktionellem Teil, und *PRINZ,* das auch in vielen anderen Städten herausgegeben wird.

Etwa jährlich aktualisiert erscheinen die **Gastronomie- und Hotelführer** *Spot* und *Augustus* mit vielen kommentierten Adressen von Restaurants, Biergärten, Bars, Shoppingtipps und ausführlichen Infos zu Neueröffnungen.

# 17 KINO

Das aktuelle **Kinoprogramm** gibt's im Internet unter www.dresdner.nu/kino. Kostenlos liegen der monatliche „Dresdner Kinokalender" (www.kinokalender.com) und die wöchentliche Übersicht „Kino in Dresden" mit kurzen Filmbeschreibungen aus.

Besonders eindrucksvoll sind die **Filmnächte am Elbufer** im Sommer. Auf einer großen Leinwand vor der Kulisse der Dresdner Altstadt werden im Sommer (Juli und August) Filmreihen gezeigt (www.filmnaechte-am-elbufer.de).

**Multiplexkinos** gibt es in Blasewitz in der Schillerpassage, am Waldschlösschen und im Elbe-Park. Folgende Kinos empfiehlt die Autorin:

▲ *Moderner Ufa-Palast an der Prager Straße*

**93** [III E7] **Filmtheater Schauburg,** Königsbrücker Str. 55, Äußere Neustadt, Tel. 0351 8032185, Haltestelle: Bischofsweg, www.schauburg-dresden.de. Neben Filmen, zum Teil von Regisseuren oder Schauspielern persönlich vorgestellt, auch Lesungen und Konzerte. Das älteste und beliebteste Kino der Stadt.

**94** [I10] **Programmkino Ost,** Schandauer Str. 73, Striesen, Tel. 0351 3103782, www.programmkino-ost.de, Haltestelle: Altenberger Straße. Anspruchsvolle Filme, Klassiker.

**95** [III E7] **Thalia,** Görlitzer Str. 6, Äußere Neustadt, Tel. 0351 6524703, www.thalia-dresden.de, Haltestelle: Görlitzer Straße. Kleines Programmkino (70 Plätze) für Cineasten, mit Bar.

**96** [I D10] **Ufa-Palast Dresden,** Prager Str. 6, Altstadt, Tel. 0351 4825825, www.ufa-dresden.de, Haltestelle: Prager Straße. Der auffallende dekonstruktivistische

Glasbau nach Entwürfen des Wiener Architektenbüros Coop Himmelblau stammt aus dem Jahr 1998, das Rundkino aus der DDR-Zeit steht unter Denkmalschutz. Das Multiplexkino mit mehreren unterschiedlich großen Sälen und knapp 2700 Plätzen liegt zentral direkt an der Prager Straße. Auch Online-Kartenreservierung möglich.

## 18 MUSIKSZENE

> **Kartenvorverkauf** für Konzerte: siehe unter „Theater und Kabarett"

### KLASSIK

- 97 [I D9] **Dresdner Kreuzchor**, in der Kreuzkirche am Altmarkt, Altstadt, Tel. 0351 4965809, www.dresdner-kreuzkirche.de, Haltestelle: Altmarkt. Einer der ältesten und bekanntesten Knabenchöre der Welt. Samstags Kreuzchor-Vesper (im Sommer um 18 Uhr, im Winter um 17 Uhr).
- 98 [I D9] **Dresdner Philharmonie**, Wilsdruffer Str., Altstadt, Tel. 0351 4866306, Haltestelle: Altmarkt, www.dresdnerphilharmonie.de. Die 1870 gegründete Dresdner Philharmonie, das Konzertorchester der Stadt, genießt Weltruf. Chefdirigenten waren u. a. *Kurt Masur, Jörg-Peter Weigle* und *Michel Plasson*. Konzertstätte ist der Kulturpalast am Altmarkt.
- [D8] **Semperoper/Sächsische Staatsoper**, Theaterplatz 2, Altstadt, Tel. 0351 49110, Tickets: Tel. 0351 4911705 und unter www.semperoper.de, Haltestelle: Theaterplatz. Das Opernhaus mit exzellenter Akustik gehört zu den renommiertesten Musiktheatern Deutschlands, die Staatskapelle zu den namhaften Orchestern. Im Repertoire gelten die Schwerpunkte der großen italienischen Oper, dem Werk von *Richard Strauss* und Werken, die eine besondere Verbindung zu Dresden haben. Bei 95 % durchschnittlicher Auslastung wird fast immer vor ausverkauften Rängen gespielt, daher muss man rechtzeitig reservieren oder auf Kartenkontingente an der Abendkasse hoffen. Neben Aufführungen der Sächsischen Staatsoper und des Ballettensembles ist die Semperoper auch Spielstätte der Sächsischen Staatskapelle. Freunde der Kammeroper und des experimentellen Musiktheaters sei die Kammerbühne „kleine szene" in der Bautzner Straße ans Herz gelegt.
- **Staatsoperette Dresden**, Pirnaer Landstr. 131, Leuben, Haltestelle: Altleuben, www.staatsoperette-dresden.de, Tel. 0351 207990 und 0351 2079929 (Abendkasse). Musicals, musikalische Lustspiele und Operettenklassiker von „Fledermaus" bis „Zigeunerbaron". Am Stadtrand im Südosten Dresdens, ein Neubau in der Innenstadt ist in der Diskussion. Zusammen mit der Sächsischen Dampfschifffahrtsgesellschaft werden auch Operettenfahrten auf der Elbe veranstaltet.

### WEITERE ENSEMBLES

*Weitere Dresdner Orchester sind die 1996 gegründeten* **Dresdner Sinfoniker** *und das* **„ensemble courage"**, *die sich beide der zeitgenössischen Musik widmen, sowie* **„sinfonietta dresden"**, *ein Kammerorchester.*

*Neben dem berühmten Kreuzchor treten auch der* **„Dresdner Kammerchor"**, *der* **„Philharmonische Chor Dresden"**, *der* **„Knabenchor Dresden"** *und die* **„Singakademie Dresden"**, *bestehend aus Kinder-, Kammer-, Oratorien- und Seniorenchor, auf.*

## JAZZ, FOLK, ROCK, POP

**99** [D7] **Alter Schlachthof,** Gothaer Str. 11, Leipziger Vorstadt, Haltestelle: Puschkinplatz, www.alter-schlachthof.de, Der alte Schlachthof, 1873 erbaut und bis 1928 als solcher in Betrieb, ist heute ein multifunktionales Kulturzentrum – und mit zwei Konzerthallen für 3000 und 1200 Zuschauer auch der Rahmen für Rock- und Popkonzerte.

**100** [I D9] **Bärenzwinger,** Brühlscher Garten 1, Altstadt, www.baerenzwinger.de, Mo.–Do. 20–0 Uhr, Fr., Sa. 20–3 Uhr, Haltestelle: Synagoge. Livemusik (Folklore, Blues, Jazz, Rock), Partys und Disco im Gewölbe unter der Brühlschen Terrasse. Seit Jahrzehnten ein legendärer Studententreff – auch für Nichtstudenten.

**101** [III E7] **Blue Note,** Görlitzer Str. 2b, Äußere Neustadt, www.bluenote-dresden.de, tgl. ab 20 Uhr, Haltestelle: Görlitzer Straße. Jazz-, Bebop-, Funk-, Fusion- und Blueskneipe mit Minibühne, regelmäßig Livemusik. Oft bis spät in die Nacht geöffnet, dann trifft hier der Barkeeper bei einem Absacker auf seine letzten Gäste.

**102** [F11] **Freilichtbühne Großer Garten.** Im Großen Garten **32** finden auch größere Konzerte statt. Hier haben früher alle großen Ost-Rockbands gespielt.

**103** [III E7] **Groove Station,** Katharinenstr. 11–13, Tel. 0351 8029594, Mo.–Sa. ab 19 Uhr, So. ab 16 Uhr, www.groovestation.de. Livemusik von Rock'n'Roll bis Garage.

**104** [II D8] **Jazzclub Tonne,** Königstr. 15, Innere Neustadt, Tel. 0351 8026017, www.jazzclubtonne.de, Haltestelle: Palaisplatz oder Albertplatz. Jazzkeller im Kulturrathaus, eine Institution.

**105** [I D9] **Kulturpalast Dresden,** Wilsdruffer Str., Altstadt, Tel. 0351 48660, www.kulturpalast-dresden.de, Haltestelle: Altmarkt. Konzerte von Folk über Pop bis Rock, Shows und Kinderprogramme. Mehrere Säle von 50 bis 2500 Plätzen, auch Spielstätte der Dresdner Philharmonie.

**106** [I E9] **Motown Club,** St. Petersburger Str. 9, Altstadt, Haltestelle: Pirnaischer Platz, www.motown-club.de, Mi.–Sa. 21–5 Uhr. Black Music von Soul bis Hip Hop.

**107** [III E7] **Scheune,** Alaunstr. 36–40, Äußere Neustadt, Tel. 0351 8026619, www.scheune.org, Haltestelle: Alaunplatz, Görlitzer Straße, Louisenstraße. Die Scheune ist *das* legendäre Kulturzentrum im Szeneviertel Äußere Neustadt mit lebhafter Kneipe und großem Biergarten. Die Scheune war schon zu DDR-Zeiten ein Treffpunkt der Neustädter Szene. Hier gibt es seit Jahrzehnten Konzerte, Theateraufführungen, Kleinkunstabende, Veranstaltungsreihen wie Schaubudensommer und Schaubudenwinter, Schwulendiscos und Filmabende, Lesungen und Kunstperformances.

**Straße E,** Werner-Hartmannstr. 2, www.strasse-e.de, Haltestelle: Industriegelände. Eine ganze Reihe unterschiedlicher Klubs in einem Industriegelände im Norden der Äußeren Neustadt.

# NOTFÄLLE

## NOTRUF

> **Polizei:** Tel. 110
> **Feuerwehr und Rettungsdienst:** Tel. 112
> **Zahnmedizinischer Notdienst:** Uni-Klinik, Fiedlerstr. 25, Haus 41, Tel. 0351 4583670
> **Apothekennotdienst:** jeweils als Aushang an den Apotheken angegeben
> **Telefon-Seelsorge:** Tel. 0800 1110111
> **Frauen in Not:** Tel. 0351 2817788

## SPERRNOTRUF

2005 wurde in Deutschland eine einheitliche Notrufnummer zum Sperren von elektronischen Berechtigungen für sensible Medien wie Kredit-, EC- oder Mobilfunkkarten eingerichtet. Bei Verlust oder Diebstahl einer solchen Karte sofort melden unter:
› Tel. 116 116, www.sperr-notruf.de

## POLIZEIDIENSTSTELLEN

› Polizeidirektion Dresden, Schießgasse 7 (Altstadt), Tel. 0351 4830, Haltestelle: Pirnaischer Platz
› Polizeirevier Mitte, Rampische Str. 8 (Altstadt), Tel. 0351 4832601, Haltestelle: Altmarkt
› Polizeirevier Dresden-Neustadt, Bautzner Str. 19 (Neustadt), Tel. 0351 816410

## ÖFFNUNGSZEITEN

**Kaufhäuser und Geschäfte** in der Innenstadt haben wochentags von 9/9.30/10 bis 19/20 Uhr geöffnet, samstags und an den Adventssonntagen bis 16 Uhr. In der Äußeren Neustadt öffnen einige Geschäfte erst gegen 11 Uhr. Seit die Ladenschlussgesetze 2006 liberalisiert wurden, testen einige größere Läden auch längere Öffnungszeiten bis in den späten Abend.

Die **Museen** der Staatlichen Kunstsammlungen Dresden haben von 10 bis 18 Uhr geöffnet (www.skd-dresden.de) und sind montags oder dienstags geschlossen. Alle anderen Museen haben individuelle Ruhetage und Öffnungszeiten (siehe dort).

## PREISE UND KOSTEN

Viele kulturelle und touristische Einrichtungen bieten **Ermäßigungen** für Schüler und Studenten, Familien, Senioren und Arbeitslose.

Die **Dresden-City-Card** (21 €, für Familien 42 €) ermöglicht nicht nur 48 Stunden lang freie Fahrt mit öffentlichen Verkehrsmitteln, sondern auch freien Eintritt in knapp einem Dutzend Museen und weitere Ermäßigungen. Die **Dresden-Regio-Card** (32 €) gilt 72 Stunden und zusätzlich auch für den Nahverkehr im Dresdner Umland (siehe „Praktische Reisetipps A–Z/Unterwegs").

Kosten für den Museumseintritt spart man auch mit einer **Tageskarte** (12 €, Familienkarte 25 €) für die zwölf Museen der Staatlichen Kunstsammlungen Dresden – vor allem, wenn man mehr als die Alten Meister ❷ und das Grüne Gewölbe ❿ besucht (je 6 und 7 €). Für Sonderausstellungen reduziert die Tageskarte den Eintrittspreis (www.skd-dresden.de).

## RADFAHREN

Selbst einige Ausflugsziele in der weiteren Umgebung liegen **in fahrradfreundlicher Entfernung**, etwa flussabwärts Radebeul ⓳ oder flussaufwärts Pirna ⓳ und die Festung Königstein ⓳ – zurück steigt man einfach samt Drahtesel in den Zug. Es gibt zwar nur wenige Brücken, um ans andere Flussufer zu gelangen, dafür aber bieten viele Fähren ihre Dienste an. Der überwiegende Teil der Wege in der Sächsischen Schweiz hingegen ist für Räder (auch Mountainbikes) gesperrt.

In allen **Zügen des Nahverkehrs** (RegionalExpress, Regionalbahn, S-Bahn) ist die Fahrradmitnahme gegen Aufpreis möglich. Für Dresden und Umgebung ist der Verkehrsverbund Oberelbe zuständig (www.vvo-online.de). Die Mitnahme des Fahrrads im Nahverkehr kostet 3 € pro Fahrt. Außerdem verkehren „Fahrradbusse" im Sommer am Wochenende mit erweiterter Radbeförderung (www.vvo-fahrradbus.de). Die Fahrradmitnahme auf den **Schiffen** der Sächsischen Dampfschifffahrtsgesellschaft ist i. d. R. möglich (kostenfrei), wird aber je nach Platzangebot vom Schiffspersonal vor Ort entschieden.

Einen Flyer mit fahrradfreundlichen Unterkünften und Einkehrmöglichkeiten gibt der Tourismusverband Sächsische Schweiz heraus (www.saechsische-schweiz.de, siehe „Informationsquellen"). Auf der Website des Elberadwegs findet man auch weitere Informationen beispielsweise zu Reparaturwerkstätten Streckenführung und Fährverbinden: www.elberadweg.de. **Fahrradfreundliche Unterkünfte** sind im Internet auch unter www.sachsenbike.de aufgelistet. Diese Pensionen, Gasthöfe und Hotels sind bereit, Radler auch nur für eine Nacht aufzunehmen und verfügen über einen abschließbaren Fahrradraum sowie eine Trockenmöglichkeit für Regenkleidung.

Wer nur einen Tagesausflug mit dem Rad machen möchte, kann sich auch einfach auf die Ausschilderung verlassen. Wer öfter unterwegs sein und die nähere Umgebung nur mit dem Rad erkunden will, ist gut beraten, sich eine extra Karte anzuschaffen (siehe „Informationsquellen"). Neben speziellen Radführern und –karten zum Elberadweg gibt es auch Radwanderkarten für Dresden und Umgebung (u. a. vom Allgemeinen Deutschen Fahrrad-Club, www.adfc.de).

## FAHRRADVERLEIH

Fahrradverleihe der **Deutschen Bahn** gibt es sowohl im Hauptbahnhof (Tel. 0351 4613285) als auch im Neustädter Bahnhof (Tel. 0351 4615601). Auch manche Hotels und Pensionen verleihen Räder.

> **Radsport Tietz,** Meixtr. 15, Pillnitz, Tel. 0351 2610909, Mo.–Fr. 9–18 Uhr, Sa 9–13 Uhr. Fahrräder und Kinderräder, auch Kindersitze.
> **Radsport Päperer,** Veilchenweg 2 (am Körnerplatz), Loschwitz, Tel. 0351 2641240, März–Okt. Mo.–Fr. 9–19 Uhr, Sa. 9–13 Uhr, im Winter nur bis 18 Uhr. Fahrräder, Mountainbikes, Tandems.

◀ *Am Ufer der Elbe lässt es sich herrlich radeln!*

# SCHWULE UND LESBEN

Die schwul-lesbische Szene in Dresden ist zwar nicht mit der in Amsterdam, Köln oder Berlin zu vergleichen, einige Anlaufpunkte gibt es aber schon, vor allem in der Äußeren Neustadt.

Im Juni wird der **Christopher Street Day** auch an der Elbe gefeiert und das schwul-lesbische Monatsmagazin *Gegenpol* (www.gegenpol.net) informiert über Gay-Events und -Themen in Sachsen. Im Stadtteilhaus in der Äußeren Neustadt ist **Gerede** eingezogen, der Verein für „Dresdner Lesben, Schwule, Bi- und Transsexuelle". Neben Beratung gibt es ein Café (tgl. 15–21 Uhr), eine Mediothek sowie Sport- und Kulturveranstaltungen. (Prießnitzstr. 18, Tel. 0351 802 2250, www.gerede-dresden.de)

- Queens, Görlitzer Str. 3, Äußere Neustadt, tgl. ab 20 Uhr, www.queens-dresden.de, Haltestelle: Görlitzer Straße. Partys und Events für Jungs.
- Sappho, Hechtstr. 23, Hechtviertel, tgl. ab 18 Uhr, So. ab 9.30 Uhr, www.sappho-dresden.de, Haltestelle: Bischofsplatz. Frauenkneipe mit Veranstaltungen (Party mit DJanes, Spieleabende, Brunch).

# SPORT UND FREIZEIT

## EISHOCKEY

› Eissporthalle Pieschener Allee, Pieschener Allee 1, Friedrichstadt, Tel. 0351 4942235, www.eisloewen.de, Haltestelle: Eissporthalle. Dresdens Bundesliga-Mannschaft, die „Dresdner Eislöwen", spielt im Ostra-Sportpark. Gleich nebenan liegt die Eislaufbahn.

## FUSSBALL

Zwischen 2. Bundesliga und Regionalliga: Im heimischen Rudolf-Harbig-Stadion [E10] spielt der mehrfache DDR-Meister **Dynamo Dresden** in den Farben schwarz-gelb (www.dynamo-dresden.de). Der Stadionneubau hat begonnen.

› Rudolf-Harbig-Stadion [E10], Lennéstr., Haltestelle: Lennéplatz

## KANUTOUREN UND FLOSSFAHRTEN

› **Kanu Aktiv Tours,** Schandauer Str. 17–19, in Königstein, Tel. 035021 5999604, www.kanu-aktiv-tours.de.
Flusswanderungen mit Kanus oder Schlauchbooten, Floßfahrten – die Sächsische Schweiz vom Wasser aus. Auch Verleih.

› **Floßfahrten auf der Elbe,** Infos und Buchung unter Tel. 0179 4646105, www.flossexpedition.de. Auch mit einem Katamaran-Schlauchfloß.

## MARATHON UND ANDERE VOLKSLÄUFE

Der **Dresden-Marathon** findet im Herbst statt (siehe „Zur richtigen Zeit am richtigen Ort"), der **Sachsen-Marathon** im Mai führt von Königstein nach Dresden.

Der extravagantere **Spitzhaustreppenlauf** (www.treppenlauf.de) durch den Weinberg findet meist Anfang Oktober in Radebeul ⓺⓪ statt.

## 19 SCHWIMMEN

- **Bilzbad,** Meiereiweg 108, in Radebeul, Tel. 0351 8387247, www.sbf-radebeul.de/bilzbad, Mitte Mai–Mitte Sept. 9–20 Uhr. Wellenbad mit alter Wellenmaschine vom Anfang des 20. Jahrhunderts.
- **108** [E10] **Georg-Arnhold-Bad,** Hauptallee 2, Altstadt, Tel. 0351 4942203, Haltestelle: Hygienemuseum. Zentral gelegenes Hallen- und Freibad beim Großen Garten ㉜. Innen und außen jeweils 25-m-Becken, zwei Rutschen (Röhrenrutsche und Breitrutsche). Das 1926 eingeweihte Bad wurde zu großen Teilen von dem jüdischen Bankier und Mäzen *Georg Arnhold* finanziert.
- **109** [III E7] **Nordbad,** Louisenstr. 48, Äußere Neustadt, Tel. 0351 8032360, Haltestelle: Görlitzer Straße. Das Hallenbad, Ende des 19. Jahrhunderts erbaut, wurde saniert und liegt zentral in der Neustadt. Mit Sauna und kleiner Liegewiese im Freien.
- **Waldbad Klotzsche,** Nesselgrundweg 80, Klotzsche, Tel. 0351 8806646, Haltestelle: Klotzsche. Etwa 8 km nördlich des Zentrums in der Dresdner Heide, mit 50-m-Becken.

## SKATEN

› **Dresdner Nachtskaten:** Jeden Freitag wird das abendlich beleuchtete Dresden von mehreren Tausend Inline-Skatern auf Rollen erkundet. Startpunkt ist die Halfpipe auf der St. Petersburger Straße. Wechselnde Routen, meist zwischen 17 und 25 km lang, führen durch die Altstadt und an der Elbe entlang. April–Okt., Beginn 19 Uhr, www.nachtskaten-dresden.de

› Tagsüber bevorzugen viele Skater die asphaltierten Wege im **Großen Garten** ㉜ und die **Radstrecke am Neustädter Elbufer** vom Japanischen Palais ㊱ elbaufwärts bis zu den drei Elbschlössern ㊻ und Loschwitz ㊵.

## WANDERN UND KLETTERN

### Wandern

Im nahen Wald der **Dresdner Heide**, 50 km² groß und unmittelbar an die Stadt angrenzend, gibt es ein ausgedehntes Wegenetz. Vor allem aber liegt die **Sächsische Schweiz** direkt vor der Haustür der Dresdner (siehe „Sächsische Schweiz"). Das Elbsandsteingebirge ist eines der schönsten Mittelgebirgswandergebiete Deutschlands und nicht nur Wanderpropheten wie *Manuel Andrack* („Du musst wandern", Kiepenheuer & Witsch) erweisen ihre Reverenz.

Teile des **Elbsandsteingebirges** auf deutscher (Sächsische Schweiz) und tschechischer (Böhmische Schweiz) Seite bilden zusammen einen 200 km² großen, grenzüberschreitenden **Nationalpark** (www.nationalpark-saechsische-schweiz.de). Statt breiter Forstwege gibt es hier noch naturnahe Pfade mit Fels- und Wurzelwegpassagen und zahlreiche Stufen- und Leiteranlagen, die daher weder fahrrad- noch rollstuhl- oder kinderwagentauglich sind. Die **ausgeschilderten Wege** sollten nicht verlassen und die Naturschutzvorschriften beachtet werden. Hunde müssen an der Leine geführt werden.

Wer einmal einen Wandertag mit einer **Übernachtung im Freien** zu einem echten Outdoor-Erlebnis werden lassen will, kann dies zum Beispiel mit einer geführten Tour von Igel-Tours machen (siehe „Stadtrundgänge und Stadtrundfahrten"). Möglich ist dies nur an offiziellen „Freiübernachtungsstellen". Auskünfte gibt es bei der Nationalparkverwaltung und beim Bergsteigerbund. Geführte Wanderungen mit Parkrangern auf Anfrage. Nationalpark- und Forstamt, Tel. 035022 900626.

Von besonderem Reiz ist eine Wandertour auf dem **Sächsischen Weinwanderweg** (siehe Exkurs), auch als mehrtägige Streckentour möglich. Dazu ist ein Wanderführer erhältlich, man kann aber auch einfach der Ausschilderung (Weintraube) folgen und den Weg für einen kurzen Spaziergang nutzen.

## Klettern

**Sportlich geklettert** wird in der bizarren Felsenwelt der Sächsischen Schweiz schon seit Ende des 19. Jahrhunderts. Die Sächsische Schweiz gilt auch als Geburtsort des „Freeclimbing" – Klettern ohne Hilfsmittel, nur mit eigener Körperkraft. An rund 1100 Felsen gibt es ca. 15.000 Kletterwege in den Kategorien I bis XI. Der Gebrauch von chemischen und mineralischen Stoffen, die der Erhöhung der Reibung am Felsen dienen (Magnesia), ist verboten, ebenso das Klettern mit Schuhen, deren Sohlen den Sandstein schädigen können.

› **Sächsischer Bergsteigerbund,** Könneritzstr. 33, 01067 Dresden, Tel. 0351 4941415, www.sbb-dav.de
› **Bergsport Arnold,** Obere Str. 25, 01848 Hohnstein, Tel. 035975 81246, www.bergsport-arnold.de. Einführungskurse ins Felsklettern und geführte Wanderungen. Der Hohnsteiner *Bernd Arnold* ist ein überregional bekannter Klettersportler. Weiterer Laden in Bad Schandau in der Marktstraße.
› **Adventure Service,** Clemens Langer, Tel. 035022 43253, www.adventureservice.de.
› **Kletterschule Outdoortours,** Hauptstr. 27, 01855 Kirnitzschtal/Ottendorf, Tel. 035971 80850, www.klettern-sachsen.de
› **Kletterschule Lilienstein,** Ebenheit 4, 01824 Königstein, Tel. 035022 40011, www.kletterschule-lilienstein.de

# STADTRUNDGÄNGE UND STADTRUNDFAHRTEN

## KLASSISCH

Stadtrundfahrten und Führungen bieten u. a. die **Dresdner Verkehrsbetriebe** an (www.dvbag.de). Abfahrt ist am Hauptbahnhof [D10] und am Postplatz [D9]. Stadtrundgänge, Gästeführer und Gruppenprogramme vermittelt auch die **Dresdner Tourist-Information**, siehe „Informationsquellen".

› **Igel-Tour,** Pulsnitzer Straße 10, Äußere Neustadt, Tel. 0351 8044557, www.igeltour-dresden.de. Klassisches Sightseeing, vor allem aber thematische Touren und Stadtteilerkundungen, Exkursionen ins Umland, Radtouren und Weinwanderungen. Nicht nur Themen aus Geschichte, Kunst, Kultur und Architektur, sondern auch vernachlässigte oder unbequeme Aspekte der Stadtgeschichte (jüdisches Leben in der DDR, Mahndepots u. a.). Insgesamt hat Igel-Tour rund 50 Touren im Programm.

› **Hamburger Hummelbahn Dresden,** Feldschlösschenstr. 8, Tel. 0351 4940404, www.hummelbahn.de, www.stadtrundfahrt-dresden.de, tgl. ab Postplatz, Nov.–März circa 6x tgl., April–Okt. 9–17 Uhr jede halbe Stunde. Rundfahrten mit roten Doppeldeckern: Zwinger-Tour, Pfunds-Molkerei-Tour, Semperoper-Tour, Elbufer-Tour. Kinder bis 12 Jahre kostenlos.

› **Stadtrundfahrt Dresden,** Tel. 0351 4940404, www.stadtrundfahrt-dresden.com, im Sommer 9.30–9 Uhr, im Winter 10–15 Uhr. An mehr als 20 Haltestellen kann man beliebig oft in die Doppeldeckerbusse ein- und aussteigen.

## HISTORISCHE ERLEBNISRUNDGÄNGE

Eine Zeitreise in die Epoche *Augusts des Starken* und der Gräfin *Cosel* mit Gästeführern und Schauspielern in zeitgenössischen Kostümen bieten mehrere Unternehmen an.

› **Barokkoko,** Tel. 0351 4798184, www.barokkoko.de, www.reichsgraefliche-geschichten.de, April–Okt. jeweils am dritten Donnerstag des Monats um 20 Uhr
› **Programmgestaltung Matthes,** Tel. 0351 4116756, www.programmgestaltung-matthes.de
› **Hoftheater Dresden,** Tel. 0351 8995655, www.dresdner-hoftheater.de

## 20 THEATER UND KABARETT

○**110** [I C9] **Breschke & Schuch,** Wettiner Platz 10, Tel. 0351 4904009, Haltestelle: Bahnhof Mitte oder Wettiner Platz, www.kabarett-breschke-schuch.de. Spritziges Kabarett mit scharfen Pointen von *Manfred Breschke* und *Thomas Schuch*. Knapp 200 Plätze.

○**Felsenbühne Rathen,** Tel. 035024 70497, www.felsenbuehne-rathen.de, S-Bahn oder mit dem Auto bis Rathen, Mai–Sept. Freilichttheater in der Sächsischen Schweiz, unterhalb der Bastei **68** (2000 Plätze). Im Sommer Karl-May-Aufführungen, abends Opern und Klassikerinszenierungen vor der Kulisse der Felsenlandschaft (Landesbühnen Sachsen, s. u.). Regelmäßig im Programm: *Webers* Oper „Der Freischütz" und die Märchenoper „Hänsel und Gretel".

**59** [V E2] **Festspielhaus Hellerau,** Karl-Liebknecht-Str. 56, Hellerau, Tel. 0351 8833830, www.festspielhaus-hellerau.de, Haltestelle: Heideweg/Festspielhaus. Vor 100 Jahren stand das Festspielhaus für künstlerische Avantgarde. Diese Tradition experimentellen und internationalen Kunstschaffens soll jetzt wiederbelebt werden. Seit Herbst 2006 gibt es in Hellerau wieder Tanztheater und zeitgenössisches Musiktheater.

○**111** [I C9] **Herkuleskeule,** Sternplatz 1, Altstadt, Tel. 0351 4925555, Haltestelle: Josephinenstraße, www.herkuleskeule.de, Kassenzeiten: Mo.–Fr. 13.30–18 Uhr, Tel. ab 9 Uhr, Kartenkauf auch online möglich, Abendkasse ab einer Stunde vor Vorstellungsbeginn. Alteingesessenes Kabarett, politisch-satirisch mit Biss, hauseigenes Ensemble und Gäste. Frühzeitige Reservierung empfohlen!

## KARTENVORVERKAUF

› **Ticketcentrale** im Kulturpalast am Altmarkt, Tel. 0351 4866666, www.ticketcentrale.de, Mo.–Fr. 10–19, Sa. 10–14 Uhr

Theater- und Konzertkarten sind außerdem in der Schinkelwache auf dem Theaterplatz (Tourist-Information Dresden **16**) erhältlich. Die Semperoper verfügt über einen eigenen Verkaufsschalter. Kartenvorverkauf auch in der Schauburg (Königsbrücker Str. 55, Tel. 0351 8038744, www.saxticket.de) und an der Konzertkasse im Florentinum (Ferdinandstr. 12, Tel. 0351 866600, www.konzertkasse-dresden.de).

▲ *Junges Theater in barocker Behausung: Societaetstheater*

○**112** [I C9] **Komödie Dresden,** im World Trade Center, Freibergerstr. 39, Tel. 0351 866410, www.komoedie-dresden.de, Haltestelle: Freiberger Straße. Comedy, Kabarett und international erfolgreiche Komödien von *Shakespeare* bis Boulevard, oft mit bekannten Schauspielern. Knapp 650 Plätze.

○**Landesbühnen Sachsen,** Meißner Str. 152, Radebeul, Tel. 0351 89540, www.dresdentheater.de, Haltestelle: Weintraubenstraße. Theater, Ballett, Musicals. Veranstaltet auch Aufführungen an anderen Spielstätten, u. a. die Serenaden im Zwingerhof.

○**113** [II D8] **Societaetstheater,** An der Dreikönigskirche 1a, Innere Neustadt, Tel. 0351 2079929, Haltestelle: Albertplatz, www.societaetstheater.de. Innovatives kleines Theater, im barocken Haupthaus vor bis zu 150 Zuschauern, auf der Kellerbühne vor bis zu 80. Auf dem Spielplan zeitgenössische Stücke von *Peter Hacks* bis *George Tabori*.

○**114** [III E6] **St. Pauli Ruine,** Königsbrücker Platz, Hechtviertel, Tel. 0351 2721444, www.theaterruine.de, Mai–Sept., Haltestelle: Bischofsplatz. Open-Air-Bühne in den Mauern einer dreischiffigen Hallenkirche aus rotem Backstein im Dresdner Hechtviertel. Einzigartige Atmosphäre, bei den Theateraufführungen von *Shakespeare* bis zur *Dreigroschenoper* stehen sowohl Profis als auch Amateure auf der Bühne. Das gemeinnützige Projekt hat über 100 ehrenamtliche Mitarbeiter und Darsteller! Daneben finden auch Gastspiele statt, vor allem Konzerte (von Klassik über Weltmusik, Jazz, Tango, Blues, Klezmer bis zu Chanson).

○**115** [I D9] **Staatsschauspiel Dresden,** Theaterstr. 2, Altstadt, Tel. 0351 4913567, www.staatsschauspiel-dresden.de, Haltestelle: Postplatz. Im restaurierten, ab 1911 erbauten „Schauspielhaus am Zwinger" trifft man auf ein vielfältiges Repertoire, Klassiker und Dramatiker der Moderne, im kleinen Haus und weiteren Spielstätten auch Experimentelles und Lesungen. Der Innenraum im Jugendstil wurde rekonstruiert. Rund 800 Plätze. (Das kleine Haus befindet sich in der Glacisstraße.)

○**116** [I D8] **Theaterkahn,** Am Terrassenufer/ Augustusbrücke, Altstadt, Tel. 0351 4969450, www.theaterkahn-dresden.de, Haltestelle: Theaterplatz. Ein ausgedienter Elbkahn wurde zur kleinen Bühne umgebaut. Im Programm Revuen, Literaturabende, Chansons, Musik, auch Gastspiele.

# 21 UNTERKUNFT

## ALLGEMEINES

Nachdem es in den ersten Jahren nach der Wende zunächst vor allem Häuser der gehobenen Klasse gab und damit nur recht teure Hotelzimmer, ist inzwischen das **Angebot in allen Preisklassen sehr vielseitig** geworden. Auch die Zahl der Ferienwohnungen steigt und vielerorts stellt man sich mit fahrradfreundlichen Unterkünften auf die Elberadler ein. Sympathischerweise ist die Bandbreite der Unterkünfte recht groß, weil Dresdens Tourismus-Infrastruktur sich noch entwickelt. Der Besucher kann wählen: vom antiquierten Gästezimmer mit Familienanschluss bis zum Designhotel, von der einfachen Pension bis zum Schlosshotel im Park.

Interessant sind auch die Angebote „**Urlaub beim Winzer**", d. h. der Gastgeber ist Winzer und bietet auch Weinproben und/oder Weinwanderungen an. Immer mehr Hotels richten Nichtraucherzimmer ein, **familienfreundliche Unterkünfte** haben Mehrbettzimmer, in denen man gemeinsam übernachten kann, oder andere preiswerte Angebote. Bei jungen Leuten beliebt sind die **Jugendhotels** und **Backpacker-Hostels** in der Äußeren Neustadt – eine Reservierung ist ratsam. Unter den Luxushotels kommt heute kaum noch eines ohne Wellnessbereich aus. Nachholbedarf gibt es noch bei behindertengerechten Unterkünften.

Unter den vielen **Pauschalangeboten** besonders attraktiv ist eine Hotelbuchung mit Besuch der Semperoper ⓫. Viele Dresdner Hotels haben so etwas im Angebot. Kurzfristig sind für die Oper leider meist keine Karten zu bekommen, da sich die Hotels große Kontingente sichern. Die sogenannten **Dresden Days** sind ein Pauschalprogramm für Individualtouristen der Dresdner Tourismus GmbH (www.dresden-tourist.de): Angeboten wird ein Basispaket mit zwei Übernachtungen inkl. Frühstück im Doppelzimmer (in verschiedenen Hotelkategorien) und die Dresden City Card (siehe „Unterwegs") für die freie Benutzung öffentlicher Verkehrsmittel und den kostenlosen Eintritt in einigen Museen. In der Nebensaison gibt es zum günstigeren Preis drei Übernachtungen. Die Anreise wird selbst organisiert. Einige Mittelklassehotels und die großen Viersternehotels bieten auch eigene Pauschalen an, ob zum Weihnachtsmarkt oder inklusive Wellnessprogramm.

Bei der **Buchung** von Hotels, Pensionen, Gästezimmern und Ferienwohnungen behilflich ist die Dresden Werbung und Tourismus GmbH (siehe „Informationsquellen", Zimmervermittlung Tel. 0351 49192222, Online-Buchung unter www.dresden-tourist.de/onlinebuchung). Informationen auch auf der Website www.dresden-hotels.de.

## JUGENDHOTELS UND BACKPACKER-HOSTELS

**117** [II D7] **CVJM-Jugendschiff**, Tel. 0351 8945850, www.cvjm-sachsen.de/schiff, Haltestelle: Anton-/Leipziger Straße. Das Jugendschiff hat einen festen Liegeplatz im Neustädter Hafen. Erwachsene 45 € im EZ, 36 € im DZ, 32 € im Mehrbettzimmer, Ermäßigung für 18- bis 26-Jährige.

**118** [II D7] **Die Koje**, Leipziger Str. 15, Tel. 0351 8400981, www.diekoje.de, Haltestelle: Anton-/Leipziger Straße. Auch dieses Herbergsschiff liegt im Dresdner Neustädter Hafen vertäut. Das Übernachtungsschiff für die Jugend ist preiswert und entsprechend spartanisch ausgestattet. Duschen und Toiletten auf dem Flur. 90 Schlafplätze in Mehrbettzimmern, ab 21 € pro Person.

**119** [III D6] **Hostel Die Boofe**, Hechtstr. 10, Äußere Neustadt, Tel. 0351 8013361, www.boofe.de, Haltestelle: Bischofsplatz. Das Hostel im Hechtviertel hat Mehrbettzimmer und Doppelzimmer, Duschen und WC befinden sich auf den Etagen. Mit Aufenthaltsraum, Kneipe und Partykeller. „Boofen" heißt übrigens „in einer gewissen Höhe unter einem Felsüberhang übernachten". 15 € (4-Bett-Zimmer) bis 39 € (EZ).

**120** [I C9] **Jugendgästehaus Dresden**, Maternistr. 22, Altstadt, Tel. 0351 492620, www.djh-sachsen.de, Haltestelle: Freiberger Platz. Deutschlands drittgrößte Jugendherberge mit 480 Betten. Ein nüchterner Bau am Rand des Stadtzentrums, aber ruhig gelegen. EZ ab 30 €, DZ ab 40 €. Weitere Jugendherbergen gibt es in Pirna ㊿ und Radebeul ㊿.

**121** [III E7] **Lollis Homestay**, Görlitzer Str. 34, Äußere Neustadt, Tel. 0351 8108458, www.lollishome.de, Haltestelle: Bischofsweg. Kleines Backpacker-Hostel mit Wäscheservice, Küchenbenutzung, Schließfächern/

Safe, kostenlosen Handtüchern, freiem Tee und Kaffee. 24 Std. Zugang, keine Schließzeiten. Ab 13/14 € im 8-Bettzimmer bis 37/38 € im EZ.

🏠**122** [III E7] **Louise 20**, Louisenstr. 20, Äußere Neustadt, www.louise20.de, Tel. 0351 8894894, Haltestelle: Louisenstraße. Hostel im Haus der Kneipe **Planwirtschaft** 2, zentral im Szeneviertel Äußere Neustadt. Im Hinterhof. Mehrbettzimmer ab 16 €, EZ 29–32 €, DZ 39–43 €, Frühstück kostet extra. WC und Duschen auf dem Flur.

🏠**123** [III E7] **Mezcalero**, Königsbrücker Str. 64, Äußere Neustadt, Tel. 0351 810770, www.mezcalero.de, Haltestelle: Bischofsweg oder Louisenstraße. Günstig wohnen mit Latino-Flair am Rand der Äußeren Neustadt. Im ruhigen Hinterhaus gelegen. Die Rezeption ist in der ersten Etage, in den Zimmern gemauerte Betten und Ablagen und bunte Mosaiken im Bad. Von 19 € im 6-Bett-Zimmer bis 35 € im EZ, DZ 27–35 € pro Person, Frühstück kostet extra.

🏠**124** [III E7] **Mondpalast**, Louisenstraße 77, Äußere Neustadt, Tel. 0351 5634050, www.mondpalast.de, Haltestelle: Görlitzer Straße oder Pulsnitzer Straße. Backpacker-Hostel mit Internetcafé im Szeneviertel. Rezeption rund um die Uhr besetzt, Gemeinschaftsküche für Selbstversorger, Internetzugang, Schließfächer, Bar. Ab 15 € im Schlafsaal bis 44 € im EZ.

## PREISWERTE HOTELS UND PENSIONEN

🏠**125** [III E7] **AHA-Hotel und Boardinghaus**, Bautzner Str. 53, Äußere Neustadt, Tel. 0351 800850, www.ahahotel-dresden.de, Haltestelle: Pulsnitzer Straße. 29 Zimmer und Apartments mit Küche und Internetanschluss in einem Gründerzeithaus an der (befahrenen) Bautzner Straße am Rande der Äußeren Neustadt. Mit Restaurant. EZ ab 50 €, DZ ab 70 €.

🏠**126** [III E7] **Hotel Backstage**, Prießnitzstr. 12, Äußere Neustadt, Tel. 0351 8887777, www.backstage-dresden.de, Haltestelle: Pulsnitzer Straße oder Diakonissenkrankenhaus. Elf Zimmer in den ehemaligen Fabrikhallen von Pfunds Molkerei ㊹, jedes individuell bis schräg mit ungewöhnlichen Materialien von Künstlern und Kunsthandwerkern gestaltet. Am Rand der Äußeren Neustadt. Mit Backstage MusicBar, am Wochenende gelegentlich Livemusik. EZ ab 79 €, DZ ab 84 €.

🏠**127** [IV N13] **Hotel & Vitalzentrum Goldener Apfel**, Schulweg 3, Pillnitz, Haltestelle: Lohmener Straße. Tel. 0351 261660, www.goldener-apfel.de. Kleines Hotel ganz am Stadtrand von Dresden, schon im Grünen. 11 Zimmer in der historischen alten Dorfschule in Pillnitz, zwischen Königlichem Weinberg und Elbe. Schloss Pillnitz ist nur ein paar Schritte entfernt. EZ 60–81 €, DZ 86–106 €.

🏠**128** [III F7] **Hotel Privat**, Forstraße 22, Haltestelle: Nordstraße, Tel. 0351 811770, www.das-nichtraucher-hotel.de. Schlichte, zurückhaltend eingerichtete Zimmer für Nichtraucher. Das Hotel liegt im Preußischen Viertel zwischen der Äußeren Neustadt und der Radeberger Vorstadt. EZ 69 €, DZ 89–94 €, in der Nebensaison preiswerter.

🏠**129** [L11] **Pension zur Königlichen Ausspanne**, Eugen-Dieterich-Str. 5, Niederpoyritz, www.koeniglicheausspanne.de, Tel. 0351 2689502, Haltestelle: Staffelsteinstraße. In idyllischer Lage zwischen Loschwitz und Pillnitz wurde eine alte Remise aus dem Jahr 1832 renoviert und zur Pension ausgebaut. Frühstück unter Kreuzgewölben oder im hübschen Innenhof. 7 Zimmer, ein Apartment und eine Ferienwohnung. EZ 50–55 €, DZ 65–72 €, Apartment ab 77 €.

## MITTELKLASSEHOTELS UND GEHOBENER KOMFORT

**130** [C8] **Art'otel Dresden**, Ostra-Allee 33, Altstadt, Tel. 0351 49220, www.artotels.de, Haltestelle: Bahnhof Mitte. Das Designhotel mit 174 geräumigen Zimmern und Suiten in einem modernen Gebäude setzt ganz auf *A. R. Penck* (der gebürtige Dresdner Maler *Ralph Winkler* wurde unter seinem Künstlernamen international bekannt). Nur ein paar hundert Meter von Zwinger ❶ und Semperoper ⓫ entfernt. Fitnessraum im fünften Stock mit Blick auf die Altstadt. Restaurant Factory, Hotelbar Factory (bis 1 Uhr), Café Mix. Nichtraucherzimmer, behindertengerechte Zimmer. EZ, DZ ab 95 €.

**131** [J10] **Gutshof Hauber**, Wehlener Str. 62, Tolkewitz, Tel. 0351 254660, www.hotelgutshof-hauber.de, Haltestelle: Wasserwerk Tolkewitz. Dreisternehotel in einem mehr als 150 Jahre alten restaurierten Dreiseithof am Stadtrand von Dresden. Beherbergt 28 Nichtraucherzimmer, allesamt einladend, groß und freundlich. Leider an einer Straßenkreuzung gelegen, die tagsüber recht befahren ist. EZ ab 65 €, DZ ab 95 €. Restaurant mit regionaler Küche, im Sommer mit Terrasse – auch Halbpension möglich. Mit Fahrradverleih.

**132** [I D9] **Hilton Dresden**, An der Frauenkirche 5, Innere Altstadt, Tel. 0351 86420, www.hilton.de/dresden, Haltestelle: Altmarkt oder Theaterplatz. Großes Businesshotel direkt an der Frauenkirche mit 333 Zimmern und Suiten. Die nüchternen und zweckmäßigen Zimmer sind nicht sehr groß, der Wellnessbereich mit Pool dagegen umfasst rund 1100 m². Ein weiterer Vorteil ist die zentrale Lage. Rund ein Dutzend Restaurants, Bars, Bistros, Cafés. EZ, DZ ab 135–240 €, Suiten sind teurer.

**133** [F9] **Hotel Artushof**, Fetscherstr. 30, Striesen, Tel. 0351 445910, Haltestelle: Fetscherplatz, www.artushof.de. In einem Jugendstilgebäude nahe dem Großen Garten ㉜ direkt am Fetscherplatz, das um 1900 erbaut wurde. 24 Zimmer und Apartments, alle mit Kochecke und Internetanschluss. EZ 70–90 €, DZ 100–150 € und Pauschalangebote. Mit Steak-Restaurant.

**134** [II D8] **Maritim**, Ostra-Ufer 2, Innere Altstadt, Tel. 0351 2160, www.maritim.de, Haltestelle: Haus der Presse. Zwischen Congress Center Dresden und Sächsischem Landtag ⓬ eröffnete im historischen Speicherhaus ⓭ von *Hans Erlwein* das Maritim mit 328 großen Zimmern (ab 30 m²). Im Souterrain 450 m² großer Wellnessbereich mit Schwimmbad. Pianobar, Restaurant mit Terrasse mit Elbblick. EZ ab 140 €, DZ ab 160 €.

**135** [II D8] **Martha Hospiz**, Nieritzstr. 11, Innere Neustadt, Tel. 0351 81760, www.vch.de/marthahospiz.dresden, Haltestelle: Albertplatz oder Palaisplatz. 50 unterschiedlich große, gepflegte Zimmer, auch für Rollstuhlfahrer. Einige Räume sind dem Biedermeier nachempfunden. Das traditionsreiche Hotel liegt zentral und zugleich sehr ruhig in der Inneren Neustadt nahe der Königstraße ㊲. Frühstück im hübschen Wintergarten. Beherbergt rustikales Lokal (Kartoffelkeller). EZ 79–86 €, DZ 113–121 €.

**136** [E6] **Park Plaza Hotel**, Königsbrückerstr. 121a, Äußere Neustadt, Tel. 0351 80630, www.parkplazaeurope.com, Haltestelle: Stauffenbergallee. Wie ein typisches Tagungshotel wirkt das moderne Haus mit 148 Zimmern unweit des Militärhistorischen Museums ①. Gediegener Komfort. DZ ab 130 €.

**137** [III E7] **Rothenburger Hof**, Rothenburger Str. 15–17, Äußere Neustadt,

## PRAKTISCHE REISETIPPS
*Unterkunft*

Tel. 0351 81260, www.rothenburger-hof.de, Haltestelle: Bautzner/Rothenburger Straße. Gastfreundliches, angenehmes Haus in der Äußeren Neustadt mit 26 Zimmern und 14 Apartments im Haupthaus, einem Gründerzeitgebäude, und im Hinterhaus. Mit Sauna, Dampfbad und Schwimmbad.
EZ 115–145 €, DZ 145–185 € (inklusive Frühstücksbüfett), zur Gartenseite etwas teurer und ruhiger. Pauschalangebote zu bestimmten Anlässen (Ostern, Silvester, Advent) und Themen auf der Website.

### UNTERKÜNFTE IN DER UMGEBUNG

- **Churfuerstliche Waldschaenke**, Große Fasanenstraße, 01468 Moritzburg, Tel. 035207 8600, www.churfuerstliche-waldschaenke.de. Ausgesprochen ruhig und idyllisch liegt das Viersternehotel mit Jagd-Flair in einem Landschaftsschutzgebiet. Ruhiger geht es wohl kaum: mitten im parkartigen Wald von Schloss Moritzburg. Das denkmalgeschützte Gebäudeensemble entstand Ende des 18. Jh. als Hegerhaus für die kurfürstliche Treibjagd. 33 behagliche Zimmer und Apartments: EZ 65–75 €, DZ 85–130 €, Suiten 135–150 €.
  Im **Restaurant** erwartet den Gast gehobene klassische Küche, aber auch eine gehobene Preislage. Auf der saisonal wechselnden Karte findet sich vor allem Fisch und Wild (geschmorte Wildkraftbrühe, Lammschulter, Welsfilet, Entenbrust, Rehkeule), dazu Spitzenweine aus Sachsen. Im Sommer auf den Terrassen, für kühlere Tage gibt es innen mehrere Speisezimmer mit Jagdambiente, darunter das Prinzenzimmer mit Ledertapete und Kachelofen. Suppen und Vorspeisen 5–10 €, Gerichte 12,50–17 €.
- **Hotel Garni Bernardo Bellotto**, Lange Str. 29, 01796 Pirna, Tel. 03501 46040, www.bellotto.de. Dreisternehotel in einem denkmalgeschützten restaurierten Haus in der historischen Altstadt Pirnas. Marktplatz und Elberadweg sind gleich um die Ecke, mit Fahrradverleih. 27 hübsche, schlichte Zimmer. EZ 50–55 €, DZ 70–75 €.
- **Hotel Goldener Anker**, Altkötzschenbroda 61, 01445 Radebeul, Tel. 0351 8399010, www.goldener-anker-radebeul.de. Nahe von Elbauen und Elberadweg liegt dieses Hotel im dörflichen Ortsteil Altkötzschenbroda. Der große ehemalige Gasthof, früher „Niederschänke" genannt, wurde samt Ballsaal und historischem Weinkeller renoviert. 60 Zimmer, ruhige Lage. EZ 70–79 €, DZ 90–99 €
- **Hotel Goldener Löwe**, Heinrichsplatz 6, 01662 Meißen, Tel. 03521 41110, www.meissen-hotel.com. Traditionshotel mit 36 Zimmern und Apartments wenige Schritte vom Markt entfernt. Mit Weinstube. Im Restaurant moderne, empfehlenswerte Küche. EZ ab 75 €, DZ ab 125 €.
- **Hotel Villa Sorgenfrei**, Augustusweg 48, 01445 Radebeul, Tel. 0351 7956660, www.hotel-sorgenfrei.net. Das 1783 erbaute Weinschlösschen ist eingebettet in eine Parkanlage im französischen Stil. Das restaurierte Herrenhaus im sogenannten Zopfstil (im Übergang vom Rokoko zum Klassizismus) wie auch der Garten stehen unter Denkmalschutz. Die 14 liebevoll eingerichteten Zimmer mit Sandsteinböden oder Holzdielen und teilweise freigelegten Wandmalereien sind im Stil des 18. Jh. sowie mit modernen Badezimmern ausgestattet. Stilvolles Restaurant mit französisch-mediterraner Küche im Festsaal des Gartenhauses – mit Fenstertüren, Stuckdecke, hohen Spiegeln und Kristalllüstern ein eleganter Rahmen für ein stimmungsvolles Abendessen. EZ 130–150 €, DZ 160–170 €.
- **RomantikHotel Deutsches Haus**, Niedere Burgstr. 1, 01796 Pirna, Tel. 03501 46880,

www.romantikhotel-pirna.de. Dreisternehotel in drei Renaissancehäusern direkt an der Marienkirche in Pirnas verkehrsberuhigter Altstadt. 40 unterschiedlich eingerichtete Zimmer (davon 6 Nichtraucherzimmer), mal mit Weichholzmöbeln, mal im Biedermeieroder Bauernstil. Mit Restaurant und Garten. Fahrradverleih. EZ 70–85 €, DZ ab 95–105 €.

## LUXUSHOTELS

**138** [II D8] **Bülow Residenz,** Rähnitzgasse 19, Innere Neustadt, Tel. 0351 80030, www.buelow-residenz.de, Haltestelle: Neustädter Markt oder Palaisplatz. Gediegenes Viersternehotel in der Inneren Neustadt in einem restaurierten Barockhaus mit hohem Standard. Eine der besten Adressen der Stadt – das Haus ist Mitglied der exklusiven Hotelvereinigung Relais & Châteaux. 35 zeitlos-klassisch ausgestattete Zimmer und Suiten, hervorragendes Gourmetrestaurant Caroussel, mit romantischem Innenhof. EZ ab 195 €, DZ ab 250 €.

**139** [I D9] **Kempinski Hotel Taschenbergpalais,** Taschenberg 3, Innere Altstadt, Tel. 0351 49120, www.kempinski-dresden.de, Haltestelle: Theaterplatz oder Postplatz. Hinter der wiedererstandenen Barockfassade verbirgt sich ein modernes und luxuriöses Viersternehotel mit 214 klimatisierten Zimmern und Suiten. Die Einrichtung des Grandhotels ist nobel, zeitlos und elegant. Unterm Dach befinden sich Schwimmbad und Wellnessbereich. Mit Spitzenrestaurant Intermezzo [3], Eventgastronomie im Sophienkeller und American Bar [2]. Im Winter Eisbahn und Schneebar im Innenhof. EZ ab 160 €, DZ ab 190 €.

**140** [I D9] **Radisson SAS Gewandhaushotel,** Ringstr. 1, Innere Altstadt, Tel. 0351 49490, www.dresden.radissonsas.com, Haltestelle: Pirnaischer Platz. Das restaurierte ehemalige Gewandhaus liegt zentral nahe der Kreuzkirche [28] und dem Altmarkt [26]. 97 im Biedermeierstil eingerichtete Zimmer und Suiten in verschiedenen Größen. Wellnessbereich im Keller. Nichtraucher-, Allergiker- und behindertengerechte Zimmer. EZ, DZ ab 110–250 €, Suiten teurer.

**141** [H7] **Schloss Eckberg,** Bautzner Str. 134, Loschwitz, Tel. 0351 80990, www.hotel-schloss-eckberg.de, Haltestelle: Schloss Albrechtsberg. Das Schlösschen im Tudorstil und das benachbarte Kavaliershaus zeichnen sich durch eine malerische Lage oberhalb der Elbe aus, in einem großen Park mit wunderbarem Blick auf Dresden, allerdings nicht sehr zentral. Ruhig, komfortabel und gepflegt, die 84 eleganten Zimmer und Suiten sind teilweise mit Antiquitäten eingerichtet. Mit Wellnessbereich und Restaurant. EZ 175 €, DZ ab 235 €. Die Zimmer im Kavaliershaus sind einfacher und preiswerter: EZ 100 €, DZ 140–190 €.

**142** [II D8] **Westin Bellevue Dresden,** Große Meißner Str. 15, Innere Neustadt, Tel. 0351 8050, www.westin-bellevue.com, Haltestelle: Neustädter Markt. Der moderne Komplex um ein barockes Palais direkt an der Elbe (mit Canaletto-Blick auf die Altstadt von den Zimmern zum Fluss hin) wurde einst als Interhotel eröffnet. Seit der Renovierung setzt die Westin-Gruppe auf zeitlose Eleganz in der Gestaltung, guten Service und mit moderner Technik (vom Internetanschluss über den DVD-Player bis zur Dampfdusche) ausgestattete Zimmer auf der Höhe der Zeit. 340 Zimmer und Suiten. Mit Pool und Saunabereich. Beherbergt das Gourmetrestaurant Canaletto [3]. Bei der erneut notwendigen Renovierung nach der Flut im Jahr 2002 entdeckte man ein Steingewölbe, das heute als stimmungsvolle Vinothek dient. EZ ab 125 €, DZ ab 145 € aufwärts, Junior- und Deluxe-Suiten ab 370 €.

# UNTERKÜNFTE

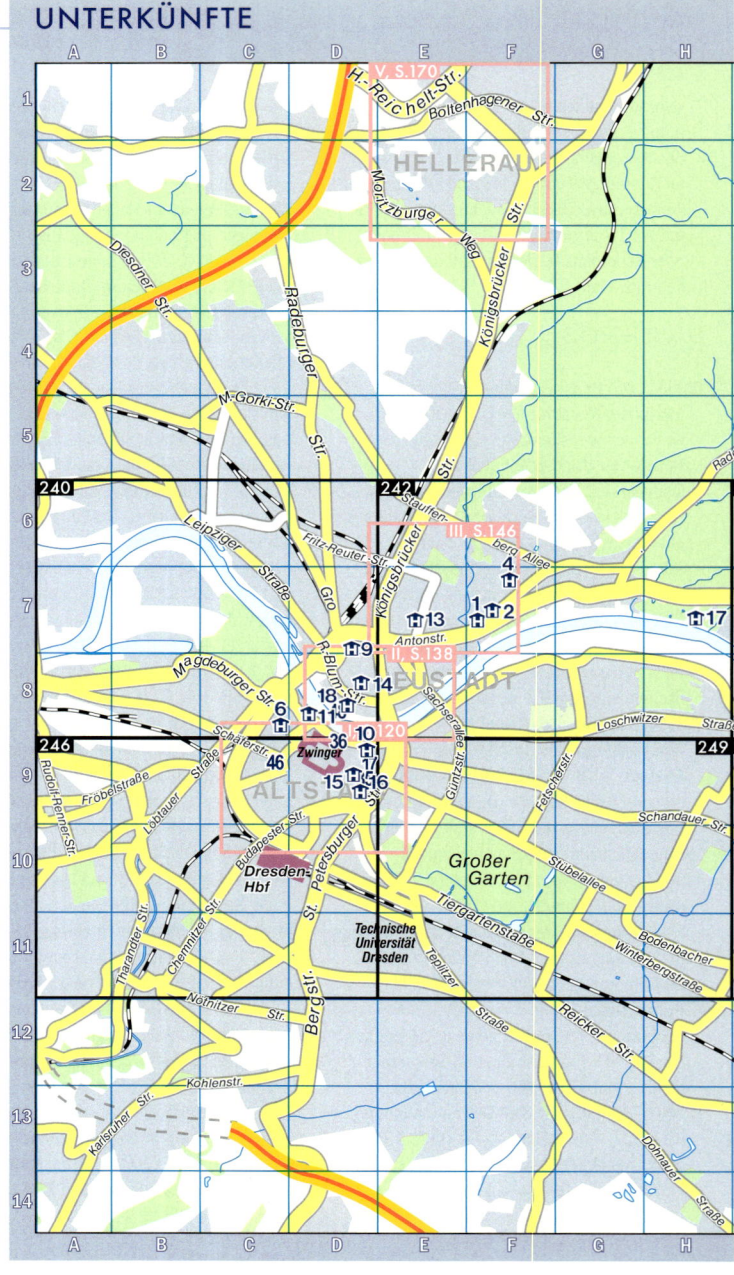

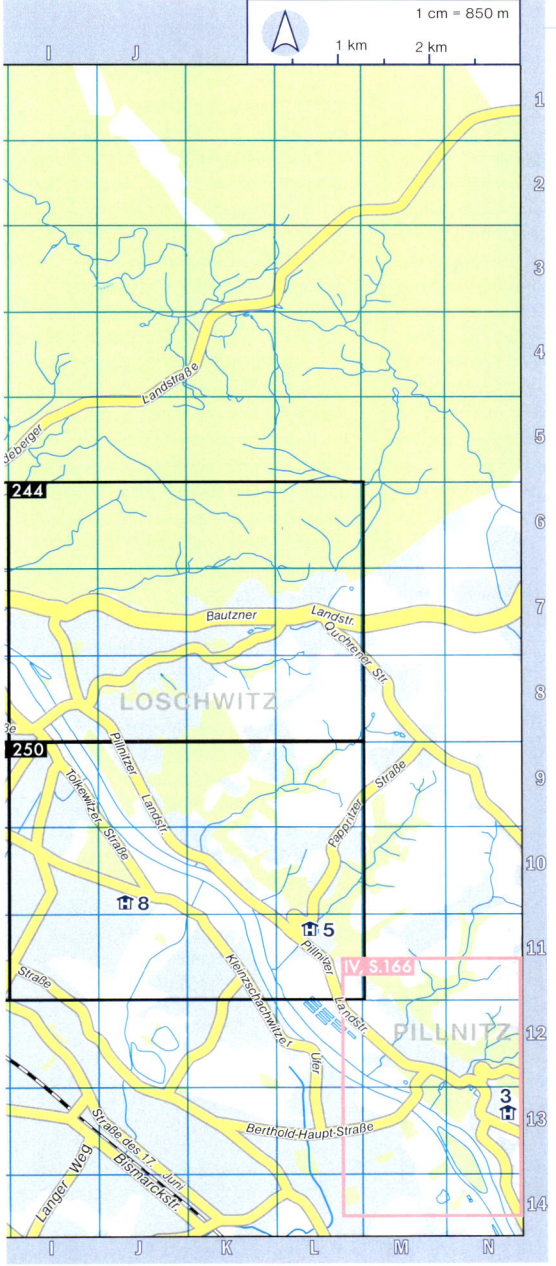

## FERIENWOHNUNGEN

Ferienwohnungen werden immer beliebter, vor allem **für längere Aufenthalte** ab fünf Tagen oder einer Woche. Das Angebot ist recht groß, wenn auch nicht im Zentrum, sondern eher in den Vororten. Da aber deren alte Dorfkerne und die landschaftliche Umgebung zu den großen Pluspunkten Dresdens gehören, muss das kein Nachteil sein. Per Rad auf dem Elbeweg, per Bus und Straßenbahn bzw. mit dem Wagen kommt man schnell in die Innenstadt. Suchen kann man nach Ferienwohnungen im Internet unter www.dresden-tourist.de und auf den Anbieterseiten wie etwa www.fewo24.de und www.fewo-direkt.de.

**143** [I D9] **Apartments an der Frauenkirche**, Münzgasse 4–10, Altstadt, Tel. 0351 4381111, www.aparthotels-frauenkirche.de, Haltestelle: Altmarkt. 47 Apartments ganz zentral in unmittelbarer Nähe der Frauenkirche ㉓, bei Bedarf lässt sich zu günstigem Tarif der Wellnessbereich des Hilton Hotels (s. o.) nutzen. DZ ab 70 €.

**144** [L10] **Colosseum/Feinwohnen**, Helfenberger Grund 8, Niederpoyritz, www.feinwohnen-dresden.de, Tel. 0351 2643511, Haltestelle: Staffelsteinstraße. Eine Fabrik im Grünen – das gibt es in Dresden glücklicherweise: *Anke Schwerg-Peters* und ihr Mann haben ein größeres Gebäudeensemble im Helfenbergergrund im Ortsteil Niederpoyritz saniert, restauriert und zu mehr als einem Dutzend Ferienwohnungen und Lofts umgebaut. Alle sind mit Lambert-Möbeln individuell eingerichtet und ausgesprochen großzügig – von 60 bis 230 m². Ruhige Lage.

**Elberesidenz Birkwitz**, Altbirkwitz 18, 01796 Pirna, www.dresdenappartements.de, Tel. 03501 444433. Neun möblierte Appartements direkt an der Elbe, teils mit Balkon oder Terrasse, im Dörfchen Birkwitz nahe Pirna ㉓. Ab 65 € pro Tag bzw. 290 € pro Woche, je nach Größe.

**145** [III E7] **Ferienwohnung Neustadt**, Rothenburger Str. 16a, Äußere Neustadt, Tel. 0351 8105390, www.ferienwohnung-dresden-neustadt.de, Haltestelle: Bautzner/Rothenburger Straße. Knapp ein Dutzend Apartments im Hinterhaus.

**146** [C8] **Pension am Zwinger**, Ostra-Allee 27, Altstadt, Tel. 0351 8990030,

◀ *In einer Ferienwohnung in Dresden und Umgebung lässt es sich gut aushalten*

www.pension-zwinger.de, Haltestelle: Haus der Presse. Nahe am Zwinger ➊ in drei Gründerzeithäusern 18 Zimmer und Apartments mit Küche oder Küchenzeile, Bad und ein bis drei Schlafzimmern. EZ 65–70 €, DZ 80–90 €, Apartment 35–40 € pro Person. Nichtraucher.

🏠 **Weinbauer etc. ... Ferien-Wohnen**, Antje Mehnert, Altkötzschenbroda 46, 01445 Radebeul, Tel. 0351 8307515, www.weinbaueretc.de. Sechs Wohnungen für 2–6 Personen in einem historischen Dreiseithof mit Blick auf Elbauen oder Dorfanger. Im idyllischen Altkötzschenbroda, mit Café und Weinhaus. Frühstücksservice. In der Nähe des Elberadwegs gelegen.

🏠 **Weinhaus Schuh**, Dresdner Str. 314, 01640 Sörnewitz, www.weinhaus-schuh.de, Tel. 03523 84810. Gästezimmer und zwei Ferienwohnungen beim Winzer in einem Fachwerkhaus von 1818 im Coswiger Ortsteil Sörnewitz am Fuß des Spaargebirges, kurz vor Meißen ➏➋. Im Angebot: Verkostungen im hauseigenen „Weincafé" und Weinbergswanderungen.

## CAMPING

⚠ **Campingplatz Dresden-Mockritz**, Boderitzer Str. 30, Tel. 0351 4715250, www.camping-dresden.de. Ganzjähriger Campingplatz inklusive WLAN-Internetzugang und anliegendem Freibad. Bungalow-Vermietung.

⚠ **Campingplatz Wostra**, An der Wostra 7, Zschieren-Wostra, Tel. 0351 2013254, www.dresden.de/sport, April–Okt., Haltestelle: Heidenau. Am südöstlichen Stadtrand nahe Elbe und Elberadweg. Mit Freibad, Restaurant und Sportmöglichkeiten.

⚠ **Caravan Camping Dresden-Nord**, Elsterweg 13, Hellerau, Tel. 0351 8809792, www.camping-sachsen.de. Ganzjährig geöffnet (im Winter auf Anfrage).

> **EXTRATIPP**
>
> *Mitwohnzentrale*
> Hierbei handelt es sich um ein Wohnen auf Zeit in einer eingerichteten Wohnung, deren Besitzer oder Besitzerin längerfristig abwesend ist und in dieser Zeit untervermietet. Rothenburger Str. 21, Äußere Neustadt, Tel. 0351 19445, www.mitwohnzentrale-dresden.de, Mo.–Fr. 10–13, 14.30–18 Uhr, Haltestelle: Bautzner/Rothenburger Straße.

Außerhalb Dresdens bestehen weitere Campingmöglichkeiten, zum Beispiel am See in Pirna-Copitz oder bei Moritzburg. Infos finden sich unter www.camping-sachsen.de.

# UNTERWEGS

## MIT STRASSENBAHN, BUS, BERGBAHN UND FÄHRE

Fast alle Sehenswürdigkeiten in Dresden sind zu Fuß leicht zu erreichen, aber auch das **Streckennetz** der öffentlichen Verkehrsmittel ist **gut ausgebaut und übersichtlich**. Straßenbahnen und Busse verkehren bis weit in die Vororte, nach Pillnitz kann man mit dem Bus fahren, nach Radebeul mit der Straßenbahn.

Die Busse und Straßenbahnen verkehren Mo.–Fr. tagsüber etwa alle 10–20 Minuten. Nachts gibt es um Postplatz um 1.10 Uhr, 2.20 Uhr und 3.30 Uhr letzte **Nachtlinien**, in die man umsteigen kann.

Tagsüber geöffnete **Servicepunkte** der Dresdner Verkehrsbetriebe gibt es am Albertplatz ➍⓿, Wiener Platz (Hauptbahnhof), am Pirnaischen und am Postplatz, die zugleich auch wichtige Knotenpunkte mehrerer Linien sind. Hier sind **Liniennetzpläne** und **Fahrkarten** erhältlich. An den anderen Haltestellen stehen **Automaten**, die fast das komplette Fahrkartensortiment bieten.

Für Bus und Straßenbahn müssen die **Fahrscheine** vor Fahrtantritt erworben und bei Fahrtantritt entwertet werden. **Einzeltickets** kosten 1,80–6,80 €, sie gelten für das Stadtgebiet bzw. den Verbundraum. **Streifenkarten** für vier Fahrten sind mit 6,50 € preiswerter als Einzelfahrscheine. Kurzstreckenfahrscheine (bis zu vier Haltestellen) gibt es nur als 4er-Karte zu 4,50 €.

Ermäßigungen bieten **Tageskarte** (lohnend ab drei Fahrten, je nach Zonen 4,50–11 €), **Familientageskarte** (für zwei Erwachsene und bis zu vier Kinder von 6–14 Jahren, je nach Zonen 6–14 €) und Kleingruppenkarte (22 €) sowie bei längerem Aufenthalt eine **Wochenkarte** (17–48,50 €). Kinder von 6–14 Jahren zahlen einen ermäßigten Preis.

Die **Dresden-City-Card** für 21 € (Familien 42 €) ermöglicht 48 Stunden freie Fahrt in Straßenbahnen, Bussen und Elbfähren sowie freien Eintritt in einigen Museen. Zusätzlich erhält man bei weiteren Museen, Stadtrundfahrten und Schiffstouren Ermäßigungen. Die **Dresden-Regio-Card** für 32 € gilt 72 Stunden, bietet alle Leistungen der City-Card und darüber hinaus auch freie Fahrt im Nahverkehr zu den Ausflugszielen im Elbtal.

Die Fahrpreise für die zwei historischen **Bergbahnen** 53 in Loschwitz lauten: Einzelfahrt 3 €, Berg- und Talfahrt 4 €, die Familienkarte (2 Erw. und bis 4 Kinder im Alter von 6–14 Jahren) schlägt mit 10 € zu Buche. Mit einer Tageskarte der DVBAG benötigt man nur einen ermäßigten Fahrschein.

Außerdem setzen drei **Fähren** über die Elbe, eine davon transportiert auch PKWs:
› **Personenfähre Johannstadt–Neustadt** [F7] (Mo.–Fr. 6.30–22, Sa., So. 9.30–22 Uhr)
› **Personenfähre Tolkewitz/Laubegast–Niederpoyritz** [K10] (Mo.–Fr. 6–20 Uhr, Sa. 10–22 Uhr, So. 10–20 Uhr)
› **Autofähre Pillnitz–Kleinzschachwitz** [IV M13] (tgl. 8–21.30 Uhr)

Die einfache Fahrt schlägt mit 0,90 € zu Buche, hin und zurück kosten die Fähren 1,50 €. Die einfache Fahrt mit Rad oder Motorrad kostet 0,60–1,50 €, mit Auto 2,90 €, hin und zurück werden etwa 5 € fällig.

› **Dresdner Verkehrsbetriebe,** Tel. 0351 8571011, www.dvbag.de

## S-BAHN UND REGIONALVERKEHR

Da die Bahn und S-Bahn im Elbtal entlang des Flusses verkehren, sind auch **Ausflugsziele** in der Umgebung Dresdens wie Meißen 62, Radebeul 60, Pirna 63 oder die Festung Königstein 67 **unkompliziert mit öffentlichen Verkehrsmitteln zu erreichen.** Die S1 verkehrt von Dresden-Hauptbahnhof in die Sächsische Schweiz bis nach Schöna und über den Bahnhof-Neustadt nach Meißen. Die S2 fährt zum Flughafen, die S3 nach Freital und Tharandt.

Für Ausflüge lassen sich die öffentlichen Verkehrsmittel auch **gut mit einer Radtour verbinden,** da man ja zurück samt Zweirad in die Bahn steigen kann. Auskünfte für das Nahverkehrsnetz zwischen Meißen und tschechischer Grenze gibt der Verkehrsverbund Oberelbe. Auf der Website des Verkehrsverbunds gibt es Informationen zu Fahrplänen und Lini-

ennetz, Tickets und Tarifen. Für diesen Regionalbereich gilt auch die Dresden-Regio-Card (s. o.).
> **Verkehrsverbund Oberelbe,**
  Tel. 0180 22662266, www.vvo-online.de
> **Deutsche Bahn,** Fahrplanauskunft Zug:
  Tel. 0180 1507090,
  Reisecenter Dresden-Hauptbahnhof:
  Tel. 0351 4710600, www.bahn.de

## MIT DEM SCHIFF

Auf der Elbe ist die **älteste und größte Raddampferflotte der Welt** unterwegs: 1837 fuhr der erste Dampfer. Die neun historischen Schiffe wurden zwischen 1879 und 1929 erbaut und werden mit originalen Dampfmaschinen betrieben. **Linienfahrten** führen vom Brühlschen Terrassenufer [D9] flussabwärts bis nach Meißen und ins Weindorf Diesbar-Seußlitz oder flussaufwärts über Pirna bis ins Elbsandsteingebirge. Daneben gibt es **Sonderfahrten** (Brunchfahrt, Dixielandfahrt, Sommernachtsfahrt mit Tanz, Dresdner Lichter, Operettenfahrt, Schlösserfahrt nach Pillnitz u. a.) und eine **Stadtrundfahrt.** Die kürzeren Touren der Sächsischen Dampfschifffahrtsgesellschaft führen mehrmals täglich nach Blasewitz (Dauer 1 Std.) und nach Pillnitz (Dauer 1,5–2 Std.).

**Zentrale Anlegestelle** ist unterhalb der Brühlschen Terrasse zwischen Augustus- und Carolabrücke. Die **Ticketpreise** variieren je nach Entfernung von 2,90 € bis 20,50 €. Eine Tageskarte (Erwachsene 20,50 €, Kinder 10,25 €, Familien 35 €) kann man zusätzlich zum Kombiticket aufrüsten (Erw. 27 €, Kinder 16,50 €, Familien 43 €), das dann auch für die öffentlichen Verkehrsmittel gilt. Ermäßigungen gibt es für Kinder (6–14 Jahre) auf Linienfahrten (50 %), montags auch für Erwachsene (20 %).

> **Sächsische Dampfschiffahrtsgesellschaft,**
  Tel. 0351 866090, www.saechsische-dampfschiffahrt.de, April–Okt., im Winter etwas reduzierteres Angebot

▲ *Raddampfer am Anleger*

## MIT DEM AUTO

### Elbüberquerung

Die Elbe kann über vier **Brücken** im inneren Stadtgebiet überquert werden, zusätzlich noch über die Hängebrücke Blaues Wunder 51 zwischen Blasewitz und Loschwitz und die Autobahnbrücke der A4, dann erst wieder flussaufwärts in Pirna und flussabwärts in Meißen. Außerdem setzt eine **Autofähre** (Pillnitz–Kleinzschachwitz) über die Elbe.

### Parken

Ein in der Tourist-Information 16 erhältlicher Plan „Parken in der Innenstadt" zeigt Lage, Kapazität und Zufahrt zu Parkhäusern und Parkplätzen. Ein **Parkleitsystem** informiert zuverlässig über freie Stellpätze.

**Tiefgaragen** gibt es u. a. an der Frauenkirche 23, der Semperoper 11, Waisenhausstraße, Altmarkt-Galerie und am World Trade Center sowie an der Neustädter Hauptstraße.

## TAXI

› **Taxiruf** des FunkTAXI Dresden: Tel. 0351 211211, www.taxi-dresden.com

## MIETWAGEN

Insbesondere am **Flughafen** in Klotzsche gibt es mehrere Autovermietungen:
› **AVIS:** Flughafen Dresden, Tel. 0351 8814600
› **Europcar:** Flughafen Dresden, Tel. 0351 884770, und Hauptbahnhof, Tel. 0351 4707078
› **Hertz:** Hauptbahnhof, Tel. 0351 4707078
› **Sixt:** Hauptbahnhof, Tel. 0351 4718544, und Hotel Hilton 21, Tel. 0351 4905781

# WETTER UND REISEZEIT

Aufgrund der Naturgegebenheiten (Flussniederungen und Hanglage) hat Dresden ein **mildes Klima.** Der kälteste Monat ist der Januar, der niederschlagsreichste der Dezember. Die wärmsten Monate sind Juli und August mit einer Durchschnittstemperatur von 24 °C. Im Hochsommer kann schon mal ein Dunstschleier über der Stadt liegen und das Klima etwas drückend sein.

Dresden ist **ganzjährig** ein beliebtes Reiseziel, **Hauptreisezeit** ist von Mai bis Oktober. Im **Frühjahr und Herbst,** also Mai, Juni und September bis Mitte Oktober, kann man bei angenehmen Temperaturen draußen sitzen, Rad fahren und Ausflüge mit dem Schiff unternehmen. Im Mai und Juni locken außerdem Dampferparade, das Dresdner Musikfestival und das Elbhangfest, im Herbst finden Weinveranstaltungen statt.

Im **Hochsommer** (Juli und August) haben einige Theater und die Oper Sommerpause, dafür beleben die Filmnächte am Elbufer, das Stadtfest und viele kleinere Aktionen wie der Tag des offenen Weinguts die Region. An lauen Sommerabenden sitzt man wunderbar an der Elbe und an die Stadterkundung lassen sich gleich ein paar Tage Wanderurlaub in der Sächsischen Schweiz anhängen oder eine längere Radtour auf dem Elberadweg. In Dresden selbst bieten einige Unterkünfte im August deutliche **Preisnachlässe** an.

Im **Winter** kann man sich ganz der Kultur widmen und sich Zeit für die Museen, Opernbesuch und Konzerte nehmen. Im Dezember lädt der traditionelle Weihnachtsmarkt zu einem Kurzbesuch nach Dresden ein.

# ANHANG

# LITERATURTIPPS

In den Dresdner Buchhandlungen gibt es eine große Auswahl an **Dresden- und Sachsen-Literatur**, von Bildbänden bis zur Zeitschrift *Dresdner Hefte* (siehe www.dresdner-hefte.de). Für jedes spezielle Interesse gibt es Gedrucktes, ob schmale, kleinformatige Bändchen zur Brühlschen Terrasse und Sachsens Schlössern oder umfangreichen Studien zu Dresden im Luftkrieg oder vor der Zerstörung. Für Kunstinteressierte zu empfehlen sind einige Museumspublikationen, etwa zum Grünen Gewölbe und den Gemäldegalerien.

## STADTGESCHICHTEN

› *Olaf B. Rader:* **Kleine Geschichte Dresdens**, C. H. Beck, München 2005. Flott zu lesen, vor allem auch für das 20. Jahrhundert informativ.
› *Reinhardt Eigenwill:* **Kleine Stadtgeschichte Dresden**, Insel, Frankfurt am Main und Leipzig 2005. Die wichtigsten Stationen der Stadtgeschichte im knappen Überblick.
› *Wolfgang Hädecke:* **Dresden. Die Geschichte von Glanz, Katastrophe und Aufbruch**, Hanser, München 2006. Diese etwas umfangreichere Stadtgeschichte zeichnet das Porträt der sächsischen Metropole in all ihren Facetten und widmet auch Architekten, Malern, Musikern, Erfindern und Technikern Raum, die das Ihre zur Bedeutung Dresdens beigetragen haben.

◄ *Vorseite: Ausflugsdampfer auf der Elbe*

## KUNST UND ARCHITEKTUR

› *Georg Dehio:* **Handbuch der deutschen Kunstdenkmäler Dresden**, Deutscher Kunstverlag, München, Berlin 2005. Nachschlagewerk über Dresdens Kunstdenkmäler.
› *Heinz Quinger:* **Kunstreiseführer Dresden**, MairDuMont, Ostfildern 2005. Geschichte, Kunst und Kultur der sächsischen Hauptstadt, mit vielen Abbildungen.

## BIOGRAFIEN UND BIOGRAFISCHE PORTRÄTS

› *Józef Ignacy Kraszewski,* einer der bedeutendsten polnischen Intellektuellen des 19. Jahrhunderts, lebte rund 20 Jahre im Exil in Dresden. Hier schrieb er neben unzähligen anderen Büchern seine „**Sachsentrilogie**": „Gräfin Cosel", „Brühl" und „Aus dem Siebenjährigen Krieg", die in den 1980er-Jahren unter dem Titel „Sachsens Glanz und Preußens Gloria" für das Fernsehen verfilmt wurde.
› *Erich Kästner:* **Als ich ein kleiner Junge war**, DTV, München 5. Auflage 2004. Für Dresden-Besucher ist gerade dieses Buch besonders lesenswert, in dem sich der Autor liebevoll an seine Kindheit in Dresden erinnert.
Über *Erich Kästner* gibt es außerdem mehrere **Biografien**, etwa von *Helga Bemmann, Sven Hanuschek, Isa Schikorsky* oder von *Franz Josef Görtz* und *Hans Sarkowicz*, einige auch als Taschenbuchausgaben. Von *Erich Kästners* Büchern sind diverse Ausgaben lieferbar, als Hardcover, in Kassette oder als einzelne Taschenbücher bei DTV.
› *Gabriele Hoffmann:* **Constantia von Cosel und August der Starke. Die Geschichte einer Mätresse**, Bastei-Lübbe, Bergisch-Gladbach 1984. Historischer Roman und ein Zeit-

panorama des Dresdner Hofs im ausgehenden Barock.
› *Walter A. Büchi:* **Karl August Lingner. Das große Leben des Odol-Königs**, edition Sächsische Zeitung, Dresden 2006. Lesenswerte Lebensgeschichte des „Odol-Königs".
› *Katrin Nitzschke:* **Die großen Dresdner: 26 Porträts**, Insel, Frankfurt am Main und Leipzig 2005. Das Taschenbuch bringt einen Querschnitt ganz unterschiedlicher Persönlichkeiten von Hofjuwelier *Johann Melchior Dinglinger* bis *Gret Palucca*.

## AKTIVURLAUB

› *Ulla Heise:* **Landpartien zum Wein**, edition neureuter, Leipzig 2004. Für Ausflüge zu Winzern und Straußwirtschaften empfiehlt der Band Touren für neugierige Genießer.
› *Detlef Krell:* **Sächsische Schweiz**, REISE KNOW-HOW Verlag, Bielefeld. Wen es zum Wandern in die Sächsische Schweiz zieht, der findet in diesem Reiseführer viele Tipps für Ausflüge.
› *Christine und Jürgen Reimer:* **Elberadweg – von der Quelle bis zur Mündung**, Bruckmann, München 2005. Ein praktischer Reisebegleiter für eine bis zu 1300 km lange Radferntour entlang der Elbe (mit Extra-Kartenheft).

## SPRACHE UND LITERATUR

› *Eva-Maria Bendixen, Klaus Werner:* **Sächsisch – das wahre Deutsch**, Kauderwelsch Band 74, REISE KNOW-HOW Verlag, Bielefeld. Wer sich mit dem Sächsischen anfreunden will, ist mit dem kleinen Sprachführer gut beraten.
› *Renatus Deckert (Hg.):* **Die wüste Stadt. Sieben Dichter über Dresden**, Insel, Frankfurt am Main und Leipzig 2005. Empfehlenswerte literarische Anthologie mit Texten von zeitgenössischen Dichtern.
› *Katrin Nitzschke (Hg.):* **Literarische Spaziergänge Dresden**, Insel, Frankfurt am Main und Leipzig 1999. Literarische Anthologie mit Texten vom 18. Jahrhundert bis zur Gegenwart.
› *Karen Nölle-Fischer:* **Die Elbe. Ein literarischer Reisebegleiter von der Mündung bis zum Riesengebirge**, Klett-Cotta, Stuttgart 1999. Eine Elbereise gegen den Strom, die Lust auf Literatur macht: Flußaufwärts begegnet man Schriftstellern und einigen Musikern und Malern, die sich von der Elbe angezogen fühlten.
› *Lene Voigt:* **Säk'sche Balladen**, Rowohlt Taschenbuch Verlag, Reinbek 1978. „Unsere liebe Lene", wie sie von ihren Landsleuten genannt wurde, hat mit ihren „säk'schen" Dichtungen einen festen Platz in der deutschen Dialektliteratur erobert. Respektlos nimmt sie sich in ihren Parodien die „Glassiger" vor.
› *Norbert Weiß und Jens Wonneberger:* **Dresdner Dichterhäuser**, be.bra verlag, Berlin-Brandenburg 2002. Die Autoren erinnern an die literarische Tradition Dresdens und besuchen unter anderem das Schillerhäuschen in Loschwitz und *Victor Klemperers* Haus Am Kirschberg.

---

**EXTRATIPP**

*Antiquarische Bücher*
Immer wieder sind Leser enttäuscht, wenn hier empfohlene Bücher nicht mehr lieferbar sind. Vieles kann man sich dann aber – vielleicht sogar recht preisgünstig – noch antiquarisch besorgen, zum Beispiel bei **www.zvab.de**.

# REISE KNOW-HOW
## das komplette Programm
## fürs Reisen und Entdecken

**Weit über 1000 Reiseführer, Landkarten, Sprachführer und Audio-CDs
liefern unverzichtbare Reiseinformationen und faszinierende Urlaubsideen
für die ganze Welt** – *professionell, aktuell und unabhängig*

**Reiseführer:** komplette praktische Reisehandbücher für fast alle touristisch interessanten Länder und Gebiete **CityGuides:** umfassende, informative Führer durch die schönsten Metropolen **CityTrip:** kompakte Stadtführer für den individuellen Kurztrip **world mapping project:** moderne, aktuelle Landkarten für die ganze Welt **Edition Reise Know-How:** außergewöhnliche Geschichten, Reportagen und Abenteuerberichte **Kauderwelsch:** die umfangreichste Sprachführerreihe der Welt zum stressfreien Lernen selbst exotischster Sprachen **Kauderwelsch digital:** die Sprachführer als eBook mit Sprachausgabe **KulturSchock:** fundierte Kulturführer geben Orientierungshilfen im fremden Alltag **PANORAMA:** erstklassige Bildbände über spannende Regionen und fremde Kulturen **PRAXIS:** kompakte Ratgeber zu Sachfragen rund ums Thema Reisen **Rad & Bike:** praktische Infos für Radurlauber und packende Berichte außergewöhnlicher Touren **sound)))trip:** Musik-CDs mit aktueller Musik eines Landes oder einer Region **Wanderführer:** umfassende Begleiter durch die schönsten europäischen Wanderregionen **Wohnmobil-TourGuides:** die speziellen Bordbücher für Wohnmobilisten mit allen wichtigen Infos für unterwegs

**Erhältlich in jeder Buchhandlung und unter www.reise-know-how.de**

# www.reise-know-how.de

**Unser Kundenservice auf einen Blick:**

Vielfältige Suchoptionen, einfache Bedienung

Alle Neuerscheinungen auf einen Blick

Schnelle Info über Erscheinungstermine

Zusatzinfos und Latest News nach Redaktionsschluss

Buch-Voransichten, Blättern, Probehören

Shop: immer die aktuellste Auflage direkt ins Haus

Versandkostenfrei ab 10 Euro (in D), schneller Versand

Downloads von Büchern, Landkarten und Sprach-CDs

Newsletter abonnieren, News-Archiv

**Die Informations-Plattform für aktive Reisende**

REISE Know-How online

# Mit REISE KNOW-HOW ans Ziel

Die Landkarten des **world mapping project** bieten weltweite gute Orientierung.

- Auf reiß- & wasserfestem Polyart®-Papier gedruckt: beschreibbar, kann individuell aufs passende Format gefalzt werden
- Modernes, gut lesbares Kartenbild mit Höhenlinien, Höhenangaben und farbigen Höhenschichten
- GPS-Tauglichkeit durch eingezeichnete Längen- und Breitengrade; ab Maßstab 1:300.000 zusätzlich durch UTM-Markierungen
- Klassifiziertes Straßennetz mit Entfernungsangaben
- Wichtige Sehenswürdigkeiten, herausragende Orientierungspunkte und Badestrände durch einprägsame Symbole dargestellt
- Der ausführliche Ortsindex ermöglicht das schnelle Finden des Zieles

Derzeit **über 150 Titel** lieferbar (siehe unter www.reise-know-how.de), z.B.:

| | |
|---|---|
| **Nordpolen** | 1 : 350.000 |
| **Polen** | 1 : 850.000 |
| **Tschechien** | 1 : 350.000 |

world mapping project
REISE KNOW-HOW Verlag, Bielefeld

# REGISTER

## A

Adelsnummerierung 75
Albertinum 103
Albertplatz 136
Albrechtsburg 180
Alltag 78
Altkötzschenbroda 177
Altmarkt 115
Altmarkt-Galerie 43
Altstadt, Äußere 125
Altstadt, Innere 82
Amselfall 194
Anfahrt 198
Antonstadt 26
Apartments 220
Architektur 28
August der Starke (Friedrich August I.) 40
Augustusbrücke 130
Aussichtspunkte 30
Autovermietung 224
Avantgarde 104

## B

Backpacker-Hostels 213
Bad Schandau 195
Bahn 198
Barock 28
Barockgarten Grosssedlitz 188
Barrierefreiheit 199
Bars 45
Baselitz, Georg 33
Bastei 193
Basteibrücke 193
Behinderte 199
Bellotto, Bernardo (Canaletto) 32
Bergschwebebahn 157
Bernsteinkabinett 94
Bevölkerung 76
Biergärten 51
Billigflieger 198
Blasewitz 150
Blaues Wunder 156
Bombardierung Dresdens 110
Botanischer Garten 128
Brauereien 51
Brauhäuser 53
Brücke, Die (Künstlervereinigung) 104
Brühlsche Terrasse 100
Buchmuseum 35
Bunte Republik Neustadt 141
Burg Stolpen 188
Bus 221

## C

Camping 221
Canaletto 32
Canaletto-Blick 131
Canalettohaus, Pirna 186
Carl-Maria-von-Weber- Museum 42
Carolasee 128
Coselpalais 115

## D

Dampferparade 20
Dichter 158
Diplomatische Vertretungen 199
Dix, Otto 33
Dixieland-Festival 20
Dom, Meißen 181
Dreikönigskirche 133
Dresden-City-Card 222
Dresdner Heide 150
Dürer, Albrecht 85

## E

Elbe 80
Elberadweg 18
Elbhangfest 21
Elbinsel 162

Elbsandsteingebirge 191
Elbschlösser 148
Elbtal 172
Elbvororte 148
Elbwiesen 60
Erich Kästner 134
Erlwein, Hans 70
Erlweinspeicher 97
Ermäßigungen 205

## F

Fähre 221
Fahrscheine 222
Familien 61
Feiertage 22
Felixmüller, Conrad 33
Ferienwohnungen 220
Festivals 20
Festspielhaus Hellerau 169
Festung Königstein 192
Filmnächte Dresden 21, 202
Flohmarkt 45
Flughafen 198
Flutkatastrophe 64
Fontane, Theodor 158
Frauenkirche 112
Fremdenverkehrsamt 200
Freizeit 207
Friedhof, Alter Jüdischer 143
Friedhof, Alter Katholischer 98
Friedrich, Caspar David 32
Friedrichstadt 26
Fürstenzug 89
Fußball 207

## G

Galerien 35
Gartenstadt 167
Gastronomie 53
Gemäldegalerie Alte Meister 85
Gemäldegalerie Neue Meister 103

Geschichte 66
Gläserne Manufaktur 125
Gläserner Mensch 126
Glockenspielpavillon 83
Goldener Reiter 130
Gräfin Cosel 41, 188
Großer Garten 127
Grünbein, Durs 159
Grünes Gewölbe 93

## H

Hauptbahnhof 122
Hauptstraße 136
Hausmannsturm 92
Hellerau 167
Hoffmann, E. T. A. 158
Hofkirche St. Trinitatis 88
Höhepunkte 20
Hosterwitz 164
Hotel de Saxe 111
Hotels 214
Hygiene-Museum, Deutsches 126

## I

Industrialisierung 69
Informationen 199
Internettipps 200
Italienisches Dörfchen 82

## J

Japanisches Palais 131
Jazz 204
Johannisfriedhof 152
Jugendherbergen 213

## K

Kabarett 211
Kaffee 48
Kanutouren 207

Karl-May-Festtage 21
Karl-May-Museum 174
Karten 201
Kartenvorverkauf 211
Kasematten 107
Käthe-Kollwitz-Gedenkstätte 179
Kinder 61
Kino 202
Kirche (Loschwitz) 160
Kirche, russisch-orthodoxe 129
Kirchner, Ernst Ludwig 104
Kirnitzschtal 196
Kleinzschachwitz 165
Klemperer, Victor 159
Klettern 191, 209
Kneipen 45
Kokoschka, Oskar 33
Kongresszentrum 97
Königstein, Festung 192
Königstraße 133
Königsufer 144
Kraszewski-Museum 36
Kreuzchor 96
Kreuzkirche 118
Krieg, Siebenjähriger 69
Kronentor 84
Küche, Sächsische 48
Kügelgen, Wilhelm von 158
Kulturpalast 116
Kunst 28
Kunstakademie 102
Kunstgewerbemuseum 164
Kunsthandwerk 137
Kunsthaus Dresden 37
Kunsthofpassage 142
Kupferstich-Kabinett 37
Kurzurlaub 8

## L

Landesmuseum für Vorgeschichte 37
Landtag 97
Laufen 208

Leonhardi-Museum 37
Lesben 207
Lilienstein 194
Lingner, Karl August 151
Lingnerschloss 149
Literaturtipps 226
Livemusik 204
Loschwitz 154
Lößnitzgrundbahn 176

## M

Maler 32
Malerweg 191
Marathon 22
Marienkirche, Pirna 186
Markthalle 137
Maschinenmöbel 168
Mathematisch-Physikalischer Salon 37
Meißen 179
Mengs, Anton Raphael 32
Mietwagen 224
Militärhistorisches Museum 38
Molkerei Pfunds 143
Moritzburg 177
Münzkabinett 38
Museen 35
Museen, Geschichte 31
Museum der Dresdner Romantik 39
Museum für Mineralogie und Geologie 38
Museum für Sächsische Volkskunst 137
Museum im Palais 39
Musikszene 203
Musiker 96
Musikfestspiele 21

## N

Nachkriegszeit 70
Nachtleben 45
Nationalpark Sächsische Schweiz 191
Neumarkt 109
Neustadt, Äußere 141

## ANHANG
*Register*

Neustadt, Innere 130
Neustädter Markt 130
Nolde, Emil 105
Notfall 204
Nymphenbad 83

## O

Öffnungszeiten 205
Oper 94
Opernball 20
Orientierung 24

## P

Palais Brühl 100
Palais im Großen Garten 127
Palais, Japanisches 131
Park 127
Parkeisenbahn 128
Parken 224
Pechstein, Max 105
Pensionen 214
Pfunds Molkerei 143
Philharmoniker, Dresdner 97
Pillnitz 162
Pirna 185
Plattenbau 71
Pogromnacht 108
Polizei 205
Pöppelmann, Matthäus Daniel 28
Porzellan, Meissener 183
Porzellanmanufaktur 182
Porzellansammlung 87
Prager Straße 119
Preise 205
Publikationen 201

## R

Raddampfer 223
Radebeul 172
Radfahren 205

Radweg (Elbe) 18
Rathaus 118
Rathen 193
Reisetipps 197
Reisezeit 224
Residenzschloss 91
Restaurants 54
Richard-Wagner-Museum 42
Richter, Gerhard 33
Richter, Ludwig 33
Rosengarten 144
Rundgang 8
Runge, Philipp Otto 32
Rüstkammer 86

## S

Sachsen (Menschenschlag) 79
Sächsische Schweiz 190
Salomonis-Apotheke 111
S-Bahn 222
Schatzkammermuseum 93
Schiff 223
Schiller, Friedrich 156
Schillerhäuschen 156
Schillerplatz 150
Schinkelwache 82
Schloss Albrechtsberg 149
Schloss Eckberg 149
Schloss Moritzburg 177
Schloss Wackerbarth 175
Schloss Weesenstein 187
Schmalspurbahnmuseum 176
Schmidt, Karl 168
Schmidt-Rottluff, Karl 104
Schütz, Helga 159
Schwebebahn 157
Schwimmen 208
Schwule 207
Sekundogenitur 102
Semper, Gottfried 29
Sempergalerie 83
Semperoper 94

Shoppen 42
Skaten 208
Skulpturensammlung 106
Spaargebirge 182
Spitzhaustreppe 173
Sport 207
Staatliche Kunstsammlungen Dresden 31
Staatskapelle, Sächsische 96
Stadtmagazine 201
Stadtmuseum 118
Stadtrundfahrten 210
Stadtrundgänge 210
Stadtviertel 25
Stallhof 90
Ständehaus 102
Standseilbahn 157
Staudengarten 144
Stolpen 188
Straßenbahn 221
Straßenfest 142
Strauss, Richard 96
Straußwirtschaften 51
Striezelmarkt 22, 117
Synagoge, Neue 107
Szene 45

## T

Tageszeitungen 201
Taschenbergpalais 91
Taxi 224
Technische Sammlungen 42
Theater 211
Theaterplatz 82
Tierkunde-Museum 38
Tourismusverbände 199

## U

Übernachten 212
Unfall 204
Unterkunft 212

## V

Verkehrsmuseum 115
Villenviertel 153
Vinothek, sächsische
Völkerkundemuseum 39
Vonnegut, Kurt 159

## W

Waldschlösschen-Brücke (Diskussion um) 65
Wallpavillon 83
Wanderführer 201
Wandern 15, 208
Weihnachtsgebäck 49
Wein 49
Weinbergkirche 164
Weinbergterrassen 176
Weingüter 44
Weingutmuseum Hoflößnitz 173
Weinwanderweg, Sächsischer 15
Weißer Hirsch 153
Weltkulturerbe 64
Werkstätten, Deutsche 168
Wetter 224
Wettiner 89
Wissenschaft 76
Wochenendaufenthalt 10
Wochenmarkt 45

## Y, Z

Yenidze 98
Zahlen und Fakten Dresden 65
Zigarettenfabrik 98
Zoo 128
Zwinger 83

## ÜBER DIE AUTORIN

Gabriele Kalmbach lebt in Köln und ist als Autorin und Lektorin tätig. Ihre Interessenschwerpunkte sind vor allem Reisethemen, neben Dresden insbesondere Frankreich. Bisher sind von ihr im REISE KNOW-HOW Verlag der CityGuide „Paris", der „KulturSchock Frankreich" und ein Französisch-Sprechführer erschienen.

In Dresden und an der Elbe verbringt sie jedes Jahr mehrere Wochen, und zum Wandern geht's – selbstverständlich – bevorzugt in die Sächsische Schweiz.

## BILDNACHWEIS

Die Kürzel an den Abbildungen stehen für folgende Fotografen, Firmen und Einrichtungen. Wir bedanken uns für die freundliche Abdruckgenehmigung.

| | |
|---|---|
| **cm** | Christoph Münch (Dresden Werbung und Tourismus GmbH) |
| **gk** | Gabriele Kalmbach (Autorin) |
| **hm** | Stiftung Deutsches Hygiene-Museum |

**www.fotolia.com:** Umschlag und S. 198

CITYATLAS **237**

# CITYATLAS

Dieser Cityatlas beinhaltet das komplette Zentrum Dresdens mit allen Hauptsehenswürdigkeiten. Für die einzelnen Stadtteile bzw. touristisch interessante Gegenden wurden zusätzlich Detailkarten in die jeweiligen Stadtteilbeschreibungen eingefügt.

Diese Detailkarten zeigen neben den Sehenswürdigkeiten auch alle dort erwähnten Restaurants, Einkaufsgelegenheiten, Museen usw. Das einheitliche Kartengitter in allen Karten ermöglicht das schnelle Orientieren in Text und Kartenwerk.

# DRESDEN UMGEBUNG

# CITYATLAS 239

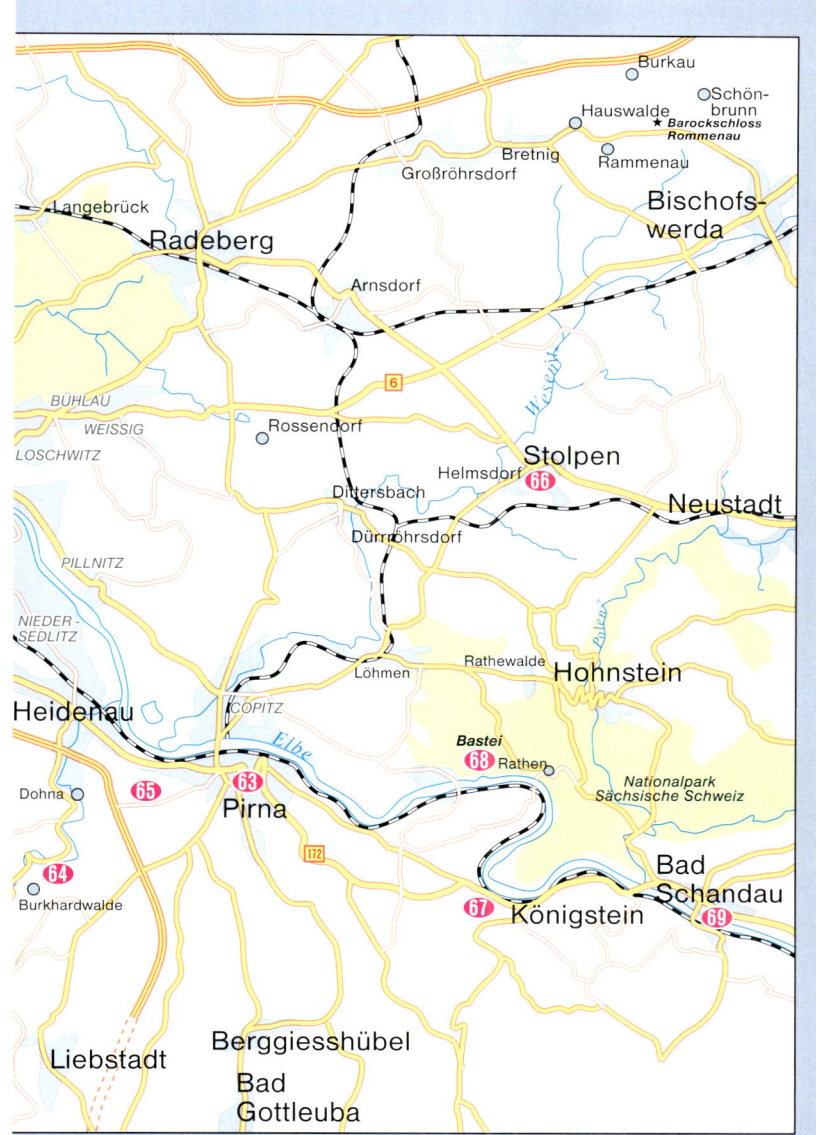

# 240 CITYATLAS

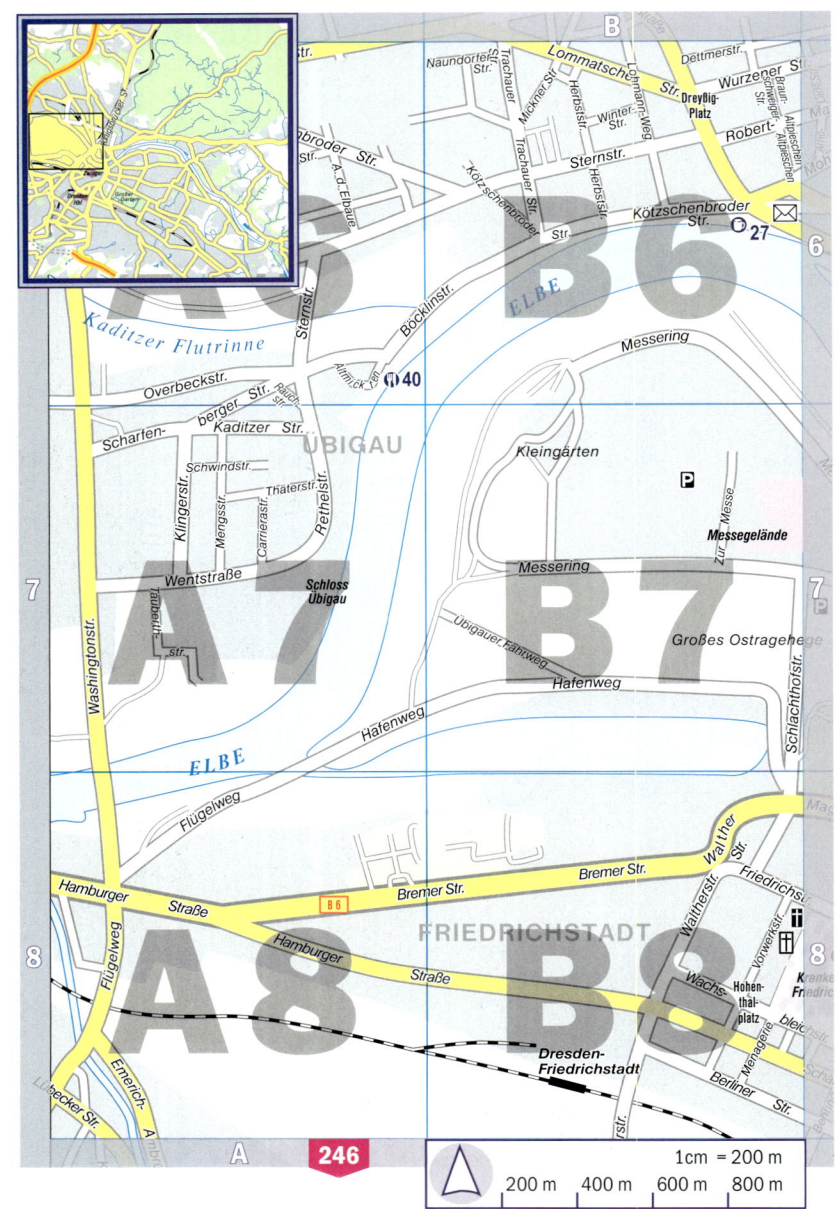

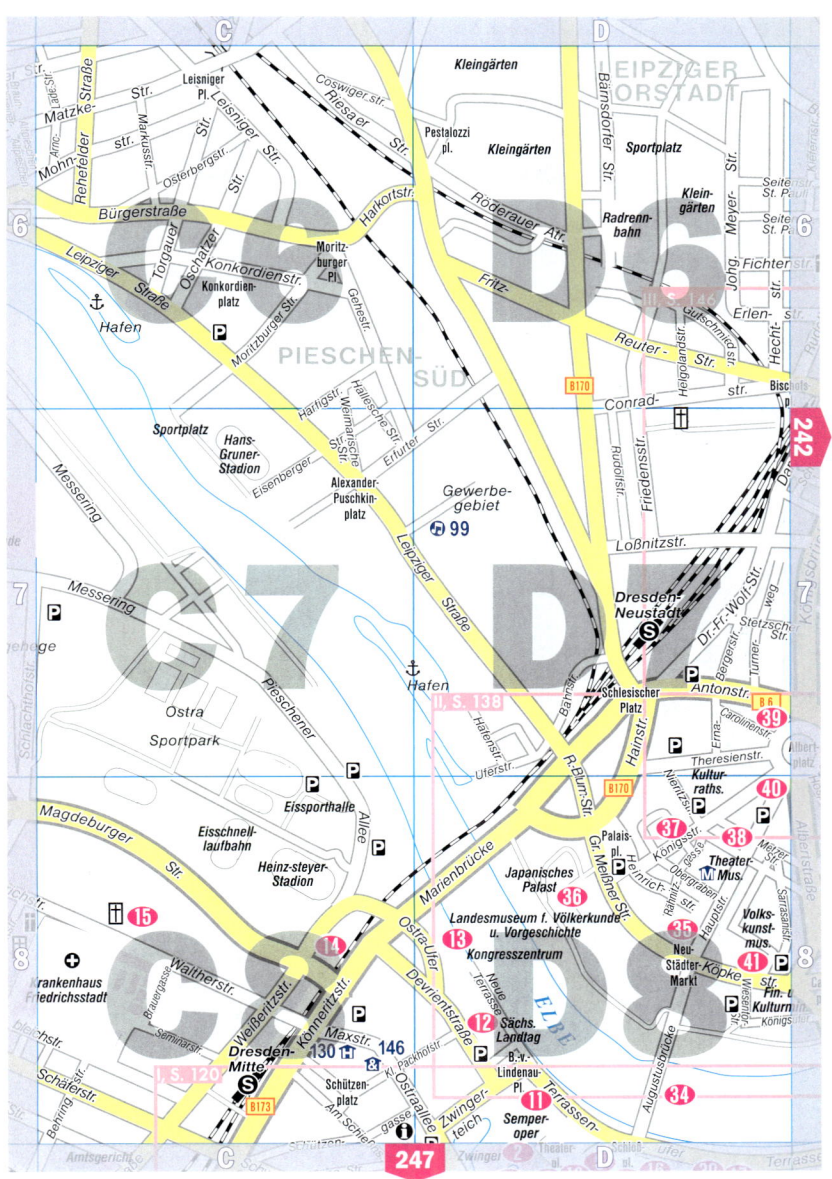

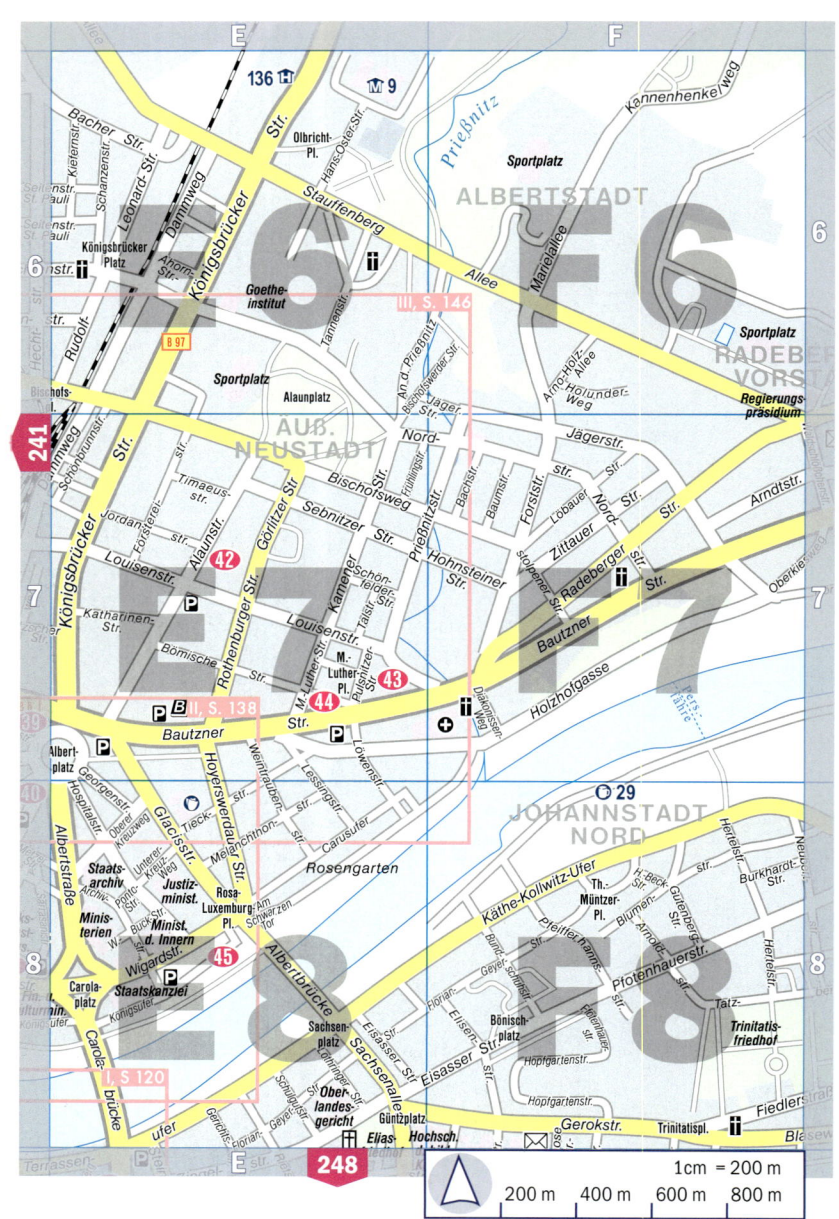

# CITYATLAS 243

Fischhausstr.
Eisenbornb...
Am Jägerpark
Moritzburg-Pillnitzer-Weg
P 38
Radeberger Str.
Berufsakademie Sachsen
Charlottenstr. Heideparkstr.
Albertpark
Moritzburg-P...
244
Am Brauhaus
28
Hopfgarten-Weg
Auf d. Meisenberg
Lohrmerstr.
Klarastr.
Bettinastr.
Angelikastr.
Judeich Str.
Wilhelminenstr.
Fischhausstr.
Gutebornbach
Bautzner Str.
B 6
Bautzner Str.
Körnerweg
Brockhausstr.
P 46
26
Schloss Albrechtsberg
Villa Stockhaus
141
Schloss Eckberg
Wunder...
ELBE
Körnerweg
Leinpfad
DRESDEN
Käthe-Kollwitz-Ufer
Käthe-Kollwitz-Ufer
Kleingärten
Leinp...
Pfotenhauerstr.
Schubertstr.
Goetheallee
Bischöfliches Ordinariat
Fetscherstr.
Universitäts-Klinikum
Händelallee
Goetheallee
Lothringer Wg
B
Wald-Park
Sportplatz
Goetheallee
Vogelsteig
Waldparkstr.
Prellerstr.
Barteln...
Jüd. Friedhof
Fiedlerstraße
Königsheimplatz
Loschwitzer Straße
Loschwitz...
BLASEWITZ
Straße
Augsburger
Teuteburgstr.
Forststr.
Friedensplatz
Mendelssohnallee
Wagnerstr.
Regerstr.
Blasewitzer Straße
H
Gläserner...
Paulus...
249

# CITYATLAS

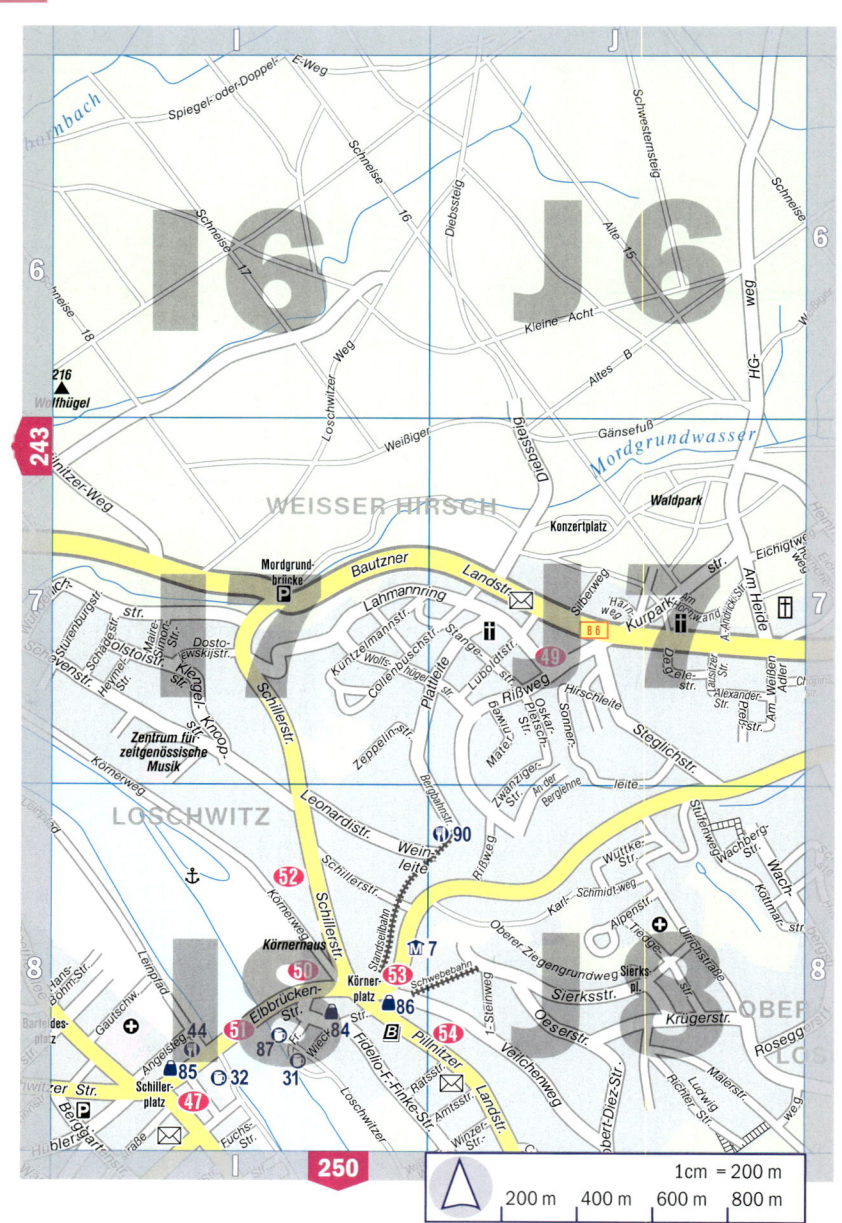

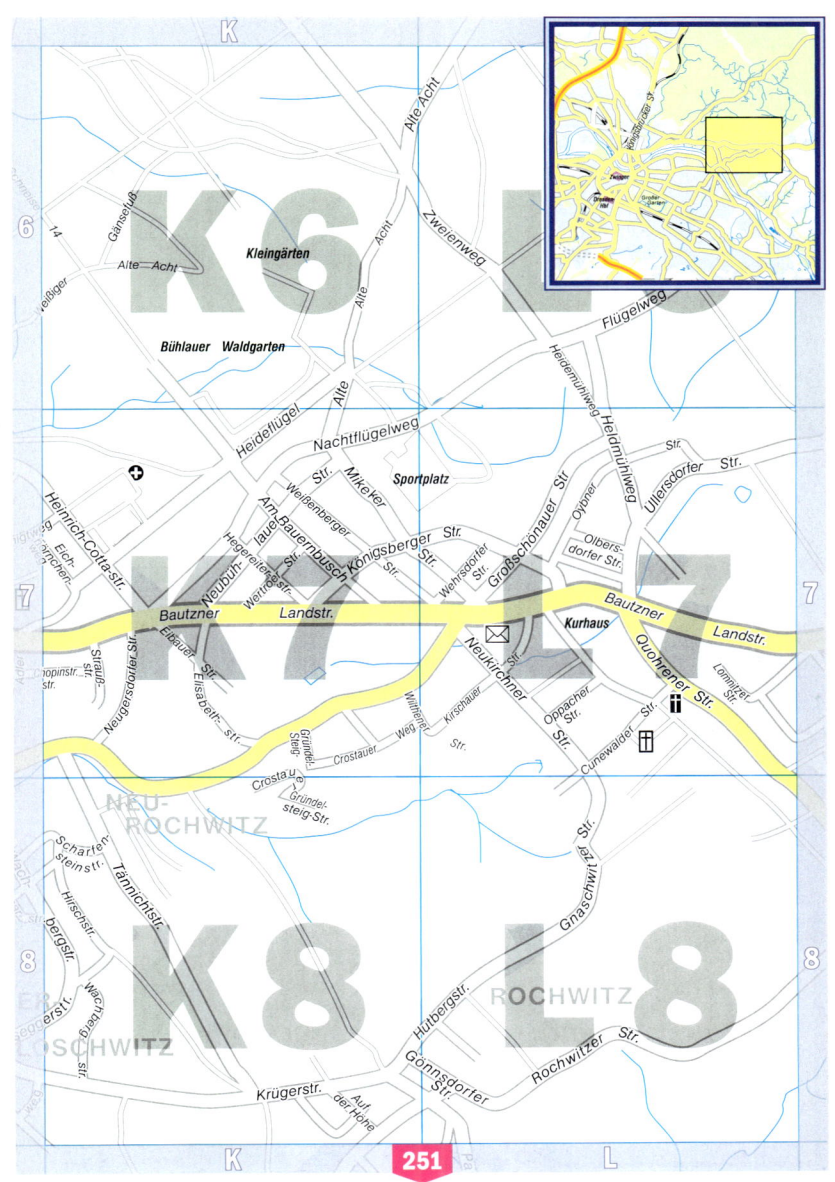

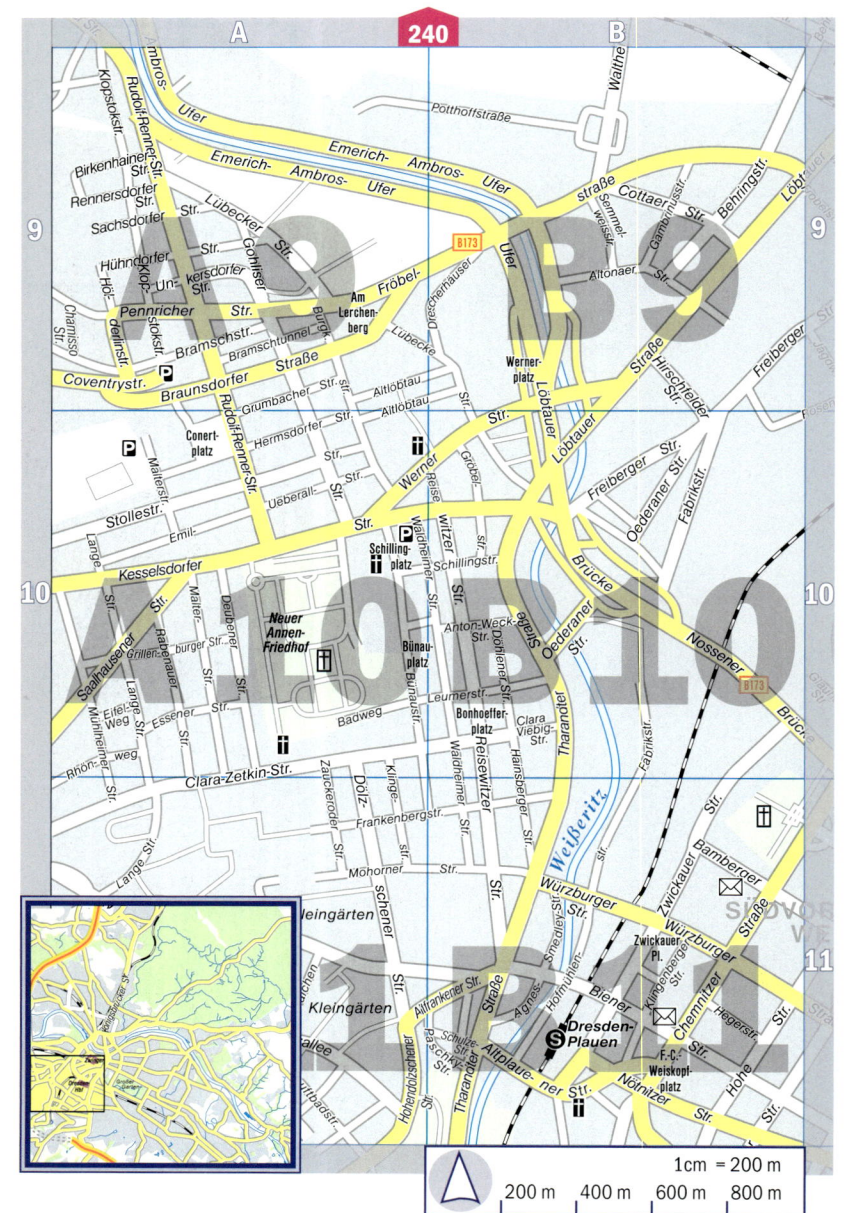

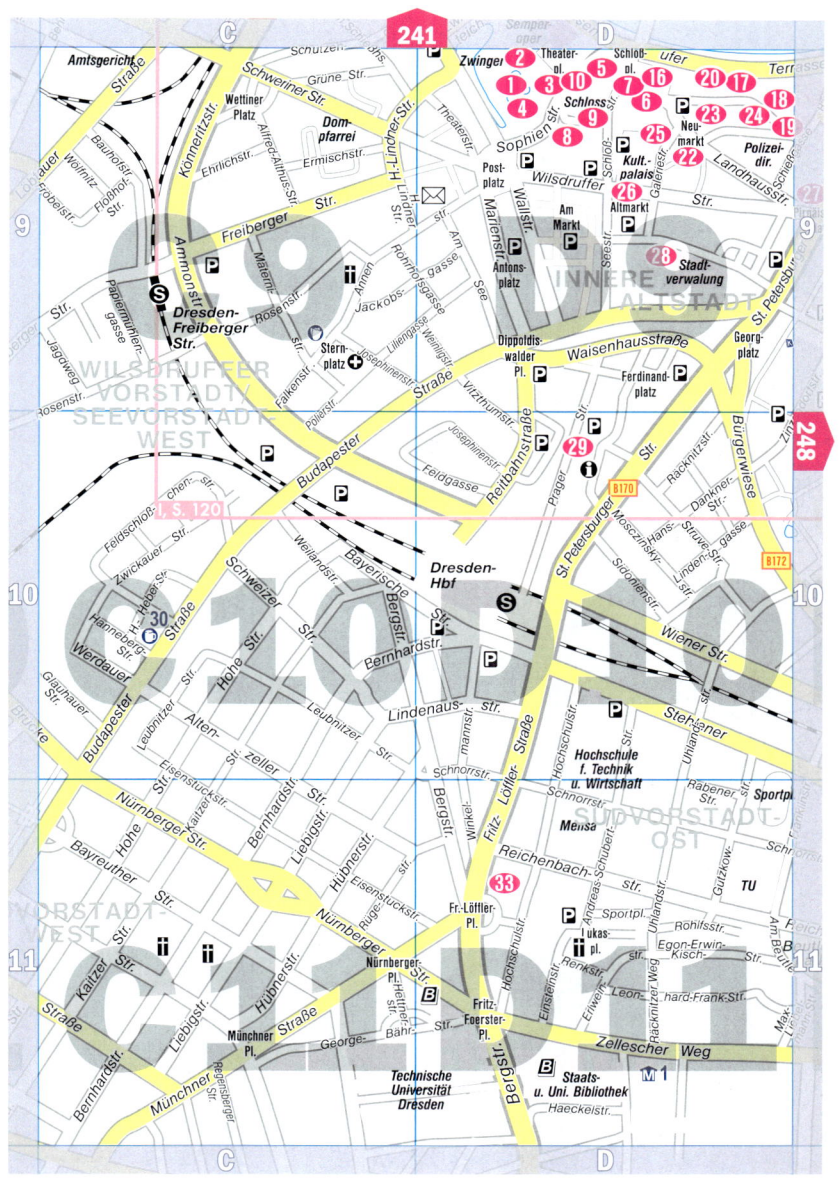

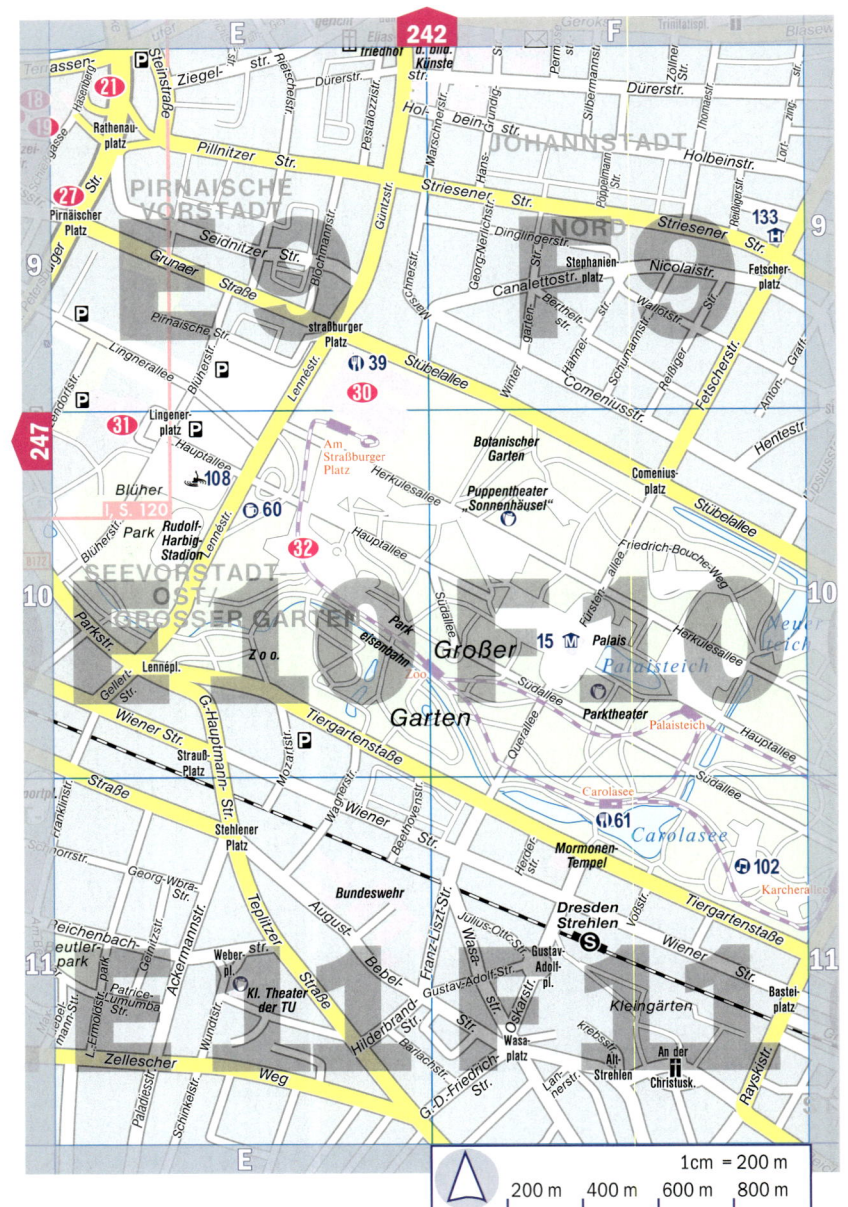

# CITYATLAS 249

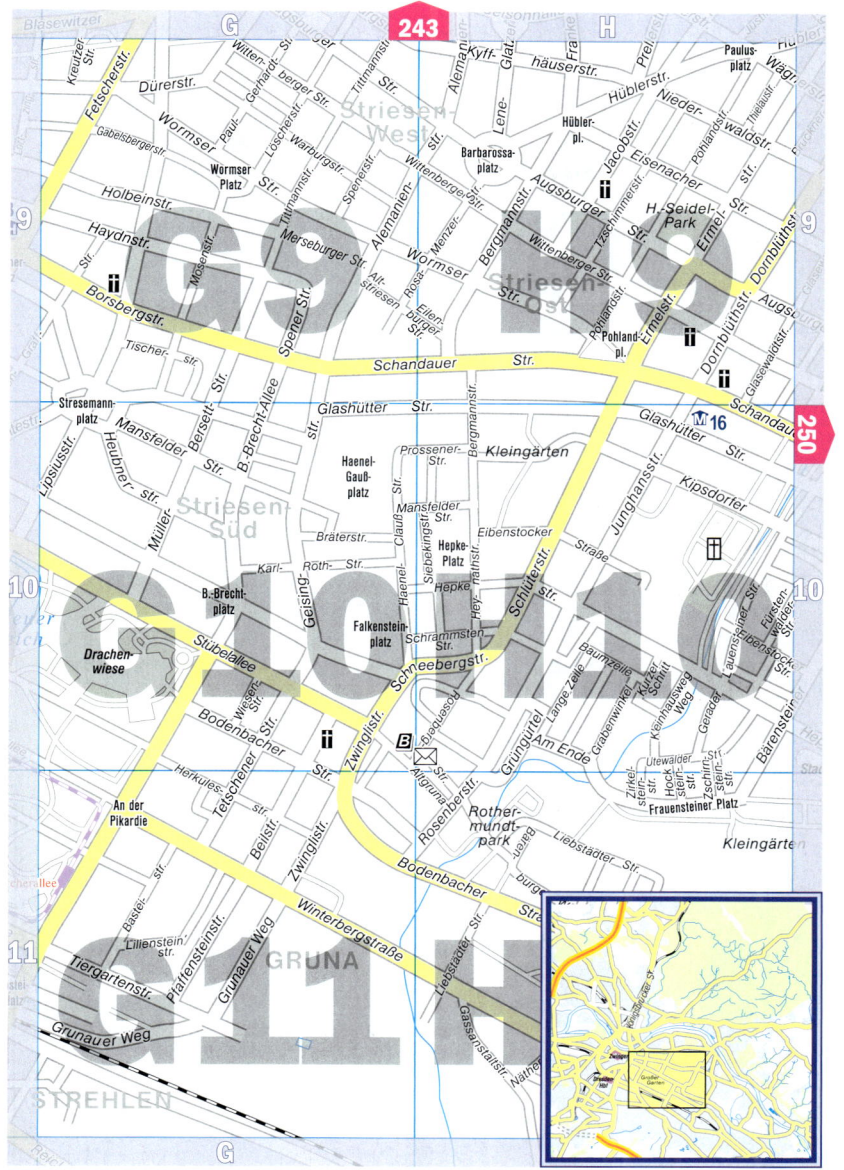

# 250 CITYATLAS

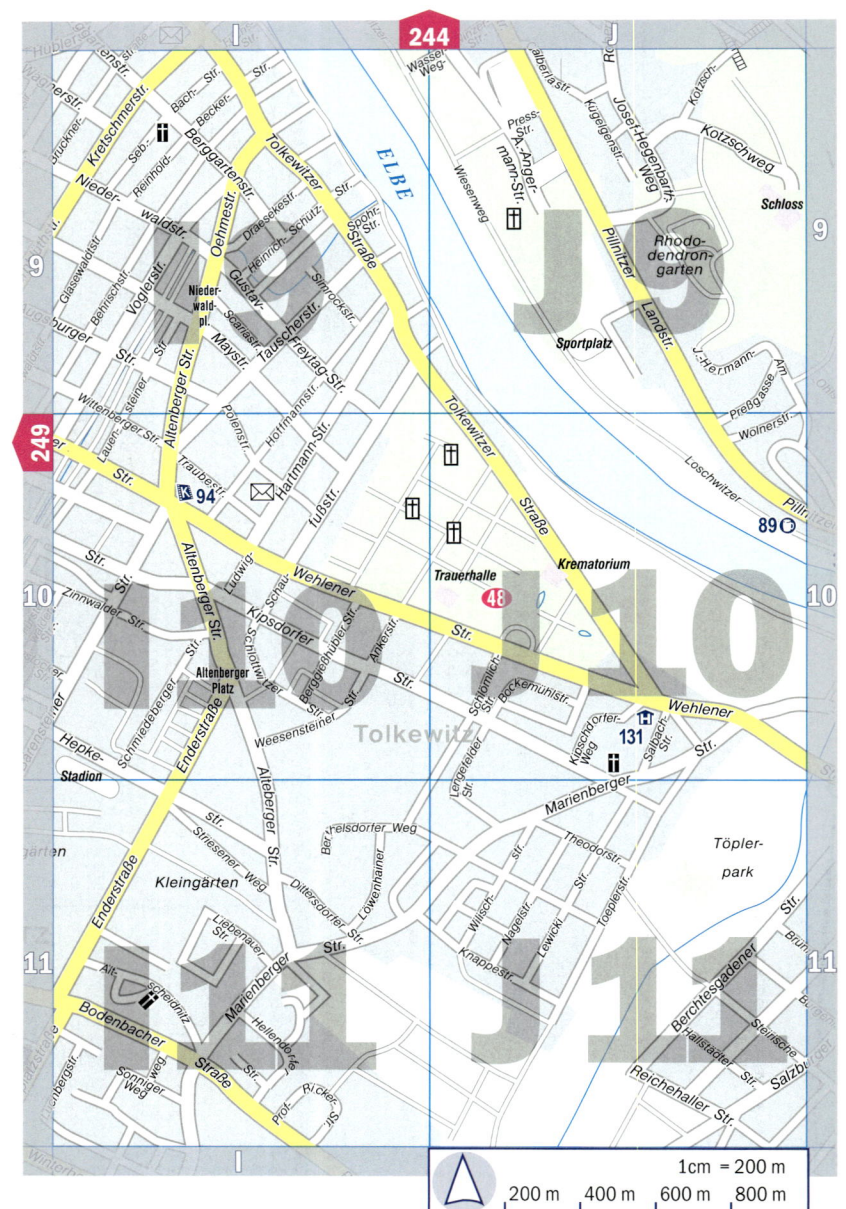

# CITYATLAS 251

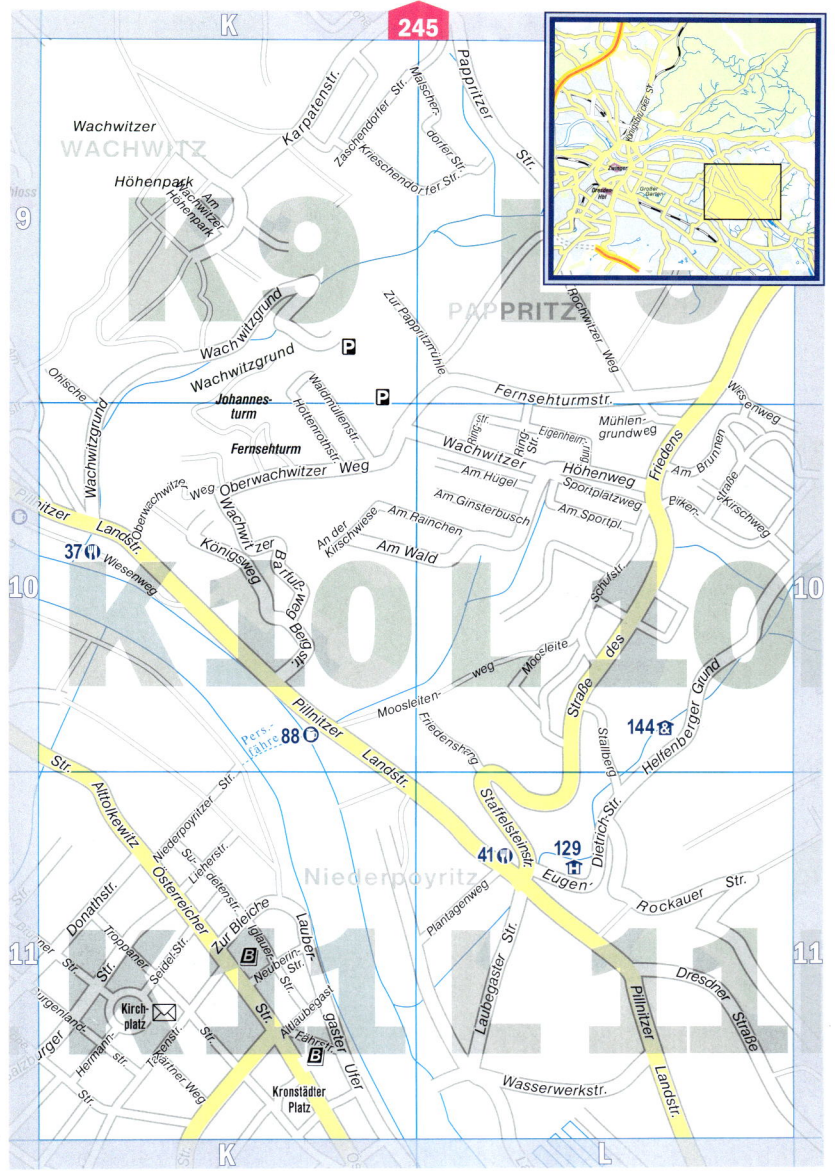

## LEGENDE DER KARTEN- UND TEXTSYMBOLE

**66** Hauptsehenswürdigkeit, fortlaufend nummeriert

**66** Verweis im Inhaltsverzeichnis und Text auf Hauptsehenswürdigkeit

**1** Verweis im Inhaltsverzeichnis und Text auf eine Adressenliste im Buch (z. B. Museen, Restaurants ...)

[L6] Verweis auf Planquadrat im Cityatlas

[III F8] Verweis auf Planquadrat in Detailkarte (hier Karte III)

⚓ Anlegestelle
✚ Arzt, Krankenhaus, Klinik
❶ Bar, Bistro, Treffpunkt
🅱 Bibliothek

☕ Café, Teestube
✈ Flughafen
🕆 Friedhof
🛍 Geschäft, Markt, Kaufhaus
🏨 Hotel, Unterkunft
❶ Informationsstelle
🎦 Kino
⛪ Kirche
✞ Kloster
🏛 Museum
🎵 Musikszene, Konzertsaal, Disco
🛏 Pension, Bed and Breakfast
✉ Post
🍴 Restaurant
🏊 Schwimmbad
🎭 Theater